普通高等教育土木与交通类"十三五"规划教材

汽车动力技术

主编 姜峰 陈乾

中国水利水电出版社
www.waterpub.com.cn
·北京·

内 容 提 要

本书以现代汽车动力技术为主要内容，系统地介绍了现代汽车动力技术的基本原理、基本组成、基本方法和工作过程以及相关的结构与配置。全书共分6章，包括汽油机电控管理系统、柴油机电控管理系统、汽油机电控技术、柴油机电控技术、混合动力系统构型分析、燃料电池混合动力系统。

本书可作为高等院校汽车类专业（动力机械及工程、车辆工程、汽车运用工程、汽车服务工程等专业）的教材；同时可作为汽车发动机技术维修、应用与研究的工程技术人员参考用书。

本书含配套课件，可供相关专业教师参考使用。

图书在版编目（CIP）数据

汽车动力技术 / 姜峰，陈乾主编. -- 北京：中国水利水电出版社，2019.6
普通高等教育土木与交通类"十三五"规划教材
ISBN 978-7-5170-7701-5

Ⅰ. ①汽… Ⅱ. ①姜… ②陈… Ⅲ. ①汽车动力学—高等学校—教材 Ⅳ. ①U461.1

中国版本图书馆CIP数据核字（2019）第098881号

书　名	普通高等教育土木与交通类"十三五"规划教材 **汽车动力技术** QICHE DONGLI JISHU
作　者	主编　姜峰　陈乾
出版发行	中国水利水电出版社 （北京市海淀区玉渊潭南路1号D座　100038） 网址：www.waterpub.com.cn E-mail：sales@waterpub.com.cn 电话：（010）68367658（营销中心）
经　售	北京科水图书销售中心（零售） 电话：（010）88383994、63202643、68545874 全国各地新华书店和相关出版物销售网点
排　版	中国水利水电出版社微机排版中心
印　刷	清淞永业（天津）印刷有限公司
规　格	184mm×260mm　16开本　18.25印张　400千字
版　次	2019年6月第1版　2019年6月第1次印刷
印　数	0001—3000册
定　价	**48.00元**

凡购买我社图书，如有缺页、倒页、脱页的，本社营销中心负责调换
版权所有·侵权必究

编 委 会

主 编 姜 峰 陈 乾

副主编 潘美俊 李春青 王继文

前言

汽车动力技术是汽车发动机技术和电子技术相结合的产物。随着计算机技术、电子技术和信息技术的快速发展，汽车发动机电控新技术也不断涌现。当前，汽车已经从传统的内燃机技术向新能源技术发展，以电动汽车产业技术为导向的变革衍生出了混合动力系统（油气与油电混合动力）车辆、燃料电池混合动力系统车辆和纯电动动力系统车辆。现代汽车已经进入电子控制时代，各种类型汽车动力系统采用电子控制技术是其产业发展的重要趋势与标志，也是衡量汽车性能以及汽车产业、制造水平的重要指标。

编者经过多年的教学和科研实践，对汽车动力技术有着较为深刻的了解，在此基础上编写本书。在编写过程中，参阅了大量文献、资料和专著，并结合多年教学和科研经验及教训，力求整体、全面、系统地介绍现代汽车动力技术的基本原理、基本组成、基本方法和工作过程以及相关的结构与配置，力求符合当前相关技术及发展趋势。

本书系统地介绍了现代汽车动力技术与构型分析。全书共分6章，包括汽油机电控管理系统、柴油机电控管理系统、汽油机电控技术、柴油机电控技术、混合动力系统构型分析、燃料电池混合动力系统。本书可作为高等院校汽车类专业（动力机械及工程、车辆工程、汽车运用工程、汽车服务工程等专业）的教材；同时可作为汽车发动机技术维修、应用与研究的工程技术人员参考用书。

本书由广西科技大学姜峰、广西汽车拖拉机研究所有限公司陈乾主编并统稿，广西科技大学潘美俊老师、李春青老师以及广西汽车拖拉机研究所有限公司王继文作为副主编参与部分章节的编著。此外，广西汽车拖拉机研究所有限公司卢伟、广西汽车拖拉机研究所有限公司梁光辉、广西科技大学莫清烈老师、唐毓林同学、韦积同学、彭柱炜同学也为本书的编写做了大量的工作。在本书的编写过程中，编者不仅参考了大量国内外论文及论著，同时也得到了广西内燃机学会的大力支持，在此对这些论文及论著的作者及学会表示衷心的感谢！

鉴于现代汽车动力技术的飞速发展，不断有新的理论和技术诞生，加之编者掌握的资料不足及水平有限，书中内容难免有疏漏和不足之处，欢迎广大读者提出宝贵意见和建议，以便丰富、完善和补充本书。

编者
2019年4月

目 录

前言

第1章 汽油机电控管理系统 ·· 1
1.1 电控汽油喷射系统 ··· 2
1.1.1 概述 ··· 2
1.1.2 EFI系统的特点 ··· 2
1.1.3 EFI系统的分类 ··· 3
1.1.4 EFI系统的组成 ··· 4
1.1.5 空燃比控制策略和控制方法 ·· 24
1.2 电子点火控制 ··· 37
1.2.1 汽车点火系统的要求 ··· 37
1.2.2 点火控制系统的组成 ··· 38
1.2.3 点火控制 ·· 38
1.3 怠速控制 ·· 49
1.3.1 概述 ·· 49
1.3.2 怠速控制系统的功能 ··· 50
1.3.3 怠速控制装置步进马达型 ··· 50
1.3.4 怠速控制策略 ··· 51
1.4 排气再循环 ··· 53
1.4.1 工作原理 ·· 53
1.4.2 EGR阀 ·· 55
1.4.3 EGR的控制策略 ··· 56
1.4.4 内部EGR ··· 56
1.5 发动机管理系统新发展的技术 ··· 57
1.5.1 可变进气流量控制 ·· 57
1.5.2 可变配气相位 ··· 58
1.5.3 可变配气升程VTEC ·· 61

1.5.4　宽范围氧传感器 …………………………………………………… 64
　　1.5.5　丰田稀燃发动机 …………………………………………………… 64
　　1.5.6　缸内直喷汽油发动机 ……………………………………………… 65

第2章　柴油机电控管理系统 …………………………………………………… 70
2.1　第一代电控柴油喷射系统位置控制式 ………………………………… 70
　　2.1.1　在分配泵上实施的位置式电控系统 ……………………………… 70
　　2.1.2　在直列泵上实施的位置式电控系统 ……………………………… 72
　　2.1.3　第一代电控燃油喷射系统的控制特点 …………………………… 73
2.2　第二代电控燃油喷射系统时间控制式 ………………………………… 74
　　2.2.1　在分配泵上实施的时间控制式 …………………………………… 74
　　2.2.2　在直列泵上实施的时间控制式 …………………………………… 76
　　2.2.3　电控单体泵 ………………………………………………………… 77
　　2.2.4　电控泵喷嘴系统 …………………………………………………… 80
2.3　第三代电控燃油喷射系统 ……………………………………………… 84
　　2.3.1　高压共轨系统 ……………………………………………………… 85
　　2.3.2　高压共轨系统的特点 ……………………………………………… 95
2.4　柴油机电控系统的应用 ………………………………………………… 96
　　2.4.1　增压压力控制系统 ………………………………………………… 97
　　2.4.2　排气再循环控制系统 ……………………………………………… 98
　　2.4.3　排放后处理系统 …………………………………………………… 99
　　2.4.4　柴油机空气系统电子控制的特点 ………………………………… 101
2.5　柴油发动机整机管理 …………………………………………………… 101
　　2.5.1　发动机管理系统的基本框架 ……………………………………… 103
　　2.5.2　柴油发动机管理系统的匹配标定 ………………………………… 106
　　2.5.3　柴油发动机管理系统的故障诊断 ………………………………… 107

第3章　汽油机电控技术 ………………………………………………………… 109
3.1　基于Optimizer优化模型对LJ465Q汽油机进气系统优化分析 ……… 109
　　3.1.1　Optimizer优化模型与进气压力波模型 …………………………… 109
　　3.1.2　发动机性能试验 …………………………………………………… 110
　　3.1.3　模型建立及计算 …………………………………………………… 111
　　3.1.4　进气歧管优化分析 ………………………………………………… 116
　　3.1.5　可变配气相位（VVT）优化研究 ………………………………… 118
3.2　LJ465Q发动机可变长度进气系统的研究 ……………………………… 121
　　3.2.1　发动机进气系统的压力波谐振增压机理 ………………………… 121
　　3.2.2　发动机性能试验 …………………………………………………… 122

  3.2.3 模型建立及分析 ················· 123
  3.2.4 可变长度进气系统的设想及实现方式 ········ 127
 3.3 基于数值模拟的 LJ465Q 发动机进气道结构优化 ······ 128
  3.3.1 气道稳流试验 ················· 128
  3.3.2 模型建立与网格划分 ·············· 129
  3.3.3 计算理论与结果分析 ·············· 130
  3.3.4 进气道改进 ·················· 133
 3.4 基于数值计算的汽油机喷嘴结构优化 CFD 分析 ····· 133
  3.4.1 喷嘴流量试验 ················· 134
  3.4.2 模型建立与网格划分 ·············· 135
  3.4.3 计算理论与方案分析 ·············· 136
  3.4.4 结果分析 ··················· 136

第4章 柴油机电控技术 ··················· 144
 4.1 大功率柴油机电控燃油喷射系统计算研究 ········ 144
  4.1.1 电控喷射系统各部件结构参数特点 ········ 145
  4.1.2 电控单体泵喷射系统工作原理 ·········· 149
  4.1.3 喷射系统的仿真模型 ·············· 150
  4.1.4 仿真方案与结果分析 ·············· 151
 4.2 高速电磁阀动态响应特性的计算分析 ·········· 153
  4.2.1 电磁阀驱动性能 ················ 154
  4.2.2 电控喷射原理与电磁阀仿真模型建立 ······· 155
  4.2.3 仿真方案与结果分析 ·············· 156
 4.3 电控共轨柴油机预喷射计算研究 ············ 158
  4.3.1 排放数学模型 ················· 159
  4.3.2 整机模型的建立 ················ 160
  4.3.3 仿真方案 ··················· 161
  4.3.4 不同方案的仿真结果 ·············· 161
 4.4 电控共轨柴油机后喷射排放计算研究 ·········· 164
  4.4.1 仿真模型搭建 ················· 164
  4.4.2 不同喷油提前角对排放的影响 ·········· 165
  4.4.3 方案分析 ··················· 166
  4.4.4 不同主-后喷射仿真分析 ············· 167
 4.5 预喷射对生物柴油发动机热性能的计算研究 ······· 171
  4.5.1 生物柴油理化分析 ··············· 171
  4.5.2 验证与模型建立 ················ 171

4.5.3　仿真计算与结果分析 …………………………………………… 173
4.6　预喷射对生物柴油发动机排放性能的计算研究 ……………………… 179
　　4.6.1　模型建立与验证 ………………………………………………… 179
　　4.6.2　仿真计算与结果分析 …………………………………………… 181
4.7　8L265柴油机冷却系统分析 ……………………………………………… 184
　　4.7.1　研究的目的和内容 ……………………………………………… 185
　　4.7.2　冷却水数值模拟解决方案 ……………………………………… 185
　　4.7.3　仿真结果分析 …………………………………………………… 188
　　4.7.4　结论 ……………………………………………………………… 195

第5章　混合动力系统构型分析 …………………………………………… 196
5.1　混合动力系统构型分析 ………………………………………………… 196
　　5.1.1　串联构型 ………………………………………………………… 196
　　5.1.2　并联构型 ………………………………………………………… 202
　　5.1.3　混联构型 ………………………………………………………… 209
5.2　混合动力系统仿真分析 ………………………………………………… 215
　　5.2.1　仿真方法 ………………………………………………………… 215
　　5.2.2　道路工况 ………………………………………………………… 215
　　5.2.3　动力系统的仿真比较 …………………………………………… 217
　　5.2.4　串联混合动力系统匹配仿真分析及经济性潜力 ……………… 227
　　5.2.5　并联混合动力系统匹配仿真分析及经济性潜力 ……………… 234
　　5.2.6　串联、并联混合动力性能比较 ………………………………… 241
5.3　混合动力系统构型的发展趋势 ………………………………………… 242
　　5.3.1　功能模块化趋势 ………………………………………………… 242
　　5.3.2　动力平台化趋势 ………………………………………………… 243
　　5.3.3　可外部充电（Plug-in）趋势 …………………………………… 243

第6章　燃料电池混合动力系统 …………………………………………… 247
6.1　燃料电池发动机特性分析 ……………………………………………… 247
　　6.1.1　燃料电池发动机构型 …………………………………………… 247
　　6.1.2　燃料电池稳态性能 ……………………………………………… 249
　　6.1.3　燃料电池发动机瞬态特性 ……………………………………… 254
　　6.1.4　车用燃料电池的耐久性 ………………………………………… 255
　　6.1.5　车用燃料电池发动机性能优化途径 …………………………… 261
6.2　燃料电池动力系统构型分析 …………………………………………… 262
　　6.2.1　燃料电池间接连接构型 ………………………………………… 265
　　6.2.2　燃料电池直接连接构型 ………………………………………… 265

6.2.3　燃料电池客车混合动力系统方案选型 …………………………… 265
6.3　燃料电池混合动力系统综合控制方法 ………………………………… 267
　　6.3.1　燃料电池混合动力系统功率分配特点 …………………………… 267
　　6.3.2　"能量混合型"的恒流分配算法 …………………………………… 270
　　6.3.3　"功率混合型"控制算法的实现 …………………………………… 273
　　6.3.4　综合控制算法小结 …………………………………………………… 276

参考文献 ……………………………………………………………………… 278

第1章

汽油机电控管理系统

今天的汽车发动机必须在所有行驶工况下提供低的排放污染物、良好的燃油经济性和极好的驱动性能，实现该目标是非常重要的。许多工厂在改进发动机的机械设计方面做了大量工作，如燃烧室的形状、火花塞的位置、进气门的数目等，但精确地控制空燃比和点火定时在获得发动机的最大功率和效率、减少有害排放物方面已成为实现此目标的关键。对于现代的发动机，必须使用简单的机械控制系统和电子发动机管理系统相结合的方法。这样的系统包含基于微处理器的电子控制单元（Electronic Control Unit，ECU）以及大量的电子和电磁传感器和执行器，应具有以下功能。

（1）喷油系统能提供正确的混合气空燃比的控制。

（2）确保所有发动机的运行工况具有正确和精确的点火定时。

（3）能够检测和控制大量的其他参数，如怠速转速、排气再循环、空调的运转和燃油蒸发排放物，以确保在所有环境下有相当好的性能。

控制点火的传感器信息和信号与控制燃油的有非常多的相同之处。当将发动机燃油经济性、排放性能一起考虑时，点火时刻和喷油量是相互影响的。因此，发动机管理系统采用综合点火和喷油控制，以确保发动机在所有工况下都处于最佳工作状态。现有的发动机管理系统（图1-1）还包含怠速控制、进气管长度控制、增压压力控制

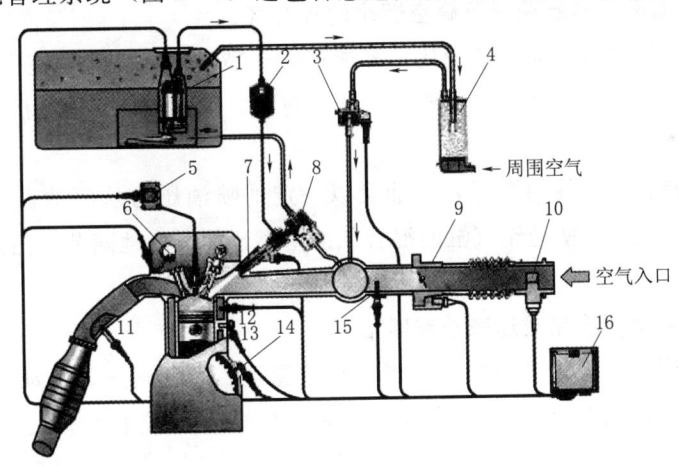

图1-1 发动机管理系统简图

1—燃油泵；2—滤清器；3—碳罐控制阀；4—碳罐；5—点火线圈；6—凸轮；7—喷油器；
8—调压器；9—节气门；10—空气流量计；11—氧传感器；12—冷却液温度传感器；
13—爆震传感器；14—发动机转速和曲轴位置传感器；15—进气温度传感器；16—电子控制单元

和故障诊断等系统。综合控制不仅可使性能优化，还可使系统的结构简化。

1.1 电控汽油喷射系统

1.1.1 概述

混合气的空燃比对发动机的排放性能、动力性和经济性有很大影响。

电控汽油喷射（Electronic Fuel Injection，EFI）系统利用各种传感器检测发动机和汽车的各种状态，经微机的判断、计算，确定喷油脉宽、点火正时等参数。在闭环控制系统中采用氧传感器反馈控制，可使空燃比控制在 14.7 附近，而且精度可进一步提高。在汽车运行的各种条件下空燃比均可得到适当的修正，使发动机在各种工况下均能得到最佳的空燃比。

1.1.2 EFI 系统的特点

EFI 系统具有以下特点。

1. 混合气的各缸分配均匀性好

在多点喷射系统中，由于每一个气缸都有一个喷油器，其喷油量是由 ECU 根据发动机转速、负荷以及其他状态的变化进行精确地控制，故能使燃油均匀地分配给各气缸。另外，可燃混合气的空燃比的改变只需控制喷油器开启的时间，因而能很容易地满足各种工况的要求，这对发动机有害排放物的控制和燃油经济性的改善都是非常有利的。

2. 在任何工况下都能获得精确空燃比的混合气

无论发动机转速和负荷怎样变化，都能连续、精确地供应合适空燃比的混合气。特别是采用燃油的闭环控制，对排放控制非常有利，也可改善燃油经济性。

3. 加速性能好

由于喷油器装在进气门附近，汽油又以一定的喷油压力从喷油器喷出，形成雾状，极易与空气混合，使送至气缸的混合气的空燃比能及时地随节气门开度变化而立即改变。

4. 良好的启动性能和减速减油或断油

绝大多数 EFI 发动机都是通过检测冷却液温度、启动转速、启动经历次数和时间等因素来确定启动时混合气的浓度，因而可以精确地控制空燃比，改善了启动性能。

当急速关闭节气门而发动机转速超过预定转速时，喷油就会自动停止，使排气中碳氢化合物含量减少，从而也改善了燃油经济性。在缓慢减速时，ECU 也会及时地减少喷油量。

5. 充气效率高

汽油以一定的压力从喷油器喷出，燃油的雾化良好，可与空气充分混合，不需要喉管，因而进气通道截面增大，提高了充气效率。

1.1.3 EFI 系统的分类

1. 按喷油器数量划分

（1）多点喷射（Multi Point Injection，MPI）。每个气缸有一个喷油器，喷油器安装在进气歧管内，在进气门附近，如图 1-2 所示。

（2）单点喷射（Single Point Injection，SPI）。几个气缸共享一个喷油器，单点喷射系统因喷油器装在节气门体上，因而有的国家又称其为节气门体喷射（Throttle Body Injection，TBI），如图 1-3 所示。

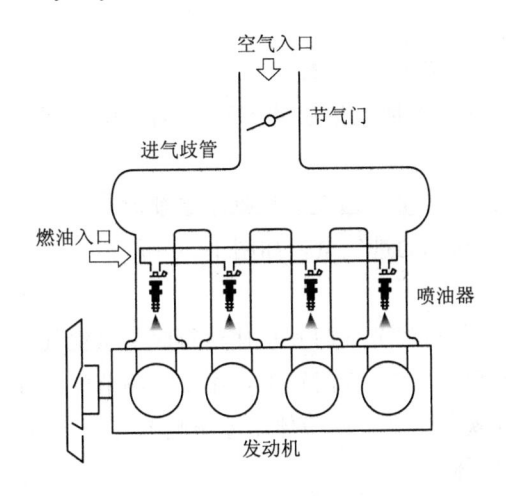

图 1-2 多点喷射系统　　　　图 1-3 单点喷射系统

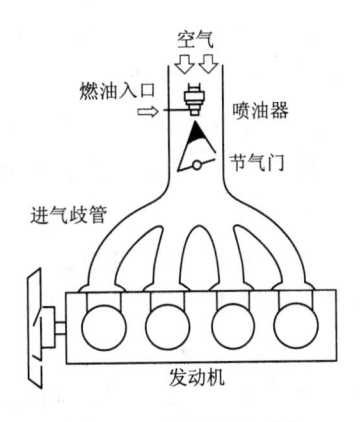

2. 按喷油地点划分

（1）缸内喷射。在压缩行程开始前或刚开始时将燃油喷入气缸内，用于稀燃汽油机。

（2）喷在节气门上方。喷油器在节气门上方，用于单点喷射系统。

（3）喷在进气门前。喷油器装在进气歧管上，用于多点喷射系统。

3. 按进气量检测方法划分

（1）速度密度法。通过测量进气歧管内的真空度和温度，计算每循环吸入的空气量。由于空气在进气歧管内有压力波动，因此测量精度受到一定的影响。

（2）质量流量法。用空气流量计直接测量单位时间吸入进气歧管的空气量，再根据转速算出每循环吸气量。这种测量方法比速度密度法准确，因而可更精确地控制混合气的空燃比。

4. 按控制方式划分

（1）开环控制。开环控制如图 1-4 所示。

(2) 闭环控制。闭环控制如图 1-5 所示。

图 1-4 开环控制系统框图

图 1-5 闭环控制系统框图

两者的差别是闭环控制系统可根据输出结果对控制系统进行调整。

1.1.4 EFI 系统的组成

EFI 系统由进气系统、供油系统、控制系统和故障诊断系统组成。

1.1.4.1 进气系统

进气系统为发动机可燃混合气的形成提供必需的空气量。

空气经空气滤清器、空气流量传感器（只在质量流量法的 EFI 发动机中采用）、节气门进气总管、进气歧管进入发动机。

节气门装在节气门体上，控制进入气缸的空气量。当发动机处于怠速时，大多数 EFI 发动机节气门全闭，由怠速控制阀控制发动机的进气量，如图 1-6 所示。

1. 节气门体

节气门体包括发动机正常运行工况控制进气量的节气门和怠速运行时少量空气通过旁通通道的怠速控制装置。节气门位置传感器装在节气门轴上，用来检测节气门开启的角度，如图 1-7 所示。为了避免寒冷气候条件下节气门体结冰影响节气门开启，有的发动机设计时考虑了使冷却液流经节气门体。

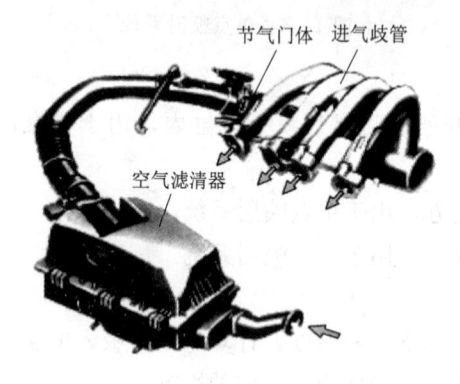

图 1-6 进气系统

图 1-7 节气门体

2. 进气总管和进气歧管

在多点喷射发动机中，为了消除进气脉动和改善各缸分配均匀性，进气总管的形状和容积都需进行专门的设计，每个气缸都有单独的进气歧管。大多数发动机进气总管和进气歧管是做成整体的，如图 1-6 所示。

1.1.4.2 供油系统

电动燃油泵将燃油从油箱内泵出,经燃油滤清器进入喷油器。多点喷射系统中喷油压力为 0.2~0.5MPa;单点喷射系统中喷油压力为 0.07~0.12MPa。多余的燃油经压力调节器流回油箱。喷油量由喷油器通电时间的长短来控制。图 1-8 所示为供油系统简图。

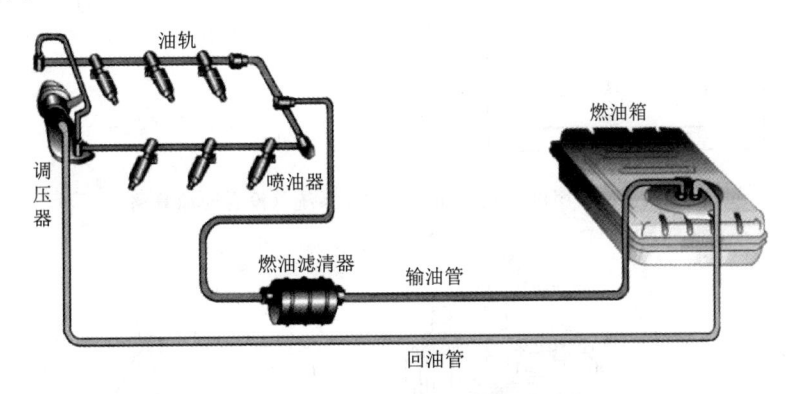

图 1-8 供油系统简图

现在有许多供油系统为了降低成本和提高可靠性,采用了无回油管的结构形式,如图 1-9 和图 1-10 所示。

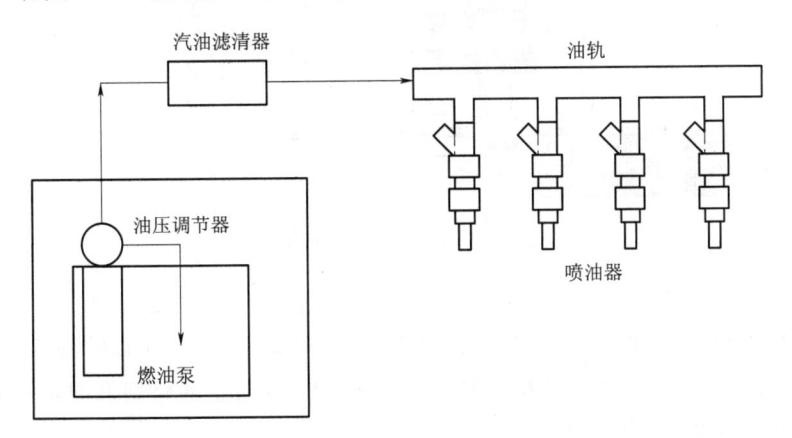

图 1-9 用油箱内油压调节器控制油压的供油系统

1. 燃油泵

驱动油泵的电机和泵体做成一体,装在壳体内。工作时泵内充满燃油,故也称为湿式泵。目前大部分油泵都装在油箱内。

燃油泵采用涡轮泵,使油路内油压波动小。由于它安装在油箱内,所以噪声小。这种油泵由电机、涡轮泵、单向阀、卸压阀及滤网等组成,如图 1-11 所示。

(1) 涡轮泵。由一个或两个叶轮、外壳和泵盖组成。当电机转动时,带动叶轮一起旋转,叶轮外缘上的叶板把燃油从入口压向出口,油泵内的电机是用燃油进行冷却

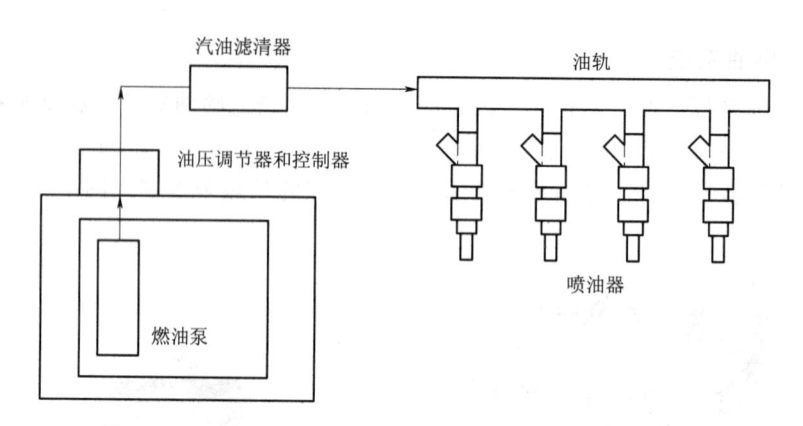

图 1-10　用电子控制油压的供油系统（没有回油管路）

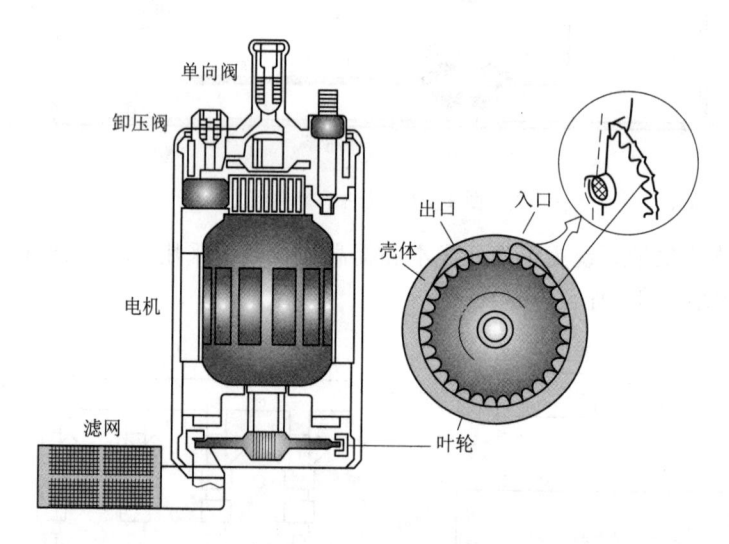

图 1-11　燃油泵结构

和润滑的，因此油箱内油面一定不能低于滤网的高度，以免烧毁电机。

(2) 卸压阀。当油泵出口压力超过某一值（如丰田公司的燃油泵为 0.35～0.5MPa）时，卸压阀打开，泄出的燃油返回油箱，以防止油路堵塞时油压过高使输油管路泄漏或胀裂，提高了车辆的安全性。

(3) 残留压力单向阀。当燃油泵停止工作时，残留压力单向阀关闭，油路变成一个封闭体系，在压力调节器弹簧作用下使油路保持一定的残留压力，避免高温时产生"气阻"和便于再次启动。

(4) 燃油泵的控制。

1) 发动机转速信号控制燃油泵开关。为了安全，EFI 发动机中，只有当发动机运转时燃油泵才工作。即使点火开关接通，发动机没有转动，油泵也不工作或燃油泵转动几秒后停止转动。

2) 油泵转速的控制。发动机高速大负荷运行时需要供油量大，燃油泵应高速运转，以提供较大的泵油量，即油泵控制继电器的触点 A 闭合。当发动机低速小负荷运行时，触点 B 闭合，因电路中串有电阻器，使燃油泵工作转速变低，以减少泵的磨损和不必要的能源消耗，原理如图 1-12 所示。

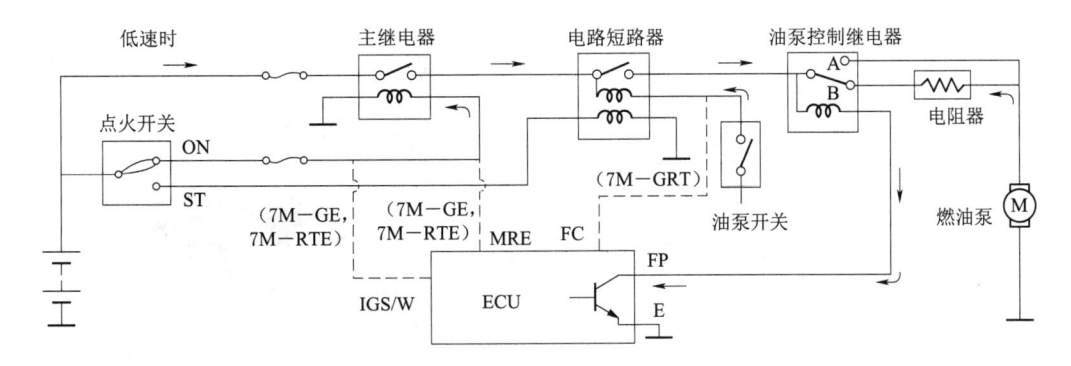

图 1-12 燃油泵转速控制原理

（括号中是丰田公司的车型）

2. 燃油压力调节器

燃油压力调节器的功能是调节喷油压力。喷油器喷出的油量是用改变喷油信号持续时间来进行控制的。由于进气歧管内真空度是随发动机工况而变化的，即使喷油信号的持续时间和喷油压力保持不变，工况变化时喷油量也会发生少量的变化，为了得到精确的喷油量，必须使油压 A 和进气歧管真空度 B 的总和保持不变，如图 1-13 所示。

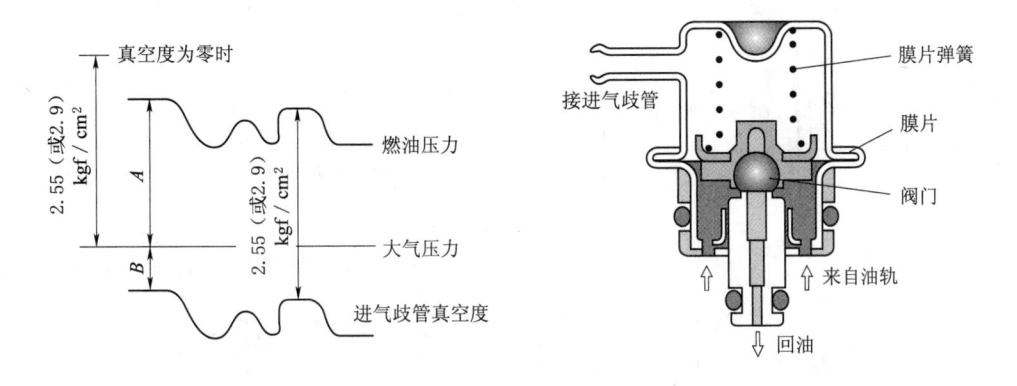

图 1-13 燃油压力调节器的结构和工作原理

（$1kgf/cm^2 = 98kPa$）

来自输油管路的油压高时推动膜片，打开阀门，部分燃油经回油管流回燃油箱。输油管内油压的大小与膜片弹簧的刚度系数和预紧力有关。进气歧管的真空度被引至调压器的膜片弹簧一侧，从而减弱了作用在膜片上的弹簧力，燃油压力降低，使回油量增加，因此进气歧管真空度增加时喷油压力减小。

当燃油泵停止工作时，在弹簧力作用下使阀门关闭。这样，油泵的单向阀和燃油压力调节器内的阀门使油路内残留燃油压力基本保持不变。

3. 喷油器

喷油器是电磁式的,在多点喷油系统中喷油器通过绝缘垫圈安装在进气歧管或进气道附近的缸盖上,并用输油管将其固定,如图 1-14 所示。

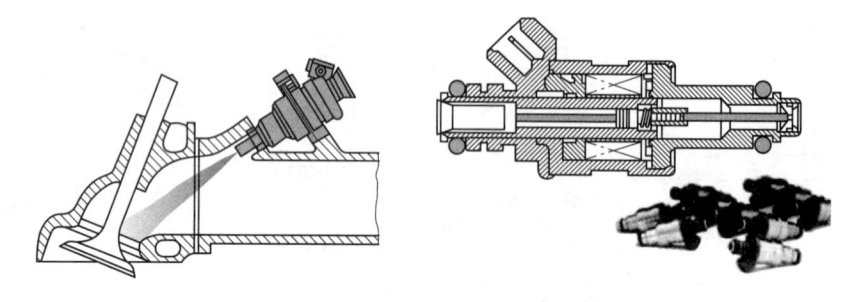

图 1-14 多点喷油器的结构和安装位置

(1) 喷油器的工作原理。喷油器不工作时,针阀在回位弹簧作用下将喷油孔封住,当 ECU 的喷油控制信号将喷油器的电磁线圈和电源回路接通时,针阀才在电磁力的吸引下克服弹簧压力、摩擦力和自身重量,从静止位置往上升,燃油从喷油器头部喷出。

(2) 喷油器的形式。

1) 按喷油器的结构区分。轴针型喷口的喷油器不易堵塞,如图 1-15 所示;孔型喷口的喷油器喷出的燃油雾化好,孔型喷口一般为 1~2 个孔,如图 1-16 所示;有的喷油器为了改善燃油的雾化,在喷油器中引入了空气,如图 1-17 所示;新近推出一种 F 型喷油器,如图 1-18 所示,它具有体积小、重量轻、制造容易等优点,没有外部泄漏,改善了动态范围的雾化状态,也降低了成本。

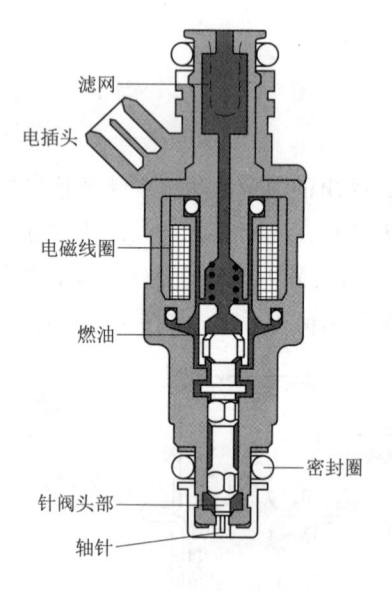

图 1-15 轴针式喷油器

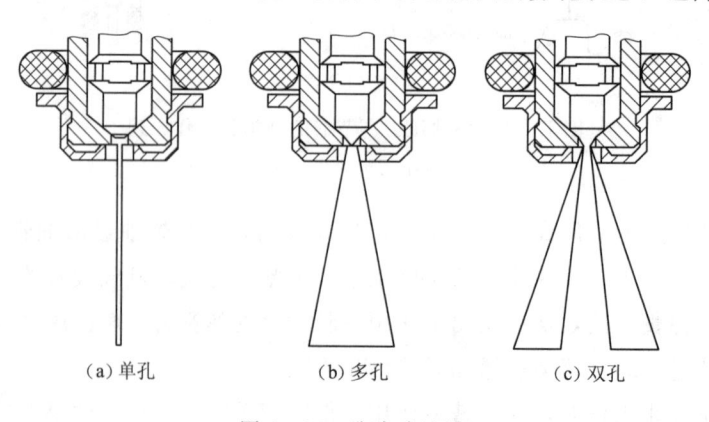

(a) 单孔 (b) 多孔 (c) 双孔

图 1-16 孔式喷油器

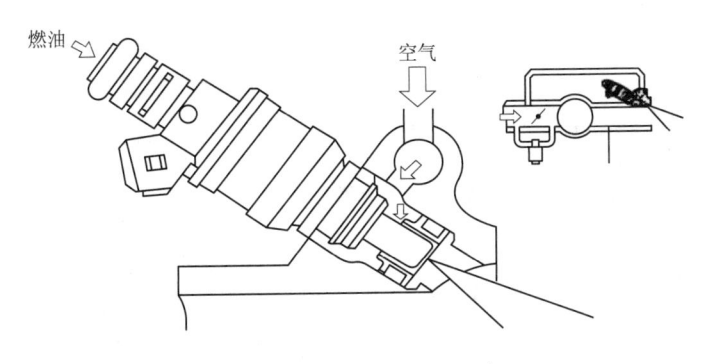

图 1-17 喷油器中引入空气

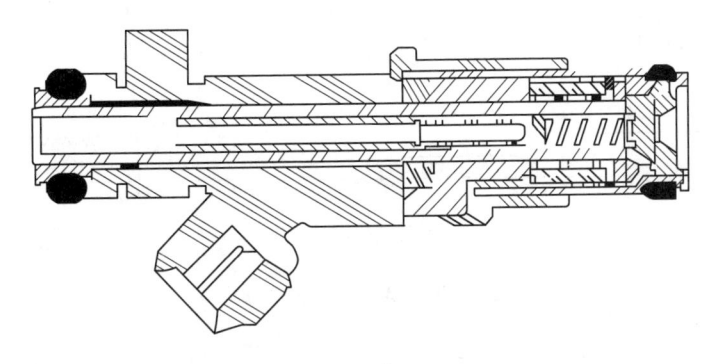

图 1-18 F 型喷油器

2) 按喷油器的电阻值区分。有低阻喷油器和高阻喷油器两种。低阻喷油器阻值为 2~3Ω；高阻喷油器阻值为 13~16Ω。

3) 按供油方式区分。有顶部供油和底部（或侧部）供油两种。顶部供油如图 1-17 所示，从喷油器顶部给油；底部（或侧部）供油的喷油器如图 1-19 所示，从底部或侧部给油，这样可降低发动机的高度，并有利于喷油器头部的冷却。

4) 按喷油器的驱动方法区分。喷油器的驱动方法有电压控制和电流控制两种，如图 1-20 所示。图 1-20 (a) 所示为电压控制的驱动电路，适用于串有螺管形电阻的低阻喷油器和高阻喷油器；图 1-20 (b) 所示为电流控制的喷油器只适用于低阻喷油器；图 1-20 (c) 所示为各种驱动方法的响应时间。

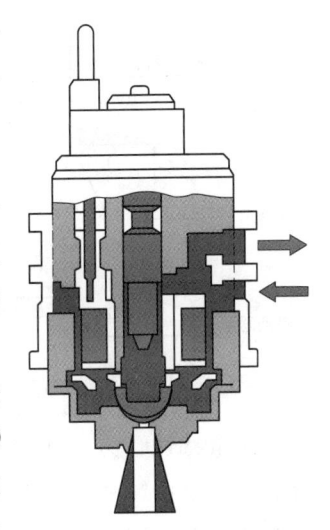

图 1-19 侧部供油的喷油器

ECU 内晶体管导通，线圈开始通电到打开喷油器所需的时间反映喷油器的响应特性。电流控制型喷油器所需的时间最短；串有螺管型电阻的喷油器次之；高电阻喷油器所需的时间最长。

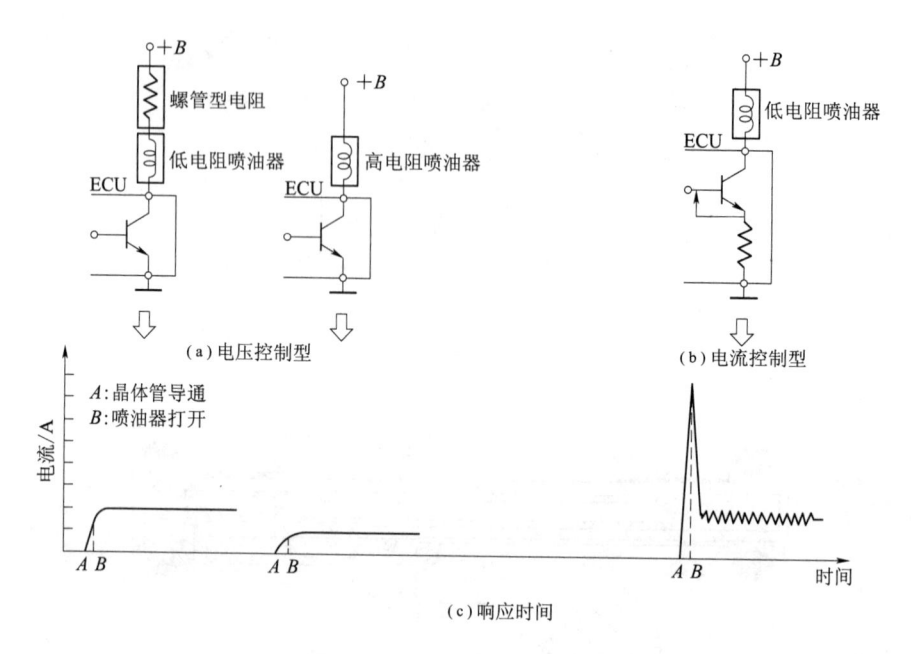

图1-20 喷油器的驱动方式

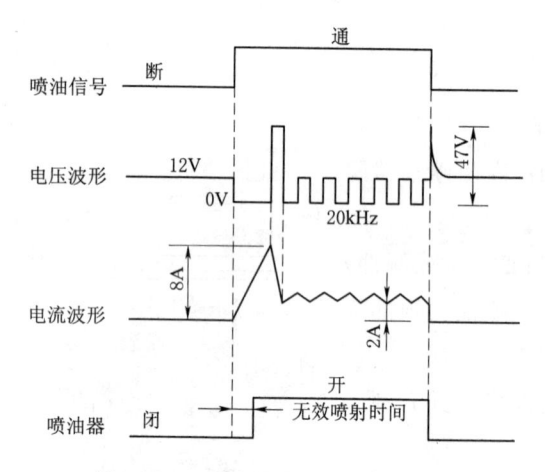

图1-21 电流控制的驱动电路波形

电流控制的驱动电路中，ECU通过晶体管对流过喷油器电磁线圈的电流进行控制，开始导通时，由于大电流使针阀迅速打开，改善了喷油器的响应特性，缩短了喷油器打开过程中所需的时间—无效喷射时间，而保持针阀在升起位置，只需较小的电流，这样可防止喷油器线圈过热，减少功耗，如图1-21所示。

（3）喷油器的流量特性。喷油器的流量特性可用两种方法表示：一种为稳态流量特性；另一种为动态流量特性。稳态流量特性是指针阀保持在最大升程位置时在一定的喷油压力下单位时间内喷出的油量，它与针阀在最大升程位置时喷口的等效通路面积和喷孔内外的压差有关。动态流量特性是指喷油器每次喷出的油量和喷油脉宽的关系，图1-22所示为喷油器喷油周期为10ms条件下测得的动态流量特性。

大部分喷油器流量特性的图形都很相似，具有以下特点。

1）当喷油脉宽小于t_1时针阀不离座，喷油量为0，即无效喷射时间。

2) 在中间喷油脉宽范围内（图 1-22 中为 2.5～9.0ms），每次喷油量与喷油脉宽成正比。动态流量特性的线性段越长，喷油器可用流量范围越大。通常以偏离线性流量 ±5% 为准，确定其最小动态流量 q_{min} 和最大动态流量 q_{max}，将 q_{max}/q_{min} 称为动态流量比（Dynamic Flow Ratio, DFR）。DFR 越大，喷油器的性能越好。

3) 为发动机选用喷油器时，怠速时所需的最小喷油脉宽和最大功率时所需的最大喷油脉宽都必须在线性段范围内，以利于控制。

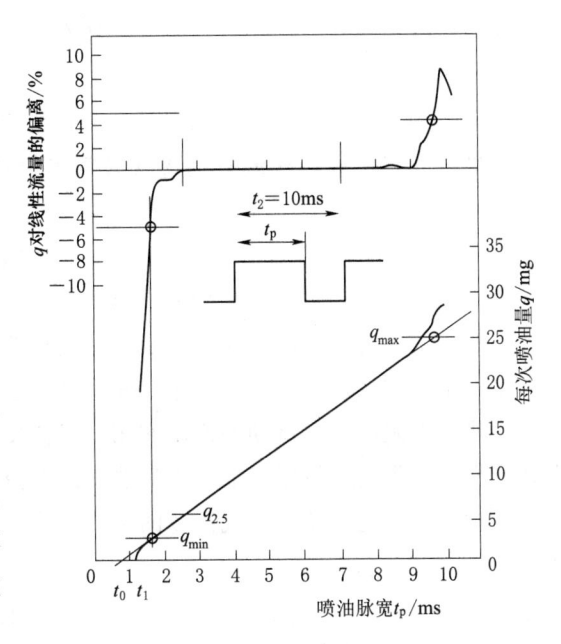

图 1-22 喷油器的动态流量特性

1.1.4.3 控制系统

控制系统一般由传感器、ECU 和执行器三部分组成，如图 1-23 所示。

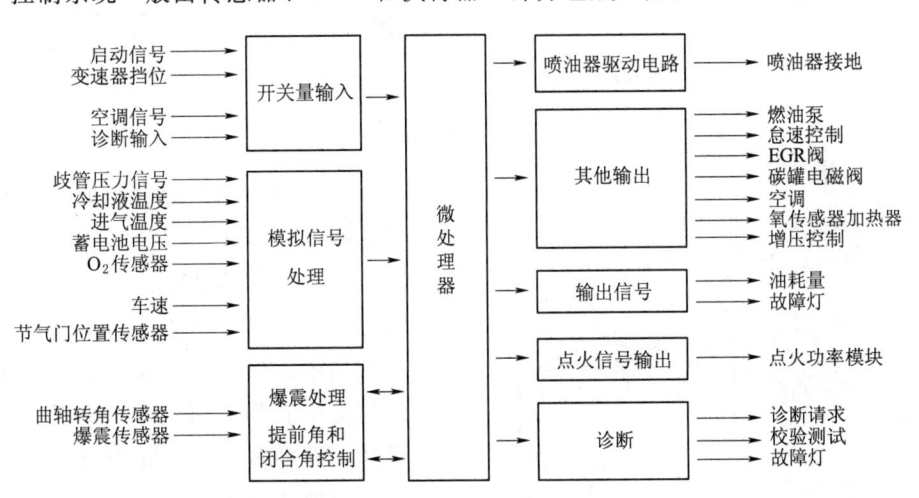

图 1-23 发动机控制系统框图

发动机控制系统除了控制喷油、点火、怠速外，还控制增压压力、配气相位、进气管长度和故障诊断等多种参数。它的特点是输入传感器的种类多、执行器的种类多、在汽车控制系统中最为复杂。

传感器是感知信息的部件，负责向 ECU 提供发动机的工作情况和汽车运行状况；执行器是负责执行 ECU 发出的各项指令，是指令的完成者。

最重要的传感器是决定发动机主要工况的负荷传感器和转速传感器；其次为水温

空气温度传感器和节气门位置传感器；还有控制空燃比闭环的氧传感器等。

1. 传感器

（1）负荷传感器。负荷传感器又分为直接测量空气流量的空气流量传感器、采用速度密度法间接测量空气流量的进气歧管绝对压力传感器和节气门位置传感器3种类型。

1）空气流量传感器。用来将吸入的空气量转换成电信号送给ECU，是决定喷油量的基本信号之一。目前最常用的是热线式空气流量计。

热线式空气流量计的工作原理是把通电加热的铂丝置于空气流中，使热线温度和吸入空气温度差保持在100℃左右，铂丝成为惠斯通电桥电路中一个臂，如图1-24所示。热线电阻因空气流动的冷却作用，阻值发生变化，使电桥失去平衡，为了保持电桥平衡，必须提高桥压，加大流过热线的电流，使热线的温度升高，恢复到原来的阻值。桥压的变化反映了空气流速的变化。

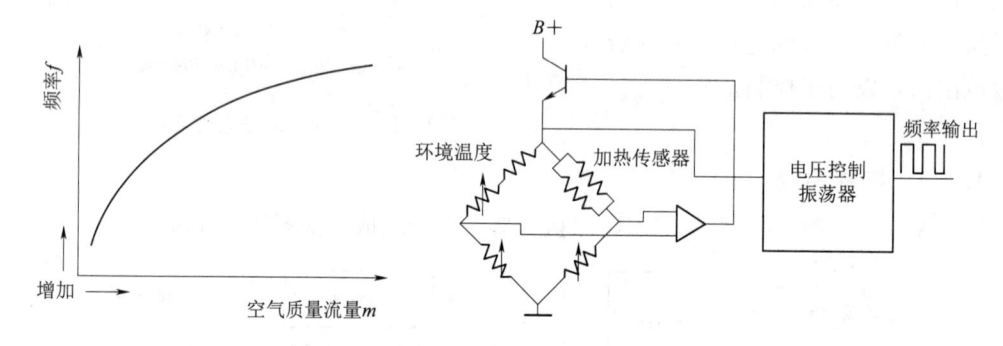

图1-24 热线式空气流量计的工作原理

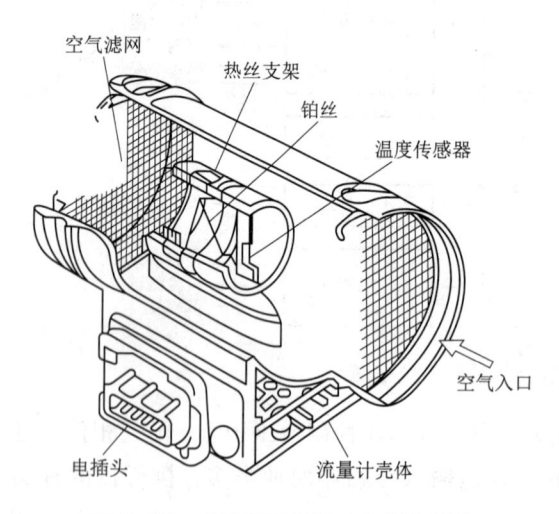

图1-25 主流测量热线式空气流量计

利用这种工作原理制成的空气流量计有3种形式。

a. 主流测量热线式空气流量计。它是把铂丝和空气温度传感器均放在进气道中，如图1-25所示。为了减少气流中脏物沾污铂丝，降低空气流量传感器的灵敏度，在混合集成电路中还设置烧净电路，每次停机时，将铂丝加热，烧掉铂丝上的脏物。此种流量传感器由于铂丝线细（约为70μm），进气通道中气流变化大，造成铂丝易断，因而现在汽车上采用较少。

b. 旁通热线式空气流量计。这种空气流量计的工作原理与主流测量热线式空气流量计相同。只是将铂丝和温度补偿电阻绕在陶瓷绕线管上，安装在旁通空气气道上,从而提高了铂丝的寿命,如图1-26所示。

c. 热膜式空气流量计。将热线、补偿电阻、精密电阻等镀在一块陶瓷片上或将发热金属铂固定在树脂膜上,使制造成本降低,且发热体不直接承受气体流动所产生的作用力,增加了发热体强度,提高了传感器的可靠性和使用寿命,如图1-27所示。

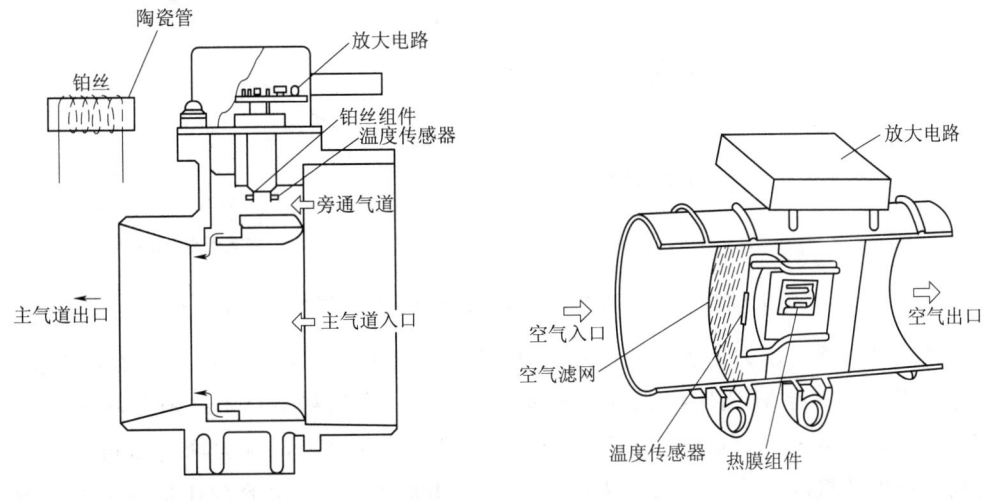

图1-26 旁通热线式空气流量计   图1-27 热膜式空气流量计

此类传感器精度高、成本高,一般在高档车上使用。

2) 进气歧管绝对压力传感器。它是速度密度法控制系统中最重要的传感器。它依据发动机负荷状况,测出进气歧管中绝对压力的变化,并将其转换成电压信号,与转速信号一起送到ECU,以确定基本喷油量。

在EFI发动机中以半导体压敏电阻式进气歧管压力传感器应用最为广泛。它由硅片集成电路和真空室组成。硅片封装在真空室内,一侧作用的是进气歧管压力,另一侧则为绝对真空,如图1-28所示。

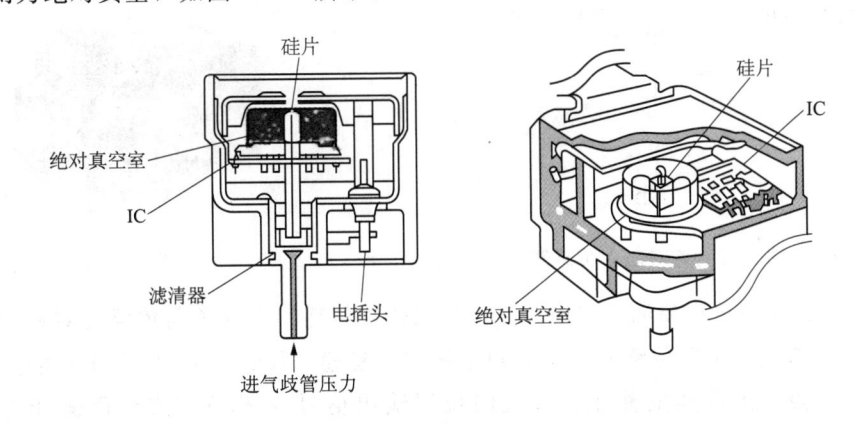

图1-28 进气歧管绝对压力传感器

在进气歧管压力下,硅片上的薄膜产生变形,在薄膜上组成惠斯通电桥的应变电阻阻值随着应变产生变化,导致电桥输出电压变化。这种进气歧管绝对压力传感器的信号电压与进气歧管绝对压力呈线性关系,如图 1-29 所示。传感器中集成电路将此电压信号放大后送至 ECU。

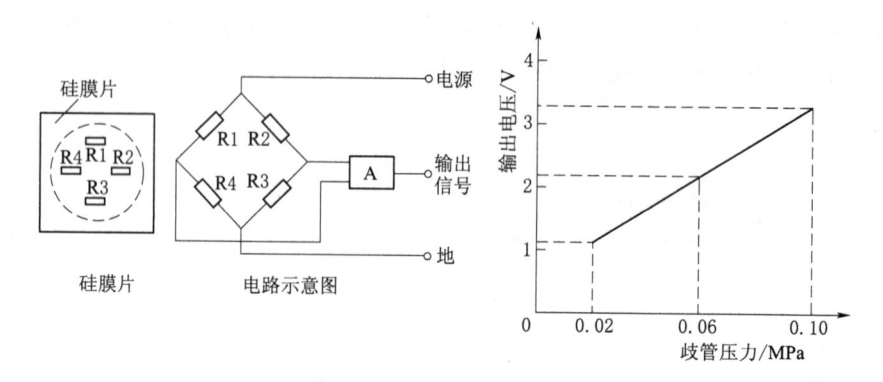

图 1-29 进气歧管绝对压力传感器的工作原理和工作特性

进气歧管绝对压力传感器的信号电路如图 1-30 所示,C_{71} 和 R_{73} 的参数值取自大气绝对压力传感器 MPX1041 的标准外围电路参数。在信号通路上对地并联了 5V 的 TVS10(Transient Voltage Suppressor,瞬态电压抑制器),对尖峰电压可以吸收,起到保护单片机的作用。为防止尖峰电压击穿电容 C_{71},其电容耐压值应适当提高。这种传感器具有体积小、精度高、成本低、响应和抗振性能较好等优点,现被广泛应用。

3) 节气门位置传感器。节气门位置传感器装在节气门体上,实质上是一个电位计。电位计的轴与节气门的轴相连,把节气门打开的角度转换成 0~5V 的电压信号传送给 ECU,如图 1-31 所示。

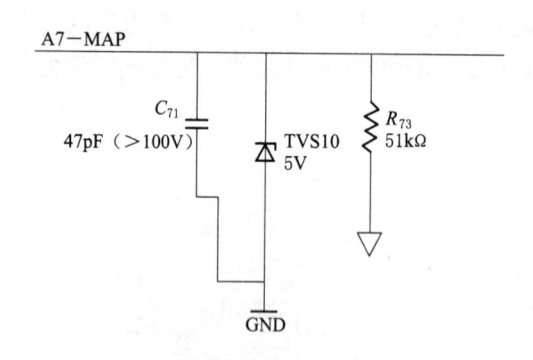

图 1-30 进气歧管绝对压力传感器的信号电路

图 1-31 节气门位置传感器

Bosch 公司的单点喷油系统中,将节气门位置传感器作为负荷传感器对喷油量进行控制。在节气门位置传感器上还有两个触点:急速(IDLe speed,IDL)触点用于断油控制和点火提前角的修正;节气门位置输出信号(VTA)或全负荷开关信号(Power Switch,PSW)用来增加喷油量,以提高发动机功率。

节气门位置传感器有线性输出型和开关型两种形式。

其中线性输出节气门位置传感器的安装位置如图 1-32 所示。其工作原理如图

1-33所示。一个触点可在基板的电阻体上滑动,利用电阻值变化,即可测得与节气门开度相对应的输出电压。图1-34所示为线性输出节气门位置传感器输出特性。

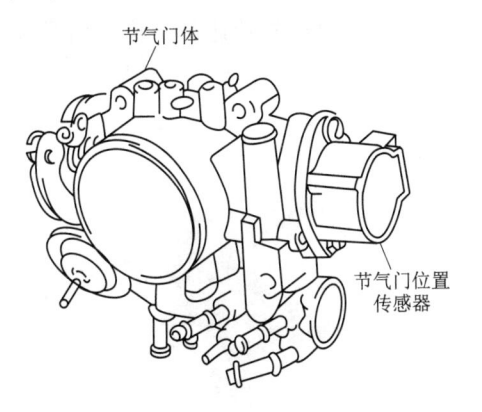

图1-32 节气门位置传感器的安装位置

图1-33 线性输出节气门位置传感器

节气门位置传感器用作负荷传感器虽然结构简单、成本低,但测量精度较差,尤其当节气门开度较大时,空气流量变化很小,因而只在低档车上使用。节气门位置传感器除了作负荷信号外,现代汽车发动机控制系统将其变化率作为判断发动机加、减速的依据。

(2)转速传感器和曲轴位置传感器。转速传感器用来测量发动机转速,以确定基本喷油量和基本点火提前角。曲轴位置传感器用来确定相对于每缸压缩上止点的喷油定时和点火定时,在顺序喷射发动机上还需要有判缸信号。

常用的转速传感器和曲轴位置传感器有磁电感应式和霍尔效应式两种。

1)磁电感应式转速传感器和曲轴位置传感器如图1-35所示。这是一个简单的磁感应检测传感器,大部分的发动机在飞轮特制环上有58个齿(根据需要也可设计成其他齿数)触发轮。每一齿占飞轮的6°角并带有一个12°角间隔的齿,通常称为缺齿。

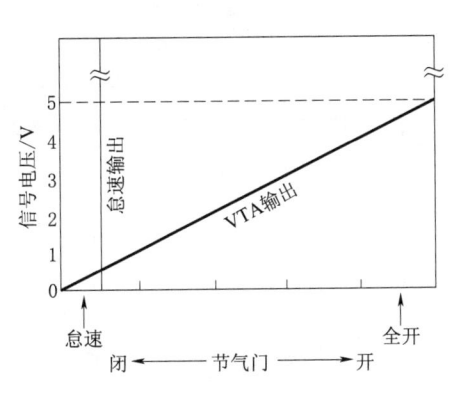

图1-34 线性输出节气门位置传感器的输出特性

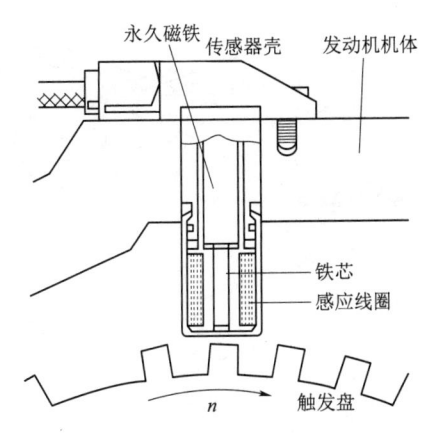

图1-35 磁电感应式转速传感器和曲轴位置传感器

它的位置可确定某一缸上止点位置。触发轮的轮齿顶部与传感器头部的间隙要求在 (1 ± 0.5)mm 内。间隙过大,输出信号较小,不易检测;间隙过小,会给安装和加工带来困难。信号的大小还与切割磁力线的速度有关,发动机的转速高,输出信号强;发动机的转速低,输出信号弱。其输出电压在 $0.2\sim90$V 之间,转速传感器输出信号波形如图 1-36 所示。

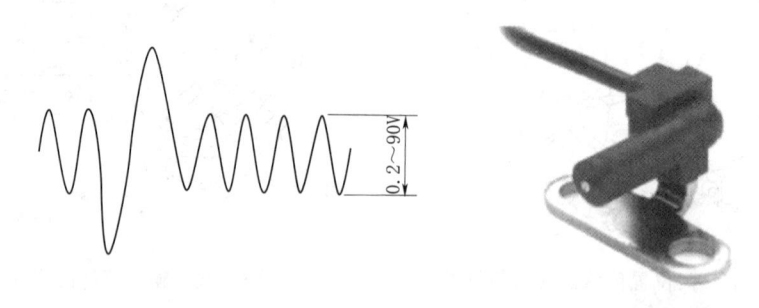

图 1-36 磁电感应式转速传感器和曲轴位置传感器的输出波形

2) 霍尔效应式转速传感器和曲轴位置传感器。它是一种利用霍尔效应的信号发生器。工作原理是当电流 I 通过放在磁场 B 中金箔薄片,且电流方向与磁场方向垂直时,这块金箔的横向两边会产生霍尔电压 U_H,如图 1-37 所示。霍尔电压的大小正比于通过金箔的电流和磁场的磁通量。封装的霍尔芯片与永久磁铁组成整体。信号发生器上的缺口数可与发动机气缸数相同。如图 1-38 所示,当信号发生器上的叶片进入永久磁铁与霍尔组件之间的气隙时,霍尔触发器的磁场被叶片旁路,此时不产生

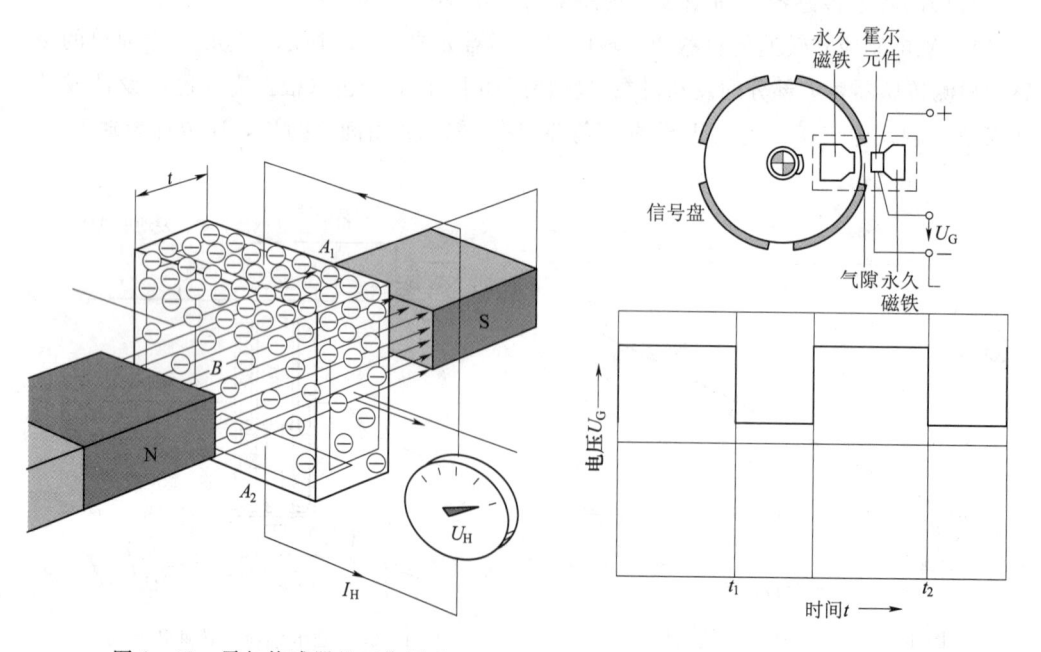

图 1-37 霍尔传感器的工作原理

图 1-38 霍尔传感器的工作原理和输出波形

霍尔电压,传感器无输出信号;当信号发生器的触发叶轮的缺口部分进入永久磁铁和霍尔组件之间的气隙时,霍尔电压升高,传感器输出电压信号(图1-38所示的电压信号已做反应处理)。

由于霍尔效应式传感器输出电压的幅度不受发动机转速的影响,且具有结构简单、工作可靠、抗干扰能力强等优点,已被广泛采用,如奥迪、桑塔纳和红旗等国产轿车均已采用这种形式的传感器,但其价格要略高于磁电式转速传感器。

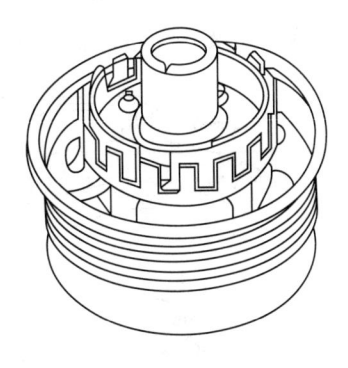

图1-39 转速传感器信号触发盘
(安装在曲轴位置前端)

安装在曲轴上的信号触发盘又分为在曲轴前端(图1-39)、曲轴后端(如捷达王、切诺基等,图1-40)和曲轴中间(如Sunfire、Cadillac等,图1-41)。

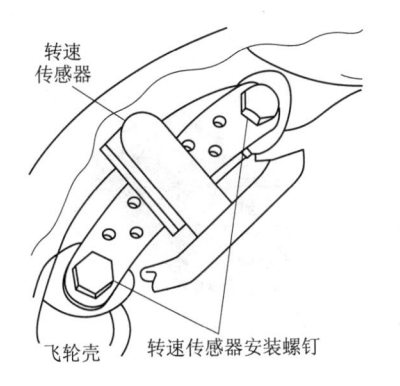

图1-40 转速传感信号触发盘
(安装在曲轴位置后端)

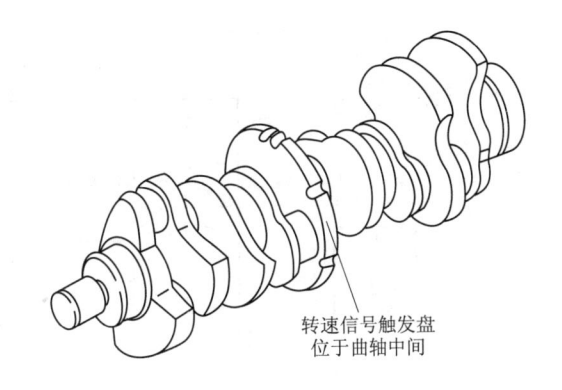

图1-41 转速传感器信号盘
(安装在曲轴中间)

图1-42 7齿信号盘

信号盘又有3齿(Benz)、6+1齿(Sunfire,图1-42)、8齿(切诺基,图1-43)和60-2齿(捷达王)之分。在信号盘上缺齿或多齿的情况是为了检测曲轴的上止点信号。也有发动机在凸轮轴上装位置传感器检测上止点信号(Cadillac,图1-44)。

(3) 温度传感器。最常用的有两种温度传感器:一种是冷却液温度传感器;另一种为进气温度传感器。

1) 冷却液温度传感器(Coolant Temperature Sensor,CTS)。通常采用热敏电

阻检测冷却液温度，其结构如图1-45所示，多数安装在发动机出水口处。

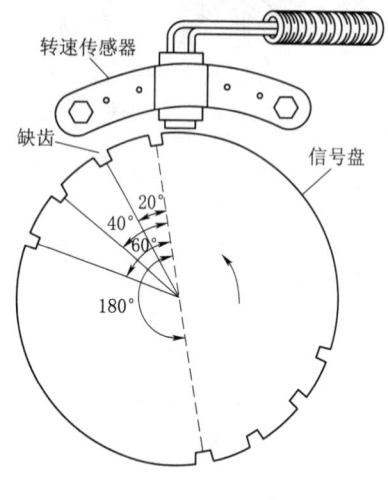

图1-43　8齿信号盘

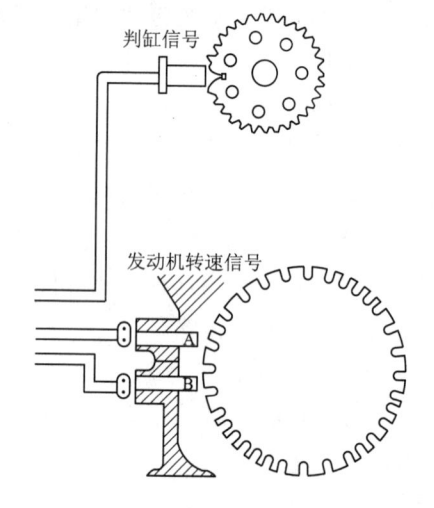

图1-44　判缸和曲轴转速位置信号传感器

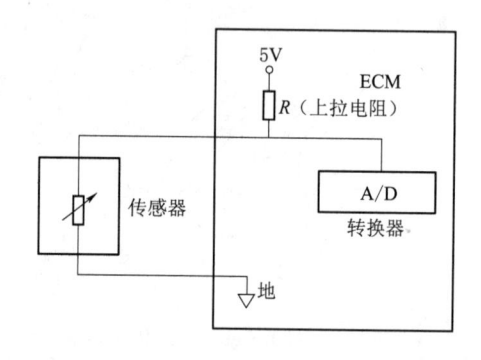

图1-45　冷却温度传感器和电路

热敏电阻由铜套封住。当热敏电阻阻值变化（6.048～100kS）时，CTS信号的电压也随之改变。热敏电阻是一种负温度系数的敏感组件，水温低时热敏电阻值大，ECU检测到的冷却液温度传感器信号电压高。ECU根据冷却液温度传感器的信号，温度低时，增加喷油量，改善冷机和启动性能。

由于热敏电阻在低温时阻值变化大，在高温时阻值变化小，为了提高测量的灵敏度，采用两个上拉电阻，50℃以上时上拉电阻值为348Ω，50℃以下时上拉电阻值约为4kΩ，见图1-46。

2）进气温度（Intake Air Temperature，IAT）传感器。也采用负温度系数的热敏电阻作敏感组件，其工作原理和冷却液温度传感器相同，只是热敏电阻裸露在大气中，用以检测发动机的进气温度。进气温度传感器安装在空气滤清器的壳体内或进气总管内，如图1-47所示。在质量流量法的EFI发动机中，进气温度传感器通常装在空气流量计的空气流量测量部位，如图1-47所示。

由于进气密度随温度改变而变化，因此ECU必须根据IAT信号对喷油量进行修

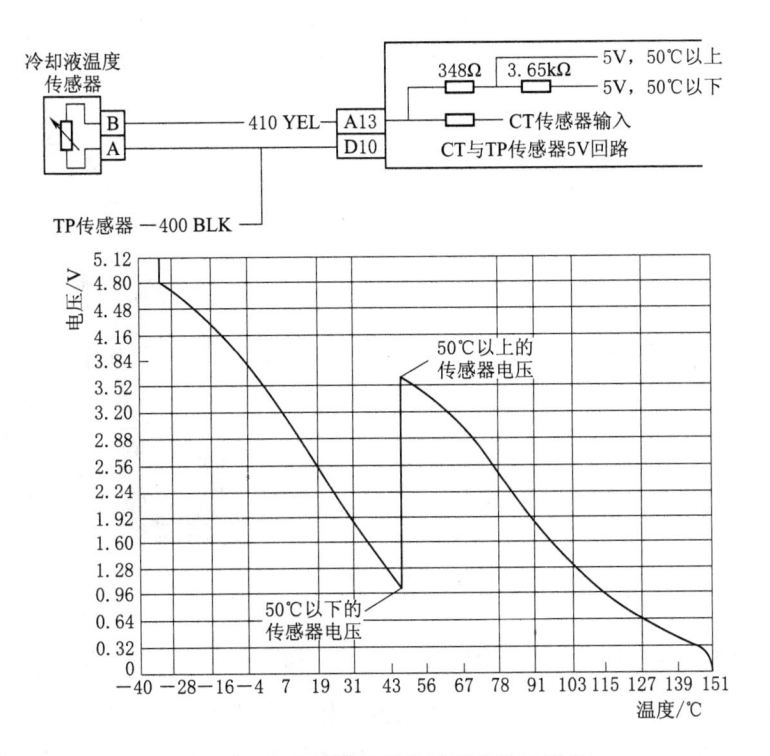

图 1-46 冷却液温度传感器的输出特性

正,以获得最佳的空燃比。

(4) 氧传感器。为了满足越来越严格的排放法规的要求,在 EFI 发动机上,均需安装三元催化转化器。它可以把发动机排气中的一氧化碳(CO)和碳氢化合物(HC)氧化成二氧化碳和水,把氧化氮(NO_x)还原成氮和氧。三元催化转化器安装在排气消声器的前面,在热负荷允许的情况下,应将它尽可能地接近排气总管。为了使三元催化转化器达到最佳转化效率,必须将混合气的空燃比保持在化学计量比附近很窄的范围内。一旦混合气的空

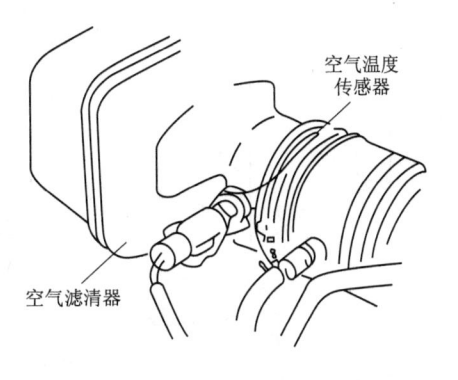

图 1-47 进气温度传感器的安装位置

燃比偏离化学计量比,三元催化转化器对一氧化碳碳氢和氧化氮的转化效率急剧下降,如图 1-48 所示。因此,在三元催化转化器的上游安装一个氧传感器,用来检测混合气的空燃比比化学计量比浓还是稀,向 ECU 发出反馈信号,将混合气空燃比控制在化学计量比附近。这种控制方式称为闭环控制方式。

目前最常用的氧传感器是氧化锆式氧传感器。氧化锆式氧传感器是以陶瓷材料氧化锆作为敏感组件,在氧化锆内外表面都覆盖着一层铂薄膜作电极,为了防止铂膜被废气腐蚀,在铂膜外覆盖一层多孔陶瓷层,外面再加一个开有槽口的套管。氧传感器的接线端有一个金属护套,其上开有一个小孔,使氧化锆传感器内侧通大气,外侧裸

露在排气中，如图1-49所示。

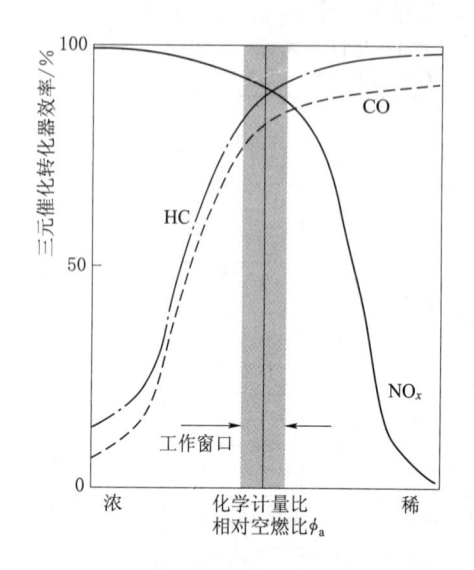

图1-48 TWC转换效率和相对空燃比的关系

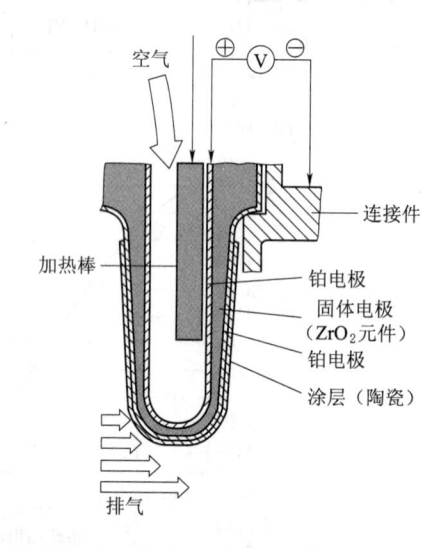

图1-49 氧化锆式氧传感器的结构

氧化锆陶瓷体是多孔的，允许氧渗入该固体电解质内，当温度高于350℃时，氧气发生电离，当陶瓷体内侧大气中含氧量与陶瓷体外侧的含氧量不同时，即存在着浓度差时，在固体电解质内氧离子从大气侧向排气侧扩散，在氧化锆内形成微电池，在氧化锆内、外两侧极间就产生一个电压。当混合气稀时，排气中氧的含量高，传感器内、外两侧氧的浓度差别很小，氧化锆产生的电压低，接近100mV；反之，当混合气浓时，在排气中几乎没有氧，传感器内、外两侧氧的浓度相差很大，氧化锆组件产生的电压为800～900mV。

在化学计量比附近，电压有突变，如图1-50所示。氧传感器起到一个浓、稀开关的作用。组件表面的铂起催化作用，使排气中的氧与一氧化碳反应，变成二氧化碳，使氧化锆两侧的氧浓度差变得更大，从而使两极间的电压产生突变。ECU根据氧传感器信号控制喷油量的增加或减少，保持混合气的空燃比在化学计量比附近。

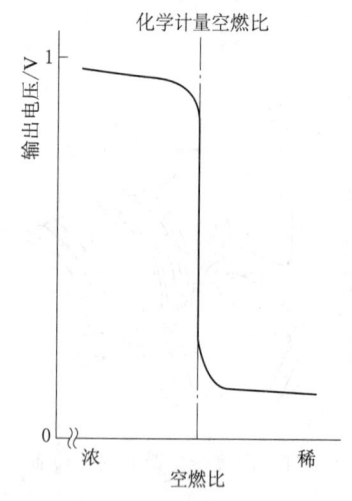

图1-50 氧传感器的输出特性

氧化锆式氧传感器输出信号还与工作温度有关，一般在350～400℃时才能正常工作。所以目前采用加热型氧传感器，如图1-49所示。加热型氧传感器与不加热型氧传感器工作原理相同，只是在传感器内部增加了一个陶瓷加热组件，只要不超过工作极限温度，陶瓷体温度总是不变，可使氧传感器的安装位置不受温度的影响，也扩大了混合气闭环控制的工作范围。氧传感器信号电路如图1-51所示。

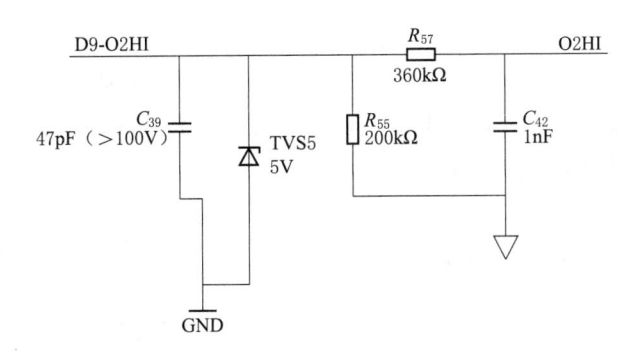

图 1-51 氧传感器的信号电路

氧传感器有预热 12V 电源线及其地线、信号线及其地线，共 4 根线。将电源和信号的地线分开有利于减少信号受到电源线的干扰。

氧传感器的信号幅值只有 0.8V 左右，属于电荷型传感器，所以入口滤波电容的容值不可过大，防止将信号幅值削减过多。

使用含铅、硅等杂质的汽油，会使氧传感器中毒，使输出电平和高低电平跳变的空燃比发生变化，无法正常工作。因此，采用 EFI 闭环控制系统加三元催化转化器的发动机，一定要使用无铅汽油，并对汽油中硫、磷、硅等含量有一定的限制，见图 1-52。

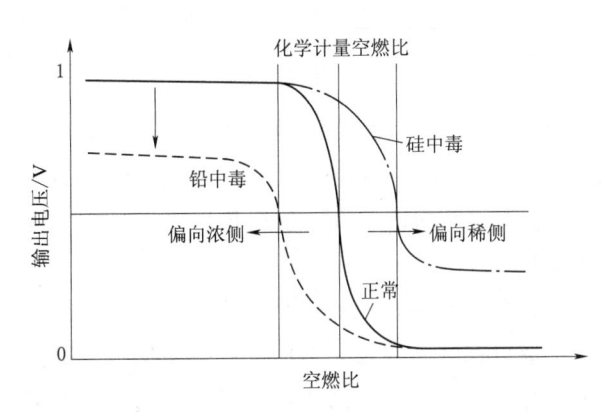

图 1-52 燃油杂质对氧传感输出特性的影响

2. 电子控制单元 ECU

ECU 的功用是采集和处理各种传感器的输入信号，根据发动机工作要求（喷油脉宽、点火提前角等）进行控制决策的运算，并输出相应的控制信号。由于汽油发动机工作状态的快速和多变，所以要达到预期的控制效果，响应速度是实时控制系统中的主要指标。

ECU 中包括硬件和软件两部分。硬件处理速度快，在系统中采用的硬件功能强、硬件数量多，则可改善系统的性能，但也会使系统复杂化。软件虽能代替一部分硬件功能，但处理速度慢，会使系统响应速度降低。通常硬件设置要按控制系统的需要进行选择，使控制系统的性能价格比高。

(1) ECU 的硬件。ECU 主要由带有微处理器和程序及数据存储器的微计算机、数字电路（包括 A/D、D/A 转换器）、功率输出级电路（喷油、点火和怠速等）与外部通信电路和电源管理电路等组成，并通过总插头将 ECU 与蓄电池、各种传感器和执行器连接在一起，系统框图如图 1-53 所示。

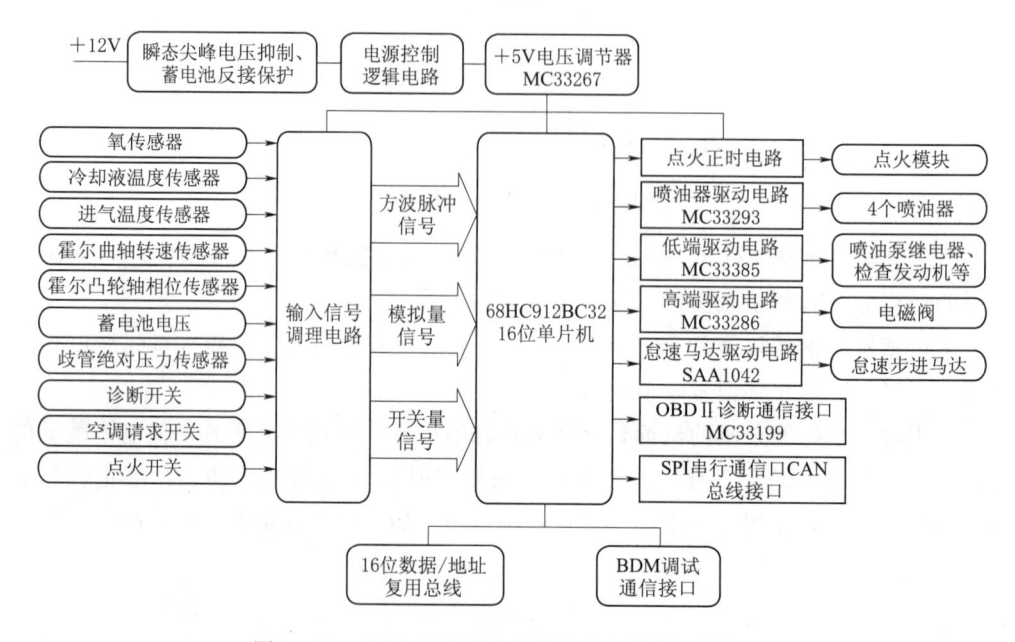

图 1-53 基于 16 位单片机的发动机控制系统框图

1) 微计算机。微计算机包括中央处理器（Central Processing Unit，CPU）、只读存储器（Read Only Memory，ROM）、随机存储器（Random Access Memory，RAM）、时钟脉冲发生器和总线等，均和一般微计算机相同。本书只介绍与控制系统有密切关联的输入输出接口。

汽车上最常用的微计算机是单片机，它是一块集成电路芯片，具有微计算机的基本功能。单片机具有集成度高、功能强、通用性好、体积小、重量轻、能耗小、价格便宜、抗干扰能力强和可靠性好等优点。在汽车上常用的是 8 位机（Intel 的 MCS 8048、MCS 8049、MCS 8032；Motorola 的 MC68HCII）和 16 位机（Intel 的 MCS 8097；Motorola 的 MC68HC12、MC68HC16）。最近 GM 公司在 Buick 车上已采用 32 位机（Motorola 68332，它有 512KB ROM、14KB RAM）。

输入输出接口（Input Output，I/O）：输入输出接口是指 CPU 与外界通信和进行信息交换的通道。输入微机的信号是以所需的频率通过输入接口接收的，微机输出信号则按发出的控制信号的形式与要求，通过输出接口以最佳的处理速度输出或传送给中间存储器。因此，I/O 是微机与输入信息、被控对象进行信息交换的纽带，是微机中不可缺少的部分。

对于每一个设备都需要一个专门的接口电路。电控发动机最主要的输入接口是传感器接口（如转速、负荷、温度、压力等），最主要的输出接口是控制接口，它控制外部执行机构的动作（如喷油器、点火模块、喷油泵、怠速执行器等）。

2) ECU 的输入级和输出级。为了使微机和外设能协调工作在两者之间，还需进行输入级和输出级处理。

a. 输入级：是将系统中各传感器检测到的信号经输入/输出接口送给微机，完成发动机工况的实时检测。输入的信号有数字量和模拟量两种。

控制系统采集的数字量主要是转速传感器的转速信号和曲轴位置信号。这两组均为脉冲信号，但需要调理后才能输入微计算机。例如，磁电式转速传感器和曲轴位置传感器输出信号的幅值是随转速而变化的。信号需要放大或缩小，并将信号调理成整齐的矩形波，因此在输入级中要设有信号整形电路。

输入的模拟信号有空气流量、进气温度、冷却水温度、节气门开度、蓄电池电压、氧传感器等信号。这些信号经传感器和相应的处理电路后，成为相应的电压信号。但必须经 A/D 转换器将连续电压信号转换为数字量后，才能输入微计算机进行处理。目前 A/D 转换器多数是设置在单片机内。

b. 输出级：是为微计算机与执行器件之间建立联系，将微计算机的指令变为控制信号，驱动执行器工作，主要起着控制信号的生成和放大等作用。

输出信号主要有控制喷油信号、点火信号、油泵信号和怠速控制信号等。

如前所述，喷油信号的驱动电路有电压控制驱动电路和电流控制驱动电路两种。在顺序喷射系统中驱动电路除了提供喷油脉冲信号外，还需提供判缸和喷油定时信号。

点火输出级的主要任务是将电流放大，并对点火线圈的最大初级电流进行限制。微计算机发出控制脉冲信号，使开关电路中功放管处于饱和和截止两种状态，控制点火线圈的通电和断电时刻，以控制点火提前角和闭合角。

燃油泵通过继电器与微机输出端相连。当控制电路中晶体管处于饱和状态时，继电器线圈导通，触点闭合，使燃油泵的电源接通，燃油泵才开始工作；当晶体管处于截止状态时，继电器状态相反，燃油泵停止工作。

(2) ECU 的软件。软件起着控制决策的作用，是控制系统中必不可少的部分。

软件包括控制程序和数据两部分。控制软件大多数采用模块化结构，将整个控制系统的程序分成若干个功能相对独立的程序模块，每个模块分别进行设计、编程和调试，最后将调试好的程序模块连接起来。这种结构方式可使程序设计和调试容易、修改方便，并可按需要进行取舍。

软件中最主要的是主控程序，其主要内容是：整个系统初始化，实现系统的工作时序、控制模式的设定，常用工况及其他各工况模式下喷油信号和点火信号输出程序。软件中还有转速和负荷的处理程序、中断处理程序、查表及插值程序等。

为了能对发动机进行最优控制，应在发动机台架、排放转鼓试验台和道路上进行标定试验，得到基本喷油量和基本点火提前角的三维图，以及其他为标定各种运行工况而确定的修正系数、修正函数和常数等，都以离散数据的形式存储在存储器中，作为控制的依据。

3. 执行器

执行器在各个系统中分别介绍。

1.1.5 空燃比控制策略和控制方法

1.1.5.1 空燃比的控制策略

为了满足发动机各种工况的要求，混合气的空燃比采用闭环和开环相结合的策略。主要分为 3 种控制方式。

1. 冷启动和冷却液温度低时

通常采用开环控制方式。由于启动转速低、冷却液温度低、燃油挥发性差，需对供油量进行一定的补偿。可燃混合气的空燃比与冷却液温度有关，冷启动和冷却液温度低时混合气稍浓，随着温度增加，空燃比逐渐变大。

2. 部分负荷和怠速运行时

在常用部分负荷和怠速工况下，为了获得低的排放，并有较好的燃油经济性，必须采用电控汽油喷射加三元催化转化器进行空燃比的闭环控制，如图 1-54 所示。

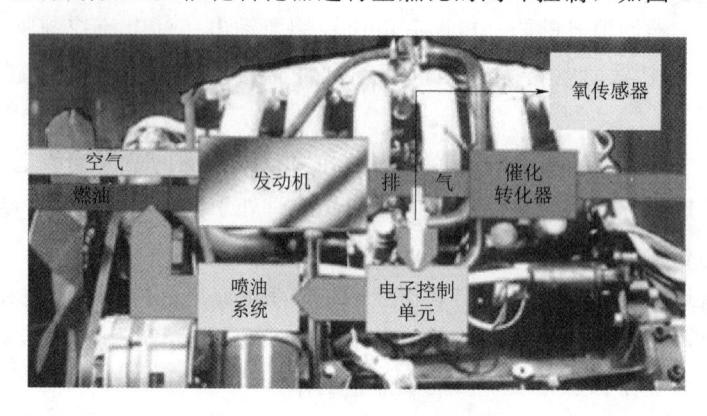

图 1-54 空燃比闭环控制示意图

图 1-55 中虚线部分为未加三元催化转化器时 CO、HC 和 NO_x 排放浓度与空燃比的关系，实线部分为采用三元催化转化器后 CO、HC 和 NO_x 与空燃比的关系。从图中可看出，采用三元催化转化器后，空燃比在化学计量比附近很窄的范围内，CO、HC 和 NO_x 的排出浓度均较小。因此，利用氧传感器输出作为反馈信号。采用闭环控制方式，才能使混合气空燃比严格控制在化学计量比附近很窄的范围内，使三元催化转化器转化效率最高。

3. 节气门全开（WOT）时

为了获得最大的发动机功率和防止发动机过热，采用开环控制将混合气空燃比控制在 12.5~13.5 范围内。此时发动机内混合气燃烧速度最快，燃烧压力最高，因而

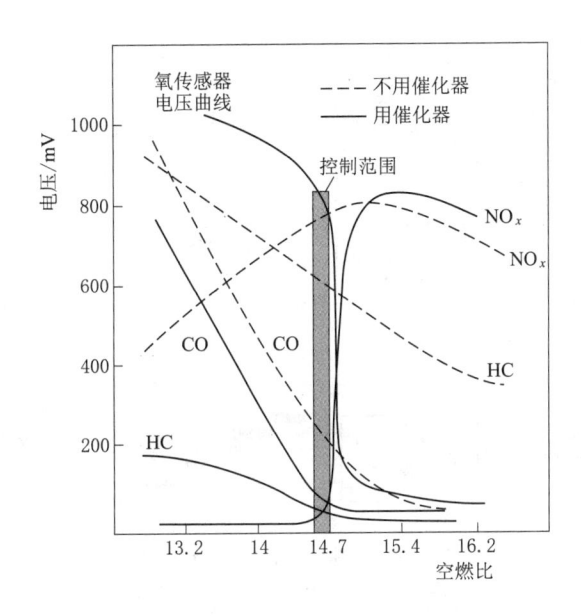

图 1-55 采用和不采用三元催化转化器对排放物的影响

输出功率也最大。

1.1.5.2 空燃比控制的流程

要实现上述空燃比的控制策略，应按下列步骤进行工作。

（1）精确地确定发动机质量流量。可用空气质量流量计直接测量空气质量流量，或在速度密度法的 EFI 发动机中，通过进气歧管绝对压力传感器、进气温度和发动机转速信号计算空气质量流量。

（2）根据测量空气质量流量时的发动机转速，计算出每工作循环每缸的进气质量流量。

（3）测量发动机和汽车在此工况下各种传感器的信号。例如，节气门位置、蓄电池电压、变速器挡位、发动机冷却液温度起步、驻车/空挡、节气门全开（Wide Open Throttle，WOT）、海拔高度等参数。节气门位置变化率可检测到加、减速状况；蓄电池电压会对喷油器的无效喷射时间和油泵流量特性有影响，冷却液温度、进气温度与燃油的蒸发和进气密度有关，影响混合气形成，均需根据不同情况进行修正。修正参数的数值和修正曲线通过标定试验获得，每个汽车公司均有所不同。根据这些数据查表获得理想的燃油和空气的比例，从而计算出每缸理想的燃油质量。

（4）根据喷油器标定数据（流量系数）计算出喷油器喷油时间和喷油脉宽。

（5）根据发动机工况确定喷油定时。

（6）ECU 中驱动器根据发火顺序，按上面已计算得到的喷油脉宽和喷油定时使喷油器工作。喷油脉宽的整个计算流程如图 1-56 所示。

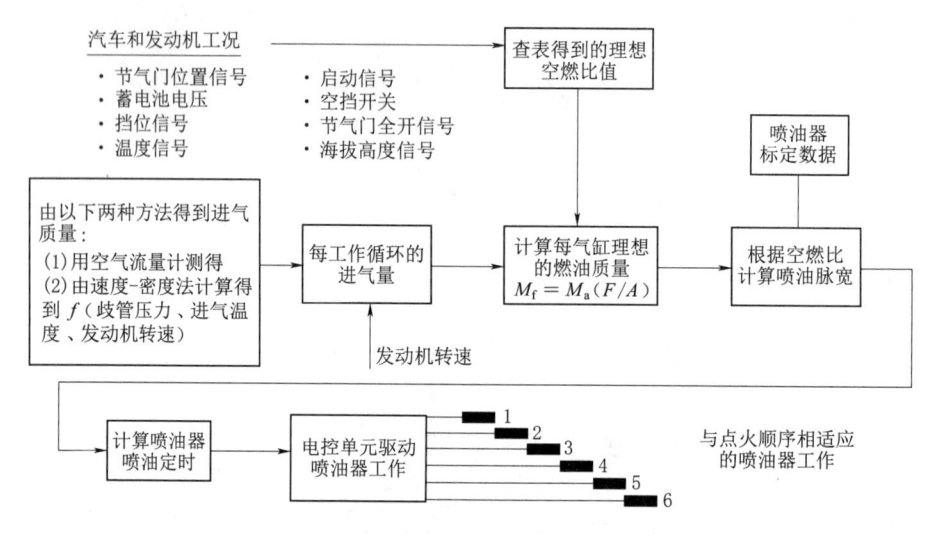

图 1-56 喷油脉宽的整个计算流程

1.1.5.3 喷油持续时间（脉宽）的控制

喷射方式有同步喷射和异步喷射两种。同步喷射是指喷油时刻与发动机曲轴转角有对应关系的喷射；异步喷射是根据传感器的输入要求控制喷油时刻，与发动机曲轴的角度无关。

在大多数运转工况下，喷油系统采用同步喷油方式工作，只有在启动、起步、加速等工况下才采用异步喷射方式工作。发动机在不同工况下运转，基本喷油持续时间和各种参数的修正量是至关重要的。图 1-57 给出了常用的主要喷油控制。

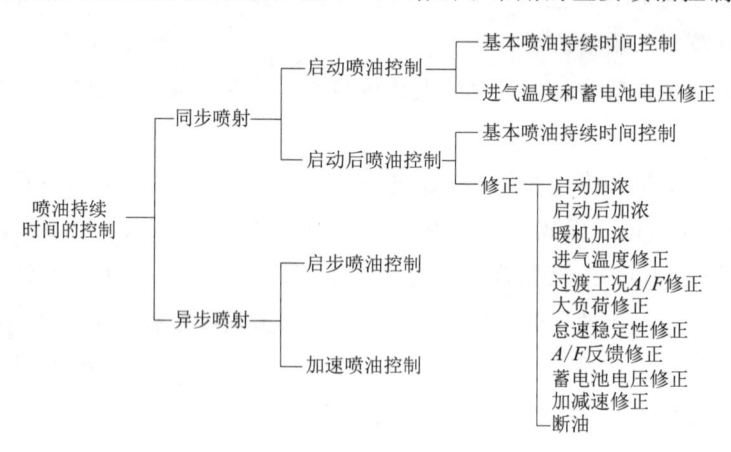

图 1-57 喷油的控制

1. 同步喷射

（1）启动喷油控制。大部分发动机在启动时是根据内存中冷却液温度喷油时间图（图 1-58）查出相应的基本喷油持续时间，然后进行进气温度和蓄电池电压（+B）的修正，得到启动时喷油持续时间，如图 1-59 所示。

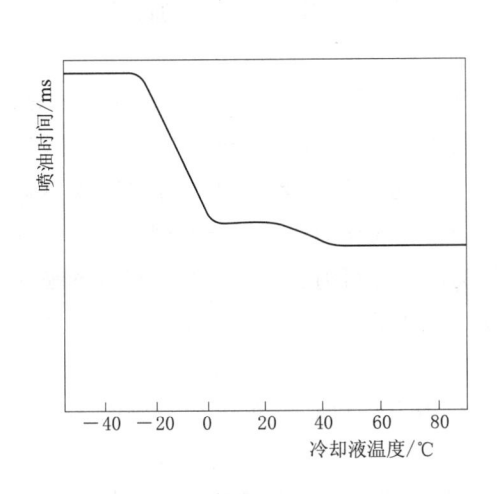

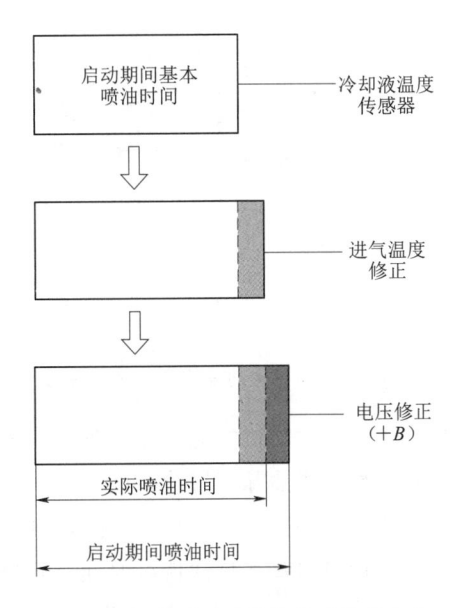

图 1-58 冷启动和冷却液温度低时的喷油时间　　图 1-59 启动时喷油持续时间的确定

$$启动时喷油持续时间 = 基本喷油时间（冷却液温度的函数）+ 进气温度修正 + 蓄电池电压修正$$

启动期间的喷油时间除了考虑冷却液温度、进气温度和电压等影响外，有的公司还考虑发动机的转速、启动次数等影响。

冷启动和冷却液温度低时混合气稍浓，喷油时间随冷却液的温度升高逐渐减小，空燃比逐步达到化学计量比，如图 1-60 所示。

（2）启动后喷油控制。发动机转速超过预定值时，电子控制单元按下列公式确定喷油持续时间，即

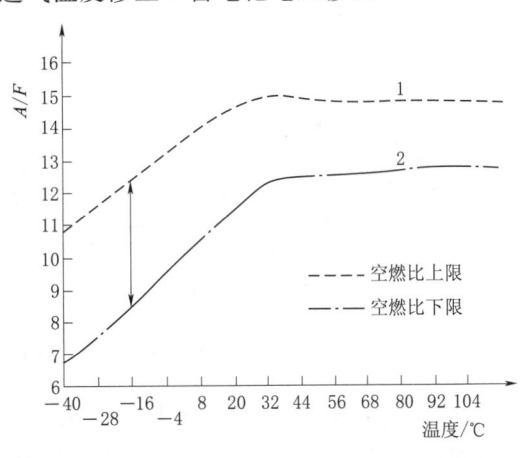

图 1-60 启动期间 A/F 的控制

$$喷油持续时间 = 基本喷油持续时间 \times 喷油修正系数 + 电压修正系数$$

式中：喷油修正系数是指各种修正系数之和。

1) 基本喷油持续时间。对于采用空气流量计的电控喷油系统，基本喷油持续时间可用下式表示，即

$$基本喷油持续时间 = K \times \left(\frac{进气量}{发动机转速}\right)$$

式中：K 为修正系数。

对于采用进气歧管绝对压力传感器的发动机,大多以三维图形式将数据按一定形式存储在电子控制单元中。图1-61所示为根据目标空燃比要求,通过试验获得发动机歧管绝对压力、转速对应基本喷射时间的数据图。若满足严格的排放法规,则要求目标空燃比应在化学计量空燃比14.7附近。汽车运行时,当转速传感器和歧管绝对压力传感器检测到转速和歧管压力时,即可通过查表方式获得基本喷油持续时间。当发动机的运行条件处于三维图工况点中间时,可用双内插法求得该运行条件下的基本喷油脉宽持续时间。

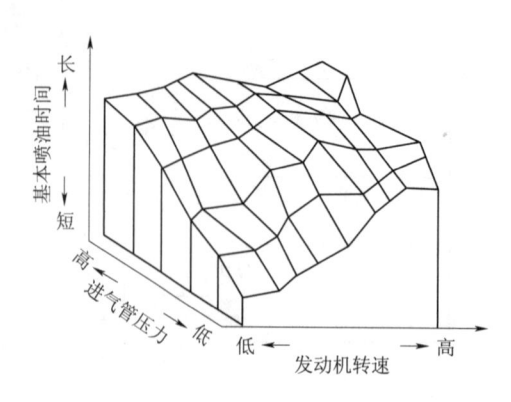

图1-61 喷油脉宽的三维图(速度密度法)

2)喷油量的修正。ECU根据各种传感器获得发动机和汽车运行工况的各种信息,对已确定的基本喷油持续时间进行修正。

a. 启动加浓。为了改善启动性能,需要根据冷却液温度对喷油量进行修正,如图1-62所示。低温时,增加喷油量。

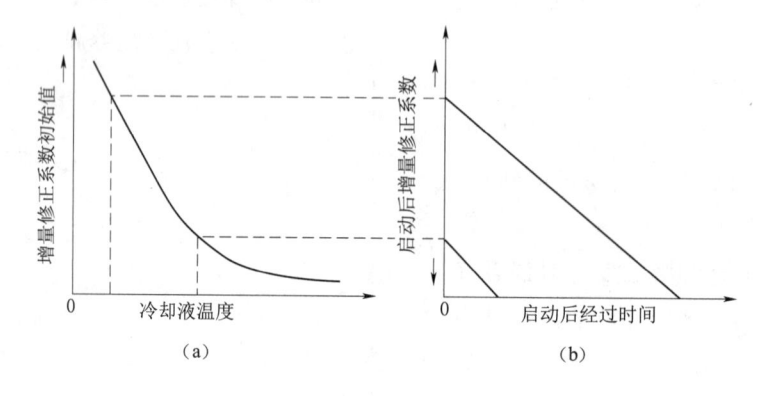

图1-62 启动后燃油增量的初值和衰减系数

b. 启动后加浓。发动机启动后,点火开关从启动GTA转到接通点火ON位置,或发动机转速已达到或超过预定值,在这段时间内额外增加一定的喷油量,使发动机保持稳定的运转。喷油量的初始修正值根据冷却液温度确定,然后以一定的速率下降,逐步达到正常值。此过程在启动后几十秒钟内完成。

c. 暖机加浓。加液量随着冷却液温度而变化。冷却液温度低时,增加的喷油量多。当水温在-40℃时,加浓的油量约是正常喷油量的2倍。在急速触点GDL接通或断开时,应根据发动机转速加浓量有少许变化,以免游车和失速。修正加浓曲线如图1-63所示。

d. 进气温度修正。发动机进气密度随进气温度而变化。因此,必须根据进气温度修正喷油持续时间,以保证发动机在此工况下运行时达到所需的空燃比。一般把

20℃作为进气温度信息的标准值，修正系数为1。ECU根据进气低于或高于该标准温度，增加或减少喷油量。最大修正量约为±10%。进气温度修正曲线如图1-64所示。

e. 冷却液温度修正。冷却液温度对发动机的性能影响要比进气温度的影响大，其最大修正系数为±30%。冷却液温度高，修正系数小；反之，修正系数大。冷却液温度修正曲线如图1-65所示。

f. 大负荷加浓。当发动机在大负荷工况下运行时，为了保证发动机处于最佳工作状态，降低发动机排气温度，根据发动机负荷状况增加喷油量。发动机负荷状况可以根据节气门开启角度或进气量的大小来确定。大负荷的加浓程度约是正常喷油量的10%～30%。

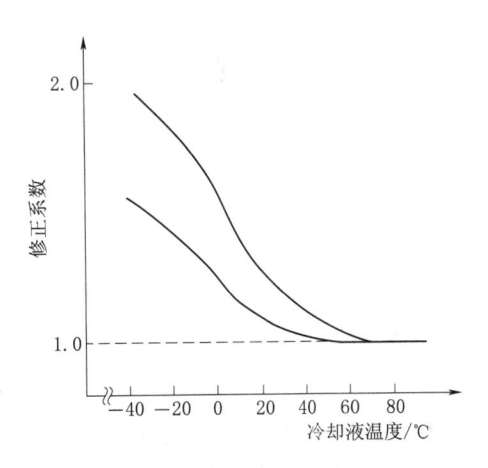

图1-63 暖机修正

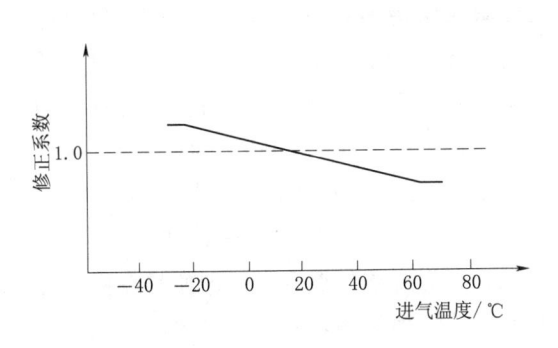

图1-64 进气温度与修正系数的关系

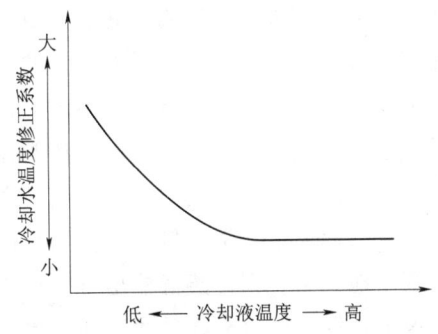

图1-65 冷却液温度的修正

g. 过渡工况空燃比控制。发动机在过渡工况下运行时，若只使用基本喷油持续时间，则在加速时混合气会瞬时变稀，在减速时混合气会瞬时变浓。因此，需要对燃油进行修正，以免发动机发生"喘振"使汽车产生振动、启动时发动机出现倒转、排气中有害成分增加等现象。

加速时负荷变化率越大，即单位时间内的流量变化率$\Delta Q/N$越大，修正量也越大。

水温越低，加速修正系数越大。减速时，节气门关闭，进气管内压力降低，促使附着部位的汽油加速汽化。与加速工况相反，减速时要使喷油持续时间比基本喷油时间少，即减速减稀，其修正系数如图1-66所示。

A/F反馈修正：除了以下工况进行开环控制外，其余工况均为A/F反馈修正的闭环控制。

● 发动机启动期间。
● 启动后加浓期间。

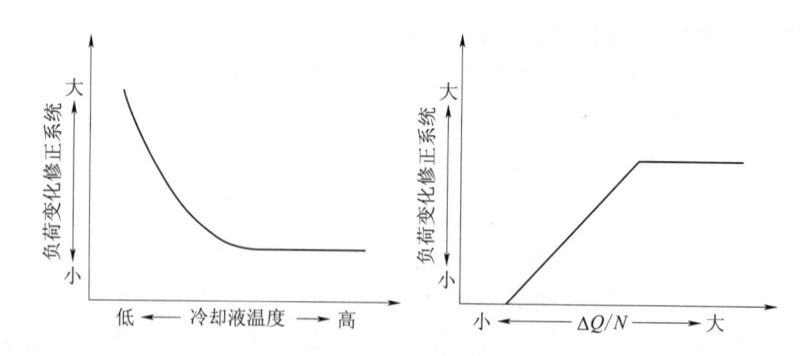

图 1-66 负荷变化的修正系数

- 大负荷加浓期间。
- 冷却液温度低于规定值（如 60℃）时。
- 断油时。
- 氧传感器输出空燃比信号稀持续时间大于规定值（如 10s）时。
- 氧传感器输出空燃比信号浓持续时间大于规定值（如 10s）时。

闭环控制空燃比修正的过程：ECU 把氧传感器输入信号与规定参考电压值进行比较，此值是"浓"和"稀"间的中值，对于氧化锆传感器约为 0.45V。如果信号电压比规定参考电压值高，说明混合气的空燃比比化学计量空燃比浓，先将喷油量阶跃性地减少一定数量，然后再以一固定的速率减少喷油量，如图 1-67 所示。传感器的信号对于这一变化不是立刻响应，还要保持比中值高一些时间，在此段时间内混合气逐渐减稀。由于这种作用的结果，使传感器的输出最终低于中值，ECU 指出现在混合气的空燃比大于化学当量比。控制软件应用阶跃增加喷油持续时间以加浓混合气，然后逐步地加浓直到传感器输出再一次指出混合气为过浓的混合气。即使是在稳定行驶状况下，混合气也会在"浓"和"稀"状态下连续地振荡，对于大多数发动机，怠速时振荡频率是在 0.5~2Hz 范围内。但空燃比的实际平均值应为化学当量比。

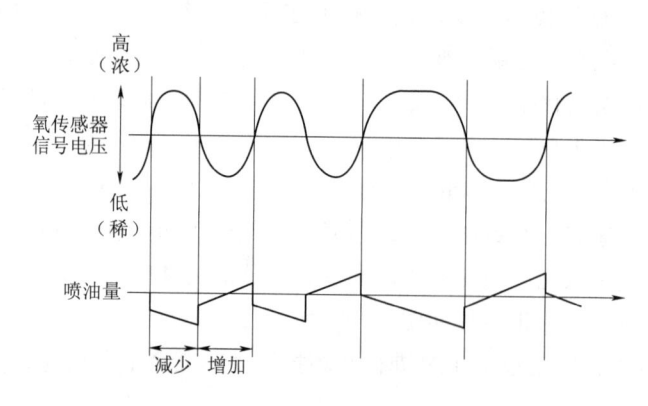

图 1-67 闭环控制的工作原理

在短时间周期内 A/F 修正系数平均到 1.0，这说明存储在 ECU 中三维图的数据对于此发动机是合适的。闭环控制空燃比修正系数为 0.8~1.2。

闭环控制不仅可以使每辆汽车在满足性能要求的条件下减少排放物，还可以减少各新车之间由于制造装配等因素造成的有害排放物的差异，或减少由于车辆老化使发动机有害排放物的变化。

空燃比学习控制：使用过程中，由于供油系统或发动机性能变化，实际空燃比相对化学计量空燃比的偏离可能不断增大，虽然空燃比反馈修正可以修正空燃比的偏差，但是修正的控制范围是一定的，如果反馈值的中心偏向稀或浓的一边，修正值可能超出修正范围。如果在某一时间段内平均 A/F 修正系数大于或小于 1.0，就会造成控制上的困难（图 1-68 中的 C）。为了使修正值回到可以控制的修正范围之内，并使反馈值的中心回到化学计量空燃比的位置（图 1-68 中的 A），ECU 根据反馈值的变化情况，设定一个学习修正系数，以实现燃油喷射持续时间总的修正。这个学习修正系数值存储在 ECU 的内存中，即使点火开关断开，也仍然保留。

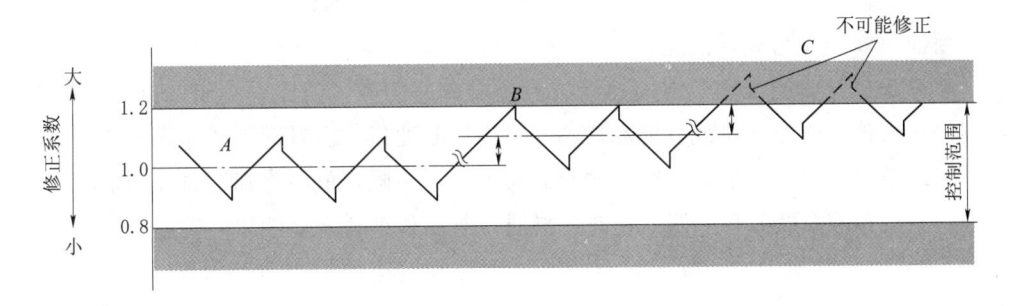

图 1-68 学习控制的修正系数

当运行条件发生变化时，学习修正量立即反映到喷油时间上，因此提高了过渡工况运行时空燃比的控制精度。从图 1-69 中可以看出，当吸入空气量从 A 向 B 变化时，反馈修正所起作用可用无学习控制和有学习控制时空燃比的变化来说明，有学习控制时 A/F 可控制在 14.7 附近，而无学习控制时有一段时间 A/F 不能达到化学计量空燃比。

电压修正：喷油器实际打开的时间比 ECU 控制喷油器的时间要晚，见图 1-70，电流进入喷油器的绕组所需的时间为 t_1，电流切断时所需的时间为 t_2 t_1-t_2，得到 t，即为喷油器绕组

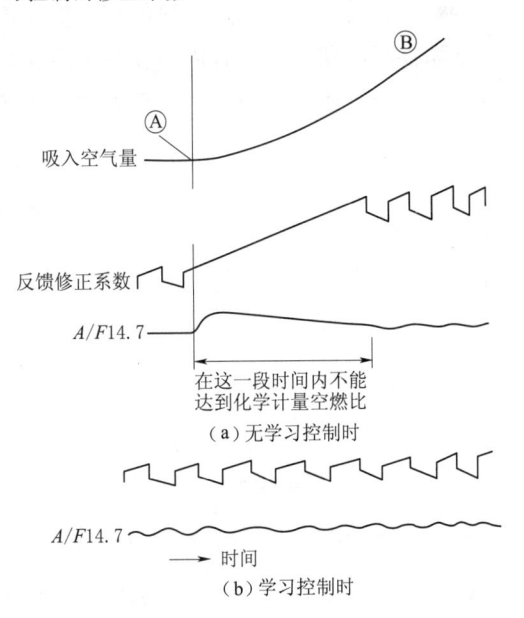

图 1-69 有、无学习控制的空燃比控制精度

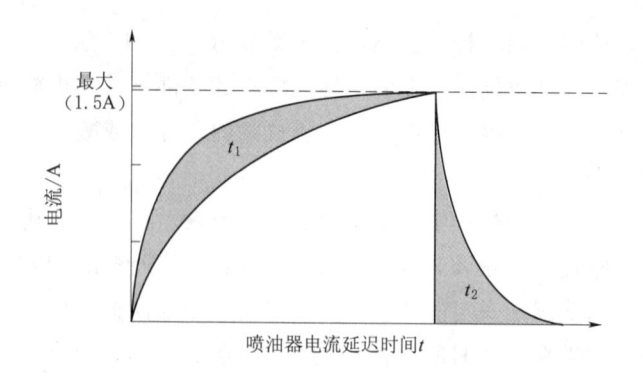

图 1-70 喷油信号和喷油器实际开启时间的差别

感应产生的延迟,这意味着喷油器打开的时间比 ECU 计算所需要打开的时间短,使实际空燃比比发动机所要求的空燃比大,即较稀。蓄电池电压越低,滞后的时间越长,如图 1-71 所示。ECU 根据蓄电池电压的高、低,相应地延长喷油信号的持续时间,对喷油量进行修正,使实际喷油时间接近于 ECU 的计算值。

断油:断油分为 3 种情况。

● 减速断油是指发动机在高速运转时急剧减速,节气门完全关闭,ECU 控制喷油器停止喷油,以改善排放性能和燃油经济性。断油后,当发动机转速降到某一定值以下时或节气门再度开启时,喷油器重新喷油,这一限定值与冷却液温度和空调状态有关,当冷却液温度低和空调工作时,喷油器断油和重新恢复喷油的转速较高,如图 1-72 所示。发动机断油和恢复过程点火、喷油和转速的控制策略如图 1-73 所示。在达到断油转速时,为了避免发动机产生冲击,点火需适当推迟,需延迟一段时间才开始断油;在断油时,采用怠速的点火提前角;断油结束后,先要有一段大的喷油脉宽,以弥补断油期间进气管内油膜由于蒸发而造成的减少,然后逐渐增加,点火提前角也不断增加。通常断油转速高于喷油恢复转速。

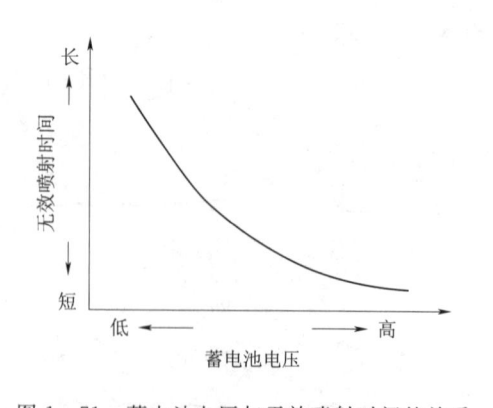

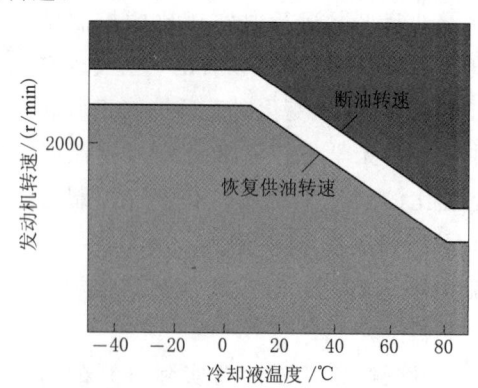

图 1-71 蓄电池电压与无效喷射时间的关系

图 1-72 断油转速和冷却液温度的关系

● 发动机超速断油是指发动机超过额定转速时停止供油,以免损坏发动机。
● 汽车超速行驶断油是指车速超过限定值时停止供油。

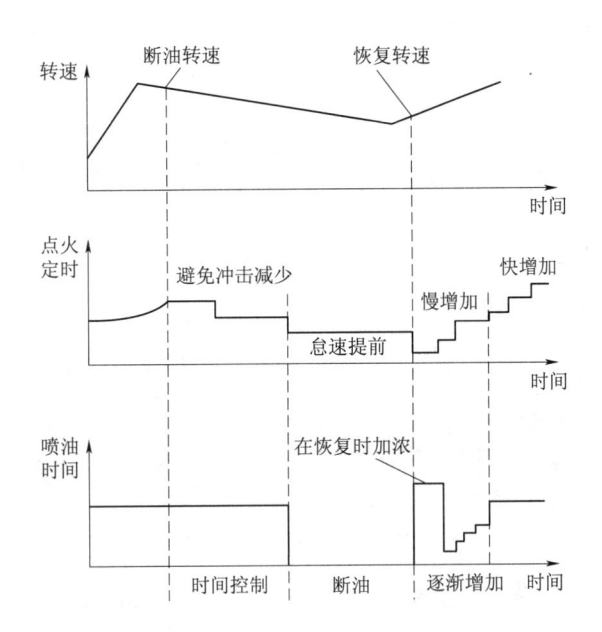

图1-73 发动机断油和恢复控制的策略

2. 异步喷射

(1) 启动时。为了改善发动机启动性能,需将混合气加浓,除了按正常的曲轴转角同步方式喷油外,在启动信号 STA 处于接通时,ECU 根据上止点信号 G 后检测到的第一个转速 N_e 信号开始,以固定的喷油持续时间,同时向各缸增加一次喷油,如图1-74所示。

(2) 起步时。发动机从怠速工况向起步工况过渡时,会出现混合气过稀现象。为了改善起步加速性能,ECU 在怠速 GDL 触点信号从接通到断开后,检测到第一个转速 N_e 信号时,增加一次固定喷油持续时间的喷油,如图1-75所示。

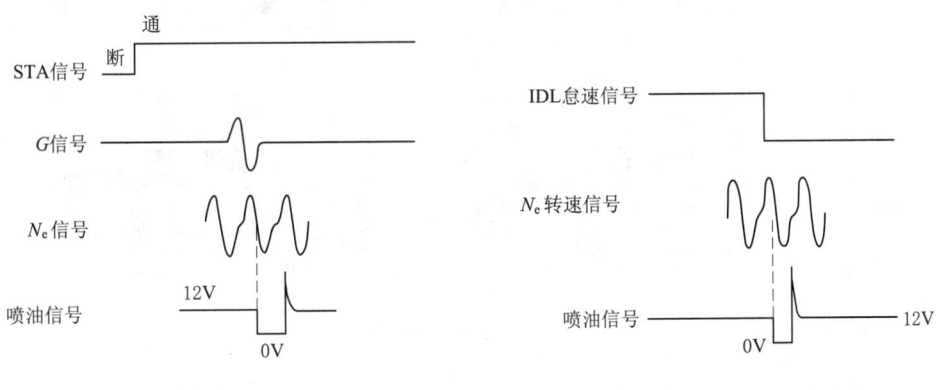

图1-74 启动时异步喷射　　图1-75 起步时异步喷射

(3) 加速时。当节气门急速开启或进气量突然变大时,为了提高加速响应性能,在同步喷射基础上加异步喷射,如图1-76所示。加速的加浓因子在开始一段时间大,随着点火次数的增加按一定斜率慢慢减至0,见图1-77。

图 1-76 加速时异步喷射

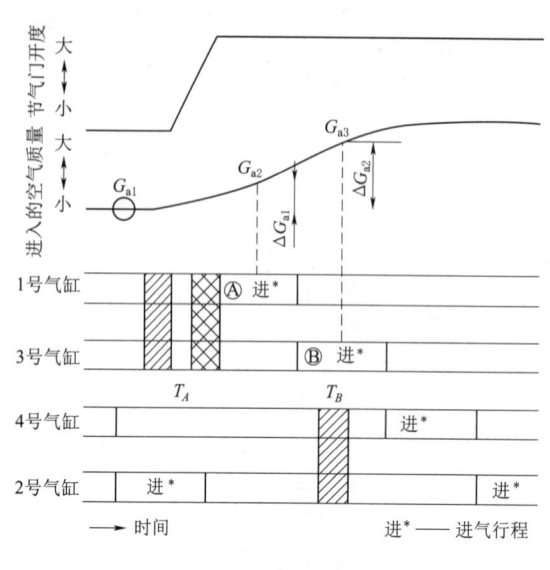

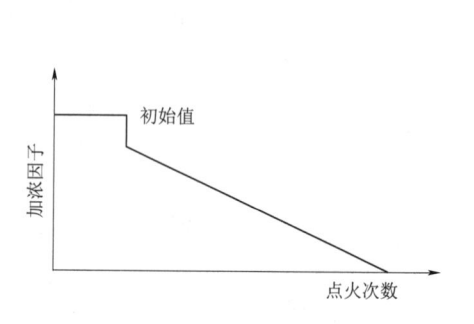

图 1-77 加速的加浓因子

1.1.5.4 喷油定时的控制

喷油可分为同时喷射、分组喷射和顺序喷射 3 种形式，见表 1-1。

表 1-1　喷油方式和喷油定时

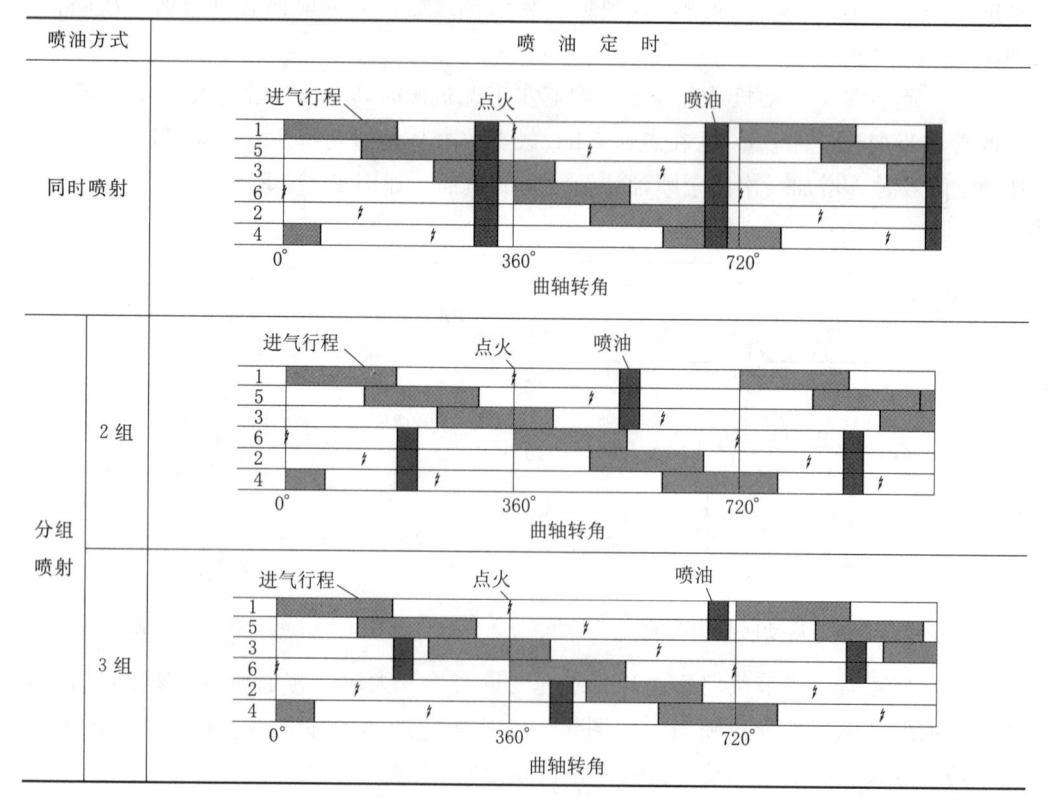

喷油方式	喷油定时
同时喷射	
分组喷射 2组	
分组喷射 3组	

续表

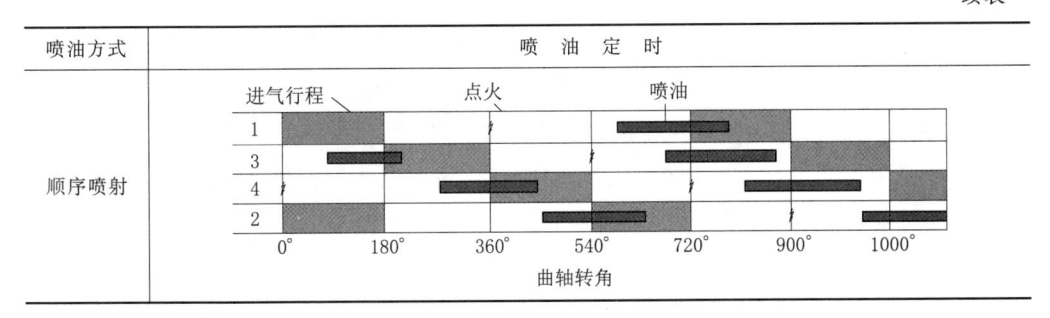

喷油方式	喷油定时
顺序喷射	(图示:进气行程、点火、喷油时序图,曲轴转角 $0°$~$1000°$,气缸顺序 1-3-4-2)

对于分组喷射来说,喷油定时的影响不大,但顺序喷射对喷油定时有一定的要求。有的公司规定在进气行程之前结束该缸喷油,以便燃油更好地蒸发,形成较好的混合气;也有公司规定,80%的燃油在排气行程中喷射,留下20%在进气行程中喷射;还有的公司为了简化控制程序,采用固定的喷油定时,大多数设在进气行程前曲轴转角 $70°$~$90°$。

喷油定时的大致范围如图 1-78 所示。

从启动到运行工况 G 达到化学计量空燃比的 A/F 变化,如图 1-79 所示。

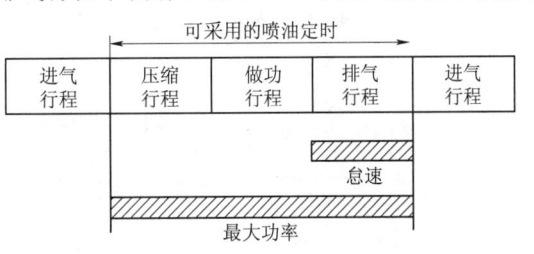

图 1-78 喷油定时的大致范围

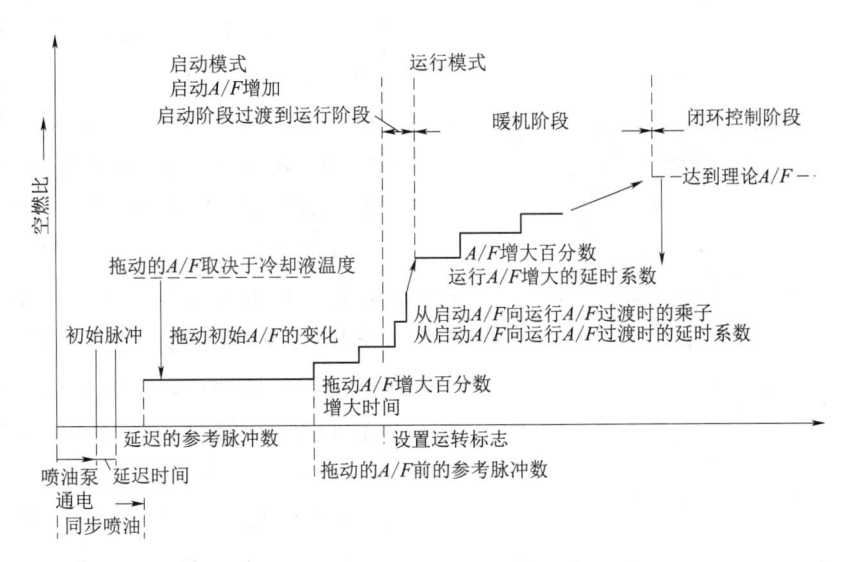

图 1-79 启动到正常运行工况的 A/F 的变化

A/F 控制中几个应注意的问题如下。

(1) 在速度密度法中,为了得到不同工况下的喷油脉宽,通常先在发动机试验台架上进行稳态试验,把试验的工况点称为节点。这些节点不是均匀分布的,而是根据以下原则来选择。

1) 合理布局，工况的节点要覆盖发动机的整个工作范围。
2) 发动机性能变化剧烈的工况区域节点要求比较密。
3) 常用工况特殊工况急速排放测试点要重点考虑。

这些要求可通过各个发动机的工况频次图，用工况法进行排放测试时每秒钟记录一次发动机的转速和负荷来分析和确定，如图1-80和图1-81所示。

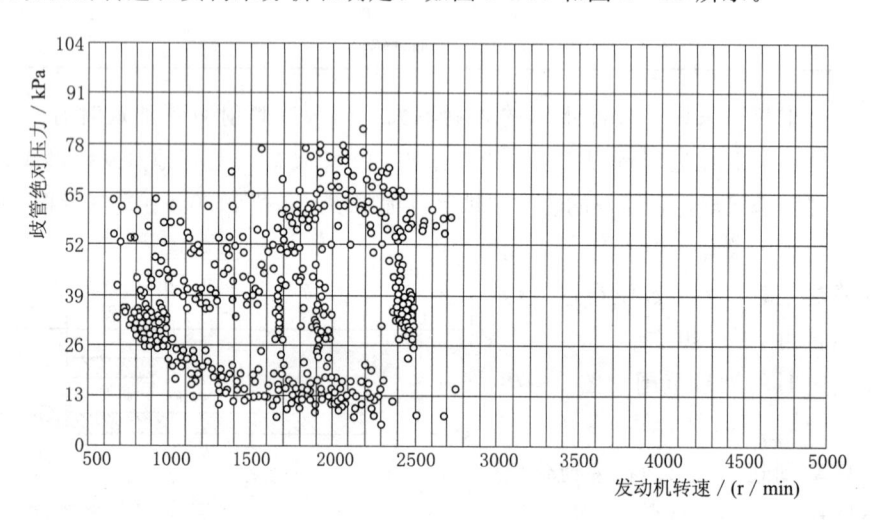

图1-80 492Q发动机工况法的频次图

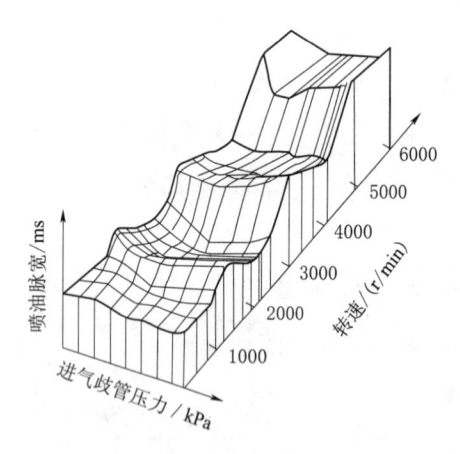

图1-81 根据发动机运行工况确定节点喷油脉宽的三维图

(2) 在工况法排放测试中，第一循环排放量占整个测试循环的70%~80%。为了减少排放量，应使氧传感器和三元催化转化器尽早起作用。除了采用加热型氧传感器外，还可采用电加热催化转化器（图1-82）；在热负荷允许的条件下，尽量将氧传感器和三元催化转化器接近排气歧管在欧Ⅳ排放法规的车载诊断系统中，要求装两个氧传感器，一个在催化转化器前，起控制A/F的作用，另一个在催化转化器后，监测三元催化转化器的工作是否正常，如图1-83所示。

电加热催化转化器EHCS可解决冷启动后前30~60s运行中高污染排放物的问题。该装置可满足更严格排放法规的要求。

新开发的EHCS具有小的体积，并被直接安装在主三元催化转化器的上游，在发动机暖机时工作。当发动机启动时立刻由ECU接通EHCS的电流。进而加热转化器组件芯，造成热释放化学反应的产生。在发动机启动15s后达到400℃以上的工作温度。转化器的效率达到90%，约在40s后加热电流断开。

图 1-82 电加热催化转换器　　图 1-83 紧接排气歧管的两个氧传感器

（3）要达到欧洲排放法规的要求，除了尽快暖机外，还需控制燃油品质，特别是硫的含量，要求在 $1.5×10^{-4}$ 以下。欧Ⅰ排放法规中硫的含量为 $5.0×10^{-4}$）。图 1-84 所示为欧Ⅱ排放检测循环的检测结果。

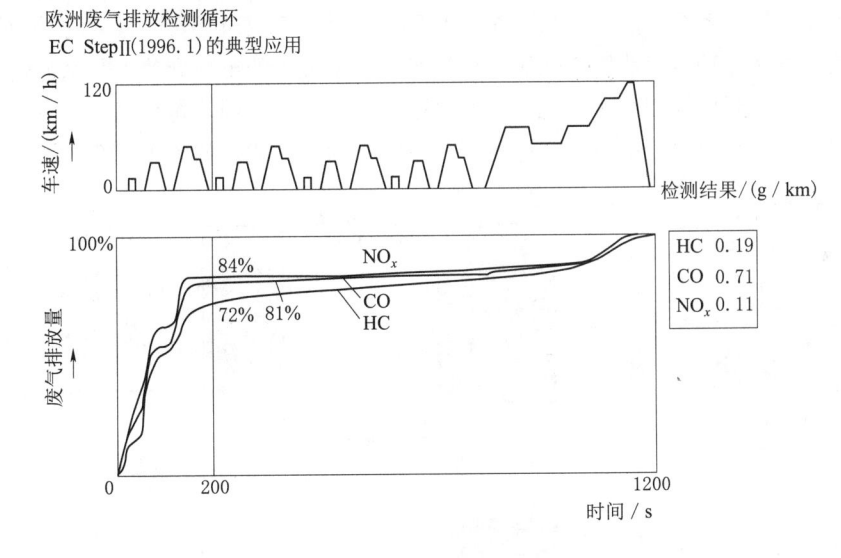

图 1-84 欧Ⅱ排放检测循环的检测结果

1.2 电子点火控制

1.2.1 汽车点火系统的要求

点火系统必须满足以下要求。

（1）提供足够高的次级电压，使火花塞极间跳火。现代发动机中大多数的点火系统都能提供 20kV 以上的次级电压。

（2）火花要具有足够的能量。点火能量越大，着火性能越好。目前采用的高能点火装置，点火能量都要求超过 80~100mJ。

（3）点火系统应按发动机的发火顺序并以最佳时刻点火提前角进行点火。最佳点火提前角是由发动机的动力性、经济性和排放性能要求共同确定的。

（4）当需要进行爆震控制时，能使点火提前角推迟。

1.2.2 点火控制系统的组成

点火控制系统与电控喷油系统一样，也由传感器、ECU 和执行器组成，如图 1-85 所示。

除了与电控汽油喷射系统中的各种传感器一样外，还有专为点火控制用的爆震传感器，其执行器是点火模块和点火线圈。点火模块的主要作用是将 ECU 输出信号送至功率管进行放大，并按发火顺序给点火线圈提供初级电流。最常见的为无分电器点火系统，它是两个气缸共用一个点火线圈，高压线圈的两端分别接在同一曲拐方向两缸火花塞的中央电极上，高压电通过地形成回路。点火时，一个气缸活塞处在压缩行程的上止点前，火花将压缩混合气点燃，另一个气缸则处于排气行程上止点前，气缸内是废气，点火无效。虽然此种点火线圈消除了分电器，但由于废火的出现导致火花塞加速腐蚀的趋势，为此现已开始采用每个火花塞装有自己的"塞顶"线圈，每个气缸有一个点火线圈。这种办法虽然成本较高，但它能得到较好的发动机性能，如图 1-86 所示。

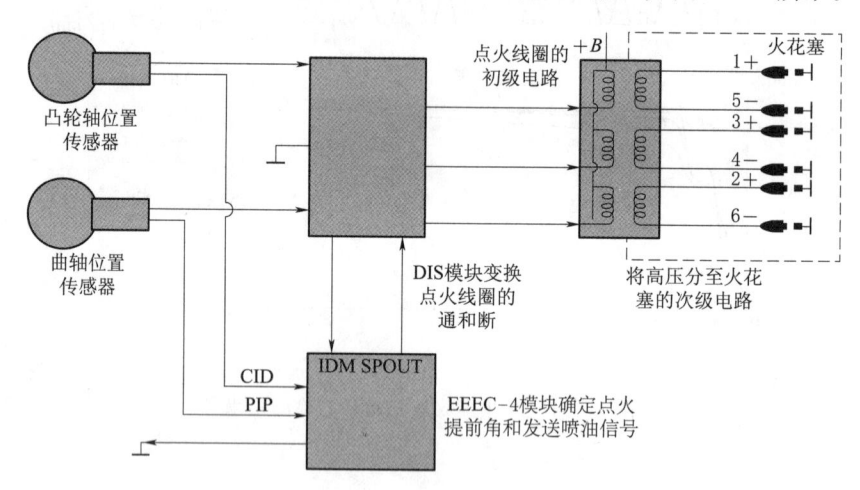

图 1-85 点火控制系统工作原理框图

ECU 采集各种传感器信号，经 A/D 转换或对信号进行调理后，由微处理器进行判断、计算，得到最佳点火提前角，从而对点火进行控制。

1.2.3 点火控制

点火控制包括点火提前角控制、闭合角控制和爆震控制 3 个方面。

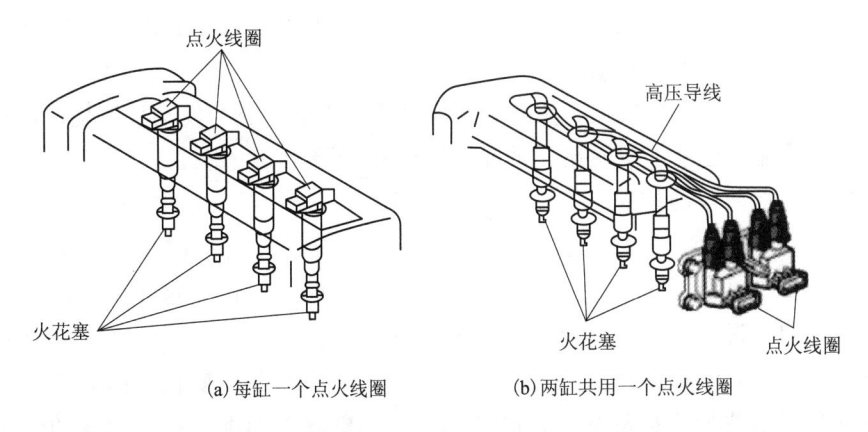

(a) 每缸一个点火线圈　　(b) 两缸共用一个点火线圈

图 1-86　无分电器点火线圈

1. 点火提前角控制

(1) 点火提前角。它指从火花塞电极间跳火开始，到活塞运行至上止点时，在此段时间内曲轴所转过的角度。

1) 点火过迟。如果活塞在到达压缩上止点时点火，那么混合气在活塞下行时才燃烧，使气缸内压力下降。同时由于燃烧的炽热气体与缸壁接触面加大，热损失增加，发动机过热，从而使发动机功率下降，油耗增加。

2) 点火过早。如果点火过早，混合气在活塞压缩行程中完全燃烧，活塞在到达上止点前缸内达到最大压力，使活塞上行的阻力增加，也会使功率下降，还会产生爆震。

现代发动机的最佳点火提前角，不仅要使发动机的动力性、经济性最佳，还应使有害排放物最少。气缸内压力与点火时刻的关系如图 1-87 所示。

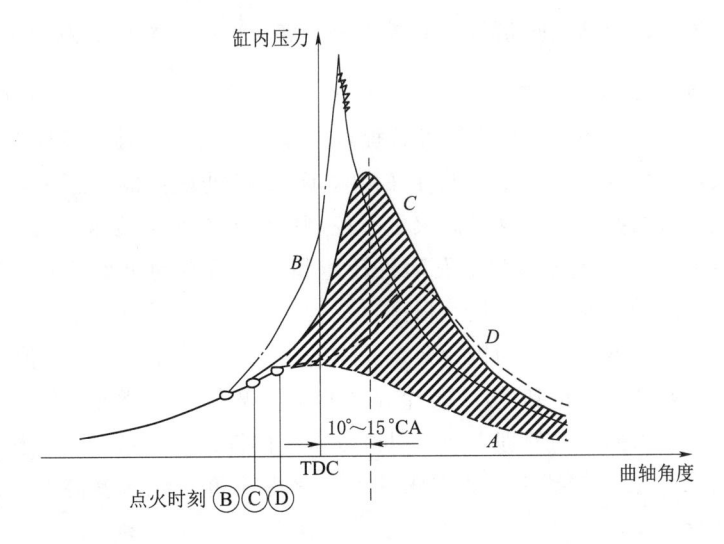

图 1-87　气缸内压力和点火时刻的关系

从图 1-87 中可看出，B 点点火过早，最大燃烧压力最高，但出现爆震。D 点点火过晚，最大燃烧压力很低。而在 C 点点火，最大燃烧压力在上止点后 10°～15°CA 时出现做的功（斜线部分）最多。

点火提前角受发动机转速、负荷和燃油品质的影响，还与发动机燃烧室形状、燃烧室温度、气流的运动、空燃比、排气再循环 EGR 等因素有关。

(2) 点火提前角的控制。在传统点火系统中，采用离心式调节器（随转速变化改变点火提前角）、真空提前调节器（随负荷变化改变点火提前角）和辛烷值提前调节器（根据燃油品质调节点火提前角）调节点火时刻。由于这些都是机械式调节器，当发动机工况变化时，点火提前角只能按图 1-88 所示曲面改变。而发动机转速和负荷变化时，实际要求点火提前角如图 1-89 中的曲面变化。同时传统机械点火系统存在触点快速磨损的缺点，必须频繁地调整触点间隙。触点表面的快速腐蚀导致触点寿命比较短、触点开关的初级电流小等缺点。因此，现代发动机中广泛采用计算机控制的点火系统。

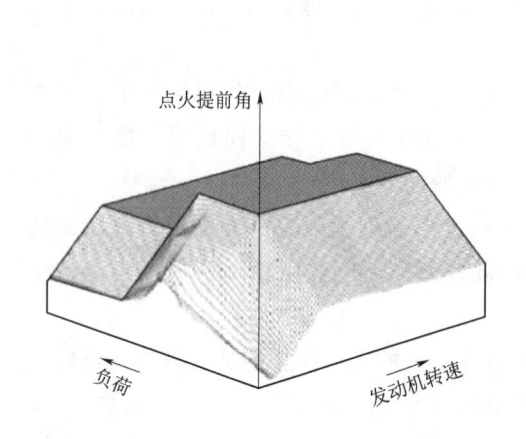

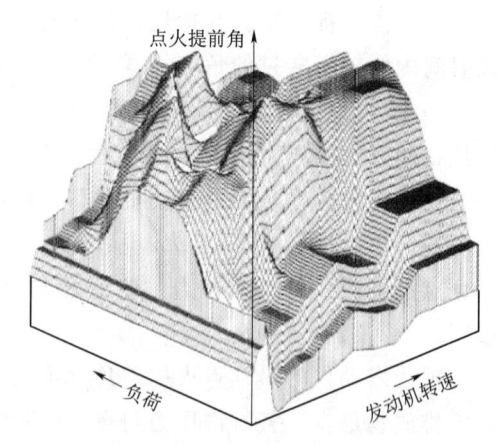

图 1-88　传统点火系统点火提前角的控制框图　　图 1-89　计算机控制的点火提前角

(3) 最佳点火提前角的控制策略。在电子控制的点火提前（Electronic Spark Advance，ESA）中，ESA 也被称为可编程点火和数字点火，对于各种发动机运行工况，基本点火定时作为一个三维图储存在点火 ECU 微处理器的内存中，然后考虑特殊的驾驶环境进行某些修正。这对点火定时控制的精度有很大改善。

ESA 控制器的基本输入参数是发动机转速和一个与发动机负荷有关的信号进气歧管压力、进气流量或喷油的质量，根据这些信息从三维图中得到精确的基本点火提前角。三维图中的数据是从发动机台架试验中获得的，一般由 16 个数值的转速和 16 个数值的负荷的典型工况得到 16×16 个点火提前角数值。与喷油控制相同，对于节点中间的工况可用双插值的处理方法，以改善系统的性能。有的发动机根据燃油辛烷值、EGR 率不同，在存储器中存放多张基本点火提前角的数据表格，通过燃油选择开关或插头进行选择。

1) 启动期间点火提前角的控制。在启动期间或发动机转速在 500r/min 左右以下时，由于进气歧管压力或进气流量信号不稳定，因此点火提前角设为固定值，通常将此值定为初始点火提前角。由备用点火控制模块（Ignition Control Module，ICM）输出固定的参考点火定时，如图1-90所示。也有的发动机启动时点火提前角随着发动机的转速而变化。

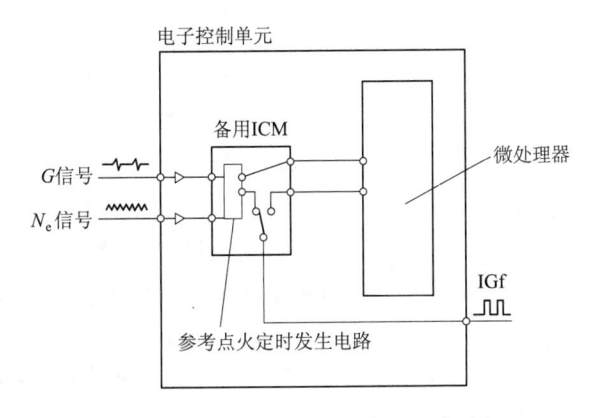

图1-90 启动时点火提前角的控制框图

2）启动后点火提前角的控制。它是指启动后发动机正常运行期间的点火定时的控制，是由基本点火提前角和修正量决定的。修正项目对各发动机是不同的，修正量也由各自的特性曲线确定。如图1-91和图1-92所示。

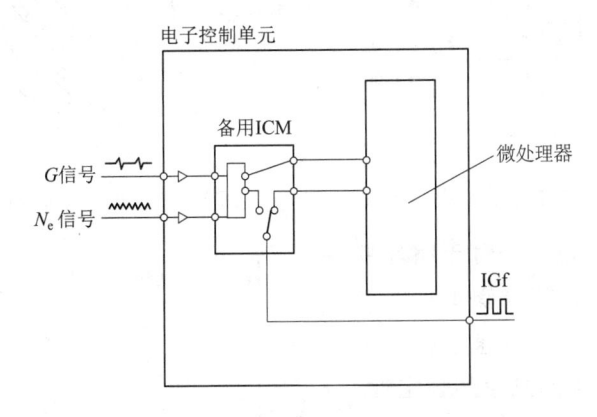

图1-91 正常运行时的点火控制框图

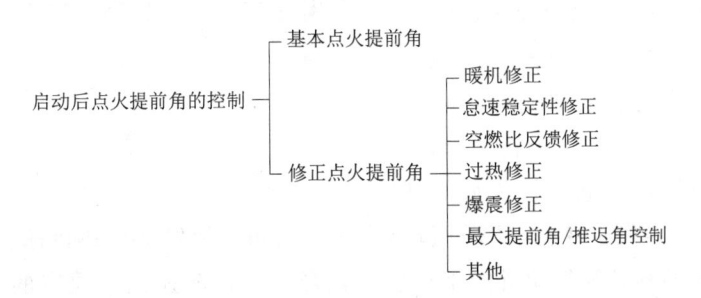

图1-92 启动后点火提前角的组成

点火定时＝初始点火提前角＋基本点火提前角＋修正点火提前角

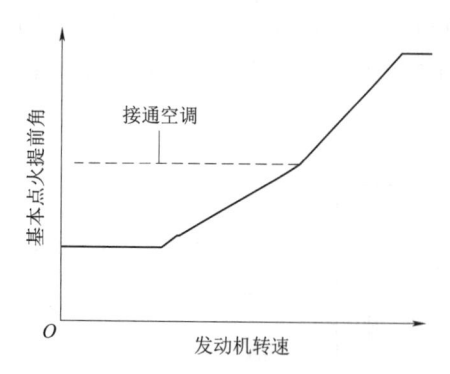

a. 基本点火提前角。急速工况下，ECU根据发动机转速、空调开关和动力转向开关是否接通确定基本点火提前角，如图1-93所示。

非急速工况下，ECU根据发动机转速和负荷信号歧管绝对压力信号或空气流量计的进气流量信号在存储器中查到这一工况下运行时的基本点火提前角。

数据表格的存储形式（图1-94），基本点火提前角三维图如图1-95所示。

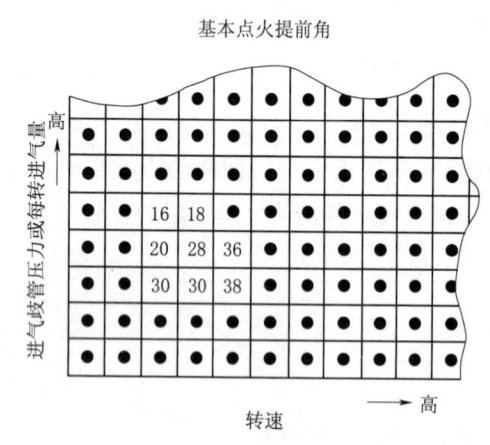

图1-93 急速工况的基本点火提前角

图1-94 点火提前角数据表格的存储形式

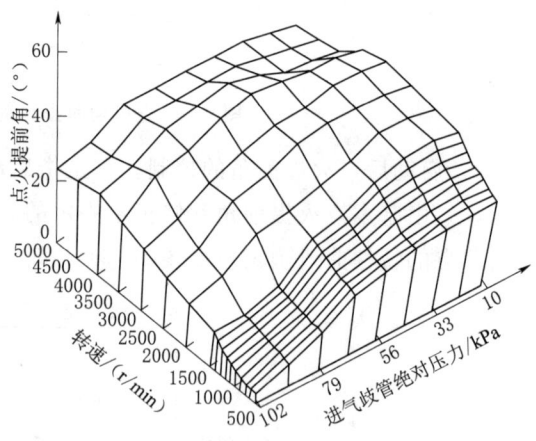

图1-95 基本点火提前角三维图

b. 修正点火提前角。对于闭环控制的电控喷油系统，随着修正喷油量的增加和减少，发动机转速会在一定范围内波动，为了提高急速的稳定性，在反馈修正油量减少时，点火提前角相应增加，如图1-96所示。

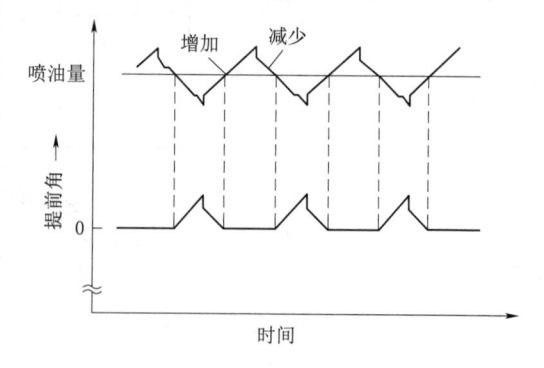

在急速转速与目标转速差值超过一定值时，也可通过增加或推迟点火提前角，使急速转速与目标转速接近。发动机在急速运行期间，其负荷的变化会使发动机转速发生变化，ECU调整点火提前角，使发动机在目标转速下稳定地运转。ECU不断地计算发动机的平均转速，当发动机转速低于规定的急速转速时，ECU根据与急速目标转速差值的大小相应地增加点火提前角。当发动机转速高于目标转速时，则推迟点火提前角，如图1-97所示。

图1-96 急速稳定性的修正

部分负荷工况时，根据冷却液温度、进气温度和节气门位置等信号进行修正。暖机过程中，随着冷却液温度升高，点火提前角的变化趋势如图 1-98 所示。

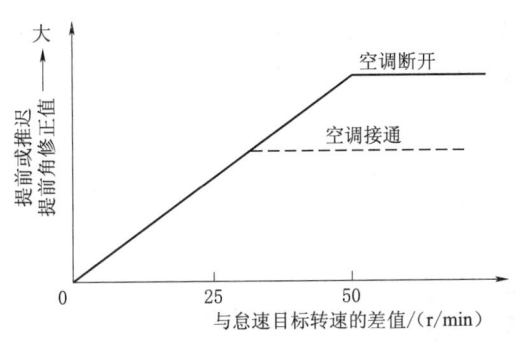

图 1-97 调整点火提前角使怠速转速接近目标转速

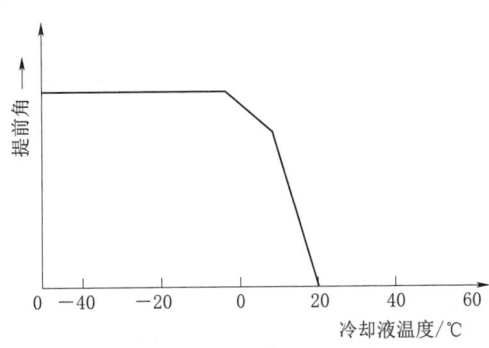

图 1-98 点火提前角的暖机修正

发动机处于正常运行工况，IDL 怠速触点断开时，如果冷却液温度过高，为了避免发生爆震，应推迟点火提前角即过热修正，以降低燃烧温度和保护发动机，如图 1-99 所示。

为了避免发动机在变工况时工作不稳定，通常将两次点火提前角输出的变化限制在一定值内（如某一发动机控制在 32°CA/s）。

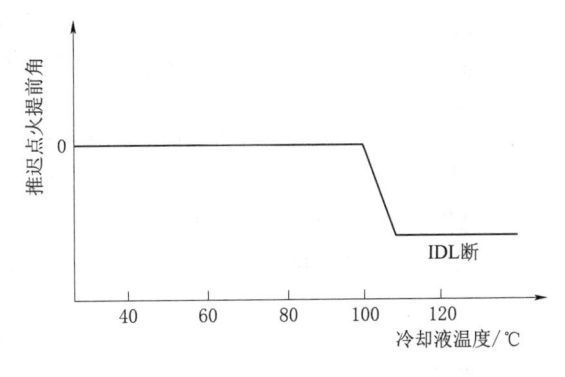

图 1-99 点火提前角的过热修正

如果计算机算出的发动机点火提前角（初始点火提前角＋基本点火提前角＋修正点火提前角）不合理，发动机就很难正常运转。因此，计算机控制的基本点火提前角和修正点火提前角之和要控制在一定范围内。例如，丰田汽车公司计算机控制系统（Toyota Computer Control System，TCCS）中规定：最大点火提前角为 35°~45°CA；最小点火提前角为 -10°~0°CA。

（4）点火系统对发动机性能的影响。

1）火花质量决定点燃混合气的能力。当点燃稀薄混合气时，火花的持续时间对有害排放物的影响非常大。火花越弱，出现失火现象越多，从而造成大量的 HC 生成。

2）点火提前角点火正时是一个综合考虑的结果。图 1-100 表示点火提前角对燃油消耗率和有害排放物的影响。

由于 NO_x 是高温下的产物（1300℃ 以上），所以点火提前角推迟时，可降低燃烧气体的最高温度和缸内最高燃烧压力，因而可使 NO_x 排放物降低。同时还会延长混合气燃烧时间，在做功行程后期，燃气温度升高，未燃的 HC 会继续燃烧，使 HC

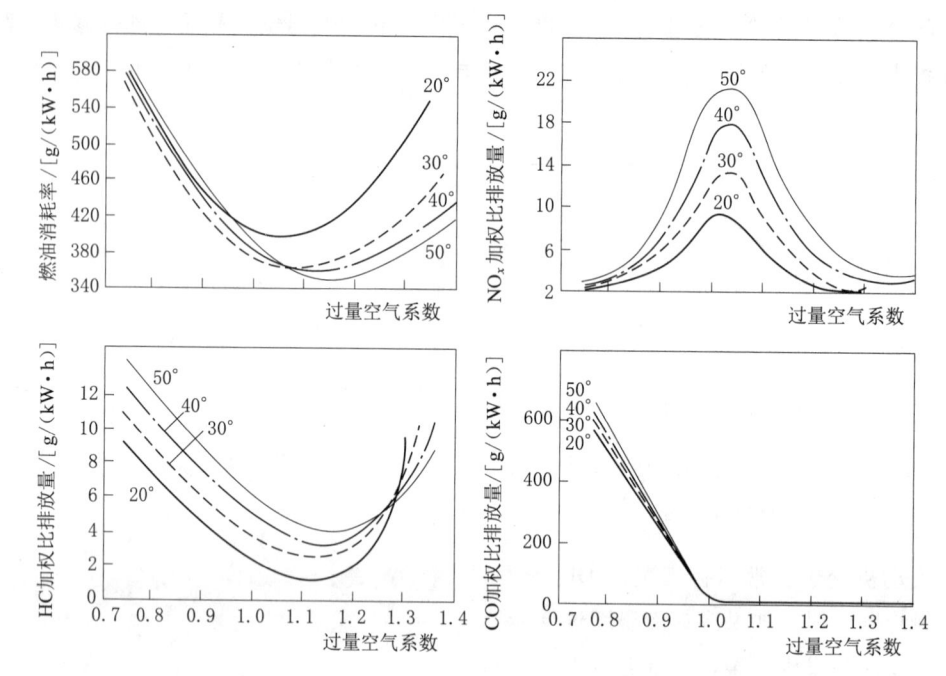

图 1-100 点火提前角对发动机性能和排放的影响

排放量降低。

点火提前角对 NO_x 的影响还和混合气空燃比有关,在化学计量比附近,点火提前角的影响最大。这是因为 NO_x 是在富氧条件下产生的,当混合气过浓时,由于缺氧,NO_x 不易生成,只有当混合气空燃比略大于化学计量比时,NO_x 排放物才生成最多。

2. 闭合角控制

在计算机控制的点火系统中沿用了传统点火系统闭合角的概念,实际是指初级电路接通的时间。

当点火线圈的初级电路接通后,初级电流按指数曲线规律增长。只有当通电时间到达一定值时,初级电流才可能达到饱和。采用初级线圈电阻很小的高能点火线圈,其饱和电流可达 30A 以上。点火线圈的次级电压和初级电路断开时的初级电流成正比。但通电时间过长会使点火线圈发热,甚至烧坏,还会使能耗增大。因此,要控制一个最佳通电时间,既能得到较大的初级电流,获得较高的点火能量和次级电压,同时又不会损坏点火线圈。通常规定在任何转速下电路断开时初级电流都能达到某一值(如 7A)。要做到这一点可采用两种办法:一种是在点火控制电路中增加恒流控制电路;另一种是精确地控制通电时间,增加信号触发盘的齿数,提高转速信号分辨率。

蓄电池的电压变化会影响初级电流的大小,如图 1-101 所示,蓄电池电压下降时,达到同样的初级电流所需的时间长。因此,必须对通电时间进行修正,如图 1-102 所示。

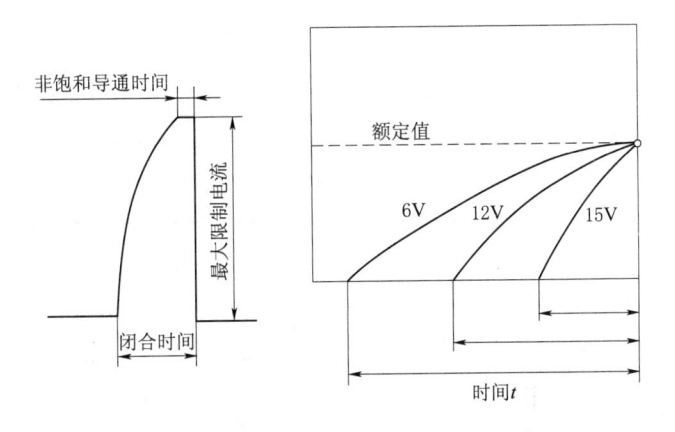

图 1-101 蓄电池电压对初级电流的影响

3. 爆震控制

电火花将混合气点燃后，以火焰传播方式使混合气燃烧。如果在传播过程中，火焰还未到达时，局部地区混合气就自行着火燃烧，使气流运动速度加快，缸内压力、温度迅速增加，造成瞬时爆燃，这种现象称为爆震。爆震产生的压力会使气体强烈振荡，产生噪声；也会使火花塞燃烧室、活塞等机件过热，严重情况下会使发动机损坏。为消除爆震，在发动机结构参数已确定的情况下，采用推迟点火提前角是消除爆震既有效又简单的措施之一，见图 1-103。当点火提前角 e 为 36°BTDC（上止点前）时，产生较明显的爆震信号，当点火提前角 e 推迟到 18°BTDC 时，爆震基本上消失。

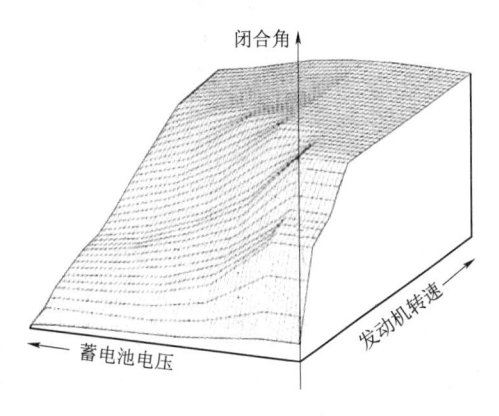

图 1-102 闭合角的修正

(1) 爆震界限和点火提前角的设定。发动机发出最大制动转矩 M_{BT} 时的点火时刻是在开始产生爆震点火时刻（爆震界限）的附近。点火提前角越大，产生爆震倾向也越大。因此，在设定点火提前角时，应比产生爆震时的点火提前角小，要留有一定余量。在无爆震控制发动机中，为了使其在最恶劣的条件下也不产生爆震，点火时刻均设在离开爆震界限，并留有较大的余量。此时点火时刻将滞后于 M_{BT} 的点火提前角，因而使发动机效率下降、输出功率降低、油耗增加、性能恶化。在装有爆震传感器的发动机上能检测到爆震界限，将点火时刻调到接近爆震极限的位置，从而改善了发动机性能，如图 1-104 所示。图中深色部分为爆震区域，邻近爆震区的细实线为计算机控制的点火提前角，离爆震区约为曲轴转角 2°～3°CA，作为安全界限。最下面的细实线为传统机械点火装置控制的点火提前角。

(2) 爆震传感器。爆震传感器安装在发动机缸体上，对于 4 缸直列式发动机，它

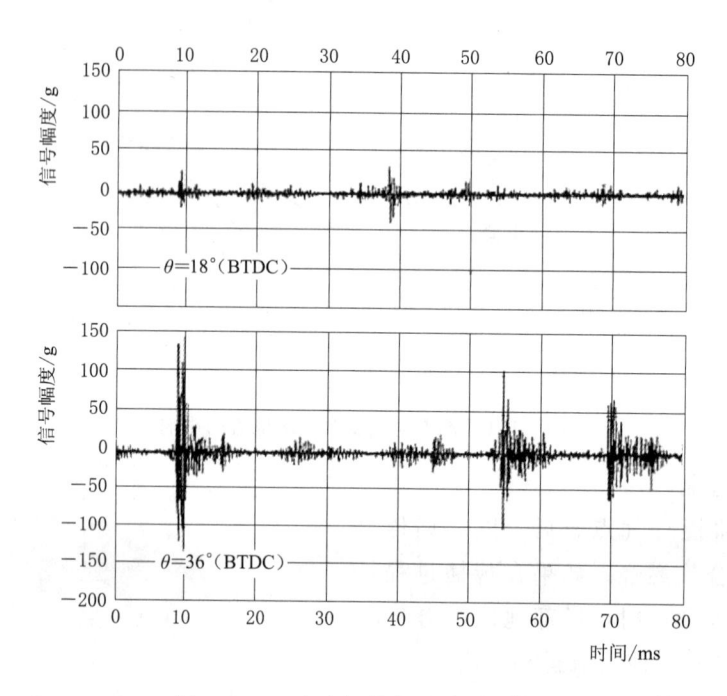

图 1-103 点火提前角对爆震的影响

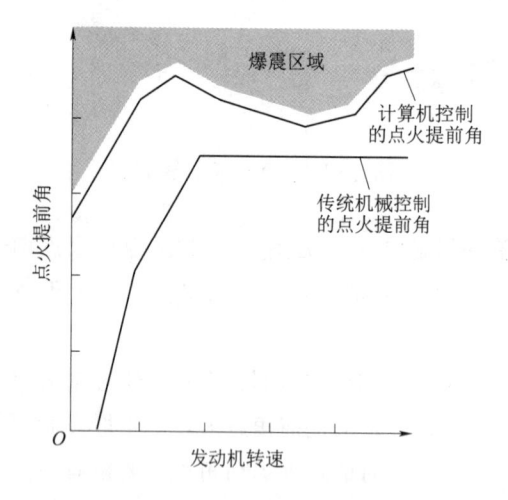

图 1-104 爆震界限与点火提前角

装在 2 缸和 3 缸之间；对于 V 形发动机，每侧至少有一个爆震传感器。

爆震传感器实际上是一个以压电晶体为敏感元件的加速度传感器。发动机爆震时产生的振动传给传感器，压电晶体将机械振动产生的压力变化转换为电压信号输出，以判断爆震程度的大小。此种形式传感器是利用产生爆震时发动机振动频率与传感器本身的固有频率相符产生共振现象，因而其输出电压高于其他形式的传感器，提高了爆震检测的灵敏度。爆震传感器由于结构不同，输出信号的频率有宽频带和窄频带两种。目前应用最多的是宽频带共振型压电式传感器，其结构如图 1-105 所示。

（3）爆震控制系统。爆震控制系统框图如图 1-106 所示。

爆震传感器将检测到的电压信号传送给 ECU，由 ECU 中爆震信号处理器判断是否有爆震存在，并根据信号的强弱和频度决定爆震的等级，计算出要推迟的点火提前角数值，将此点火时刻经点火模块放大后，通过点火线圈和火花塞，控制发动机内混合气的点燃。然后爆震传感器检测下一工作循环的爆震信号，若爆震仍存在，继续推

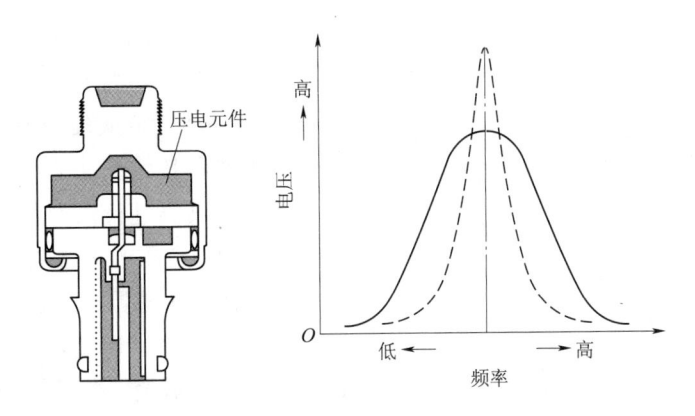

图 1-105　爆震传感器及其输出频率

迟提前角。当爆震消失后，为了使发动机性能得到恢复，应不断增加点火提前角，直至爆震再次出现。如此不断地循环进行，如图 1-107 所示。

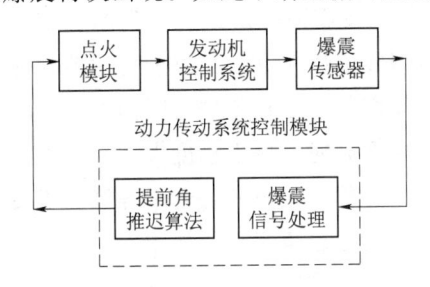

图 1-106　爆震控制系统框图

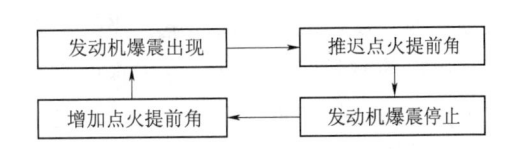

图 1-107　爆震时点火提前角的控制逻辑

（4）爆震控制策略。

1）当发动机负荷低于一定值时，通常不出现爆震。因此，可将发动机工况按转速和负荷分为两个区域，如图 1-108 所示，在不易出现爆震的区域，采用开环控制点火提前角，此时点火时刻定为 M_{BT} 点，并根据有关传感器进行适当修正。在大负荷区域中，ECU 检测并分析爆震传感器的电压信号，进行爆震控制。

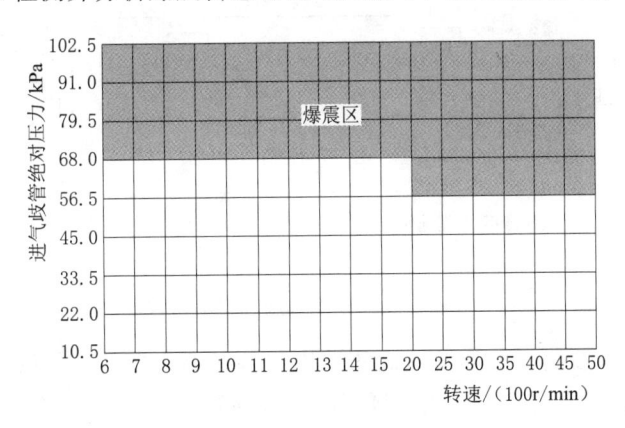

图 1-108　爆震的分区控制

2）爆震传感器检测到的是缸体表面的振动信号，但此信号也可能是气门的升起和落座或其他振动所造成的。因此，必须将爆震产生的振动和其他振动造成的电压信号区分开，以免对爆震进行误判。由于爆震通常只是出现在做功行程上止点至上止点后 $70°\sim 90°$ CA 的曲轴转角范围内，缸内压力有波动的区域见图 1-109。因此，在爆震控制系统中设立了一个爆震窗，在这个窗口范围内爆震传感器检测到的电压信号才进行爆震控制处理。

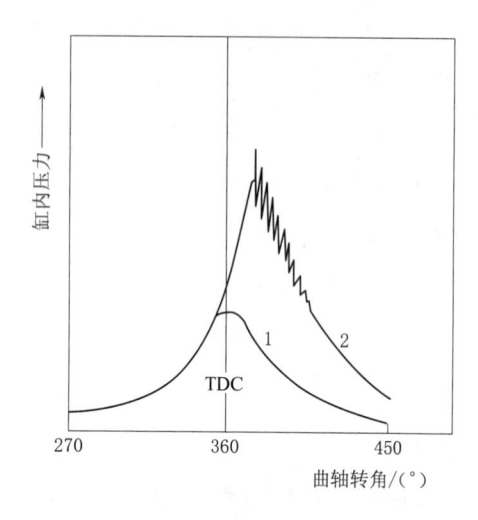

图 1-109 爆震经常出现的区域

3）爆震程度的大小与爆震强度和爆震频度有关。爆震强度是指检测到的爆震电压信号与爆震判定基准值的差值。两者差值越大，爆震强度越大。当爆震传感器检测到的电压信号比判定基准值小时，没有出现爆震。爆震频度是指单位时间内爆震出现的次数，即爆震出现的时间间隔。当爆震强度大、频度高时，爆震程度大；当爆震强度小、出现的时间间隔大时，爆震程度小。通常按爆震程度大小分为若干等级。爆震程度大的，点火提前角推迟角度大；反之，点火提前角推迟角度小，如图 1-110 所示。爆震程度大的，不仅推迟的角度大，而且是先快 $5°$ CA，后慢 $1°$ CA，直到爆震消失为止。爆震消失后，又将点火提前角逐步加大，增加的速率也分为快、慢两种（T_1 和 T_2）。当发动机再次出现爆震时，点火提前角再次推迟，这样的调整过程反复进行。为了保护发动机，通常点火提前角推迟的速率要大于点火提前角增加的速率。

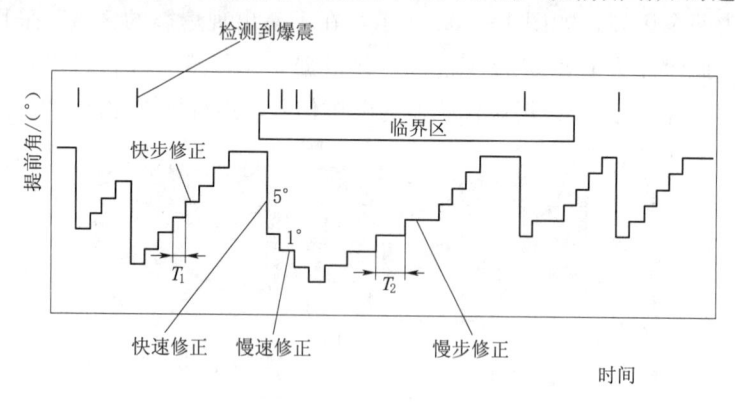

图 1-110 爆震强度与频度对点火提前角控制的影响

4）爆震的分缸控制。由于发动机的结构和各缸混合气的 AF 供给不同，使各气缸的燃烧状况也有差异，某一缸出现爆震时，其他缸不一定产生爆震，为了使发动机具有较好的性能，可采用分缸控制，只对出现爆震的气缸推迟点火提前角，如图 1-111 所示。

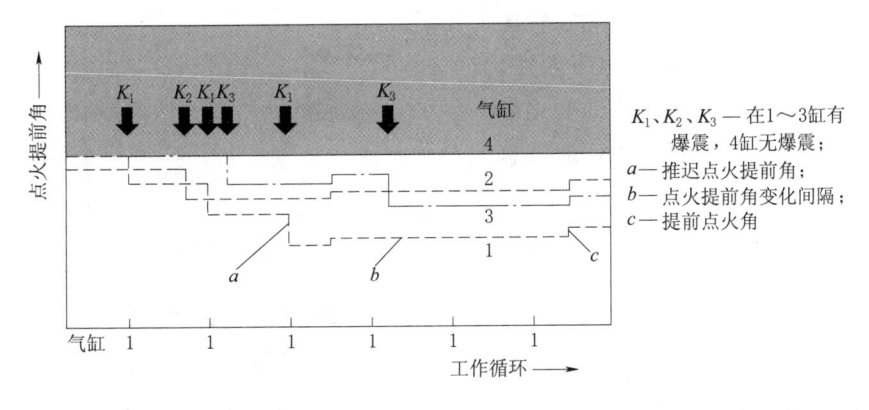

图 1-111　分缸进行爆震控制

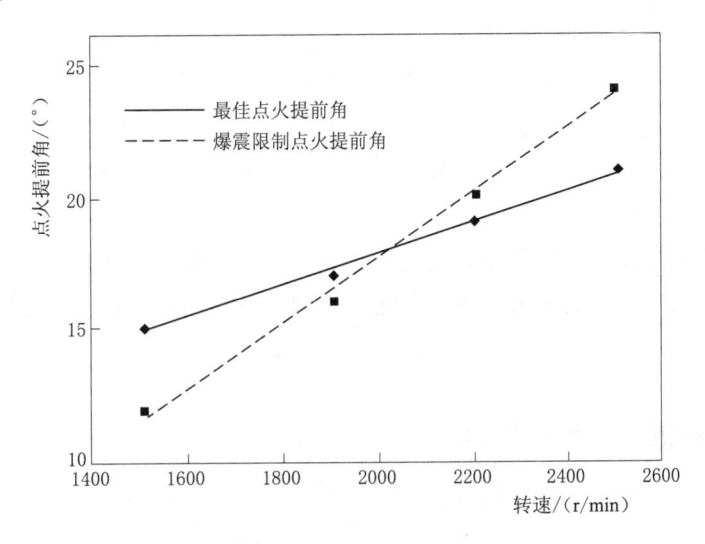

5) M_{BT} 时的点火提前角（也称为最佳点火提前角）与爆震限制的点火提前角的关系。当最佳点火提前角小于爆震限制的点火提前角时，将 M_{BT} 的点火提前角作为控制的基本点火提前角。有的发动机在一些工况下，最佳点火提前角大于爆震限制的点火提前角。此时，需将爆震限制的点火提前角作为控制的基本点火提前角，如图 1-112 所示。

图 1-112　最佳点火提前角与爆震限制的点火提前角

1.3　怠速控制

1.3.1　概述

怠速转速控制实际上主要是对怠速进气量的控制。ECU 根据各传感器输入信号所决定的目标转速与发动机实际转速进行比较，确定两转速间的差值，并经执行机构改变进入发动机的空气量,使实际转速达到目标转速,但此种方法响应较慢。虽然点火提前角对发动机转速的变化影响较快,但可变化的范围较小,通常怠速稳定性通过点火提前角修正来完成。当负载突变时通过喷油量和进气量共同改变来实现怠速控制。怠速控制系统如图 1-113 所示。

1.3.2 怠速控制系统的功能

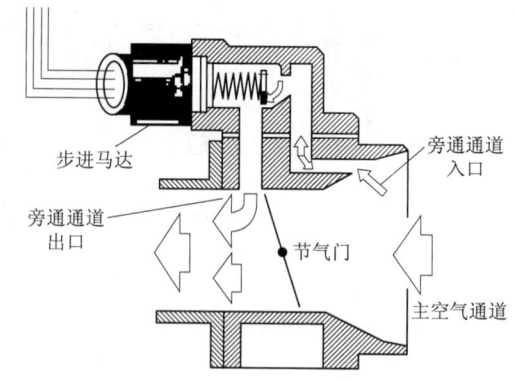

图 1-113 怠速控制系统

怠速控制系统应具备以下功能。

(1) 在所有怠速工况下发动机转速保持在目标怠速转速值附近,其转速波动值不能超过一定范围。

(2) 当负荷突变时能补偿负荷的变化。

(3) 防止失速。

(4) 将燃油消耗量降到最低。

(5) 学习功能。能自动补偿发动机由于老化或制造上造成的差异,不需要经常调整怠速。

(6) 节气门全闭减速时,增加额外的空气,以减少有害排放物。

(7) 改善汽车低速驾驶性能。

(8) 避免系统在其自振频率附近发生振荡。怠速控制通常用转速作为反馈信号进行闭环控制,当节气门关闭或汽车的行驶速度低于设定值(如 6km/h)时,都按怠速进行控制。

1.3.3 怠速控制装置步进马达型

旁通空气量是由怠速控制阀(Idle Speed Control Valve,ISCV)来控制的。应用最广泛的执行机构是步进马达型的怠速装置,如卡迪拉克轿车的北极星发动机、凌志 400 轿车发动机均采用这种形式。怠速控制阀装在进气管内。电子控制单元控制步进马达增减流过节气门旁通通道的空气量,从而控制发动机的怠速转速。

步进马达与怠速控制阀做成一体。马达可顺时针或逆时针旋转,使阀沿着轴向移动,改变阀和阀座间的空隙,调节流过节气门旁通通道的空气量。阀可有 125 种不同的开启位置,其结构如图 1-114 所示。

步进马达型怠速控制阀与 ECU 的连接如图 1-115 所示。图 1-115 中 +B 和 +B_1 是通过主继电器的蓄电池电压,B_{att} 为未经主继电器的蓄电池电压。与冷却液温度、空调等负荷的工作状态相对应的目标转速都存放在电子控制单元的存储器中。

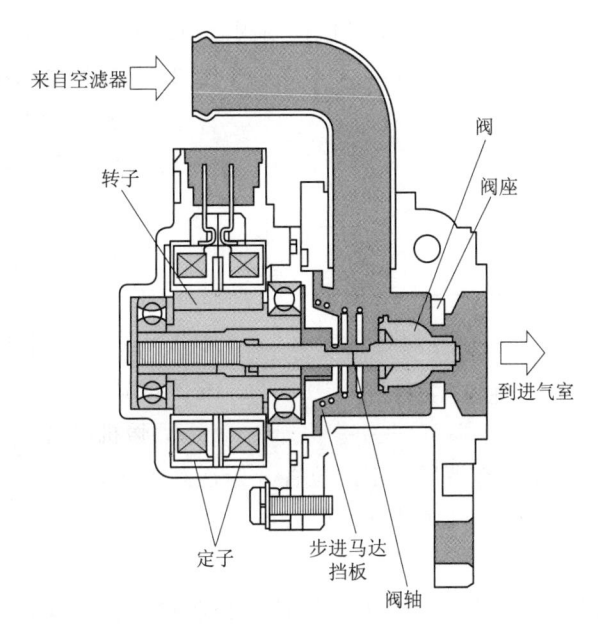

图 1-114　步进马达型怠速控制阀

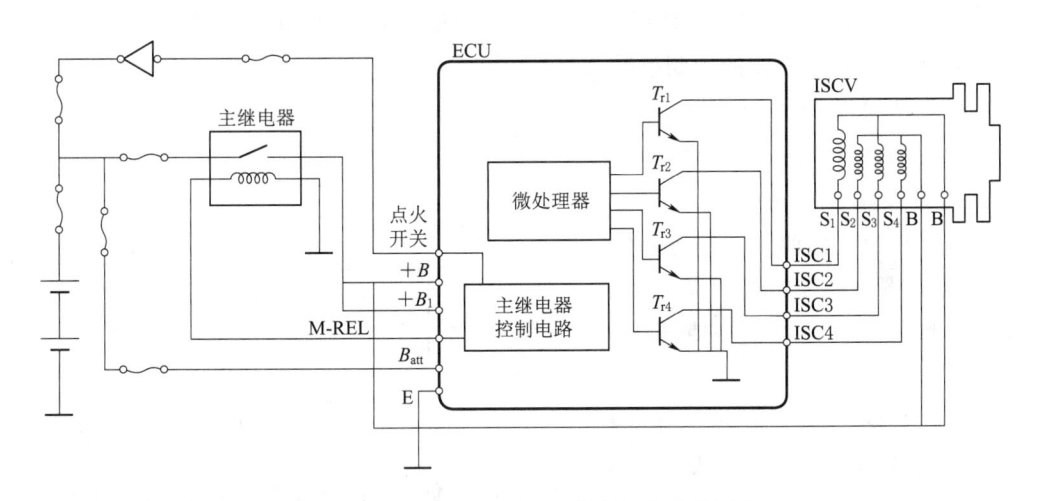

图 1-115　步进马达型怠速控制阀的控制原理

当 ECU 根据节气门开启的角度和车速判断发动机处于怠速运转时，根据实际转速与目标转速的差值决定 $T_a \sim T_s$ 通断，给怠速控制阀供电，驱动步进马达，调节旁通空气量，使发动机转速达到所要求目标值。

1.3.4　怠速控制策略

1. 启动初始位置的设定

在发动机点火开关断开后，ECU 控制怠速控制阀完全打开（25 步）或处于最大旁通空气流量位置，为下次启动做好准备，即在点火开关切断后，主继电器由 ECU

电源锁存器供电，保持接通状态，待怠速控制阀启动初始位置设定后才断开电源。

2. 启动时怠速控制

发动机启动时，ECU 开始将怠速控制阀关到冷却液温度确定的阀门位置。例如，启动时冷却液温度为 20℃，当发动机转速达到 500r/min 时，ECU 使怠速控制阀从全开位置（25 步）A 点关小到 B 点，如图 1 - 116 所示。

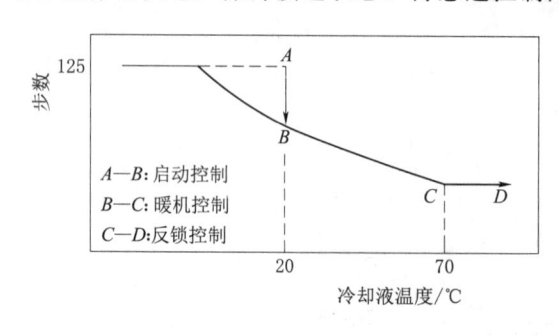

图 1 - 116 怠速控制策略

3. 暖机控制

启动后，ECU 根据冷却液所确定的位置开始逐渐关闭，当冷却液温度达到 70℃ 时，暖机控制结束，如图 1 - 116 中 B - C 段所示。

4. 反馈控制

暖机后，ECU 就以发动机转速为反馈信号控制怠速控制阀，增减旁通空气量，使实际发动机转速与目标转速的差值在一定范围内（如 ±50r/min）。目标怠速值与冷却液温度、空挡启动开关和空调开关的状态等见图 1 - 116 中 C - D 段。

5. 发动机负荷变化的预测控制

由空挡过渡到驱动挡时，会使发动机的负荷发生突然变化。为了避免此时发动机怠速转速的波动，在发动机转速变化前对其进行补偿，ECU 预先将怠速控制阀增大一个定值，并增加额外的燃油，使转速的变化达到平稳过渡，并有一段时间的延时，如图 1 - 117 所示。补偿系数 40 是对特定的发动机和整车所标定的数值。

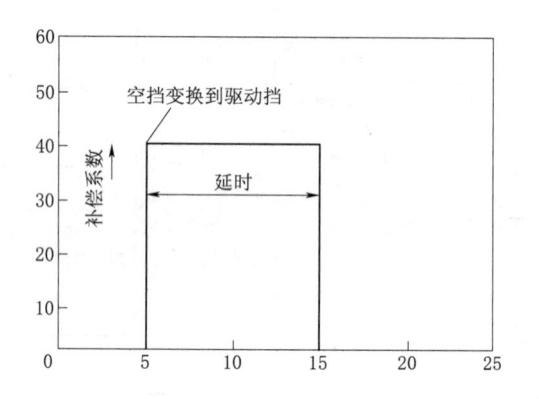

图 1 - 117 负荷（空挡变换到驱动挡）变化的补偿

空调是怠速时发动机的最大负荷。在空调压缩机离合器接合时，会产生瞬时的负荷峰值。空调的负荷与环境的温度、湿度、鼓风机的转速和空调的设置温度有关。在大多数情况下，由 ECU 控制空调压缩机离合器的接合，也需延迟一段时间，以增加额外的空气量和油量，满足瞬时负荷的要求。在失速的情况下要关掉空调压缩机，在起步时为了提高加速性能也要关掉空调压缩机，这对一些功率不大的车辆尤为重要。在标定时要确保额外的旁通空气量能满足空调最大负荷（最高的环境温度与湿度）的要求，空调压缩机离合器接合的延迟时间和增加的旁通空气量要使转速的变化达到最平顺作为标定的目标。动力转向泵、电动风扇等负荷的控制和标定原则与空调的情况基本相同。

6. 电器负载增多时的怠速控制

当使用的电器增多时,蓄电池电压降低,为了保证 ECU 的供电电压和点火开关端正常的供电电压,需要相应增加旁通空气量,以提高发动机的怠速转速。

7. 失速补救

无论何时只要发动机的转速降到低于标定的阈值,失速补救的功能就起作用,ECU 操作怠速控制阀增加额外的步数,以加大旁通空气量。在标定手动变速器车辆的失速补救时,应注意不要产生喘振。一旦发动机转速超过另一个较高的阈值时,失速补救将停止。经过一段时间(需标定)后,怠速控制阀的额外步数将衰减至零,如图 1-118 所示。

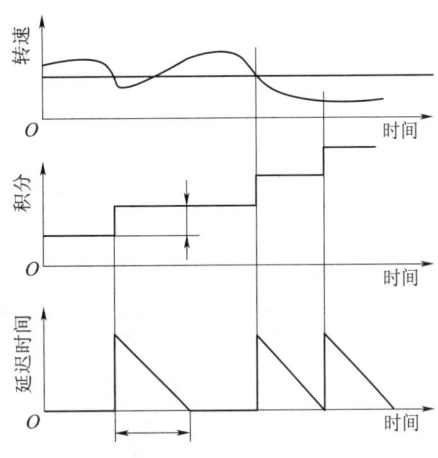

图 1-118 怠速失速补救示意图

8. 学习控制

发动机由于制造装配的差异以及使用期间的磨损等原因,会使怠速性能发生变化,即使怠速控制阀的位置不变,怠速转速也可能不同,ECU 用反馈控制方法输出转速信号,使发动机转速达到目标值。ECU 将此时步进马达的步数存于备用存储器中,供以后的怠速控制使用。

9. 怠速控制阀的复位

发动机工作一段时间后,ECU 可能会失去怠速控制阀确切位置的记忆,对于分辨率为每步 15~50r/min 的控制阀,1~2 步的偏差都会造成怠速转速的不正确,此时 ECU 控制怠速控制阀复位,重新设定阀的位置。在阀复位时,ECU 发出总共 160 步的命令使控制阀关闭,此命令可使阀完全落座,重新设定零步位置。通常当发动机关机时,ECU 会使怠速控制阀执行复位。但在运行时发动机的转速低于目标怠速时,怠速控制阀的开度大;转速高于目标怠速时,怠速控制阀的开度反而小。在出现上述情况时,应向正确的方向驱动怠速控制阀,直到发动机的转速达到目标转速后,命令怠速控制阀复位,并重新设定怠速控制阀的位置。

1.4 排气再循环

1.4.1 工作原理

排气再循环 EGR 能单独或与三元催化转化器相结合使用。小部分已燃烧的气体返回到进气歧管,在进气混合气中起到惰性稀释作用,混合气中单位燃料对应氧的浓度减少,缸内可燃油蒸气的质量也减少,燃烧速度降低,燃烧温度随之下降,从而有

效地抑制 NO_x 的生成。

EGR 通常由排气歧管经一个小通道连接到进气管来实现。经过小通道的排气再循环的流量由 EGR 阀控制，它的开度由 EMS 根据预编程的参数来决定，如图 1-119 所示。

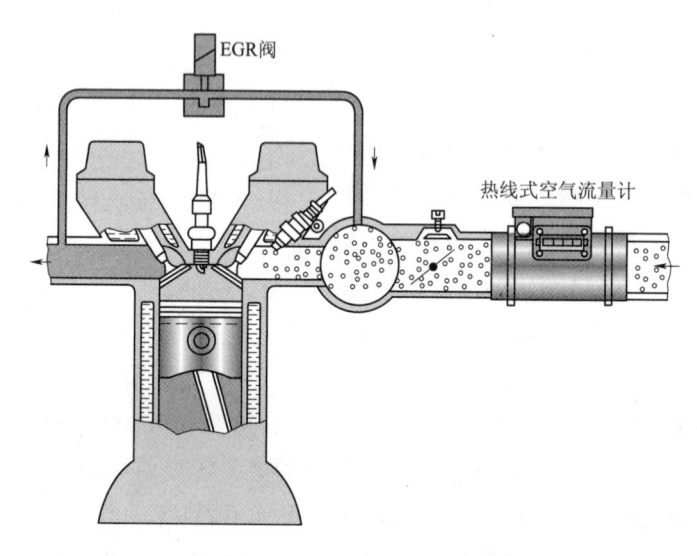

图 1-119 EGR 的工作原理

EGR 的数量可用 EGR 率表示，即

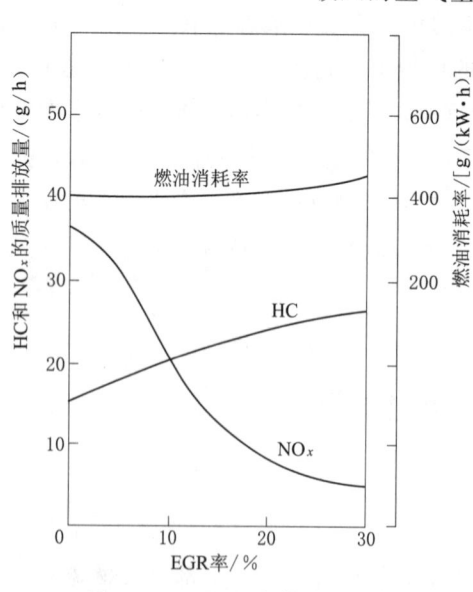

$$EGR 率 = \frac{EGR 气体流量}{吸入的空气量 + EGR 气体流量} \times 100\%$$

图 1-120 EGR 与燃油消耗率和排放的关系

EGR 必须小心地使用，因为将排气加到进气混合气中，燃烧速率会下降，使油耗增加和转矩减小，动力性和经济性变坏。EGR 率过大时，燃烧速度太慢，燃烧不稳定，导致 HC 排放物和失火率的增加。发动机 EGR 的数量取决于许多因素，包括燃烧室的设计和发动机的工况等。

从图 1-120 中可以看出，EGR 率由 0 增加到 20% 期间，NO_x 减少很快；当 EGR 率超过 20% 后，NO_x 减少较为缓慢。由于发动机燃烧不稳定，工作粗暴，使油耗和 HC 增加较大，因此除了要满足极严格的排放法规外，EGR 率一般控制在 10%～20% 较合适。EGR 率对排放和油耗的影响还与空燃比和点火提前角有关，图 1-121 所示为某发动机转速为 2000r/min 时的变化趋势。

1.4.2 EGR 阀

EGR 控制系统中，EGR 阀是关键部件。不同的 EGR 率是通过 EGR 阀的调节来实现的。现代发动机中广泛采用电子控制 EGR 阀的方法，主要有线性 EGR 阀和数字式 EGR 阀。

1. 线性 EGR 阀

EGR 工作期间，ECU 通过监测针阀位置反馈信号控制针阀位置。ECU 根据冷却液温度、节气门位置和进气流量等参数控制 EGR 针阀的位置，如图 1-122 所示。

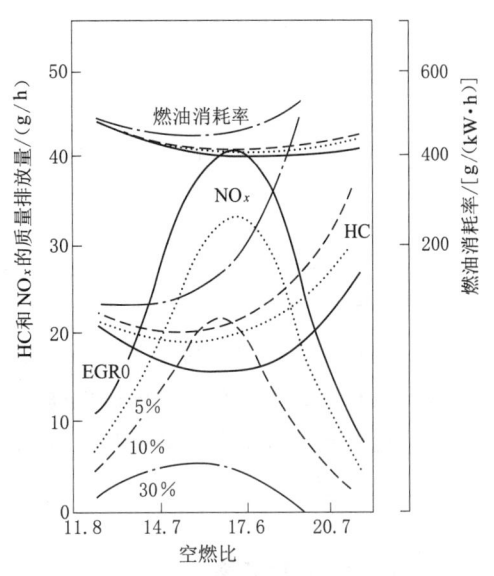

图 1-121 不同的 A/F 时 EGR 率与 NO_x、HC 和燃油消耗率的关系

2. 数字式 EGR 阀

数字式 EGR 阀是通过排气到进气歧管的 3 个孔口来精确地控制 EGR 率，如图 1-123 所示。这 3 个孔口大小不同，可构成 8 种组合的通道截面，调节不同的 EGR 率，见表 1-2。

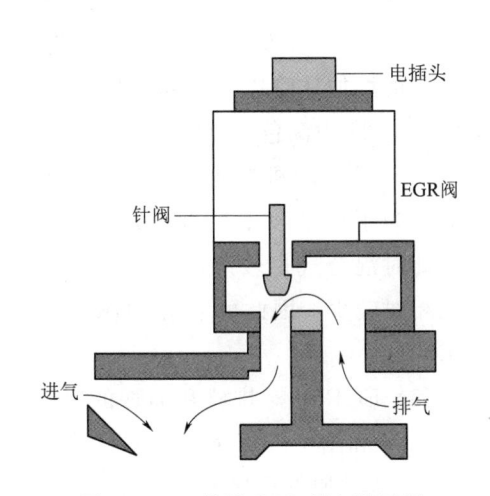

图 1-122 线性 EGR 阀电路原理

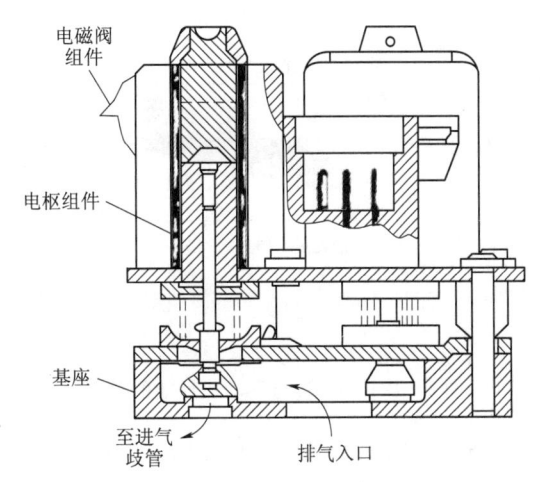

图 1-123 数字式 EGR 阀

表 1-2　　　　　　　　　数字式 EGR 阀逻辑表

编号	第一孔	第二孔	第三孔	EGR 流量/%
0	关	关	关	0
1	开	关	关	14

续表

编号	第一孔	第二孔	第三孔	EGR 流量/%
2	关	开	关	29
3	开	开	关	43
4	关	关	开	57
5	开	关	开	71
6	关	开	开	86
7	开	开	开	100

当电磁线圈通电时，与轴连在一起的电枢和针阀均升起，孔口被打开。由于 EGR 率只与孔口的大小有关，因而提高了控制精度。

ECU 通过冷却液温度、节气门位置和进气歧管绝对压力等传感器的信息调节各个电磁线圈的工作。

1.4.3　EGR 的控制策略

（1）在冷机或怠速、小负荷时，NO_x 的排放量本来就很小，发动机为了稳定地运行，要求缸内充分充气，因此在这些情况下 EGR 阀是关闭的。

（2）在轻微加速或低速巡航控制期间，可以使用小量的 EGR，以减少 NO_x 的浓度，同时保持良好的驱动性。

（3）中等发动机负荷时，NO_x 的排放量是较高的，尽最大可能地使用 EGR 量，从而大大减少 NO_x 排放物。随负荷的增加，EGR 率也可相应增加，如图 1-124 中深色部分所示。

（4）当发动机要求大功率、高转速时，为了保证发动机有较好的动力性，此时混合气也较浓，NO_x 排放生成物相对较少，因此可不用 EGR 或少用 EGR。

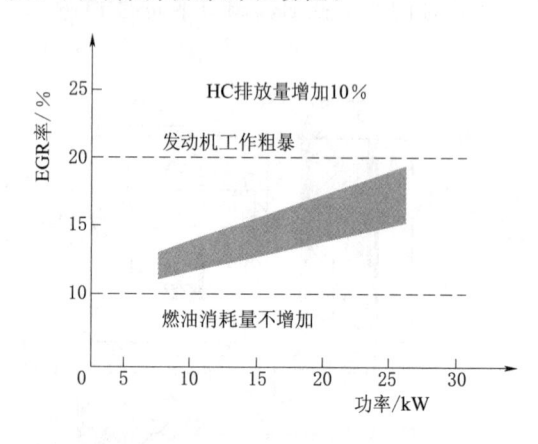

图 1-124　EGR 与发动机性能的关系

（5）EGR 量对排放和油耗的影响还受到空燃比和点火提前角等因素的影响，如图 1-125 和图 1-126 所示，图中负荷是用歧管真空度表示的。在增大 EGR 率时，同时适当地增加点火提前角，进行综合控制，就能得到较好的排放、燃油消耗率等发动机性能。

1.4.4　内部 EGR

通常把排气经过 EGR 阀进入进气管，与新鲜混合气混合在一起的方式称为外部 EGR。由于配气相位重叠角进排气门同时开启，造成一部分废气滞留在缸内，稀释

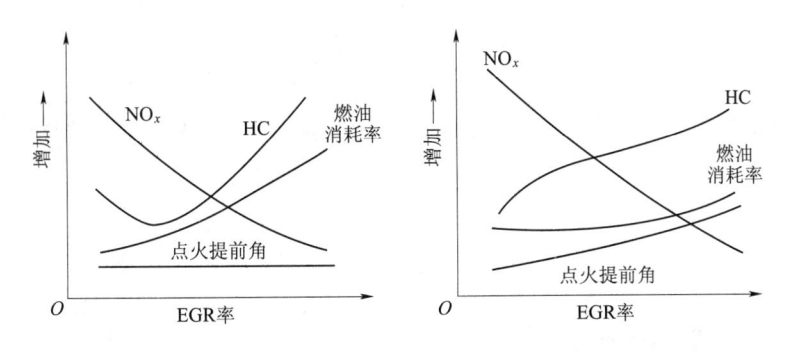

图 1-125　EGR 率与点火提前角的关系

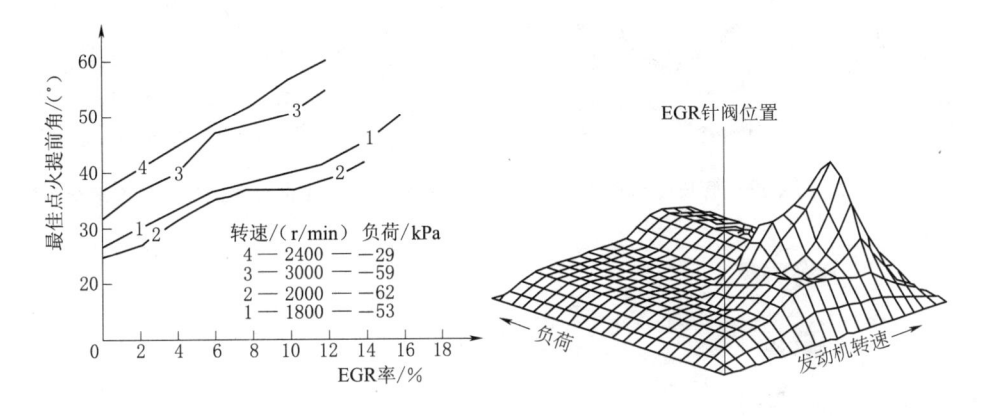

图 1-126　EGR 阀与发动机转速和负荷的关系

了新鲜混合气的方式称为内部 EGR。

滞留在缸内的废气量取决于重叠角的大小，重叠角大，内部废气再循环量也大。高比功率的发动机，由于有较好的充气，通常重叠角较大，因而 NO_x 排放物相对较低。但是重叠角不能无限加大。过大的重叠角会使发动机燃烧不稳定、失火和使 HC 排放量增加。因此，在确定配气相位重叠角时必须对动力性、经济性和排放性能进行综合考虑。

现代发动机中采用可变配气相位（Variable Valve Timing，VVT）后，内部 EGR 可取代外部 EGR。

1.5　发动机管理系统新发展的技术

1.5.1　可变进气流量控制

当发动机转速低时，进气速度必须高，需要采用长且窄的进气管道；当发动机转速高时，进气已具有较高的速度，为了减少流动阻力，需要一个短而宽的进气管道。

控制方法如图 1-127 所示。在低速时进气管长，进气的路径和控制阀的位置如实线所示。在高速时阀门开启，进气管变短，进气的路径和控制阀的位置如虚线所示。最理想的方案是进气管长度能够随转速变化而变化，如图 1-128 所示。丰田公司凌志车使用的可变进气管 3 种长度的实例如图 1-129 至图 1-131 所示。这样的可变进气管长度可使发动机在低速、中速和高速时都有较好的动力性。

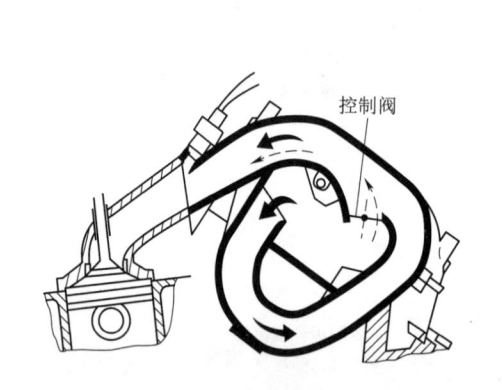

图 1-127 可变进气管长度示意图

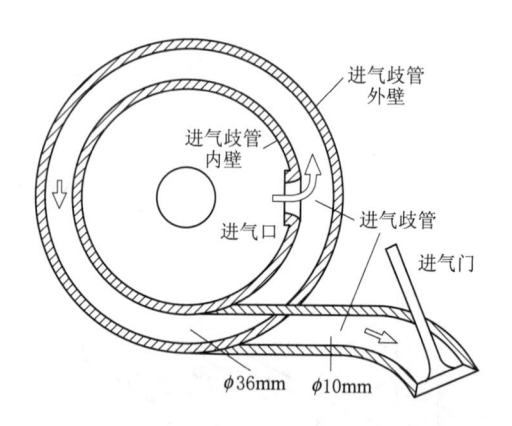

图 1-128 无极可变进气管长度示意图

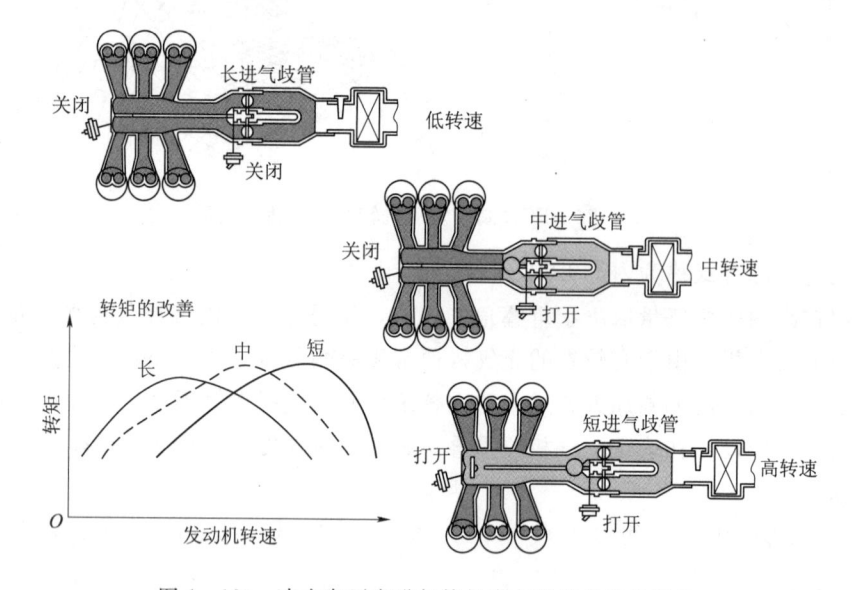

图 1-129 凌志车可变进气管长度方案和发动机特性

1.5.2 可变配气相位

配气相位和气流通过能力会影响到发动机的充气效率、残余废气量和泵气损失，从而影响发动机的各种性能，是发动机研究的热点之一。

对一台发动机来说，低速时最有利的进气晚关角要比高速时小；低速低负荷时气门的重叠角和开启延续角比高速高负荷时小。采用可变气门驱动后，可改变气门升

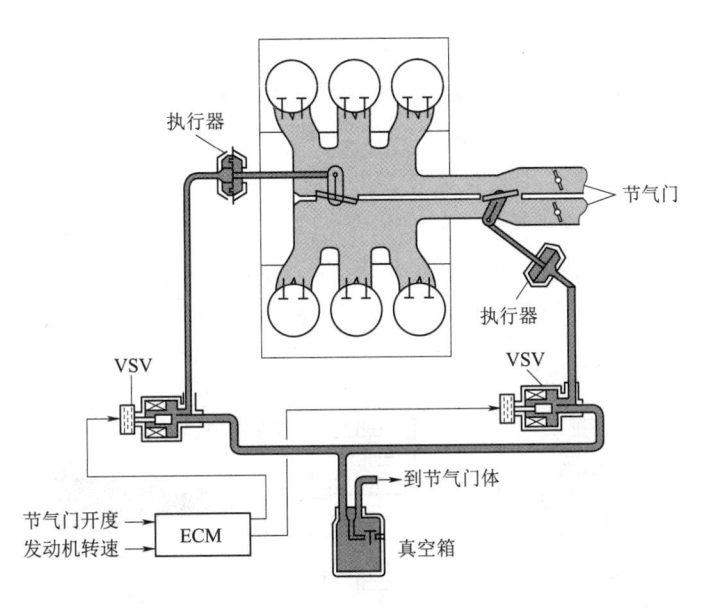

图 1-130 凌志车可变进气管长度的控制系统框图

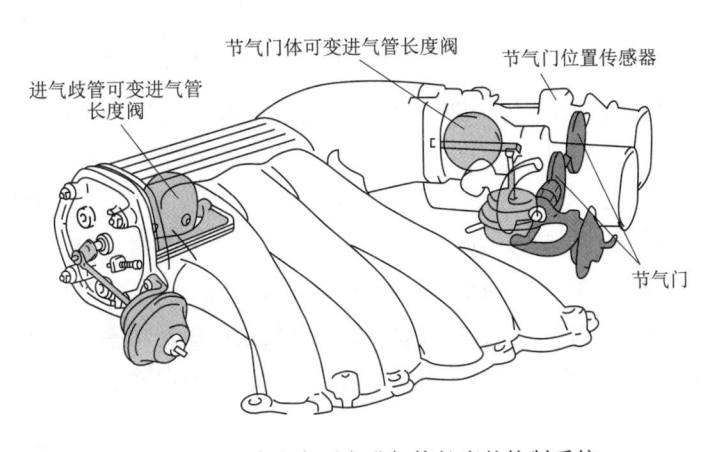

图 1-131 凌志车可变进气管长度的控制系统

程、气门的开启和关闭时刻以及气门开启延续角等某些或全部参数，使自然进气发动机的性能有很大提高。对于增压发动机，通常不需要采用 VVT 技术，因为增压发动机的气门定时是按有利于低速工况设计的，重叠角小，进气门关闭早，在高速时增压器出口的压力高，充气不会恶化。

(1) 在自然进气发动机上应用 VVT 技术有以下优点。

1) 重叠角的控制。在低速低负荷时，采用小的重叠角，使缸内残余废气减少，改善了燃烧品质，提高了怠速稳定性。在高速高负荷时，采用大的气门重叠角，利用进排气惯性，可多进气和多排气，提高输出转矩，增加动力性。

2) 采用进气门的早开或晚关，以取消节气门或与节气门配合控制负荷，减少节流损失，改善部分负荷工况的经济性。

3) 降低有害排放物。在大负荷时，通过对重叠角的控制，实现机内的 EGR，使 NO_x 排放量降低。合理控制进气开启角和排气晚关角，组织好气流，实现扫气，有利于新鲜的工质与激冷层的气体混合，可使碳氢化合物排放量下降。

（2）常见的 VVT 有下列几种。

1) 丰田公司在新的发动机上采用了 VVTI 技术，利用机油控制阀，通过机油压力使凸轮轴相对曲轴位置连续改变，如图 1-132 所示。发动机的动力性有明显提高，在 1MZFE 带有 VVT 的发动机上，在转速 5800r/min 时最大功率为 162kW，最大扭矩时转速为 4400r/min，扭矩值为 304N·m，如图 1-133 所示。

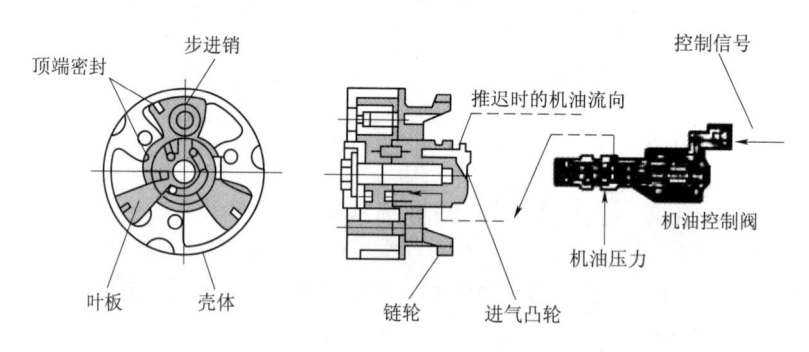

图 1-132 丰田 VVTI 的工作原理

2) 理想的 VVT 是采用电磁阀控制气门，它既可改变气门配气相位，又可改变气门最大升程。如图 1-134 所示，上、下两个电磁铁不通电时气门在弹簧作用下处于中间位置。上面电磁铁通电，即可关闭气门。利用下面电磁铁的不同通电状况，可改变气门的最大升程。电磁阀控制气门机构可取消节气门，增加内部 EGR，降低 NO_x 排放量，泵气损失可降低 30%。这种机构结构简单，控制灵活。但气门运动规律不能精确控制，会受到气门落座的冲击；电磁铁效率低，需要大的驱动功率；尺寸大，布置有困难，成本高；电磁铁有升温现象，会影响驱动力控制。目前在产品上使用不多。

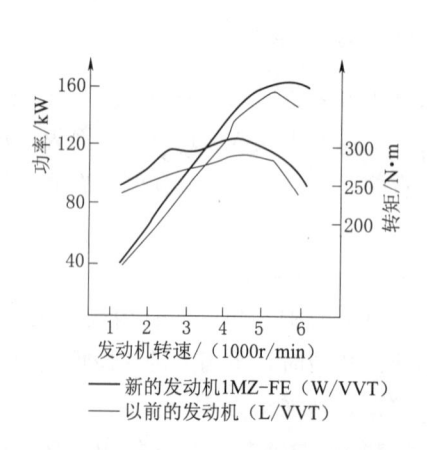

图 1-133 丰田 VVTI 对发动机性能影响和采用情况

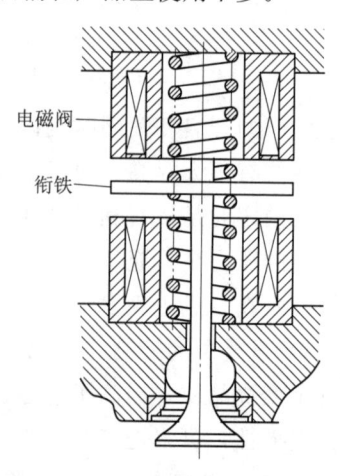

图 1-134 电磁阀控制气门机构

1.5.3 可变配气升程 VTEC

1. VTEC 的作用

本田发动机安装的 VTEC，全称是可变气门正时及气门升程电子控制机构。这是 20 世纪 80 年代开始研制的结构，对气门开启时间和气门升程进行控制，根据发动机不同工况，提供相应的进气量，具有提高功率输出、降低油耗的作用。

2. VTEC 投入工作的条件

（1）冷却液温度为 10℃ 或以上。

（2）车速为 10km/h 或以上。

（3）发动机转速为 2300～3200r/min。

（4）发动机负荷，由进气歧管负压判断是否 VTEC 投入工作。

3. 主、辅进气门

图 1-135 为广州本田雅阁新车 F23A3 发动机上的 VTEC 结构，在低速工况时，主进气门按正常高度打开，而辅进气门则稍稍打开，以防止燃油被阻挡在进气口。

在高速时，主、辅进气摇臂连接到中间进气摇臂上，将气门打开至最大。在 3 个进气摇臂间有同步活塞 A、B，如图 1-136 所示，控制 3 个摇臂的连接或分离动作。当油压进入油缸时，同步活塞贯穿 3 个摇臂，3 个摇臂连接。VTEC 发动机的凸轮轴除原有控制两个气门的一对凸轮外，还增设有一个高位凸轮。其气门摇臂也因此分成 3 个部分，即主摇臂、中间摇臂和辅助摇臂。3 根摇臂轴的内部装有液压控制的同步活塞 A 和 B，ECU 根据发动机的转速、负荷、冷却液温度和车速等参数对液压系统进行控制。当油压降低时，正时弹簧会将同步活塞 A 和 B 移回，3 个摇臂分离。

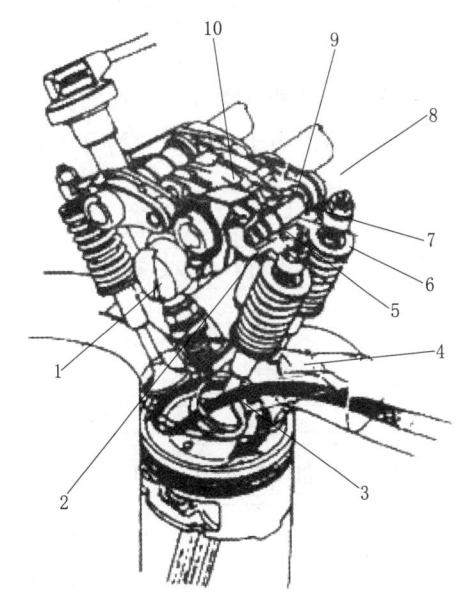

图 1-135 广州本田雅阁 F23A3 的主、辅进气门
1—凸轮轴；2—主摇臂；3—主进气门；
4—辅助进气门；5—正时活塞；
6—同步活塞 A；7—同步活塞 B；
8—辅助摇臂；9—中间摇臂；10—正时板

在低速时，此系统能使发动机产生高燃烧效率及低燃油消耗率，而在高速时对其产生的高功率又可与传统的四气门发动机相媲美。这主要是由于在低速时主进气门与次进气门升程的差异，使气缸中进气气流产生涡旋的结果。

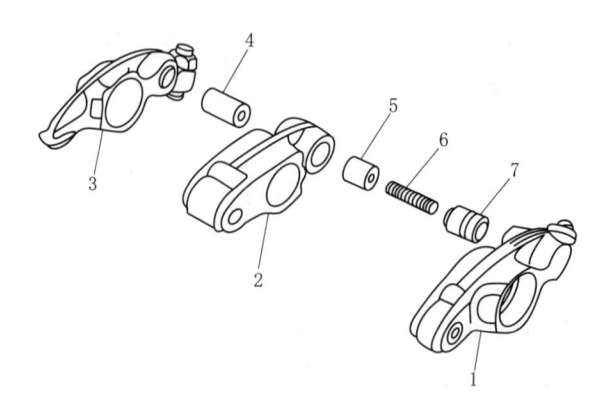

图 1-136　主、辅进气门升程控制

1—主摇臂；2—中间摇臂；3—辅助摇臂；4—同步活塞 B；5—同步活塞 A；
6—正时弹簧；7—正时活塞

4. VTEC 液压、机械控制原理

（1）低速运转时。发动机低速运转时如图 1-137 所示，主摇臂、中间摇臂和辅助摇臂是彼此分开独立动作的。此时主凸轮与辅助凸轮分别驱动主摇臂和辅助摇臂以控制气门的开闭。由于辅助凸轮的升程很小，因而辅助进气门只稍微打开。

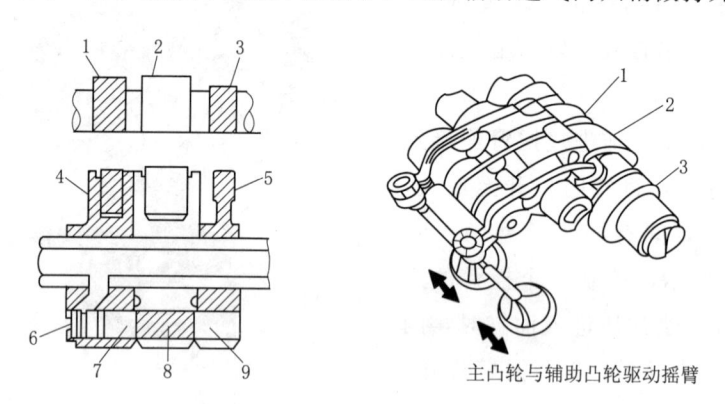

图 1-137　低速时同步活塞 B 的位置

1—主凸轮；2—中间凸轮；3—辅助凸轮；4—主摇臂；5—辅助摇臂；
6—正时活塞；7—同步活塞 A；8—同步活塞 B；9—阻挡活塞

主凸轮与辅助凸轮驱动摇臂

虽然此时中间摇臂已被中间凸轮驱动，但由于中间摇臂与主摇臂、辅助摇臂是彼此分开的，故不影响气门的正常开闭。即在低速运转时，主摇臂、辅助摇臂并未与中间摇臂相连，只是分别由主凸轮、辅助凸轮驱动，此时 VTEC 机构不起作用，气门开闭情况与普通凸轮轴式配气机构相同。

（2）高速运转时。发动机转速达到某一设定转速时，如图 1-138 所示，ECU 将控制油路接通，正时活塞在油压的作用下移动，正时活塞再推动主摇臂和中间摇臂内的同步活塞 A、B 移动，主摇臂、辅助摇臂与中间摇臂就被同步活塞 A、B 贯穿，3根摇臂锁成一体，如同一个元件一样一起动作。此时由于中间凸轮升程要比主凸轮、

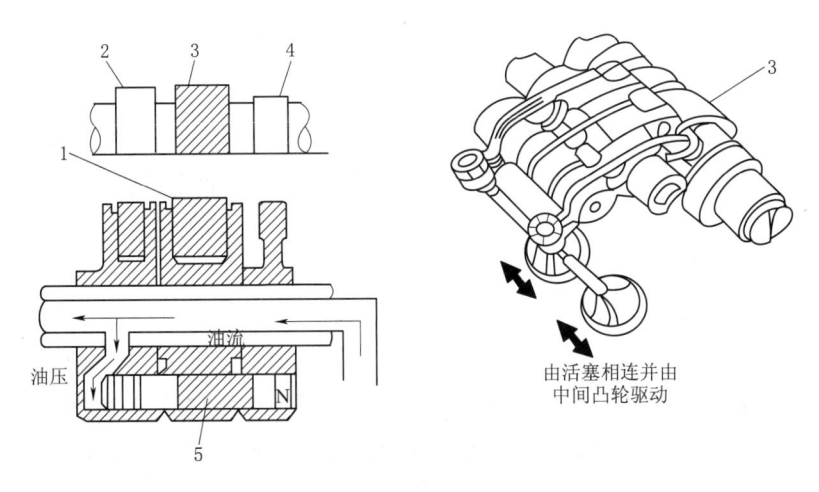

图 1-138 高速时同步活塞 B 的位置
1—中间摇臂；2—主凸轮；3—中间凸轮；4—辅助凸轮；5—同步活塞 B

辅助凸轮高，所以主摇臂、辅助摇臂均由中间凸轮驱动实现进气门的开启和关闭，使进气门早开、早闭，并增大开启升程，从而达到改变气门正时和升程的目的，并且与发动机的转速相适应。

当发动机转速降至设定值时，摇臂中的正时活塞的油压由 ECU 控制降低，回位弹簧推动阻挡活塞，阻挡活塞再推动同步活塞 A、B 回到原始位置，3 根摇臂又将彼此分离独立工作。

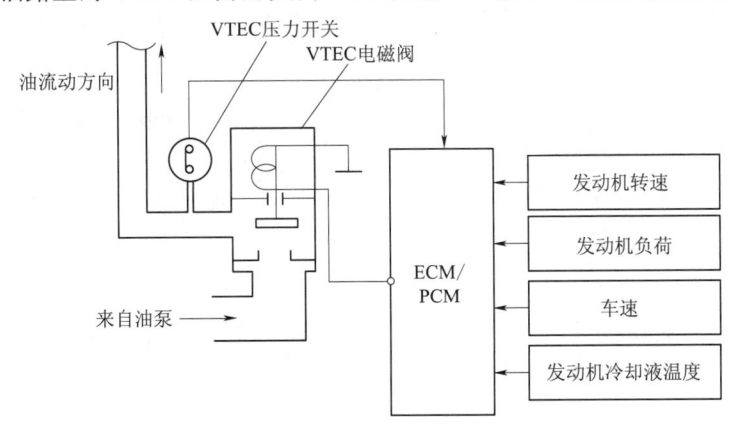

5. VTEC 电子控制原理

VTEC 电子控制原理如图 1-139 所示。ECU 根据发动机的转速、发动机负荷、车速、冷却液温度等输入信号，决定是否对配气机构实行 VTEC 控制。当 ECU 判断需要实行 VTEC 控制时，ECU 则向 VTEC 电磁阀的电磁线圈提供电流，液压阀打开，来自油泵的压力油通过 VTEC 电磁阀进入正时活塞工作腔，VTEC 机构投入工作。同时通过装在控制油路上的 VTEC 压力开关向 ECU 反馈一个信号，以便监控系统工作情况。

图 1-139 VTEC 电子控制原理

1.5.4 宽范围氧传感器

该传感器能测量从非常浓（10∶1）到非常稀（35∶1）的宽范围的混合气空燃比。

传感器包括两个氧转换单元，即一个泵氧单元（I_P 单元）和一个排气检测室（V_S 检测单元）。V_S 单元用一个小的固定电流供电，可将微量的氧移动到右边，使氧充满氧基准室，对传感器起到参考气体的作用。

泵氧单元的材料也是氧化锆，当电流通过泵氧单元时，氧分子就会沿着和电流相反的方向由泵氧单元的一侧移向另一侧。利用这个原理，在泵氧单元施加不同方向的电流 I 就可使氧气泵入或抽出检测室。在排气进入排气检测室后，根据排气中氧的浓度经过 V_S 单元产生一个电压。I_P 单元通过泵氧到大气或从大气中泵氧到检测室，以保持 V_S 的电压稳定在 0.45V，使检测室内保持化学计量比的浓度。因此，通过泵氧电流 I_P 可测量出排气的空燃比。其工作原理和特性图如图 1-140 所示。

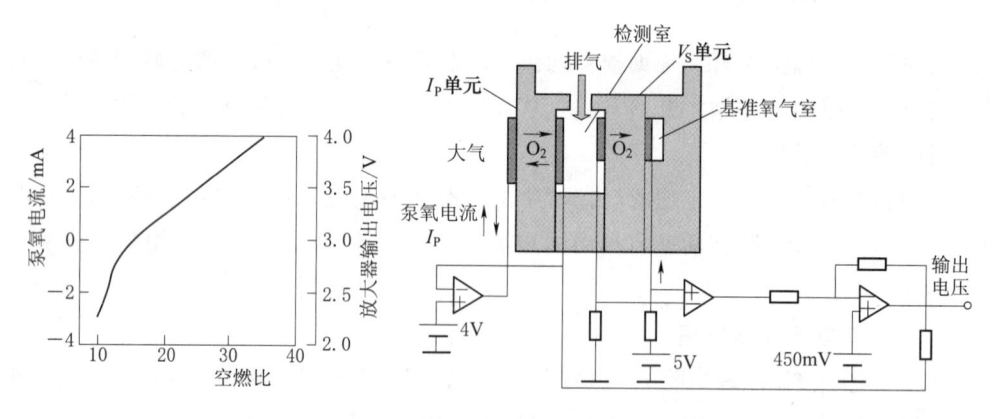

图 1-140 宽范围氧传感器的工作原理和输出特性

1.5.5 丰田稀燃发动机

图 1-141 和图 1-142 所示为丰田汽车公司开发的稀燃发动机控制系统，其特点

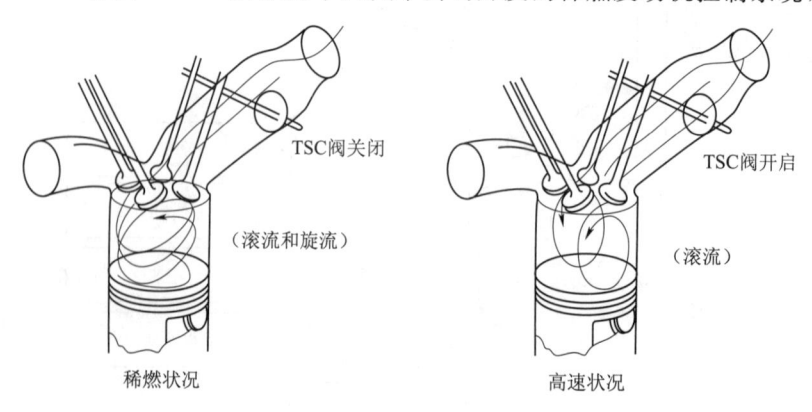

图 1-141 滚流和旋流控制

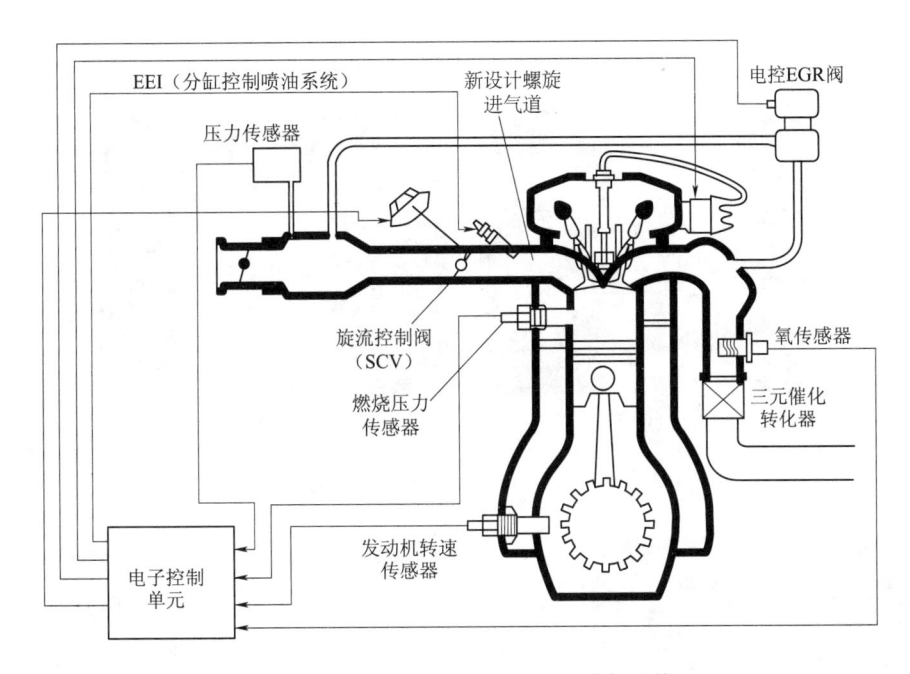

图 1-142 丰田公司稀燃发动机控制系统

是采用缸内燃烧压力传感器检测燃烧压力，采用顺序喷射系统控制每缸的供油量，采用安装在排气管下游的宽范围氧传感器检测混合气的空燃比。

此发动机的设计特点是在进气系统安装旋流控制阀（Swirt Control Valve，SCV）或滚流和旋流控制阀（Tumble & Swirt Control，TSC）。每缸的进气管道分为两部分：一个通道允许平稳地供给最大气体流量和进行良好的缸内充气；另一个通道装有一个螺旋形法兰引入进气旋流，ECU通过SCV阀控制两个管道内的空气流量。

当发动机在中小负荷运行时，以稀燃的方式工作。此时ECU命令SCV打开螺旋进气道，使进入的燃油蒸气有强的扰动，并能非常好地混合。在燃烧期间，ECU通过燃烧压力传感器检测到表征燃烧慢或不完全燃烧的信号后，就在每一缸的原有基础上修改混合气空燃比或点火定时，并与连续检测的排气氧浓度适当地配合，使发动机混合气空燃比在25∶1时还能高效地工作。

当发动机在大负荷工况下工作时，为了得到最大功率或最大转矩，ECU命令SCV打开大的进气通道并利用氧传感器信号，使混合气空燃比保持为14.7∶1。

1.5.6 缸内直喷汽油发动机

缸内直喷汽油发动机（Gasoline Direct Injection，GDI）的主要目标是实现高的燃烧效率，达到超低的燃油消耗，并具有比MPI发动机更高的输出功率，且排放性能不降低。

1. GDI 发动机的结构特点

（1）直型的进气道。在最佳喷油时产生强的反向滚流，如图 1-143 所示。

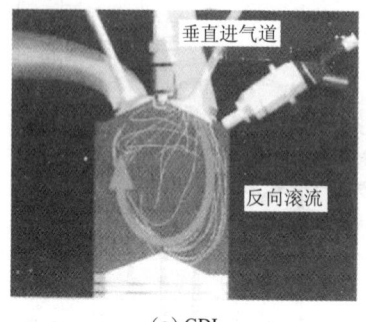

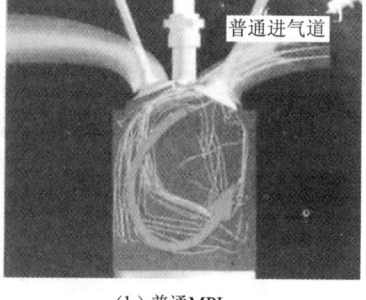

图 1-143 GDI 和 MPI 发动机进气道的比较
(a) GDI　(b) 普通MPI

（2）活塞顶部的形状可控制混合气的形状和燃烧室内的气流，使密集的混合气能在混合气扩散前将混合气引至火花塞附近，以利着火，如图 1-144 所示。

（3）高压油泵提供缸内直喷所需的 8～12MPa 的喷油压力，使缸内的直喷油雾粒直径达到 20～25μm，而 MPI 发动机的油雾粒直径为 200μm。有的 GDI 发动机采用油压传感器，可对油轨内的油压进行调节。

图 1-144 GDI 发动机的活塞顶部形状

（4）高压旋流式喷油器，可提高油粒雾化细度，喷孔较大，不易堵塞，减小贯穿度，如图 1-145 所示。

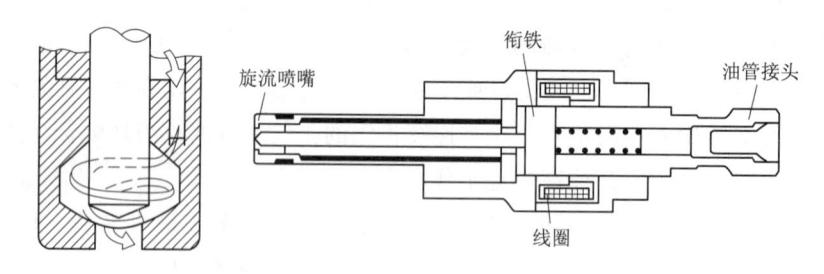

图 1-145 GDI 发动机高压旋流式喷油器

2. GDI 发动机的工作原理

中小负荷时，燃油在压缩行程后期向缸内喷油，利用活塞的形状和缸内的滚流，在火花塞附近形成浓的混合气；采用层状充气，实现稀燃，可使 A/F 达 30～40（采用 EGR 时可达 35～55）。大负荷时在进气行程上止点后 60°～120°CA 喷射均匀混合气，由于燃油喷入缸内，汽油蒸发使缸内的充气温度降低，爆震的倾向减少，可提高发动机的压缩比，从而使发动机的热效率得到提高，如图 1-146 所示。

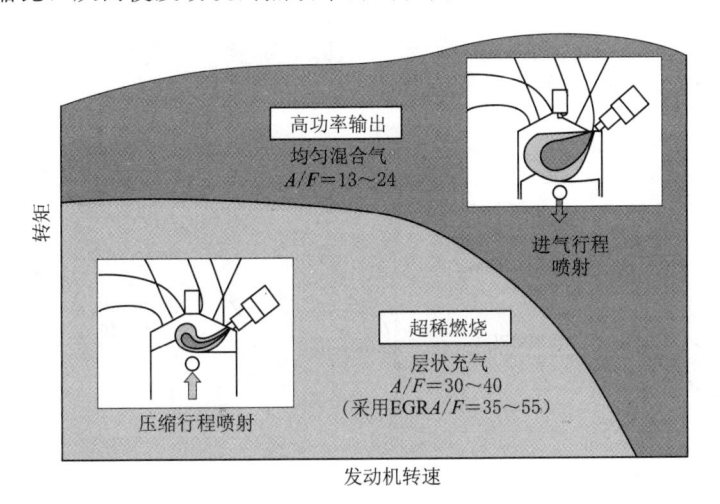

图 1-146 GDI 发动机的工作原理

3. GDI 发动机的优点

（1）小负荷时燃油消耗明显下降。在装有手动变速器的车上，采用 GDI 发动机比 MPI 发动机怠速时油耗降低 40%，如图 1-147 所示。巡航控制期间油耗降低 35%，如图 1-148 所示。

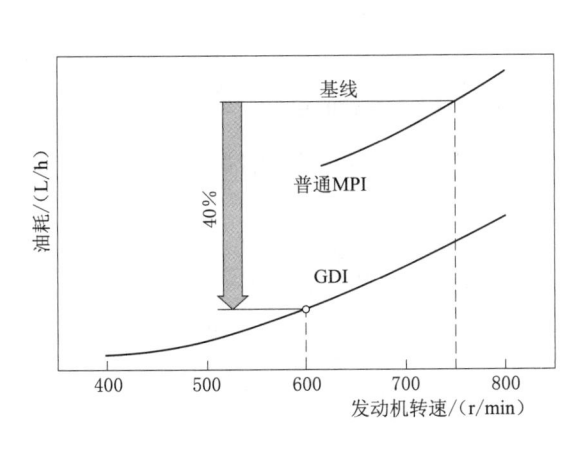

图 1-147 GDI 发动机怠速时油耗降低

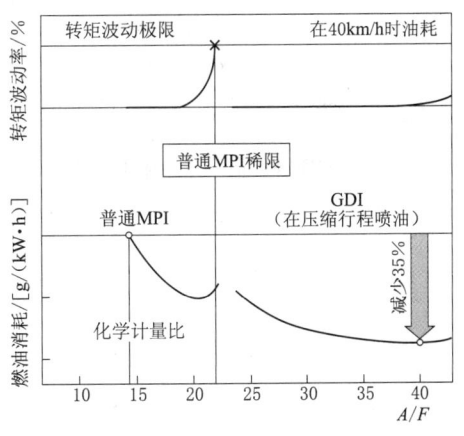

图 1-148 巡航控制时 GDI 和 MPI 发动机的油耗比较

（2）动力性提高。由于压缩比的提高，并采用工质调节，使发动机在全工况范围内容积效率、扭矩和功率均有所提高，如图 1-149 和图 1-150 所示。

（3）加速性能明显提高，如图 1-151 所示。

在装有手动变速器的汽车上，车速从 0 加速到 100km/h 时，GDI 发动机比 MPI 发动机所需的时间约减少 10%，如图 1-151 所示。

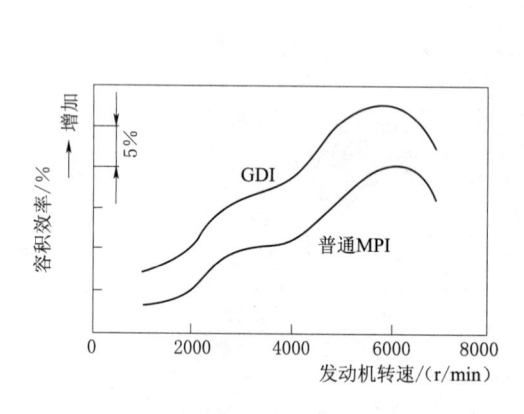

图 1-149 GDI 发动机容积效率的提高

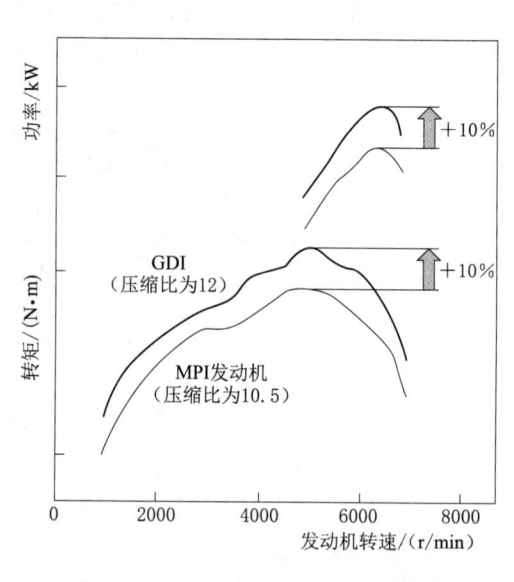

图 1-150 GDI 发动机动力性的提高

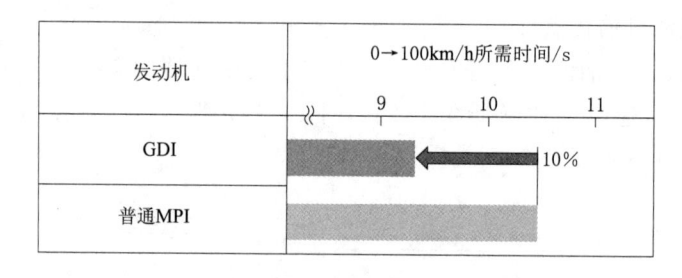

图 1-151 GDI 与 MPI 发动机对整车加速性的影响

（4）排放性能。采用 EGR（30%）和新开发的 NO_x 催化剂，使 NO_x 减少 97%，如图 1-152 所示。

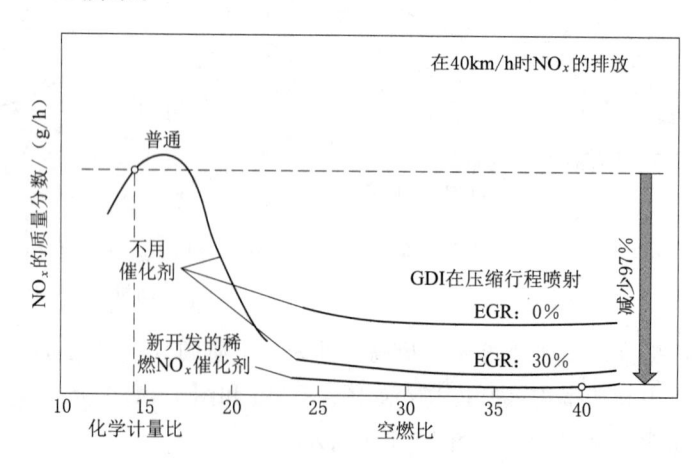

图 1-152 GDI 发动机 NO_x 的降低

4. GDI 发动机存在的问题

中、小负荷未燃的 HC 较多，这是由于油雾会碰到活塞顶部和缸壁，分层燃烧使局部区域混合气过稀，缸内燃油蒸发造成温度过低，不利于未燃的 HC 进行后燃。微粒排放比 MPI 发动机增加，主要是由于分层燃烧局部区域混合气过浓，液态油滴扩散燃烧，缸内温度低，氧化不完全形成的。在不同的转速工况下，缸内气流强度不同，如何在宽广的工况范围内把气流控制好，保证分层混合气的形成是 GDI 的关键技术问题。目前 GDI 仍属于研究开发阶段，只有少量产品投放市场。

第 2 章
柴油机电控管理系统

20 世纪 70 年代，随着微电子技术的发展，8 位微处理器开始在汽车电子控制系统应用，柴油机也开始了电子控制的进程。从结构和功能的角度看，柴油机的电子控制系统包括燃油系统的电子控制（这也是柴油机电子控制的核心问题）和柴油机空气系统的电子控制，后者包括增压压力可变截面涡轮控制系统、排气再循环 EGR 控制系统以及为了满足未来更加严格的排放法规而开发的排放后处理电子控制系统。这些电子控制系统使得柴油机在动力性、经济性和排放性能等方面都取得了巨大的进步，是继 20 世纪 20 年代（用机械喷射代替空气喷射）和 50 年代（采用排气涡轮增压技术）之后，柴油机技术的第三次里程碑式的进步。目前，轿车柴油机在保证百公里油耗 3L 经济性的同时，还能保证排放达到欧Ⅳ、欧Ⅴ甚至更好的排放标准。

在柴油机的电子控制系统中，最早研究并实现产业化的是电子控制的柴油喷射系统。随着排放法规的加严以及加工和制造技术的进步，先后出现了三代电控燃油喷射系统，这些电控喷油系统又是在不同机械式喷油系统的基础上发展起来的，从而形成了多种类型的电控燃油喷射系统。下面分别介绍这些系统并对其控制特点进行对比。

2.1　第一代电控柴油喷射系统位置控制式

传统的机械式喷油系统的燃油控制是利用油泵上的机械式调速器完成驾驶员的控制命令与发动机实际运行状态转速、负荷之间的调节与平衡，最终喷油量的控制是通过油泵的齿条齿杆或者滑套的位置来实现的。

2.1.1　在分配泵上实施的位置式电控系统

图 2-1 所示为机械式的分配泵结构，机械调速器的滑动套筒和飞锤体被油泵的输入轴经过齿轮带动，通过杠杆结构来调整油量控制套筒与分配转子之间的轴向相对位置，从而达到调节喷油量的目的。第一代位置电子控制系统取消了机械调速器，改由电驱动的执行器来控制油量控制套筒。如图 2-2 所示，油量控制电机通过控制轴直接控制油量控制套筒的位置，并通过油泵顶部的电机旋转角度传感器来反馈油量控制套筒的位置，形成位置反馈的闭环控制系统。为了提高喷油量的控制精度，还加装

了燃油温度传感器。对比图2-1和图2-2可知,第一代位置控制式的电控系统取消了传统复杂的飞锤弹簧杠杆系统,利用油量控制套筒的位置反馈来实现对油量的灵活控制,发动机在不同转速和负荷下的喷油量可以由ECU根据油泵温度和发动机本身的状态来决定。可见,采用电子控制之后,油泵的特性就变得柔性了,且更加灵活。

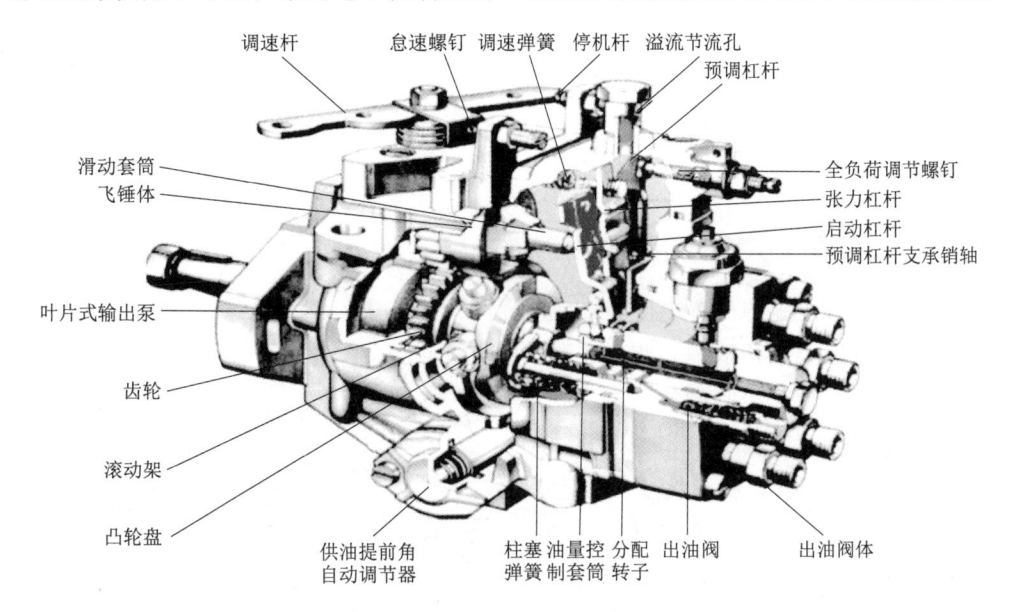

图2-1 机械分配式的解剖图

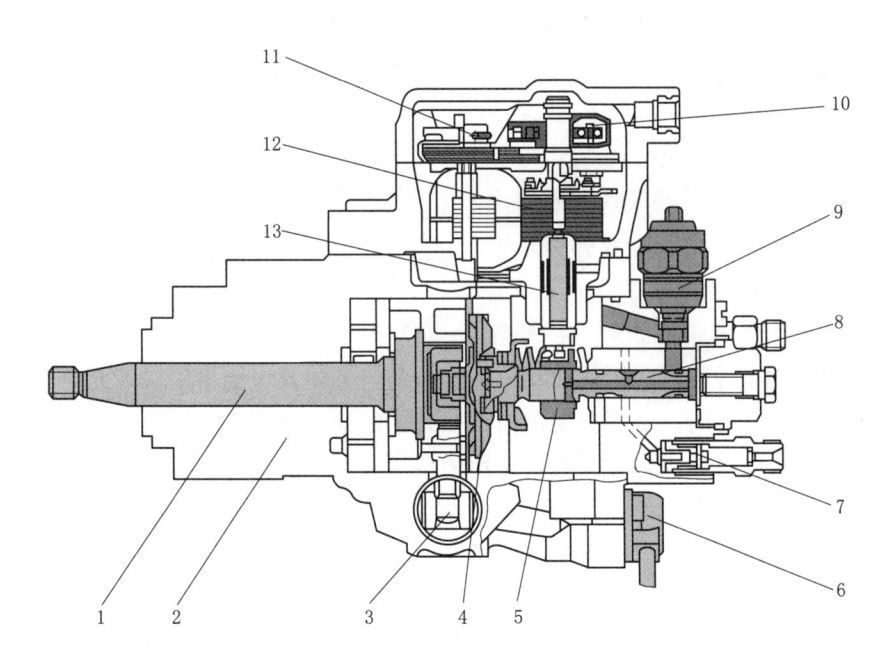

图2-2 带位置传感器的第一代电控分配泵

1—油泵输入轴;2—油泵壳体;3—定时控制活塞;4—凸轮盘;5—油量控制滑套;6—定时控制电磁阀;7—出油阀;8—分配转子;9—断油阀;10—位置传感器;11—燃油温度传感器

为了进一步改善发动机的排放，对图 2-2 中的定时控制机构也实施了电子控制，从而达到不同工况下不同定时角度的精确控制。如图 2-2 所示，利用电磁阀来控制泵内油压，不同的油压与弹簧的平衡位置不同，使得定时活塞能够左右移动，带动销相对转动一个位置，从而改变压力滚轮与凸轮盘的相对位置，也就是改变喷油提前角。

除了图 2-2 所示的旋转电机的执行器外，还可采用线性电磁铁作为执行器的电控分配泵。线性电磁铁做直线运动，通过杠杆带动油量控制套筒运动，同时位置传感器将油量控制套筒的位置反馈给 ECU。

2.1.2 在直列泵上实施的位置式电控系统

在直列泵上实施的位置电子控制就是将传统的机械调速器取消，将齿条的控制改为一个由电子控制的执行器。执行器的类型既有旋转的电机，也有直线运动的电机。图 2-3 所示为 Bosch 公司的一种电子控制方案，采用直线运动的线性电磁铁作为执行器，直接安装在传统的机械调速器的壳体内，而机械调速器已经被取消。为了检测发动机的工作转速，图 2-3 中还在油泵凸轮轴的自由端安装了测速齿盘和转速传感器。

在图 2-3 所示的位置控制式电控燃油喷射系统中，执行器线性电磁铁决定了齿条的位置，而由于存在弹簧预紧力以及线性电磁铁电流到力之间受到温度、摩擦等非线性因素的影响，在外界

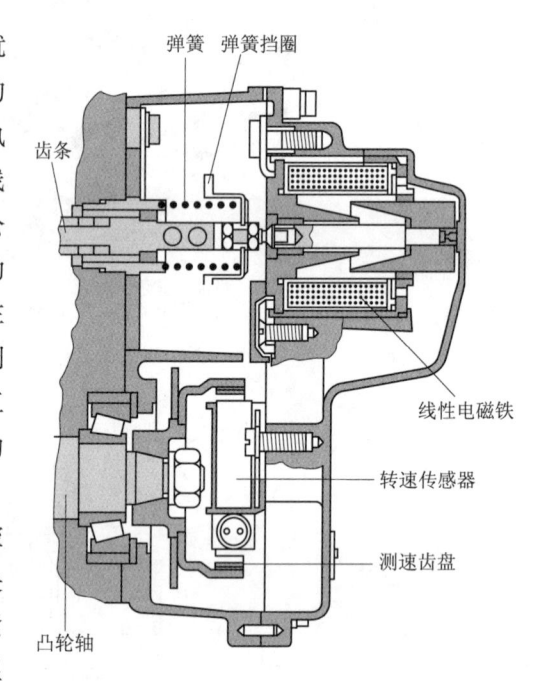

图 2-3 取消机械调速器的直列泵电控系统

驱动电压一致的条件下，相同的驱动电流对应的齿条位置可能不同。因此，当采用线性电磁铁作为执行器时，必须要反馈齿条位置才能知道当前齿条的准确位置，这对车用发动机来说是必需的。但在有些电站用的柴油机上可以例外。因为发电条件下对应的发动机转速是固定的，电子控制系统将发动机转速作为闭环的控制目标，而不要求精确控制齿条的位置，所以不需要反馈齿条的位置。

图 2-4 给出了一种采用滑套控制的结构，滑套控制杆上下运动，带动控制滑套也上下运动，从而改变供油始点和终点。与此同时，控制齿条仍然可以控制柱塞相对滑套的转动，从而实现负荷的调节功能。采用这种控制的典型油泵如图 2-5 所示，分别由两个不同的执行器来控制滑套和齿杆，但缺点是结构复杂、系统可靠性降低。

除了在直列泵上实施的位置控制式电控燃油喷射系统外，还有在泵喷嘴和单体泵

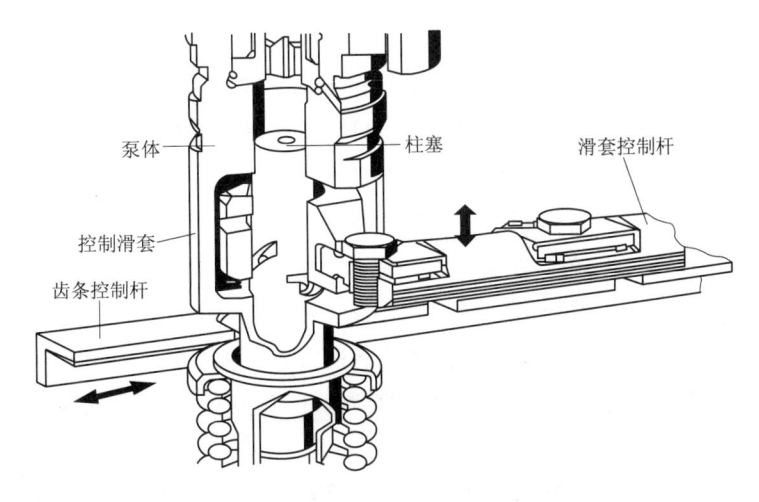

图 2-4 滑套和齿条的综合控制机械结构

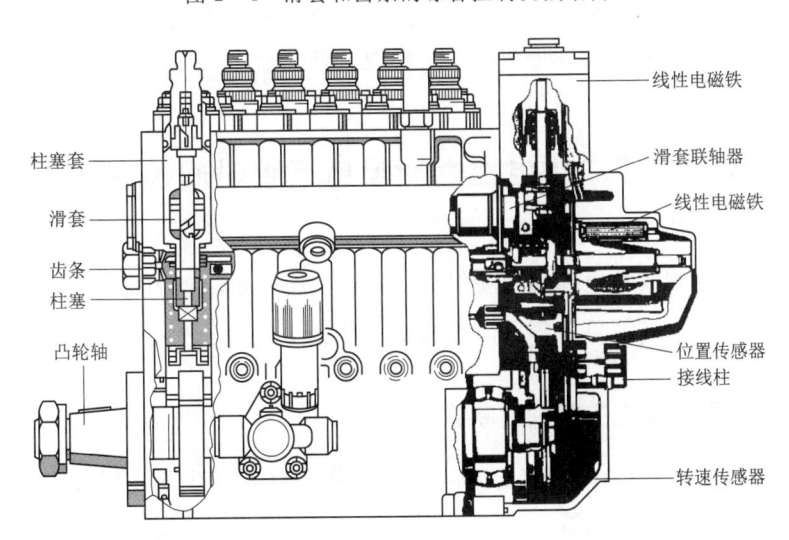

图 2-5 实施齿条位置和滑套位置双电控的喷油泵

上实施的位置控制式电控燃油喷射系统。这些系统中的位置电控在控制机理、结构上都和直列泵有类似之处,只要在其控制齿杆的连接处加装一个电子执行器就能实现电控,这里不再详述。

2.1.3 第一代电控燃油喷射系统的控制特点

通过对比分配泵以及直列泵上实施的位置控制式电控燃油喷射系统,可以看出其共同之处有以下几个方面。

(1) 将传统的机械式喷油系统作局部改进,如取消调速器、保留柱塞和柱塞套(产生高压的装置与机械一致),改用电子执行器来完成分配转子与滑套或者柱塞和柱塞套之间的相对位置控制。

(2) 增加反馈位置传感器、转速传感器以及燃油温度传感器等，从而实现对油泵的精确控制。

(3) 实施电子控制后，整个系统的优点在于，不同转速与负荷下的喷油量可以灵活标定，因此在发动机的整个稳态工况范围，发动机的工作特性可以按照性能最佳的方式来确定，而传统的机械式系统则只能保证个别点工况下的特性最佳，其他工况下的特性不能灵活改变（因为弹簧刚度不能改变）。

第一代位置控制式电控燃油喷射系统的最大优点是相对原有系统改动简单、成本低。但是由于喷射压力相对原有系统没有提高，因此对发动机的排放性能改善有限，只是对动力性和经济性以及整车的驾驶性能有所改善。但是第一代位置控制式电控系统相对传统机械系统已经改变整个发动机的控制和匹配模式，在柴油机电子控制的道路上迈出了第一步。

由于第一代位置控制式电控燃油喷射系统只是在原有的机械调速器的位置实施电控，所以又被称为"电子调速器"。有的电控系统在加装了电子控制执行器的同时，还保留了原有的机械调速器，形成了"机电混合调速器"。

2.2 第二代电控燃油喷射系统时间控制式

第二代时间控制式的电控燃油喷射系统根据高压产生装置的不同，也可以分为分配泵、直列泵、泵喷嘴和单体泵电控燃油喷射系统。

2.2.1 在分配泵上实施的时间控制式

图2-6所示为一种轴向柱塞的时间控制式分配泵电控系统，相对第一代电控系

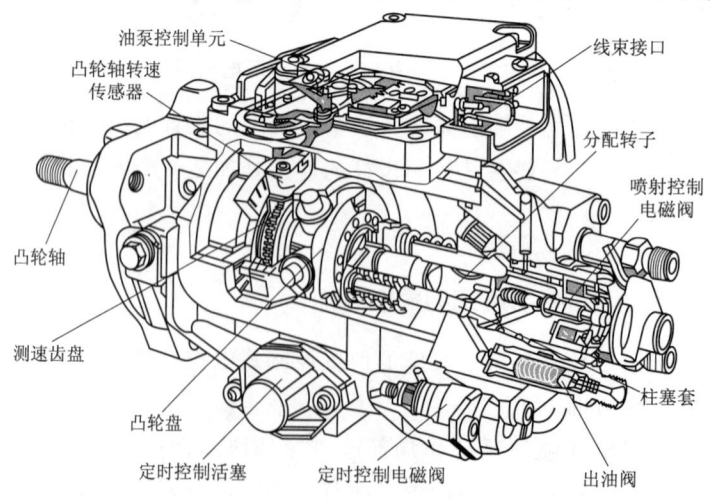

图2-6 轴向柱塞的时间控制式分配泵结构

统，该油泵内部最大的变化是柱塞套（即对应第一代中的滑套）位置已经被固定，喷射过程由专门的电磁阀来完成，同时为了保证喷射控制的精度，还增加了一个凸轮轴的测速齿盘和转速传感器，完成喷射过程各缸的角度计量工作。径向柱塞的时间控制式分配泵与轴向柱塞相比，除了产生高压方面有差别外（一个是轴向柱塞，一个是径向柱塞），其他部分的结构和布置都相同。

图2-7所示为径向柱塞分配泵的定时控制机构，与第一代位置电控系统类似，定时控制电磁阀调节定时控制活塞的压力，活塞左右移动引起凸轮盘相对分配转子的转动，从而改变喷油提前角。图2-8所示为时间控制式分配泵的关键核心元件——高速强力电磁阀的结构，由径向柱塞或者轴向柱塞产生的燃油从分配转子的高压腔经电磁阀阀杆的密封端口流向低压腔。当电磁阀通电时，电磁阀阀杆向左移动，密封端口关闭，高压腔和低压腔之间的通路被隔断，油压迅速升高，从分配转子经出油阀去喷油器。当电磁阀断电时，电磁阀阀杆在弹簧力的作用下向右移动，高压腔和低压腔

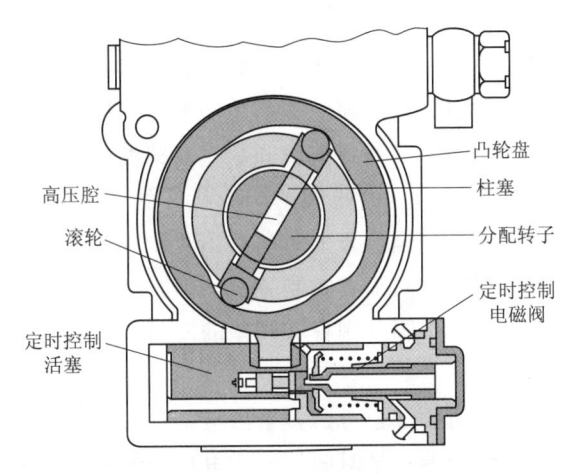

图2-7 径向柱塞分配泵的定时控制结构

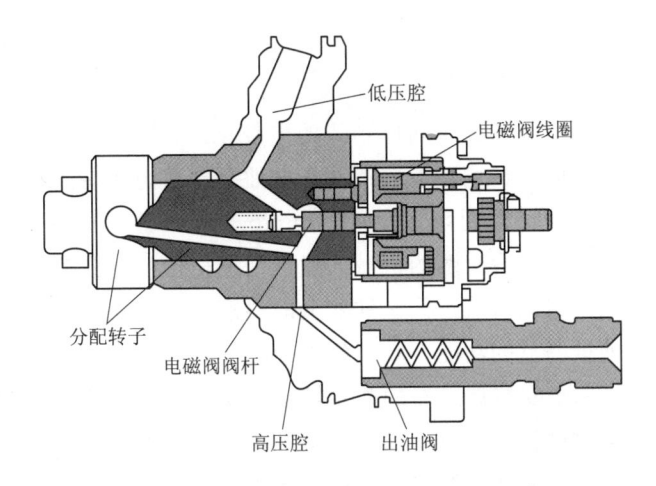

图2-8 喷油控制的高速强力电磁阀结构

之间被连通，压力立刻降低，喷射结束。电磁阀开始通电的时刻决定了高压压力建立的时刻，也决定了燃油往缸内喷射的开始时刻；电磁阀断电的时刻决定了燃油往缸内喷射结束的时刻；电磁阀通电的持续时间，决定了喷射的持续时间，即喷油量的大小。

第二代时间控制式的喷油调节模式与第一代位置控制式的喷油调节模式有明显区别。在第一代的位置电控中，调节油量的是与机械式系统相同的油量控制套筒，而第二代时间控制式的电控系统中，控制油量的执行器是电磁阀，柱塞的作用仅仅是产生高压。

在时间控制式电控燃油喷射系统中，对作为执行器的电磁阀在性能上有很高的要求，与汽油机电子控制燃油喷射系统的电磁阀差别很大。

(1) 电磁阀的密封压力不同。图 2-8 所示的高压腔的压力可以高达 100～160MPa，而低压油路的压力只有 0.4MPa 左右，这比汽油机中控制喷射用的电磁阀的密封压力高出几十倍。

(2) 时间控制式电控系统中，电磁阀控制燃油直接喷到缸内，这与汽油机的进气道喷射有所不同，要求对喷射的始点喷油提前角和喷射的持续时间对应的曲轴角度喷油脉宽必须严格控制，这是因为喷油提前角和脉宽对柴油机动力性、经济性和排放性能影响很大。为了满足这个要求，电磁阀的响应从开始通电到电磁阀真正关闭的时间，以及从断电到电磁阀真正完全打开的时间必须非常快。

(3) 由于每个喷射过程电磁阀都要控制一次，即开关一次，因此为了保证发动机几十万公里的性能不下降，电磁阀（阀杆和阀座的密封端面）的寿命和可靠性是整个电控系统的关键。

(4) 电磁阀本身的设计需要综合考虑多个因素，包括机械、液力、电磁、电子等物理过程。整个电磁阀的性能参数是时间控制式电控柴油喷射系统中的核心。这也是柴油机电子控制燃油喷射比汽油机电控燃油喷射要难得多的原因之一。

2.2.2 在直列泵上实施的时间控制式

在传统直列泵上也可以实施时间控制式的电控化改造。如图 2-9 和图 2-10 所示，将与直列泵相连的原机械调速器取消，在喷油泵出油阀和喷油器之间的高压油管上，安装一个三通电磁阀，得到泵管阀嘴（Pump Pipe Valve Injector，PPVI）式电控燃油喷射系统。与传统的泵管嘴的机械式喷油系统相比，每缸都对应安装了一个控制喷射过程的电磁阀。与此同时，传统柱塞上的斜槽被取消，柱塞泵的功能只是建立高压，不再具有喷油量调节的功能，真正的喷油控制由电磁阀来完成。

在图 2-10 中，原来安装调速器的凸轮轴末端现在安装了指示凸轮轴相位的转速传感器，目的是为喷射过程的相位计量提供基准。当柱塞上行时（图 2-9），如果电磁阀通电，则高低压之间的连通被隔断，高压建立，燃油经过高压油管自喷油器中喷出。当电磁阀断电后，电磁阀阀杆在回位弹簧的作用下打开密封端面，高压油路和低

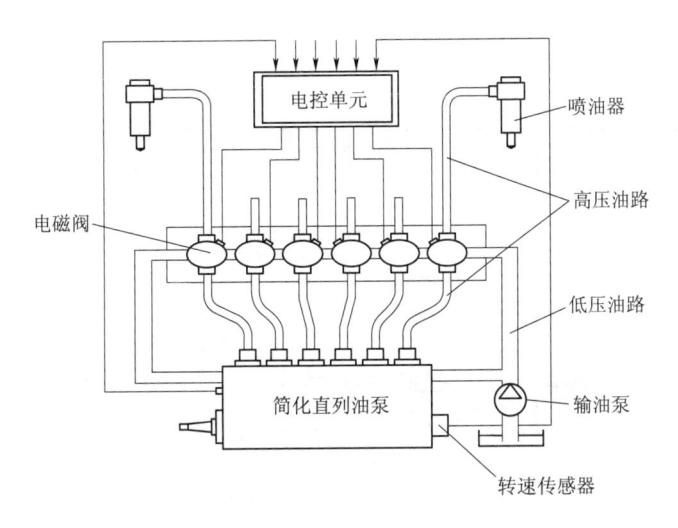

图 2-9 PPVI电控系统的液力系统结构简图

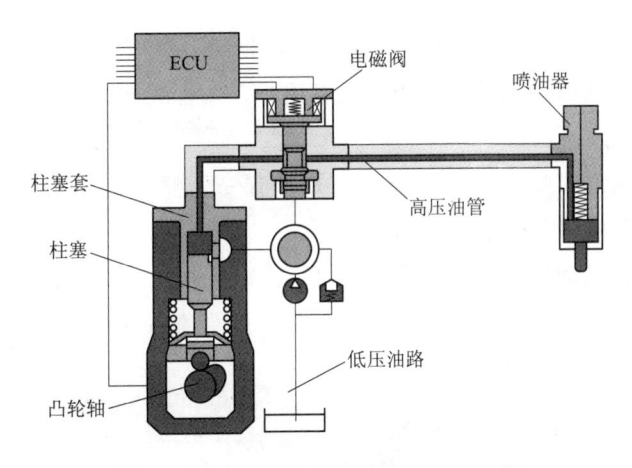

图 2-10 PPVI电控燃油喷射系统结构

压油路被连通，燃油经电磁阀迅速泄压，喷射过程随之停止。电磁阀通电开始时刻决定了喷射定时，电磁阀通电时间的长短决定了喷射脉宽，即决定了发动机的负荷大小。可见对电磁阀实施的控制在时间上要求很高，与分配泵上实施的时间控制式要求一样，这也是它为什么叫"时间控制式"的主要原因。

图 2-11 给出了 PPVI 系统电磁阀的基本结构。该结构采用了多极式电磁铁结构，以期在单位面积内产生最大的电磁力，衔铁与电磁铁之间的间隙很小，仅 6.2mm 左右，目的是使相同通电电流下的电磁力达到较大值，同时满足电磁阀打开和关闭的升程变化的需要，电磁阀线圈的匝数、电磁铁与衔铁的正对面积、衔铁的厚度、回位弹簧的刚度和预紧力以及电磁阀密封锥角的角度等都要经过仔细优化。

2.2.3 电控单体泵

单体泵系统（UPS）用于商用车的发动机和大型发动机上。对商用车的发动机而

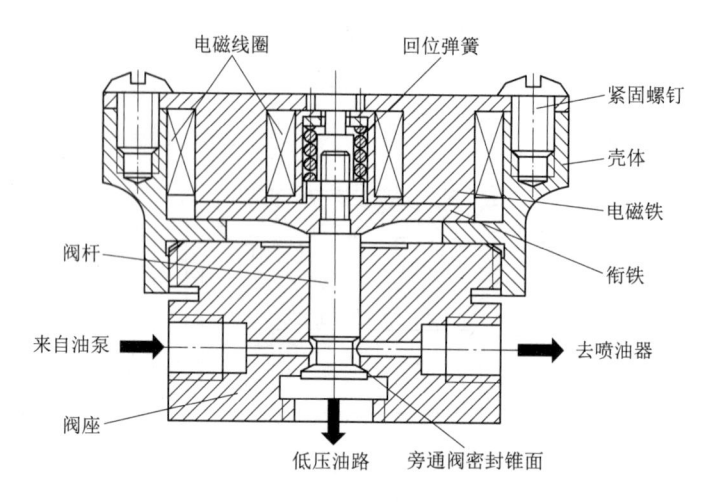

图 2-11 PPVI系统电磁阀的基本结构

言，单体泵（UP）的工作方式和泵喷嘴（UI）相同。然而，与泵喷嘴相比，不同的是在单体泵内喷嘴和喷油泵是分开的，两者用一条短管线连接。

1. 安装与驱动

单体泵系统内的喷嘴装在气缸盖上，并带有一个喷嘴支持架。而在泵喷嘴系统内，喷嘴是直接与喷油泵安装成一体的。

该泵被固定在发动机缸体的一侧（图 2-12）并通过滚柱挺杆 26（图 2-13）由发动机凸轮轴上的凸轮直接驱动，这使其有了许多泵喷嘴没有的优点。具体如下。

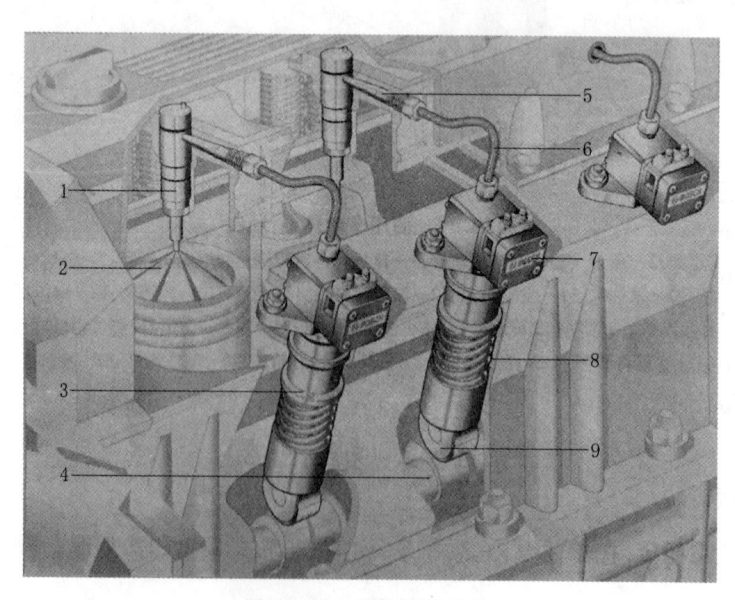

图 2-12 单体泵及安装
1—喷嘴固定器；2—内燃机燃烧室；3—单体泵；4—凸轮轴；5—压力装置；
6—高压油管；7—电磁阀；8—回程弹簧；9—滚柱挺杆

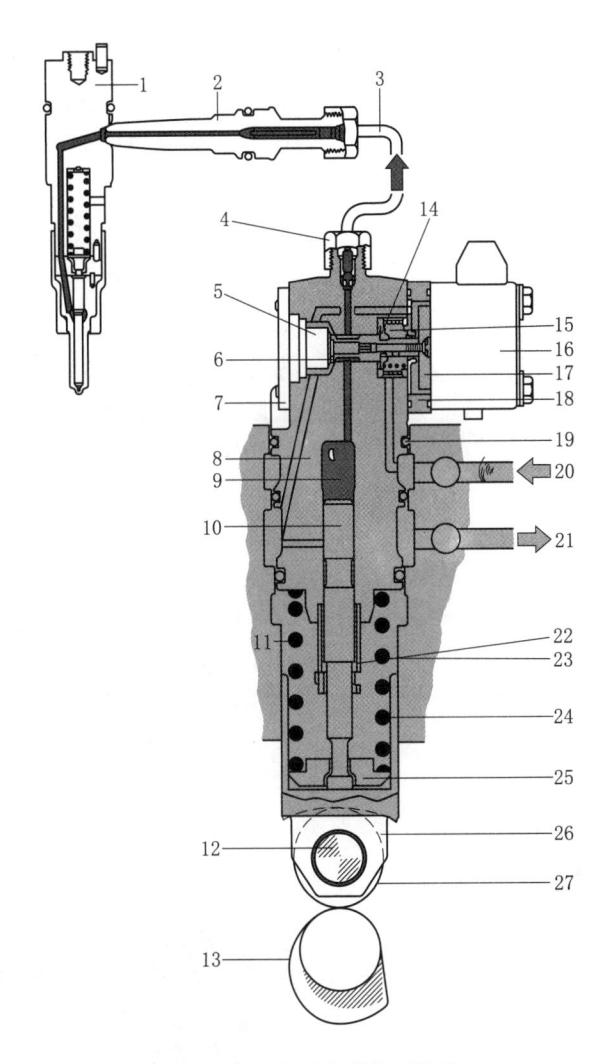

图 2-13 商用车单体泵结构

1—喷油器固定器；2—压力装置；3—高压油管；4—接线；5—行程停止；6—电磁针阀；
7—金属板；8—泵体；9—高压腔；10—泵柱塞；11—发动机组；12—滚柱挺杆栓；13—凸轮；
14—弹簧座；15—电磁阀弹簧；16—阀套及线圈铁心；17—金属板电磁铁；18—金属板介质；
19—密封；20—燃油进口；21—燃油回流；22—泵柱塞保持装置；23—挺杆弹簧；
24—挺杆；25—弹簧座；26—滚柱挺杆；27—推杆滚柱

(1) 不需要重新设计气缸盖。
(2) 因为不需要摇杆，所以是刚性驱动。
(3) 因为泵很容易拆除，所以车间处理很简单。

2. 结构

与泵喷嘴相比，在单体泵内，高压泵和喷油器之间安装了高压供油管路。这些管路必须能够持久地承受极大的泵压，并且能够承受在喷射中止时出现的某种程度的高频压力振荡。因此，管路采用高强度的无缝钢管制造，并应尽可能短，而且发动机中各个独立的泵管路的长度必须相同。

3. 电流控制率调节

泵喷嘴电磁阀的工作原理使得其会产生一个三角形的喷射曲线，所以在对某些单体泵中电磁阀的设计进行修改时，会产生一个靴形的喷射曲线。

为此，电磁阀装配了一个移动提升限制器用来限制中间的提升，从而促进形成节流状态（"靴形"）。

在电磁阀关闭后，电磁阀电流回到保持电流（c_2）之下的一个中间水平（图 2-14 中的阶段 c_1），从而使针阀停留在提升限制器上。这能够产生节流间隙，进一步限制了压力的建立。通过提高电流，阀门再次完全关闭，"靴形"阶段结束。

这一过程称为电流控制率调整（CCRS）。

电磁阀装配的移动提升限制器如图 2-15 所示。

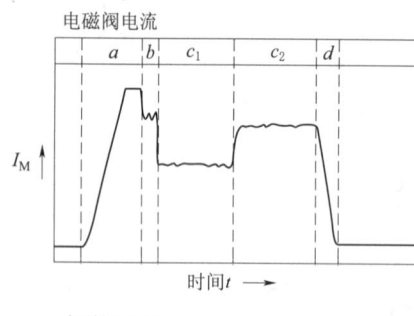

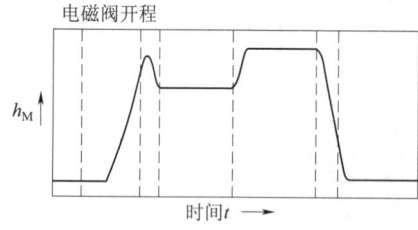

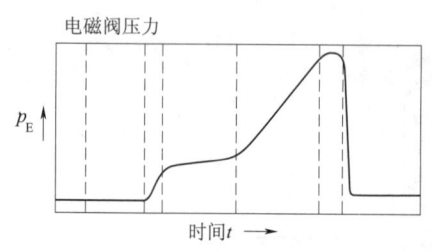

图 2-14 高压电磁阀激活程序

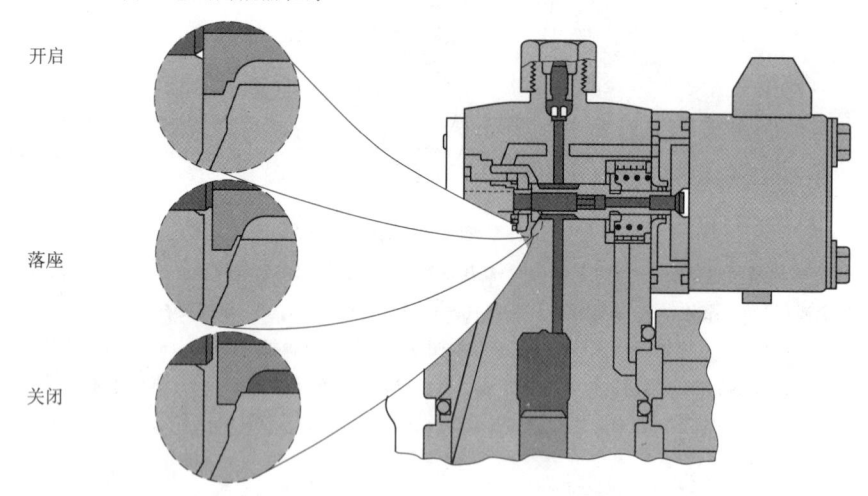

图 2-15 带电流等级修正的 UPS 电磁阀的构造原理

2.2.4 电控泵喷嘴系统

电控泵喷嘴系统作为时间控制式电控喷油系统中较为优秀的燃油系统，具有很大的发展潜力，具体结构也是把喷油泵体与具体喷油器相结合，通过高速电磁阀的通、断电进一步对喷油量以及喷油时间进行控制，系统主要由检测柴油机运行状况的各种传感器、电子控制单元（ECU）以及系统中最重要的执行器——电控泵喷嘴所组成，拥有短时间内产生很大燃油压力的喷油系统。系统工作时，当高速电磁阀关闭时，燃油通过低压油道进入泵喷嘴柱塞等油道内，预喷射开始时，电磁阀关闭，低压油道关闭，喷油柱塞对燃油进行压缩，进而达到 200MPa 以上的燃油压力后顶起针阀进行喷油操作，喷油结束后 ECU 控制高速电磁阀关闭，燃油通道打开，高压油道压力降低，喷油器的剩余燃油流经低压油道流回油箱进入回油过程，高速电磁阀的关闭时刻决定了泵喷嘴的喷油时刻，关闭持续时间也决定了泵喷嘴的喷油持续时间。

1. 电控泵喷嘴系统主要传感器

（1）进气温度传感器。其主要采用负温度系数热敏电阻原理，当温度升高时电阻阻值减小，当温度降低时电阻阻值增大。其主要作用是检测进气温度，通过温度不同，电阻值不同的电信号输送给 ECU 作为进行计算空气密度的主要依据。

（2）冷却液温度传感器。同样采用负温度系数热敏电阻，冷却液温度升高，阻值减小，温度降低，阻值增大，通过电阻的变化，ECU 接收到的电压信号也不相同，通过电压信号计算出相对应的冷却液温度，用以修正燃油系统喷油时间，它一般安装在柴油机缸体水套冷却液管路中，与冷却液相互接触。

（3）加速踏板位置传感器。它与节气门位置传感器类似，主要安装于加速踏板转轴处，利用滑变电阻的特性，根据踏板踩下的不同变化量，ECU 会收到不同的电压信号，根据电压信号的强弱来判断动力需求，控制节气门开度，进而调节进气量与喷油脉宽。

（4）燃油温度传感器。顾名思义，燃油温度传感器主要用于检测油箱内的燃油温度，一般采用负温度系数热敏电阻，当温度升高时，燃油密度会增大，喷入气缸的实际油量会减少，从而影响柴油机的动力性能，传感器通过检测将燃油温度对应的电压信号传输给 ECU 进行计算分析，从而修正喷油量。

（5）曲轴转速传感器。曲轴位置传感器主要是用来确定曲轴位置，也就是曲轴转角，此外还可检测柴油机转速，通过发出曲轴转速传感器信号，ECU 可以计算出柴油机系统中哪个缸处于压缩冲程上止点，并确定点火位置，从而发出至相关执行器进行相应操作指令。

（6）凸轮轴位置传感器。凸轮轴转速一般为曲轴转速的一半左右，其主要是采用凸轮转动角度信号，通过传送至 ECU 分析计算并确定目标点火时刻以及喷油时刻，又称同步信号传感器。

（7）空气流量传感器。该传感器也是电控喷油系统中的重要传感器之一，有热线式、热膜式、卡尔曼式等类型，系统通过空气流量传感器传入的某时刻的发动机进气量信号，传输给 ECU 进行分析并计算，从而计算出该时刻所需要的目标喷油量，这也是控制喷油的基本信号之一。

（8）燃油压力传感器。它主要使用压敏电阻作为信号检测，通过某时刻燃油压力的不同，对应某时刻的电阻值，然后相应的电压信号就传输给 ECU 进行计算分析，确定该时刻的燃油压力，在燃油系统中主要用于测量高压燃油压力进而进行调节至目标喷油量。

传感器是电控燃油系统中必不可少的主要元件之一，其工作精确度也影响到整个系统的工作可靠度。目前，随着电子技术的快速发展，传感器也产生了很多类型并运用于各个领域，信号精准度也随之提升，为柴油机电控喷油系统的可靠工作提供了重要保障。

2. 电控泵喷嘴主要工作原理

电控泵喷嘴是柴油机电控泵喷嘴燃油系统中最为关键也是设计难度最大的零件，其主要由喷油柱塞泵、喷油器、高速电磁阀3个部分组成，由于该结构紧密，无需油管连接，很大程度上减少了高压油路中压力波的影响，可以使燃油压力进一步提高到200MPa 以上，可在汽缸内形成良好的燃油喷雾状态，使燃油能够充分燃烧，减少了有害颗粒物的排放。图 2-16 所示为3个部分的结构，图 2-17 所示为主要零件图。

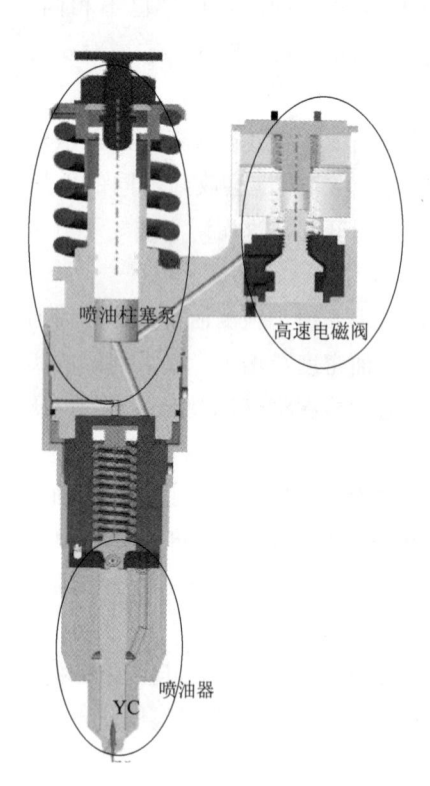

图 2-16 电控泵喷嘴3个主要部位结构

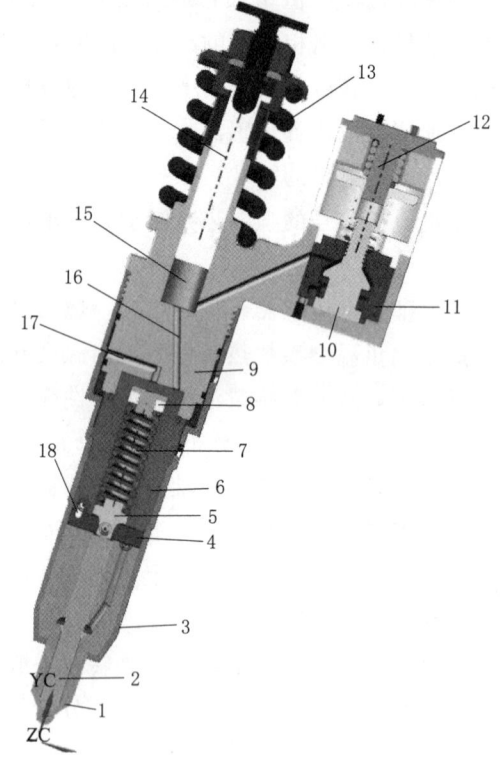

图 2-17 电控泵喷嘴主要零件图
1—针阀体；2—针阀；3—结构外壳；4—针阀座；
5—针阀弹簧座；6—针阀弹簧支撑室；7—针阀弹簧；
8—启喷压力调节机构；9—液压柱塞体；10—节流针阀偶件；
11—节流阀体；12—电磁阀；13—柱塞回位弹簧；14—液压柱塞；
15—柱塞液压腔；16—高压油道；17—回油道；18—定位销

(1) 吸油过程。电控泵喷嘴的进油过程也是检测喷油器气密性的过程,是喷油器进行喷油操作的前期准备阶段。随着顶置凸轮旋转至平缓位置,液压柱塞受到回位弹簧的作用力而上行,电磁阀保持关闭状态,节流阀体为常开状态,低压油道与高压油道相通。当柱塞上行时,柱塞腔内的容积增大,燃油由进油口进入,流经阀体进入柱塞腔,充满高压、低压油道,直到柱塞运行至上止点位置,吸油过程才算结束,如图2-18所示。

(2) 压油过程。电控泵喷嘴的压油过程是经过前阶段吸油过程后的下一阶段,也是喷油时刻的前一阶段,也称为系统的预喷射过程。在此过程中,当泵喷嘴油道内充满燃油时,电磁阀开启,节流针阀通过电磁力的作用迅速上升,关闭低压油道与高压油道的通路,使得高压油道与柱塞腔保持封闭状态,顶置式凸轮也运行至前端部分,使得柱塞克服回位弹簧预紧力向下运行,减小高压油腔内的体积,使得高压油道内的燃油快速形成高压燃油,直至达到针阀弹簧的启喷压力,柱塞压油过程才算结束,如图2-19所示。

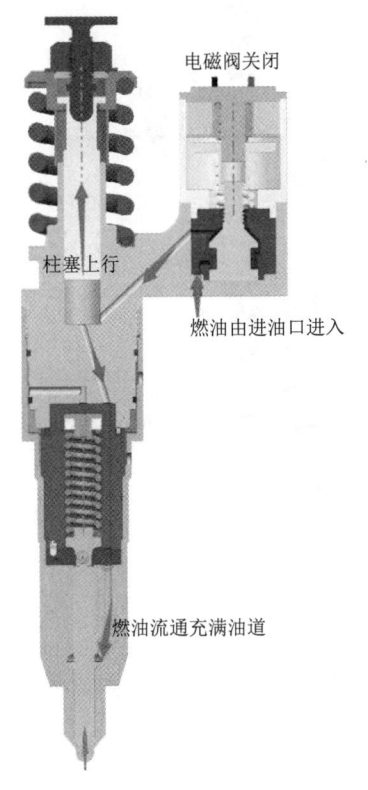

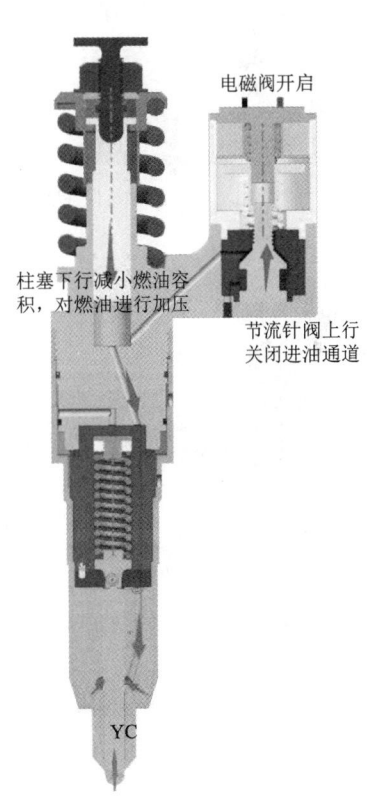

图2-18 电控泵喷嘴吸油过程 　　图2-19 电控泵喷嘴预喷射过程

(3) 喷油过程。电控泵喷嘴的喷油过程也称为电控泵喷嘴的主喷射阶段,喷油时刻和喷油时间的控制也是在此阶段进行。在前阶段预喷射过程后,电磁阀保持开启状态,节流针阀保持上升阶段,高压油道保持关闭状态,喷油泵柱塞继续往下运行,直到高压燃油达到200MPa左右,足够克服针阀弹簧的预紧力,从而燃油通过针阀倒角面作用力顶起针阀，使针阀上升，开启喷油腔通道，燃油以高压形式通过喷油孔喷出，喷油开始后高压油道内燃油与低压燃油道相连接，压力瞬间下降，下降到针阀弹簧能够克服的燃油压力时，针阀弹簧下降，关闭针阀喷孔通道，喷油过程结束，如图 2-20 所示。

（4）回油过程。主喷射阶段结束后的下一阶段则是泵喷嘴的回油阶段，此阶段完成后也就组成了泵喷嘴系统的基本供油过程，以此往复循环形成喷油基本规律。主喷射阶段结束后，电磁阀关闭，节流针阀下行，连通低压通道，燃油压力下降，经过针阀弹簧多余的燃油流经回油道，通过回油口流回油箱。至此完成回油过程，如图 2-21 所示。

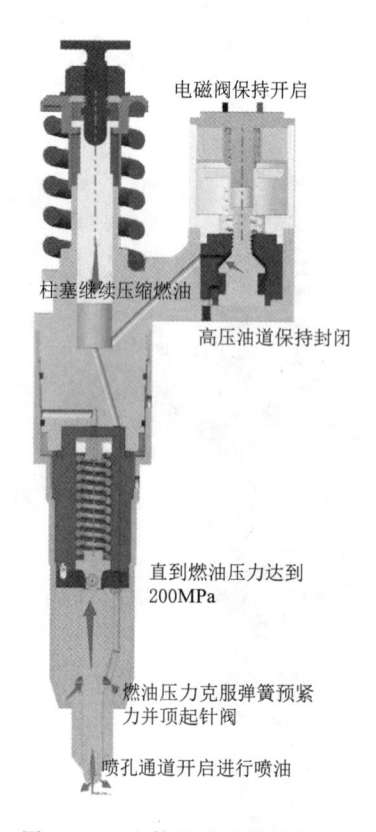

图 2-20　电控泵喷嘴主喷射过程

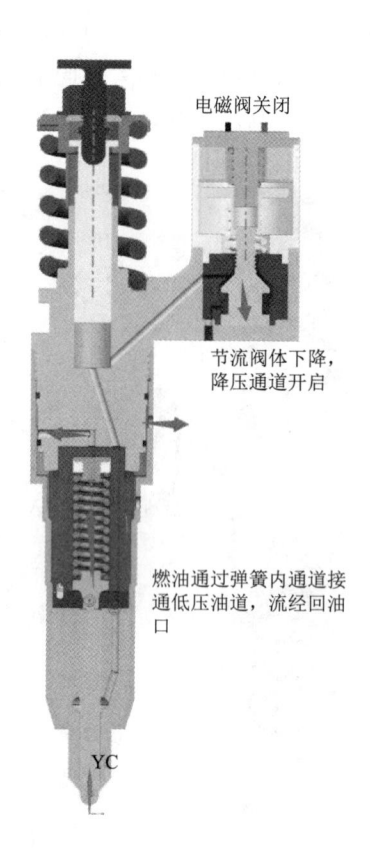

图 2-21　电控泵喷嘴回油过程

2.3　第三代电控燃油喷射系统

针对第二代时间控制系统存在的不足，人们进一步推出了第三代共轨式电控燃油喷射系统。在这个系统中，柱塞产生的脉动高压被输送到一个高压腔中，使高压能够长时间维持，即在任意时刻电磁阀开始喷射都能够得到满足。

2.3.1 高压共轨系统

图 2-22 所示为第三代高压共轨式电控燃油喷射系统结构,共轨式电控发动机系统的组成可以划分为下述 4 个部分。

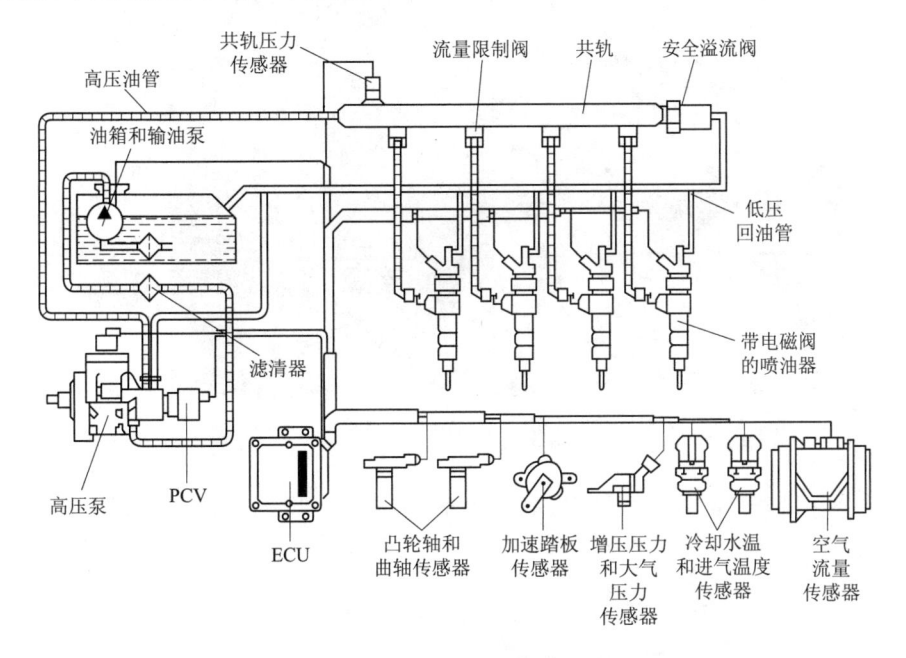

图 2-22 第三代高压共轨系统组成结构

(1) 燃油低压子系统,包括油箱、输油泵、滤清器和低压回油管。

(2) 共轨压力控制子系统,包括高压泵、高压油管、共轨压力控制阀 (Pressure Control Valve,PCV)、共轨、共轨压力传感器以及提供安全保障的安全泄压阀和流量限制阀。

(3) 燃油喷射控制子系统,包括带有电磁阀的喷油器、凸轮轴和曲轴传感器等。

(4) 电控发动机管理系统,包括电子控制单元和发动机的各种传感器。

从上述可以看出,与第二代时间控制式系统相比,第三代高压共轨系统在结构上增加了共轨压力控制子系统。

世界上提供共轨系统的公司主要有德国的 Bosch 公司和 Siemens 公司、美国的 Delphi 公司以及日本的 Denso 公司等。与电控单体泵相比,共轨系统的重量轻,适合整机布置。典型安装共轨系统的柴油机如图 2-23 和图 2-24 所示。它们各自的结构稍有差别,但是整个系统的框架基本相同。下面以 Bosch 公司的共轨系统为例,介绍共轨系统的主要技术特点。

1. 高压泵

图 2-25 和图 2-26 分别为高压泵的纵向和横向结构。一个高压泵上有 3 套柱塞组件,由偏心轮驱动,在相位上相差 120°。从图上可以看出,这种偏心轮驱动平面

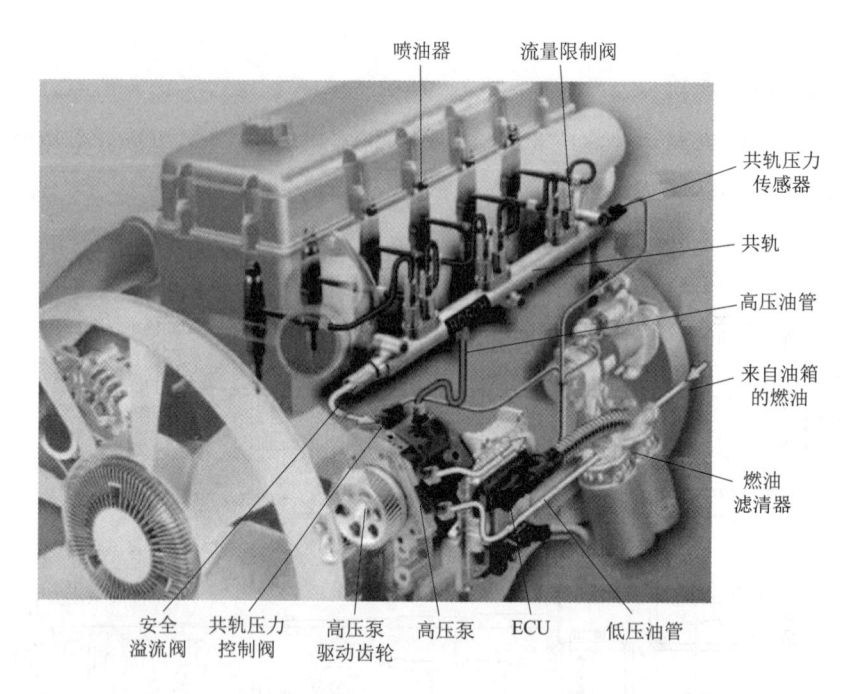

图 2-23 共轨燃油喷射系统在货车、客车发动机上典型的安装形式

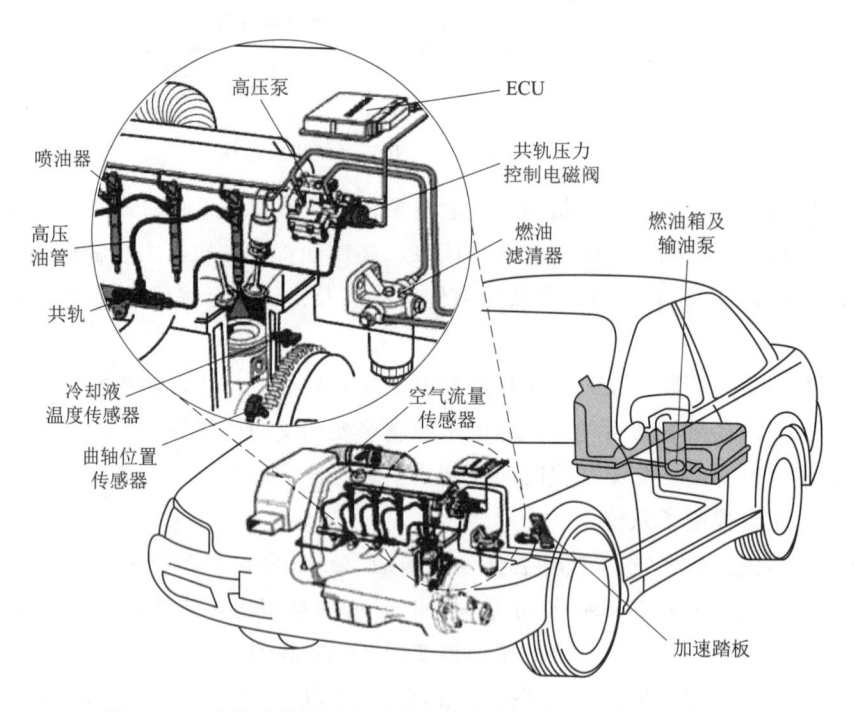

图 2-24 共轨式燃油喷射系统在轿车发动机上的典型安装形式

和柱塞垫块之间为面接触,比传统的凸轮滚轮之间的线接触的接触应力要小得多,更有利于高压喷射。高压泵的基本工作原理:当柱塞下行时,来自输出泵压力为 0.05～0.15MPa 的燃油,经过低压油路到达各柱塞组件的进油阀,并由进油阀进入柱塞腔,

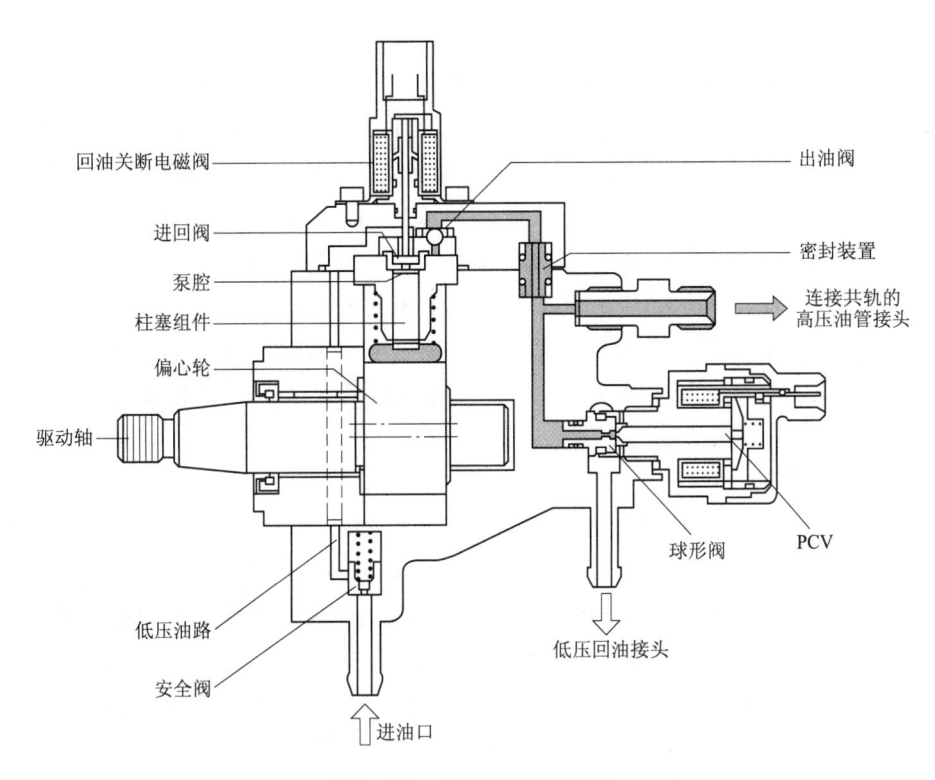

图 2-25 高压泵的纵向结构

实现充油过程；当柱塞上行时，进油阀关闭，燃油建立起高压，当柱塞腔压力高于共轨中的压力时，出油阀被打开，柱塞腔的燃油在 PCV 的控制下进入共轨。

2. PCV

共轨压力的控制是在压力控制阀（Pressure Control Valve，PCV）的控制下完成的。图 2-27 给出了 Bosch 共轨系统中 PCV 的结构。结合图 2-25 中 PCV 的安装位

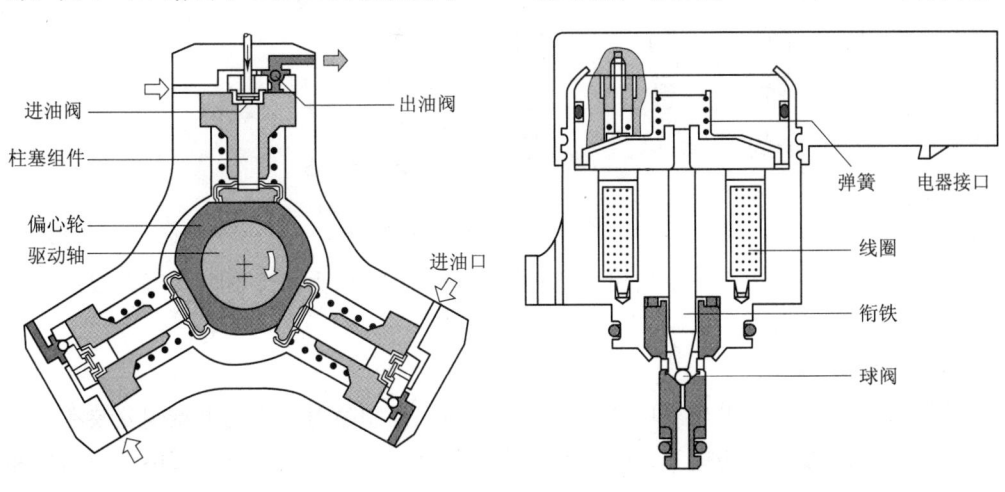

图 2-26 高压泵的横向结构

图 2-27 PCV 的结构

置可知，球阀是整个共轨压力控制的关键元件。球阀的一侧是来自共轨燃油的压力，另一侧衔铁受弹簧预紧力和电磁阀电磁力的作用。而电磁阀产生电磁力的大小与电磁阀线圈中的电流大小有关。当电磁阀没有通电时，弹簧预紧力使球阀紧压在密封座面上，当燃油压力超过 10MPa 时才能将其打开，即共轨腔中的燃油压力至少达到 10MPa 时才有可能从 PCV 处泄流到低压回路。在 PCV 通电后，燃油压力除了要克服弹簧预紧力外，还要克服电磁力，即电磁阀的电磁力通过衔铁作用在球阀上的力的大小决定了共轨中的燃油压力。电磁阀的电磁力可以通过调整电磁阀线圈中电流的大小来控制。线圈相当于一个感性电感＋电阻负载，线圈中的平均电流可以通过脉宽调制来实现，如 1kHz 左右的调制频率就足够控制电磁阀的平均电流大小。

3. 共轨组件

共轨组件包括共轨本身和安装在共轨上的高压燃油接头、共轨压力传感器、起安全作用的压力限制阀、连接共轨和喷油器的流量限制阀等，如图 2-28 所示。共轨本身容纳高达 150MPa 以上的高压燃油，材料和高压容积对于共轨压力的控制都是重要参数。流量限制阀的作用是计量从共轨到各喷油器的燃油量的大小。当流量过大时，可以自动切断去喷油器的高压燃油。而压力限制阀的作用是当共轨中的燃油压力过高时，压力限制阀连通共轨到低压的燃油回路，实现安全泄压，保证整个共轨系统中的最高压力不超过极限安全压力。

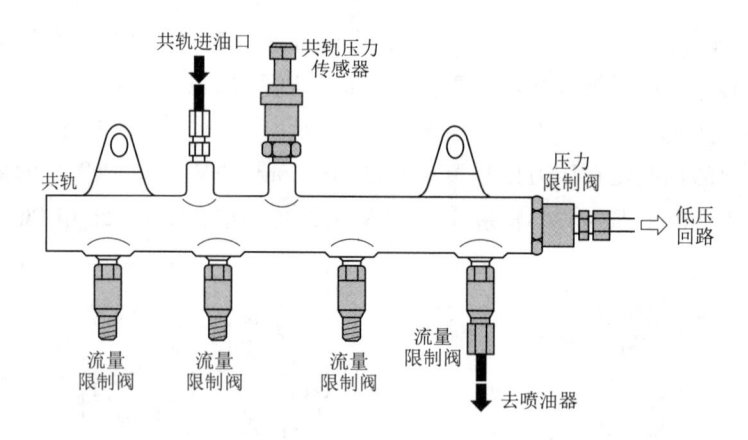

图 2-28 共轨组件

图 2-29 至图 2-31 分别给出了流量限制阀、共轨压力传感器以及压力限制阀的结构示意图。

4. 喷油器

图 2-32 为 Bosch 共轨式喷油器的结构简图，控制喷射过程的电磁阀安装在喷油器的顶端。当电磁阀断电时，球阀在弹簧力的作用下压紧在电磁阀的阀座上，高压和低压之间的流通通道（高压回路→进油截流孔→柱塞控制腔→溢流截流孔→球阀阀座→低压回路）被隔断，燃油的高压压力直接作用在柱塞顶部，克服喷油器底端针阀承

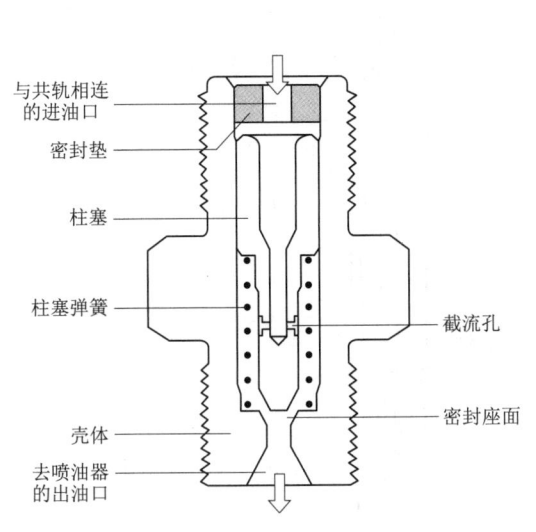

图 2-29 流量限制阀结构

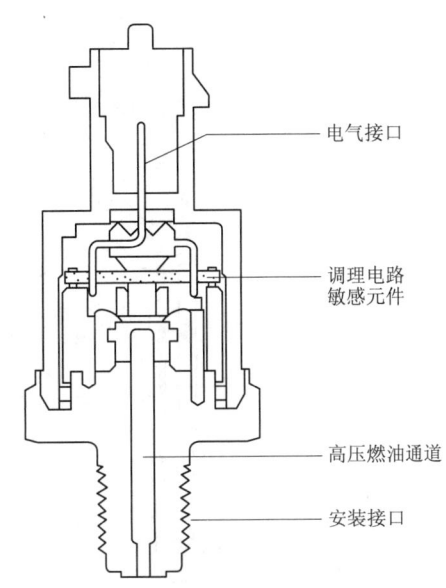

图 2-30 共轨压力传感器结构

压面上的燃油压力,加上弹簧的预紧力,使得柱塞针阀向下紧压在喷油器针阀座面上,喷油器不喷射。当电磁阀通电后,电磁力使球阀离开阀座,高压和低压之间的流通通道打开,部分高压燃油经过此通道进入低压回路。由于进油截流孔和溢流截流孔都很小,因此流体的截流作用导致柱塞控制腔的压力小于来自共轨的高压燃油的压力,高压燃油在喷油器针阀承压面上的压力使柱塞和针阀抬起,喷射器就开始喷油。

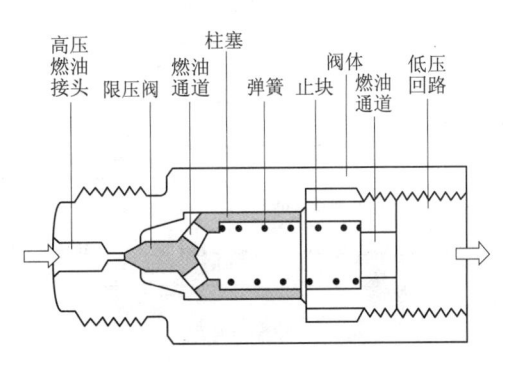

图 2-31 压力限制阀结构

整个喷射过程:当电磁阀通电时针阀抬起,喷射开始;当电磁阀断电时针阀落座,喷射结束。由于共轨中的压力一直存在,所以任何时刻喷油器都可以在电磁阀的控制下喷油,这是与第二代时间控制式系统的喷油电磁阀最不同之处。

(1) 高压共轨燃料喷射系统结构和工作原理。搭载压电晶体式共轨喷油器的柴油高压共轨系统,是目前用于柴油机电子控制技术中最完善的结构、最高的性能、最高的技术含量和最有前途的电子控制喷射系统。该高压共轨系统结构主要包括燃油系统部分和电子控制系统部分。燃油系统又包括燃料储存器、油液输送管道、过滤器、齿轮泵、燃油计量单元、柱塞泵、共轨、燃油喷油器;电子控制系统包括 ECU、传感器和执行器,如图 2-33 所示。

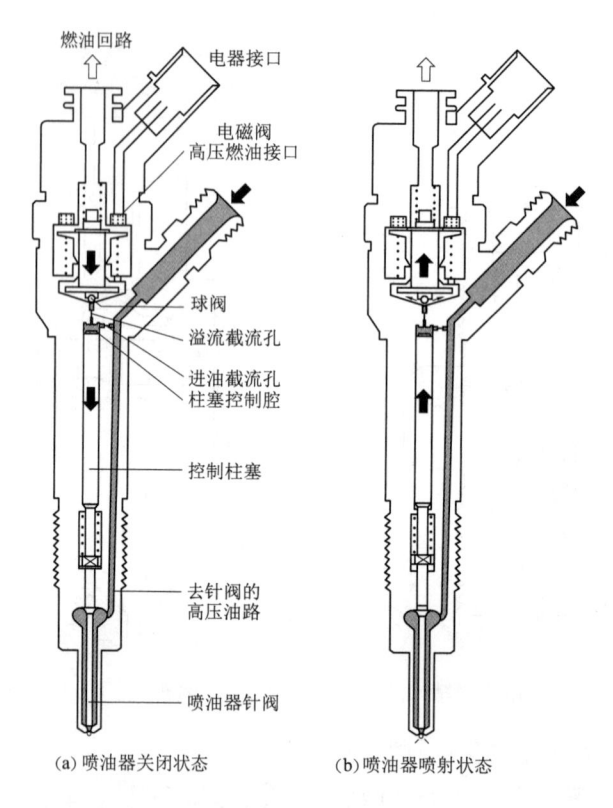

(a) 喷油器关闭状态　　(b) 喷油器喷射状态

图 2-32　Bosch 共轨式喷油器结构简图

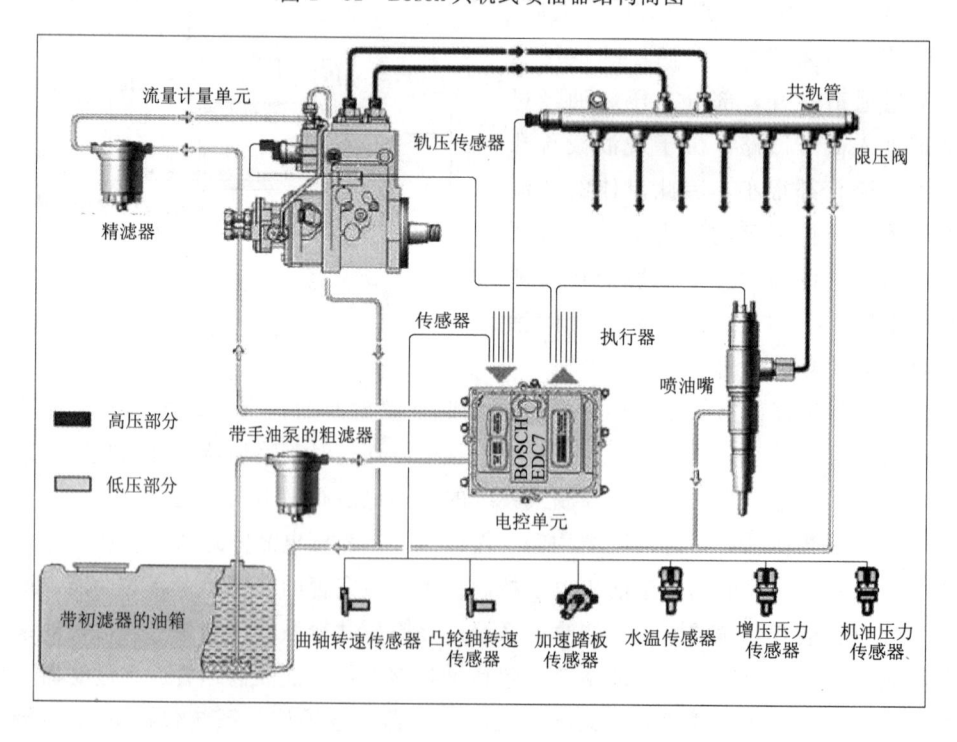

图 2-33　高压共轨系统结构

ECU 控制单元是整个电子控制高压共轨系统的大脑，它有能力控制整个系统并优化性能。其工作原理：从曲轴转速传感器、凸轮轴转速传感器、加速踏板传感器、水温传感器、增压压力传感器、油压传感器可以实时了解车辆运行情况，然后各传感器把信号传达给 ECU，ECU 对喷射系统进行控制之前的信号数据处理。在喷射系统中，由发动机凸轮轴驱动燃油的齿轮泵通过过滤装置从油箱抽出，并通过燃油计量阀到达供油泵。然后油流分成两路，一路流回油箱，另一路充入供油泵为喷油所需压力提供足够的油压，ECU 判断出系统运行情况后确定合适的油轨压力和喷油参数，最后共轨管将燃料压送到各缸喷油器中，最后由喷油器喷射出雾状燃油到燃烧室中燃烧。

（2）压电晶体式喷油器组成和工作原理。压电晶体式喷油器是电子控制高压共轨系统的核心部件，也是燃料最关键、最后的处理零件。首先，高压油泵对油压的调控，各传感器对系统的检测得到物理模拟信号，再经过模数转换电路处理得到数字信号，数字信号传送到 ECU，由 ECU 再计算处理得到喷油时刻、喷油量多少以及喷射所需要的共轨油压大小。ECU 再通过喷油特性电信号控制压电晶体喷油器是否通电以及控制喷油器执行器开启和闭合，从而将燃油预定的规律喷射到燃烧室中。图2-34至图2-36所示为压电晶体式共轨喷油器结构图和设计三维实物图、局部放大图。

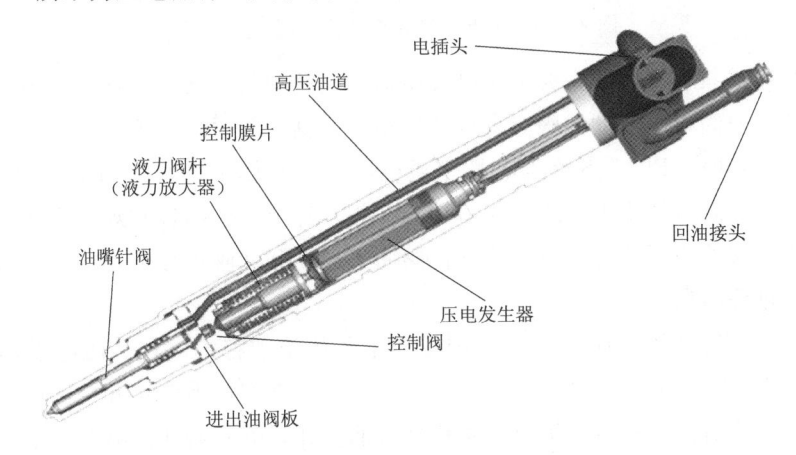

图 2-34 压电晶体式喷油器结构

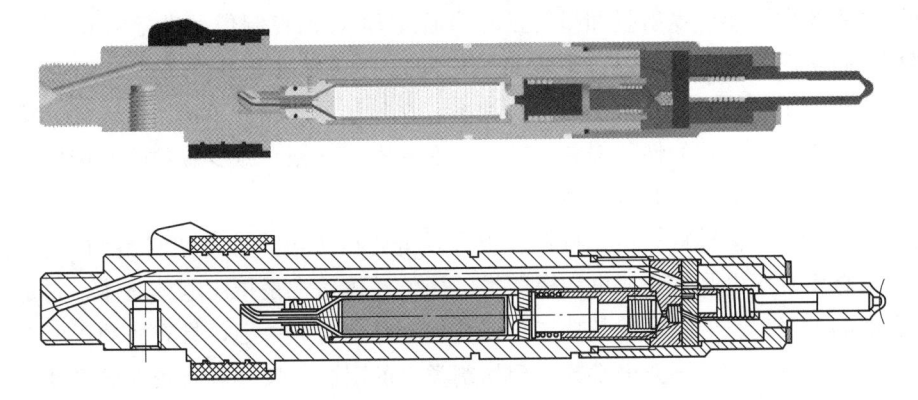

图 2-35 压电晶体式喷油器实物及剖面图

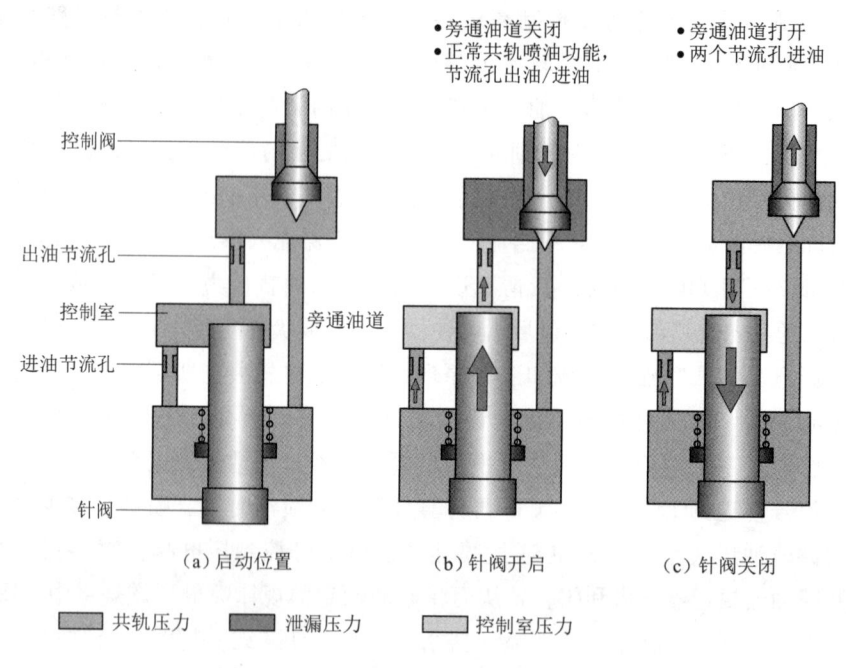

图 2-36 压电晶体式喷油器局部放大图

压电晶体式共轨喷油器主要由压电发生器、膜片弹簧、液力阀杆（液力放大器）、控制阀、进出油阀板、油嘴针阀、高压油道组成。其工作原理如下。

无喷油信号时，ECU 不给压电晶体通电，压电晶体不动，液力放大器无作用，控制室未打开，高压油路中高压油压力加到针阀推杆上，油嘴针阀承受力比回位弹簧弹力和喷嘴针阀关闭力的合力小。喷嘴针阀向下运动和针阀体接触，堵住针阀体上的喷孔，喷油过程结束。

当燃料喷射信号到达时，ECU 分配给压电晶体施加特定电压。压电晶体因通电发生变形而变长，向下顶控制膜片，液力放大器受向下的推力而打开控制阀，控制室打开后漏油，喷嘴针阀的不平衡力被共轨高压油推开，喷油器开始喷射高压油。喷射结束后压电晶体放电至原状，控制阀关闭，完全结束喷射燃料。在电子控制高压共轨燃油喷射系统中，燃油喷射量和喷射正时均通过 ECU 的控制信号进行调节；ECU 的喷射信号持续时间控制压电晶体形变持续时间以决定喷油量多少，ECU 喷射信号开启的时刻决定了喷油正时。为了控制喷油率，在喷油器上设计了两个节流孔。喷油率的优化设计能使发动机的性能提高，特别是在降噪、减振、减少颗粒物和废气的排放方面。燃油喷射压力源于共轨压力。

（3）压电执行器材料。压电材料有很多，分为两大类，即有机材料和无机材料。无机压电材料有压电晶体和压电陶瓷两类。压电晶体通常是指压电单晶体，它是根据晶格宽度的顺序生长的晶体。其特点：该结构不具备对称中心，具有弱的压电性，并且具有小的介电常数，该介电常数受到切割类型的限制，尺寸具有较大局限性。但稳定性高，机械品质因数高。常见材料有水晶（石英晶体）、铌酸锂以及镓、锗酸锂和铁晶体管。

压电陶瓷则泛指压电多晶体。通常将特定原料按一定比例混合、成型，然后在高温下烧结，随机收集由颗粒之间固相反应和烧结过程获得的细晶粒。其特点：压电性能强，介电常数大，可塑性好，容易加工成任意想要的形状。但是稳定性差，机械品质因数低，电损耗大。材料如钛酸钡（BT）、锆钛酸铅（PZT）、改性钛酸铅（PT）等。

通常单个压电元件的晶体晶格的变形是非常小的，要想加工成能满足压电执行器工作的材料有很大难度。随着研究的深入，到20世纪70年代压电薄层技术趋于成熟。现在已经生产出一种能满足压电执行器工作的压电材料，它就是采用多层设计的PET（Piezo Electric Transition）压电晶体。这是一种由铅、锆、钛混合而成的材料，在烧结工艺过程中插入的电极则是由银、钯合金组成。为了能让这种材料批量生产，必须得设计出可精确控制的生产工艺方法，以防止在烧结过程中单片晶体层之间接触部位的发散。加上压电薄层仅有几十微米，已经属于高精密产品了，所以对生产工艺、技术含量的要求都是非常高的。

（4）压电基本理论。压电效应（Piezo electric effect）是居里兄弟（Jacques 和 Pierre Curie）命名的，后人为了纪念居里兄弟做出的贡献继续沿用这个名字。1880年居里兄弟试验中发现这个现象。压电效应有正压电效应和逆压电效应两种。

1）正压电效应。晶体受到固定方向的外力时，其内部将被极化，同时在其他两个表面上产生相反的电荷。当外力撤销后，晶体恢复到不带电的状态；另外，电荷的极性和外力作用方向有关。图2-37所示为微观粒子正压电效应。

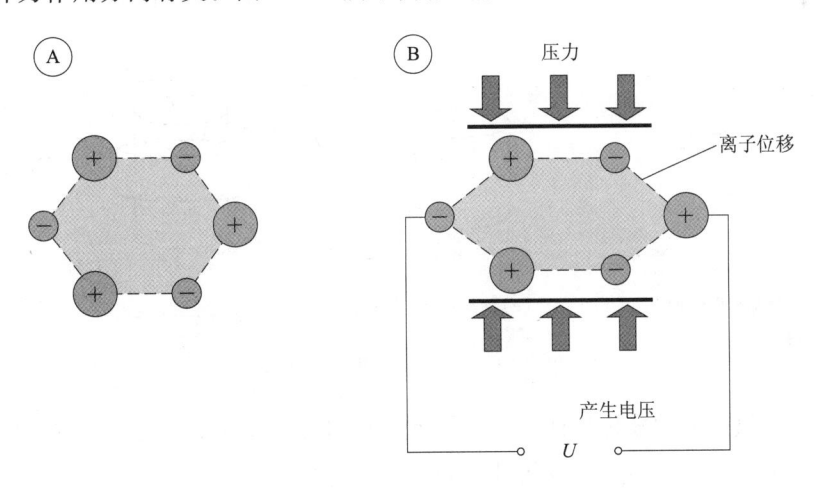

图2-37 微观粒子正压电效应

2）逆压电效应就是对晶体施加电场后引起晶体变形的现象。简而言之就是一种材料通电情况下会变形。当给压电晶体施加与参考轴方向相反的电压时晶体会伸长。压电晶体式喷油器上使用的就是逆压电效应原理，给压电晶体通断电以达到控制喷油器喷射效果。另外，施加和参考轴方向相同的电压，压电晶体会缩短，施加交变电压时就会交替产生伸长、缩短现象。图 2-38 所示为微观粒子逆压电效应。图 2-39 所示为宏观圆柱体压电晶体压电效应。

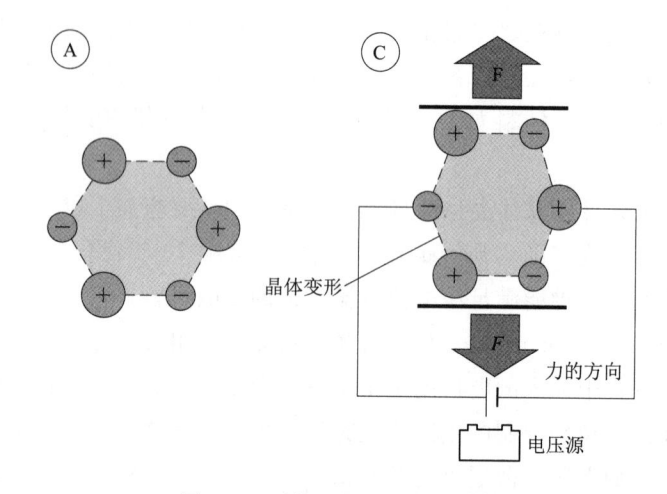

图 2-38 微观粒子逆压电效应

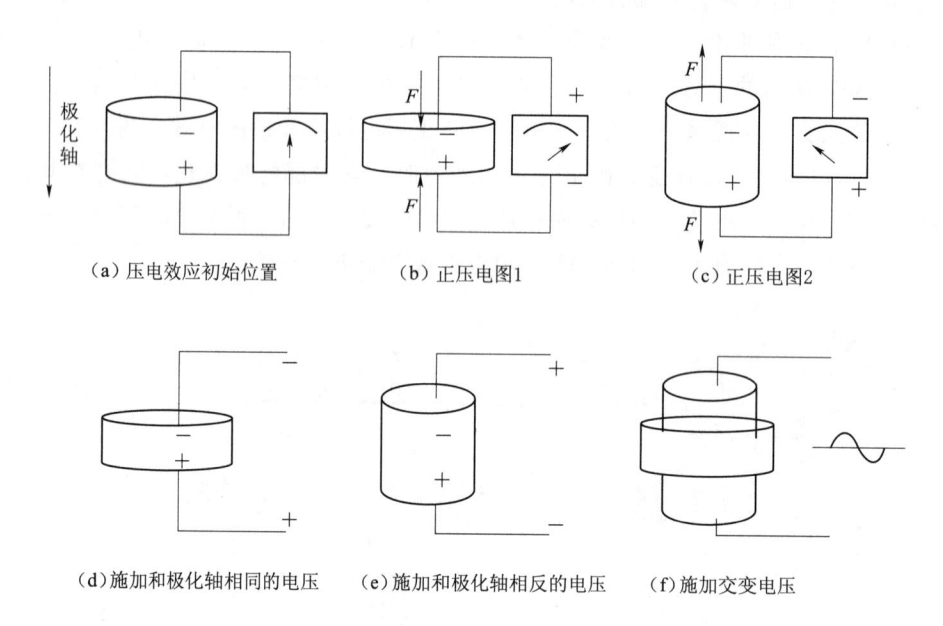

图 2-39 宏观圆柱体压电晶体压电效应

(5) 压电执行器的极化特性。压电晶体在施加电压过程中，内部晶粒发生极性重组，这就压电逆效应原因。其极化过程如图 2-40 所示。

(6) 压电执行器的结构。为使压电执行器获得足够的位移（行程）且变形更有规律、更稳定，用在喷油器上的压电晶体用多层设计，也称为叠堆型结构，目前常用的有德尔福用叠堆型和博世用管型。如图 2-41 所示，喷油器里面用的压电元件由长为 35mm、厚度为 80μm 的 375 层压电晶体构成。总工作伸长量大约是 40μm。

众所周知，压电晶体由电控制，响应时间是毫秒量级的，在毫秒量级时间就实现

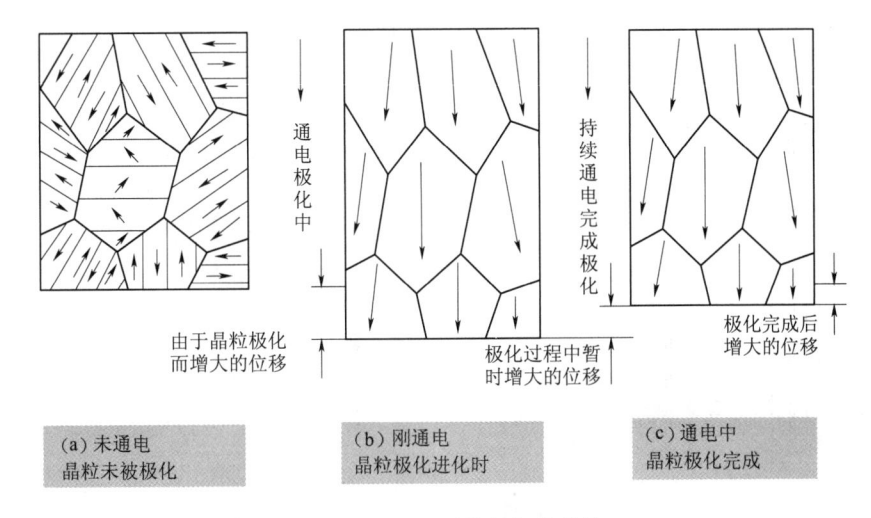

图 2-40 压电晶体的极化特性

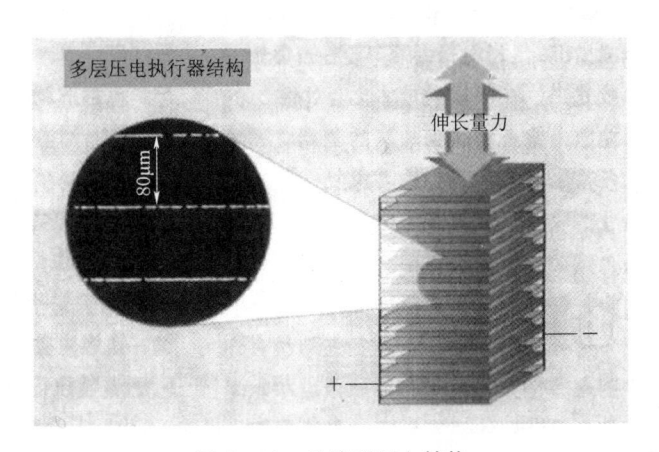

(a) 未通电 晶粒未被极化
(b) 刚通电 晶粒极化进化时
(c) 通电中 晶粒极化完成

图 2-41 叠堆型压电结构

了预喷、主喷、后喷射过程，如此高速、频繁的工作，造成执行器模块非常高的功率损耗，并且发热量也比较高。所以需要对压电执行器进行散热处理，如管型压电堆的执行器和塑料套筒之间填充散热物质，以散热降温，提高压电执行器寿命。对填充的散热物质也有一定要求：必须要多孔，散热能力好，还要晶体堆到外表面电压过渡效果佳。广泛使用的填充材料是碳酸氢钠，受热的化学反应方程式是 $2NaHCO_3 = Na_2CO_3 + CO_2 + H_2O$，最后生成多孔的碳酸钠。压电晶体堆外有圆形塑料套筒裹着，底部开口以便装入压电晶体薄层，也方便输出位移量。顶部接有两电极通过导线与 ECU、电源相连，如图 2-42 所示。

2.3.2 高压共轨系统的特点

(1) 共轨压力的闭环控制。共轨上的压力传感器实时反馈共轨中的压力，通过控

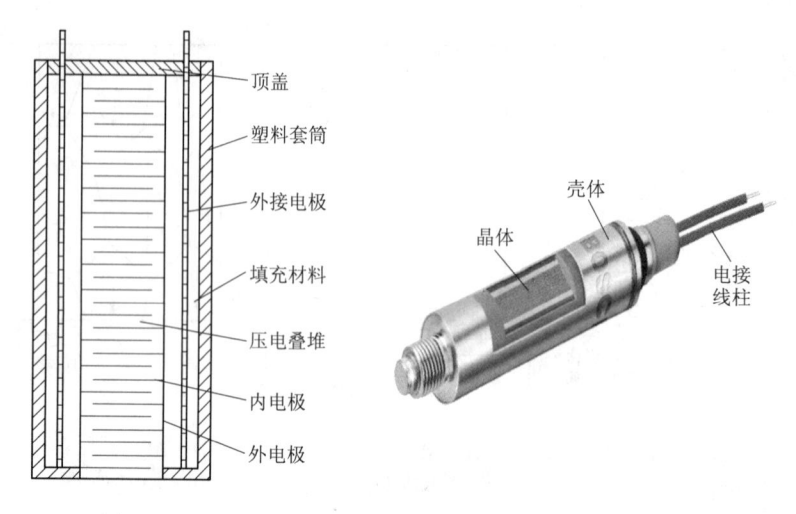

图 2-42 管型压电执行器结构和博世管型压电执行器实物

制 PCV 的电流来调整进入共轨的燃油量和轨道压力,形成独立的共轨压力闭环子系统。此子系统对第二代时间控制式系统来说完全是共轨特有的系统。

(2) 喷油过程控制。喷油器电磁阀直接对喷油定时和喷油脉宽进行控制,结合灵活的预喷射、主喷射和后喷射以及共轨压力控制,实现对喷射速率、喷射定时和喷射压力以及喷油量的综合控制。和第二代时间控制式系统相比,喷油器和电磁阀的一体化设计要求电磁阀尺寸小、响应快。

(3) 高压泵的体积较小,而且一般采用齿轮驱动的方式,共轨中的蓄压就是喷油器的喷射压力,最高压力可达 150MPa,因此叫高压共轨。与 HEUI 系统相比,没有增压活塞的液力滞后,使喷油器电磁阀对喷射过程的控制更加直接和精确。

(4) 共轨系统的发展趋势。高压共轨系统一方面在大量应用的同时,还在向更高的水平发展。例如,进一步降低高压泵的功耗,提高高压泵的高压能力,采用压电晶体式的喷油器电磁阀,取消传统的线圈电磁阀作为执行器,降低 ECU 的驱动功耗等。目前,共轨系统已经发展到第三代,喷射系统压力已高达 200MPa,实现了一个缸连续 5 次喷射。

2.4 柴油机电控系统的应用

随着排放法规的加严,要求柴油机的微粒和 NO_x 排放同时大幅度降低,这就要求柴油机也像汽油机一样要对空燃比进行控制。因此在柴油机上开始采用电子控制的空气系统。典型的空气系统电子控制的措施包括可变截面涡轮的增压压力控制系统、排气再循环控制系统及排放后处理系统。图 2-43 给出了整个空气系统的结构简图。采用增压中冷、排气再循环、排放后处理措施的柴油机能够达到欧Ⅰ~Ⅴ排放标准。

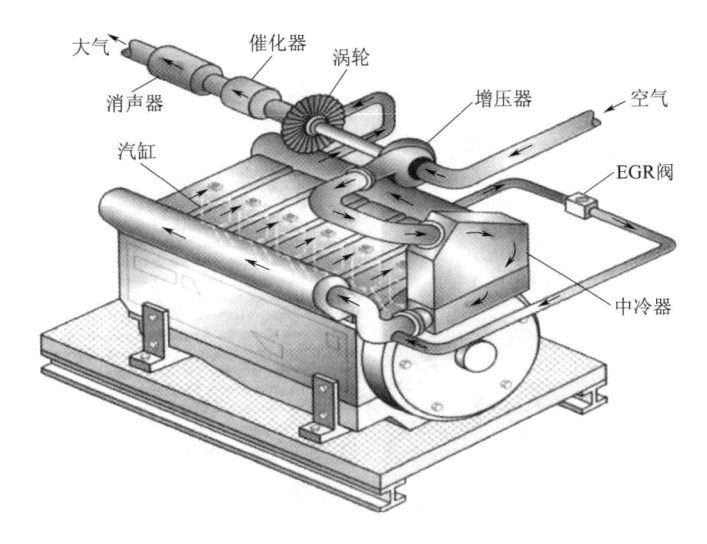

图 2-43 柴油机空气系统结构简图

2.4.1 增压压力控制系统

柴油机在采用排气涡轮增压后，与自然吸气的柴油机相比，动力性、经济性和排放性能都有较大提高。但是，普通的增压器特性往往不能够兼顾柴油机的高速工况和低速工况。在柴油机的低速工况，由于循环频率低，废气流量和能量相对较小，很难将涡轮和增压器的转速提高到期望的水平，即最终的增压压力或者增压比难以提高。而在高速工况，由于废气流量和能量都较高，使涡轮和压气机的转速可能超过期望的增压压力，导致涡轮速度过高、可靠性和寿命下降。例如，一般固定截面的涡轮增压器都带有废气放气阀，目的是为了在高速工况避免增压器转速过高，旁通部分废气使之不对涡轮做功。为了兼顾高速和低速工况，可变截面的涡轮增压器 VNT（Variable Nozzle Turbocharger）和 VGT（Variable Geometry Turbocharger）得到了应用。

典型的可变截面涡轮如图 2-44 所示，发动机燃烧产生的废气经涡轮环形入口，在导向叶片的作用下，经过喷嘴环截面冲击涡轮叶片，对其做功后从涡轮的废气出口流出。压气机轴和涡轮轴是一体的，因此在增压器的另一侧，压气机利用涡轮传递来的功压缩空气，实现废气涡轮增压的过程。与固定截面涡轮不同的是，喷嘴环截面有圆周均布的导向叶片，导向叶片一方面能够调整喷嘴环的等效流通截面，另一方面能够调整废气冲击涡轮叶片的角度，这两个因素也就调整了废气对涡轮做功的大小，即不同喷嘴环截面、不同叶片角度将不同的废气能量转换为对涡轮做功的效率，从而实现对增压压力的控制。VNT 的控制方式既可以像图 2-44 那样利用杠杆机构，由真空膜片阀来控制 VNT 导向叶片的位置角度；也可以由电机等执行器来控制 VNT 导向叶片的位置角度。

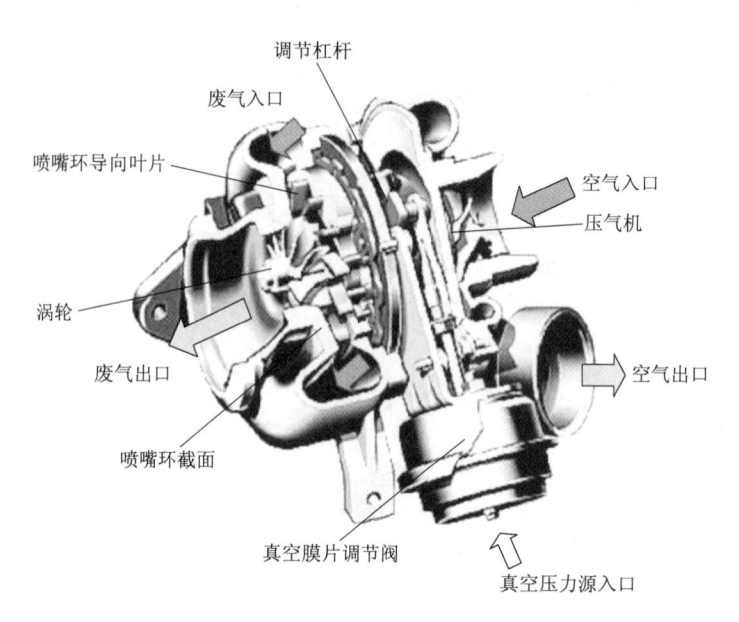

图 2-44 喷油环可变截面涡轮的基本结构

与传统的增压器相比，VNT 的优点如下。

（1）在兼顾高速动力性、经济性和排放性能的同时，能够大幅度提高低速大转矩区的空气量，从而加快柴油机的低速转矩储备，降低低速工况的排烟。

（2）加快和优化空气的动态过程，降低加速过程的排烟。从前述的燃油系统的电子控制可知，采用电磁阀控制的燃油喷射系统，可以在一个循环内将柴油机的喷油量从很小变到很大，即柴油机的燃油瞬态响应是很快的。而空气系统的瞬态响应时间相对较长，这是因为涡轮压气机的转速较高，可达 $10^5 r/min$，改变涡轮和压气机的速度相对较慢，也就是改变增压压力的速度相对较慢，一般响应时间在秒级以上，相对燃油系统中一个发动机，循环的响应速度要慢得多。采用 VNT 可以加快空气动态过程，使空气系统的过渡过程和燃油系统的过渡过程较好匹配，从而避免柴油机加速冒烟的问题。

（3）结合排气再循环 EGR，实现空燃比闭环。增压压力的控制可以灵活实现后，再结合 EGR，使柴油机的空气和燃油的配合过程更加精确，从而为同时降低柴油机的 NO_x 和微粒排放提供可能。

2.4.2 排气再循环控制系统

为了控制柴油机在部分负荷下的 NO_x 排放，采用排气再循环（Exhaust Gas Recyclation，EGR）可降低进入气缸的新鲜空气量的相对比例，从而抑制 NO_x 的生成。EGR 阀直接连通排气管和进气管，能够直接调节进入气缸的废气比例。在增压控制系统中，增压后空气一般带有中冷器过来的气体以降低进入气缸的空气温度，EGR 也有类似的中冷器。可以根据是否带有中冷器将 EGR 分为冷 EGR 和热 EGR，其中又根据冷却方式的不同分为水冷 EGR 和空气冷却的 EGR。进气管压力调节阀有的系统可以不装，其作用是可以快速控制进入气缸总的空气量和废气比例，与汽油机节气门的功能有相似之处。

图 2-45 为 TDI 轿车柴油机的增压压力控制系统和排气再循环控制系统，从图中可以清楚地看出增压压力控制和排气再循环控制是密切相关的。

(a) TDI 的涡轮增压压力控制

(b) TDI 的排气再循环控制

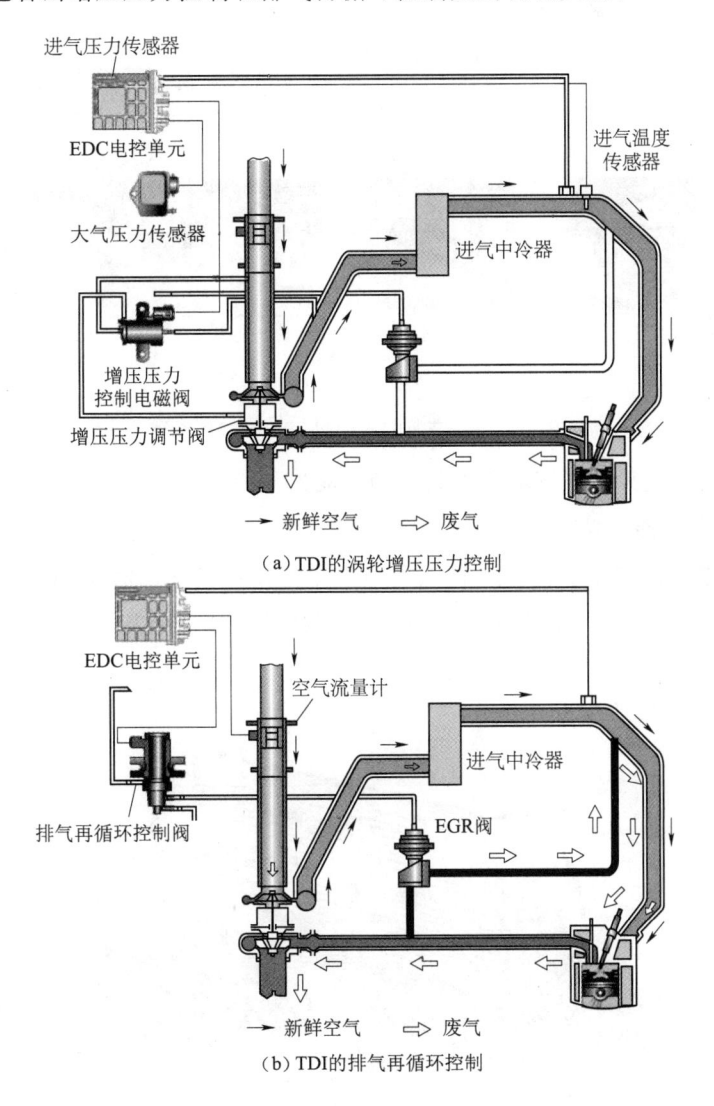

图 2-45　TDI 轿车柴油机的电子控制空气系统

2.4.3　排放后处理系统

为了进一步降低柴油机的有害排放物对大气的污染，除了在燃烧环节尽量降低有害排放物的生成外，还可以采取排放后处理措施。柴油机较完善的后处理系统如图 2-46 所示。目前，后处理也是柴油机的主要热点问题之一。与汽油机不同，由于柴油机的空燃比较大，无法利用汽油机的三效催化器对排放物进行有效处理。

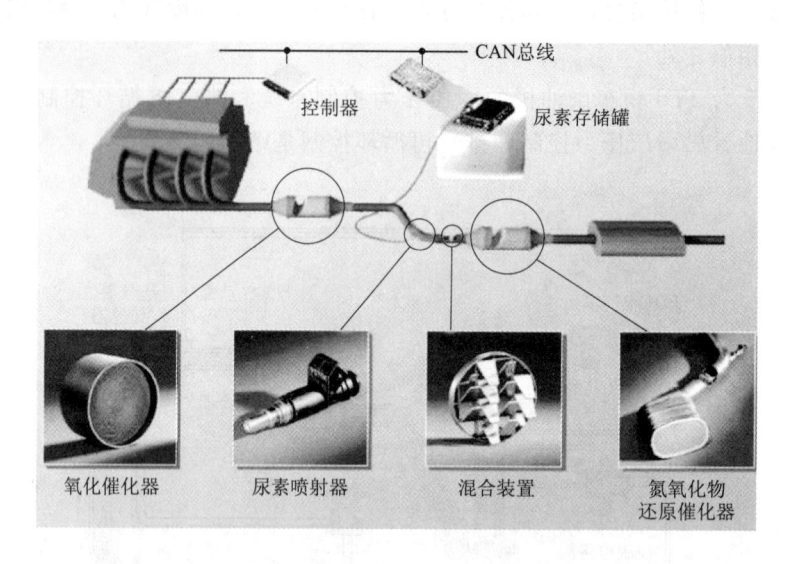

图 2-46 典型的柴油机后排放处理系统

柴油机排放后处理系统的基本组成和功能如下。

1. 氧化催化器

其作用是将没有完全燃烧的 HC、CO 和部分微粒氧化，生成 CO_2 和 H_2O。柴油机的氧化催化器如图 2-47 所示。多孔的蜂窝状结构使 HC 和 CO 与 O_2 的接触面积很大，保证氧化效率。

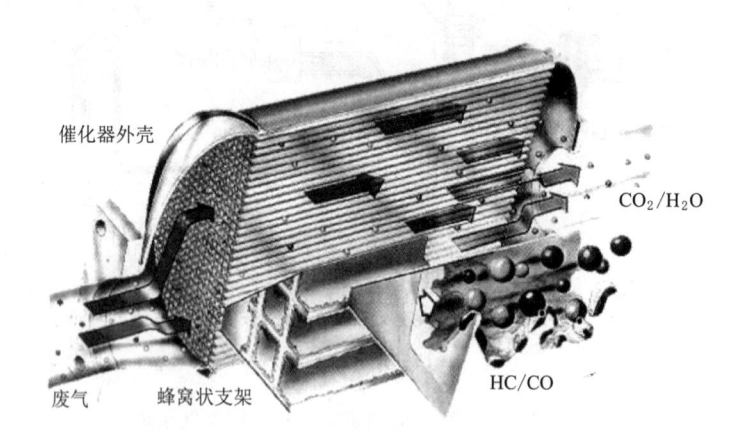

图 2-47 氧化催化器的基本结构

2. NO_x 的还原催化器

由于柴油机的空燃比较大，因此 NO_x 的还原是其后处理的难点之一。目前，相对比较成熟的方法是尿素辅助还原法。在图 2-46 中，$SINO_2$ 还原催化装置的有效工作需要在排气管中喷入一定量的尿素来辅助 NO_x 的还原。因此，设计了专门喷射尿素的带电磁阀的喷油器、尿素存储罐以及帮助尿素和排气混合的混合装置。由于尿素的喷射量与排放的空燃比有关，因此在 $SINO_2$ 前后需要加装反馈空燃比的氧传感器。而且，氧传感器功能检测空燃比的带宽要比汽油机上使用的带宽宽得多。

3. 微粒捕捉器

与汽油机相比，柴油机的有害排放物中微粒是主要成分之一。图 2-48 为蜂窝结构的微粒捕捉器（Deposit Particular Filter，DPF），其核心是过滤体和过滤体再生装置。来自废气的微粒被吸附在过滤体蜂窝结构的网格上，过滤体由多孔陶瓷过滤材料或者多孔金属材料组成，在刚开始工作时，过滤体可以吸附 90% 的微粒，随着微粒的堆积，过滤体前后的压力差越来越显著，发动机排气阻力加大，需要去除微粒，这叫捕捉器的再生，有的微粒捕捉器再生采取反吹去除的方法，有的采用加热烧掉的方法。

图 2-48 蜂窝结构的 DPF

2.4.4 柴油机空气系统电子控制的特点

与燃油喷射控制系统相比，柴油机空气系统的结构较复杂。为满足欧亚标准排放或更严格的法规，对燃油喷射、VNT 和 EGR 以及后处理装置将采取电子控制。电子控制技术对于柴油机的油气综合控制以及排放性能起着重要作用，其基本特点总结如下。

（1）增压压力控制。通过进气压力传感器反馈增压压力，通过 VNT 来实现增压压力的闭环控制。

（2）排气再循环控制。通过空气流量计和进气压力传感器计算出排气再循环率，通过 EGR 阀实现排气再循环闭环控制。

（3）利用 VNT 和 EGR，结合电控燃油喷射系统的喷油量控制，实现柴油机空燃比的闭环控制，排气管上的宽带氧传感器反馈实际的空燃比信号。

在柴油机的排放后处理系统中，可以分别采用氧化催化器来氧化 HC 和 CO，利用尿素和 NO_x 的还原装置来还原大部分 NO_x，通过 DPF 来收集并处理大部分微粒，使柴油机能够满足超低排放的欧V标准。排放后处理措施不仅在一定程度上增加了排气阻力，损失了约 5% 的经济性，而且也使柴油机的成本增加，电子控制系统的开发、调试和匹配更加复杂。

2.5 柴油发动机整机管理

为了实现柴油机的燃油喷射控制、进排气系统和排放后处理系统的综合控制，发动机电子控制系统必须要有完整的传感器、执行器和控制算法以及对应的匹配标定数据。如图 2-49 所示，电控系统从硬件上可分为传感器、ECU 及执行器 3 个部分。

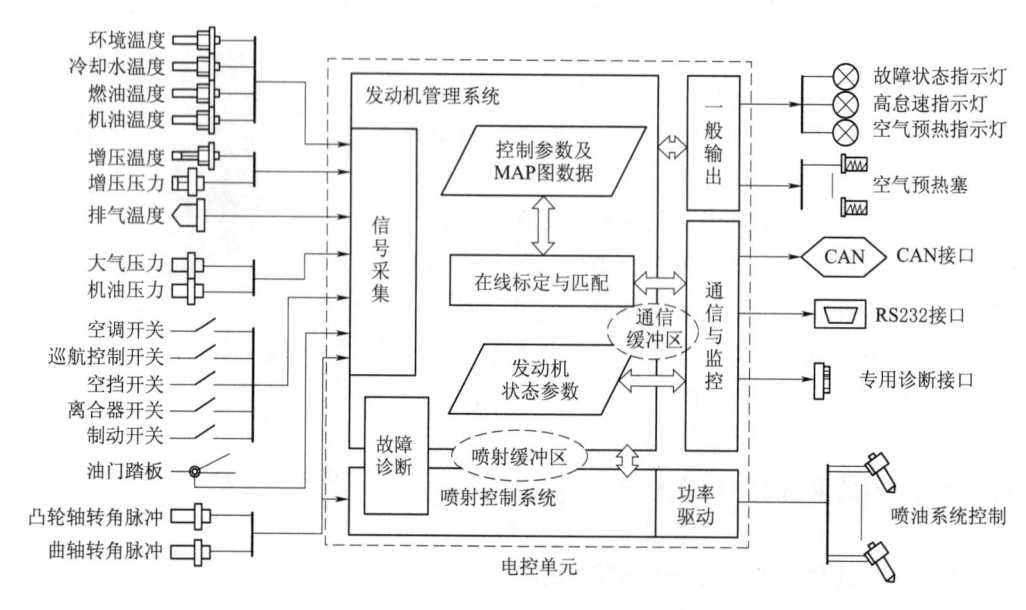

图 2-49　柴油机电控系统的结构框图

1. 传感器

传感器是用于感知和检测发动机及车辆运行状态的元件和装置。在柴油机电控系统中常用的传感器有压力传感器、温度传感器、位置传感器和转速传感器。另外，在电控系统中还有专门的开关量采集电路，用于检测空调、挡位、离合器等开关量的状态信息。所有的信息最后都经过电控单元的信号采集模块处理后提供给发动机管理系统，作为发动机控制的基本依据。

2. ECU

ECU 的作用是接收和处理传感器的所有信息，按照控制软件进行运算，并驱动执行器以控制发动机达到所需的性能指标。它是发动机电控系统的核心部件，由微处理器及其外围硬件和一整套的控制软件组成。一个典型的 ECU 硬件电路包含电源模块、信号处理、数字核心、通信接口、驱动电路等部分，如图 2-50 所示。柴油机的 ECU 软硬件设计和匹配标定，是柴油机电子控制的关键技术之一。

3. 执行器

执行器是接收电控单元传来的指令，并完成所需调控任务的元器件，如电控直列泵和分配泵中的线性电磁铁、电控单体泵和泵喷嘴中的电磁阀、电控共轨系统中的 PCV 阀和喷油器电磁阀以及空气系统控制中的各种阀门控制器等。前述的各种形式电控燃油喷射系统和空气系统中，执行器都是关键核心之一，可以说，执行器的水平决定了最终柴油机能够达到的性能。

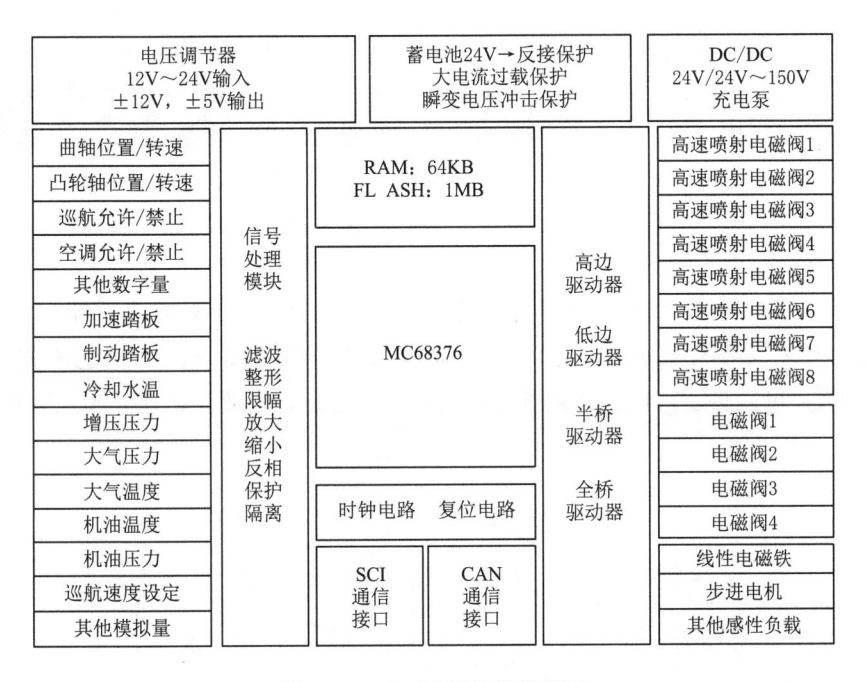

图 2-50 ECU 硬件结构框图

2.5.1 发动机管理系统的基本框架

发动机管理系统是整机控制系统实现控制功能的核心。由于发动机是一个既包含连续运动形式（空气系统动态过程、曲轴动力学过程）又包含离散事件触发式运动形式（点火喷油过程）的混合机械，使得对发动机的控制既有连续的实时性要求不高的时间域控制，又有离散的事件驱动的强实时性的控制。这对控制系统的分析和设计提出了很大的挑战。

在发动机控制系统的最顶层，控制功能从逻辑上可以划分为 3 个模块，即操纵意图、转矩控制、底层驱动，如图 2-51 所示。每个模块代表了一些特定功能的集合，3 个模块之间有非常紧密的逻辑关系，同时又具备相当的独立性。

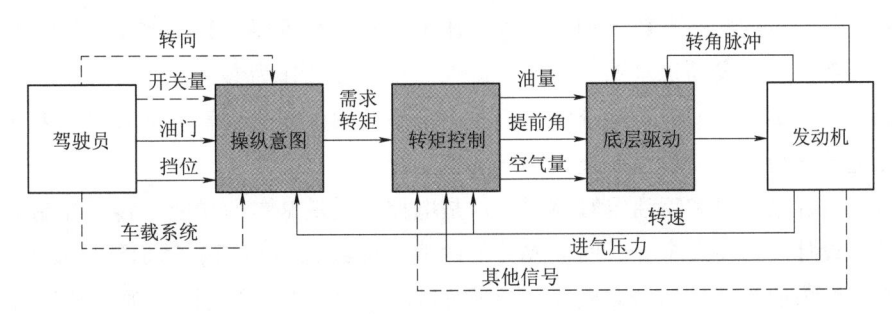

图 2-51 发动机管理系统的 3 个主要逻辑模块

1. 操纵意图模块

操纵意图模块是发动机管理系统与驾驶员及整车控制单元的接口。其主要功能在于正确理解驾驶员的操纵意图，将其解释为需求转矩的形式提供给后面的转矩控制模块。在行车过程中，驾驶员会根据路面状况经常对车辆进行调整。此时，需要根据所有可以参考的信息，如加速踏板、挡位、转向位置、附件状态、开关量状态（如巡航开关、点火开关位置）等以及发动机状态参数（如转速），来准确理解驾驶员的要求，并进一步转换为对发动机的转矩需求。

在操纵意图模块的设计中，常常根据发动机及车辆的各种信息进行综合判断，将转矩需求分成几种有代表性的状态，不同的状态中转矩需求的趋势也不同。如图2-52所示，可以将发动机状态划分为停机、启动怠速、过渡、调速、超速等状态。

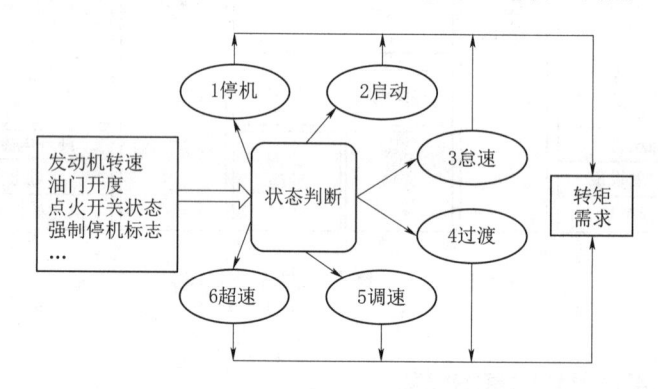

图 2-52 发动机运行状态划分

需要指出的是，发动机状态的划分往往不是唯一的，图 2-52 所示的是一个最基本的划分形式。随着对整机和整车性能要求的提高，发动机运行状态的划分往往还需要考虑动力传动系统的各个状态量（如离合器制动挡位等），以达到综合性能的最优。

2. 转矩控制模块

转矩控制模块的作用是根据操纵意图模块提出的转矩需求，确定发动机达到该转矩所必需的喷油量、喷油提前角、点火提前角对应的汽油机进入空气量等。转矩控制模块是集中体现系统控制策略的地方。为了能比较精确地控制发动机的输出转矩，需要对发动机的喷油系统和空气系统的动态特性以及它们当前的状态有全面了解，为此，获取发动机的状态参数（如转速进气压力等）就很重要。为了实现更复杂的控制策略，还需要采集发动机水温、油温、进气温度等参数作为参考输入。

面向不同类型燃油喷射系统的转矩控制策略在软件复杂程度上会有很大差异，但一个完整的转矩控制模块至少包含以下基本功能。

（1）目标喷油量和喷油定时控制。这是电控系统最基本的功能。转矩控制模块中可以灵活设计任何模式全程、两极或其他的调速曲线以及包括启动加浓、烟度限制、转矩修正在内的外特性曲线，还可以在巡航状态下根据转速反馈实现恒转速控制模式。对喷油定时的控制，则根据排放、油耗、功率和其他性能如噪声及冷启动的要求，实现全工况的优化匹配。

(2) 喷油量和喷油定时的平衡和补偿控制。根据环境状态及发动机运行参数的变化，如大气压力、大气温度、冷却水温、机油温度等的变化，对目标油量和定时进行补偿控制，使发动机能适应各种运行条件下的性能需求。

在发动机使用寿命中，由于零部件磨损及老化，以及喷油器积炭等因素的影响，会使各缸喷油逐渐产生差异。管理系统会时刻监测和评估发动机各缸工作的不均匀性，对各缸油量重新进行平衡和修正，以保证发动机工作的平稳，并在各缸差异过大时提醒操作者检修。

(3) 冷启动、暖机及怠速稳定性控制。冷启动性能是发动机的关键性能之一。管理系统会根据冷却水温对冷启动的油量和正时进行调整，以保证低温下能顺利启动。在水温较低时会自动提高怠速转速，以加快暖机过程。

怠速控制属于恒转速控制过程。怠速转速的反常波动主要是各缸供油和燃烧不均匀引起的。因此，对怠速的控制还包括对各缸不均匀性的估计和修正。此外，发动机从怠速起步以及回到怠速的过程也是怠速控制的重要内容，在怠速起步以及回到怠速时均需要合理控制加减油速率，以防止发动机失速。

(4) 过渡性能与烟度控制。通过过渡过程中对油量和喷油定时的综合补偿来满足最佳过渡性能和降低烟度的要求。如增压柴油机开始加速时加大供油提前角，可获得加大加速转矩和减少冒烟的双重效果。

(5) 喷油规律与喷油压力的控制。对于共轨系统，可以通过对喷油器电磁阀的控制实现灵活的喷油规律，如矩形喷射、楔形喷射、预喷射、后喷射等。通过油泵上的压力控制阀来实现对轨道压力的控制。

(6) 空气系统（如 VNT、EGR）的控制。对装备有 VNT 和 EGR 的柴油机，在管理系统中还包含对 VNT 叶片和 EGR 阀门的控制。VNT 主要用于改善发动机的低速性能，在发动机低速起步时通过减小涡轮叶片开度来增大压气机转速和增大增压压力，以提供尽可能多的空气使发动机能迅速加速；在高速大负荷时则增大叶片开度，以减小压力机转速，防止增压器超速。EGR 主要用于降低 NO_x 排放，在中低负荷时适当增大 EGR 阀门开度引入废气，稀释进气中的氧气浓度，并降低燃烧反应的温度，可以有效抑制 NO_x 的形成；在大负荷时则要减小 EGR 阀门的开度，以防止烟度增加。

3. 底层驱动模块

底层驱动模块从转矩控制模块获取控制信号，将其转换为实际的驱动信号，并和喷射控制系统接口以驱动实际的执行器。在该模块中需要考虑以下几个方面。

(1) 控制信号与驱动信号间的对应关系。

(2) 控制信号与发动机转角信号凸轮轴、曲轴信号的同步。

(3) 实际执行器的特性。

底层驱动模块的结构可以用图 2-53 表示。从转矩控制模块传递过来的控制参数经过驱动参数调整后转换为合适的数据结构，经转角信号同步后，将实际的控制信号传递给喷射控制系统驱动实际的执行器。

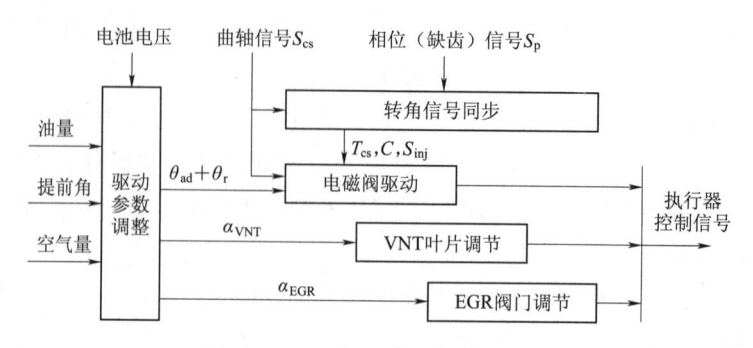

图 2-53 底层驱动模块结构简图

S_{cs}—曲轴信号；C—曲轴脉冲计数值；θ_r—电磁阀上升转角；S_p—相位（缺齿）信号；S_{inj}—喷油使能信号；α_{VNT}—VNT叶片开度；T_{cs}—曲轴转角时间值；θ_{ad}—喷油使能信号；α_{EGR}—EGR阀门开度

2.5.2 柴油发动机管理系统的匹配标定

在实际的发动机控制软件中，存在大量的数据表格，这些数据表有些代表了部件的固有特性，如压力传感器电压值与压力值间的关系表、燃油密度和温度的关系表等；有些代表了发动机的稳态性能，如进气流量与进气压力间和温度间的关系表、喷油器油量与喷射压力和控制脉宽的关系表等；有些则是控制策略不可缺少的部分，如启动油量与水温间的关系表、基本油量与加速踏板和转速间的关系表等。通常把这些数据表称为 MAP 图。可以说，一个完整的发动机控制系统是控制策略与 MAP 图的集合。

大量 MAP 图的存在，既给控制系统的设计带来了方便，也为系统的匹配带来了挑战。当发动机控制系统移植到不同机型的发动机上时，一些关键的 MAP 图都需要重新确定数据，这就是通常所说的匹配标定过程。

柴油机的匹配标定按照工况特征也可以划分为以下几种。

（1）稳态工况匹配。主要在发动机的试验台架上进行。

（2）瞬态工况匹配。对于轻型车，发动机可以在转毂试验台上运行；对于中重型车，也主要是在发动机的试验台架上进行。

（3）整车道路试验。通过不同道路和环境来考核柴油机在不同工况下的性能。匹配标定过程一般借助专门的标定系统来实现。电控柴油机标定系统一般由运行于 PC（上位机）端的用户标定界面和 ECU（下位机）端的标定程序组成。标定过程中，用户操作标定界面，根据测试设备监测的发动机油耗、排放和动力性等指标，确定合适的 MAP 图，并转化为二进制形式的数据文件，经由通信接口下载至 ECU 的存储芯片中。ECU 中的标定程序组织 MAP 图的存储方式，并通过对 MAP 图的查找和插值操作，提供当前工况下的喷射控制参数，驱动执行器。

在匹配标定过程中，上位机用户标定界面是标定人员与发动机交互的媒介。标定过程中，用户根据标定界面监测的发动机运行状况，确定喷射控制数据，再经由通信接口实时在线修改下位机的 MAP 图数据，完成标定操作，其后的发动机状况又通过标定界面反馈给用户。可见，标定界面集中体现了在线标定系统的输入输出功能和操纵易用程度。一个典型的匹配标定界面如图 2-54 所示。

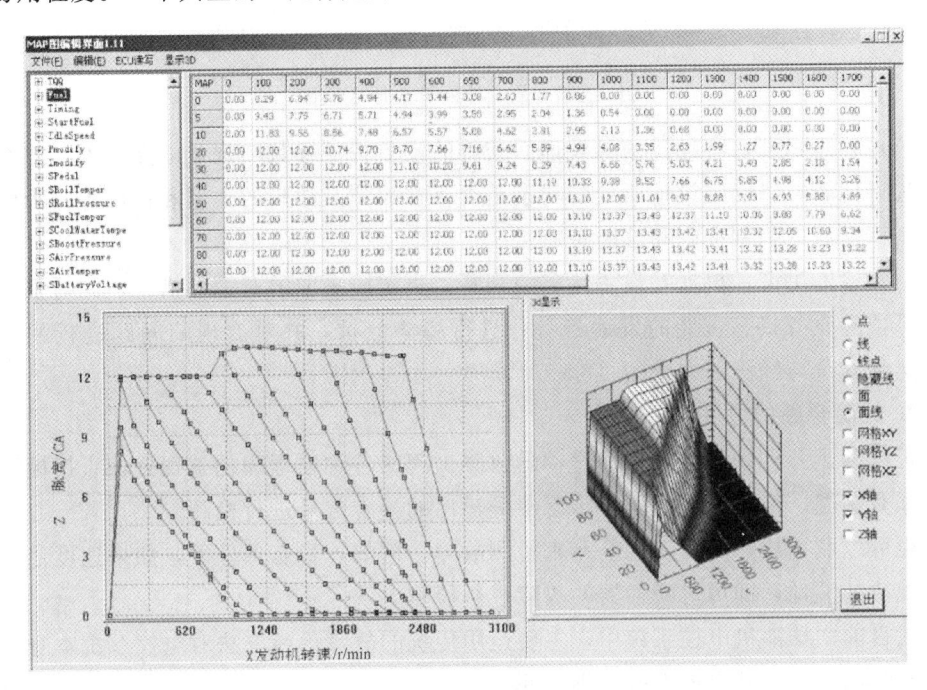

图 2-54 标定系统用户界面

2.5.3 柴油发动机管理系统的故障诊断

发动机电控系统的故障诊断功能担负着监控整机运行状态、检测故障并及时报警和采取相应应急措施的任务。一个完整的故障诊断系统是软件和硬件的有机结合，能够在所有可能的紧急情况下尽可能地保证整车的安全运行。具体来说，故障诊断的内容包括传感器故障、电路故障、软件故障、发动机本身故障等。

1. 故障诊断的过程

对具体部件的故障诊断包括故障检测、分析诊断、故障预测和安全保护，其具体实施过程可以归纳为 4 个方面，如图 2-55 所示。

（1）信号采集。发动机电控系统在工作过程中，表征发动机状态的水温、气温、进气压力等信号量会不断变化。根据不同的诊断需要，选择能表征发动机工作状态的不同信号并对其进行采集。

（2）信号处理。将采集到的信号进行处理，获得能够表征发动机工作状态的物理量。

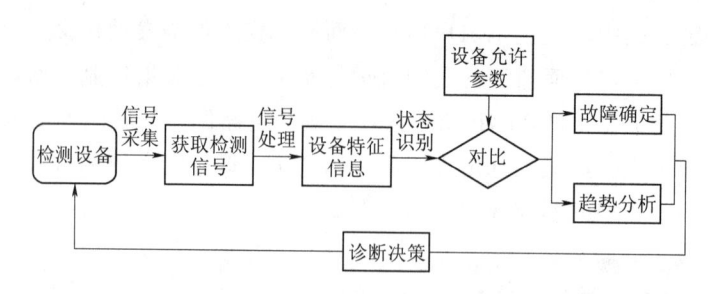

图 2-55　故障诊断算法原理框图

（3）状态识别。将经过信号处理后获得的设备特征参数与规定的允许参数或判别参数进行比较，以确定设备所处的状态是否存在故障及故障的类型和性质等，为此应正确制订相应的判别准则和诊断策略。

（4）诊断决策。根据对设备状态的判断，决定应采取的对策和措施，同时根据当前信号预测设备状态可能的发展趋势，进行趋势分析，并对出现的问题进行相应处理，达到安全与经济最大化的目标。

2. 故障诊断的方法

可以利用各种物理手段，通过伴随故障出现的各种物理和化学现象，直接检测故障，如对水温、气温、进气压力传感器等输出的异常信号进行检测。

也可以利用故障所对应的征兆来检测故障。例如，稳态条件下，如果速度信号出现有规律的波动，即可对喷油器的故障进行检测。

在目前的柴油机电控系统中，主要运用传统的故障诊断方法对电控系统本身进行诊断，为驾驶员维修电控系统提供方便。

第 3 章 汽油机电控技术

3.1 基于 Optimizer 优化模型对 LJ465Q 汽油机进气系统优化分析

面对当今石油资源日渐枯竭、环境污染日益加剧以及排放法规的加严,有必要优化进气系统来满足发动机节能减排要求。进气系统设计是发动机设计的重要环节之一,充气效率作为进气系统重要评价指标,同时也是影响发动机性动力性、经济性以及排放性能的一个重要指标。在发动机其他结构参数特定的条件下,可变进气系统能够使发动机进气系统适合较宽的转速范围,使发动机在不同工况范围内有更好的充气效率,且能够保证发动机在高速工况下具有较好的性能,在低速工况下缸内气体具有较强的涡流和滚流运动,从而提高发动机功率、转矩,降低燃油消耗率和排放指标。

进气系统与发动机的匹配可采用发动机仿真软件 GT-Power 进行,该软件可以综合考虑发动机各部件对发动机的影响。本书以 LJ465Q 发动机为研究对象,首先根据已有发动机参数建立发动机工程过程模型,在 LJ465Q 台架上测得试验数据对所建仿真模型进行准确性验证,利用验证后的模型对进气管管长、直径不同方案以及优化不同转速下配气相位进行仿真研究,分析可变进气系统对 LJ465Q 发动机动力性和经济性的影响,该研究方法可为 LJ465Q 发动机实现可变进气系统技术提供参考依据。

3.1.1 Optimizer 优化模型与进气压力波模型

1. Optimizer 优化模型

Optimizer 为优化模型的优化结果变量为最大值或最小值时,其变化随自变量先增大,达到最大值后减小,或随自变量先减小达到最小值后增大。优化结果变量如图 3-1 所示。优化自变量可为一个或多个独立变量,该结构特征可获得稳定的迭代计算。

2. 进气压力波模型

压力波固有频率为

$$f_1 = \frac{a}{4L} \tag{3-1}$$

式中：a 为进气管内气体的声速，m/s；L 为进气管当量长度，m。

当发动机转速为 n(r/min) 时，进气频率为

$$f_2 = \frac{n}{60 \times 2} \quad (3-2)$$

f_1 与 f_2 之比为波动次数 q_2，说明进气管内压力波固有频率与发动机进气频率的配合关系。对惯性效应，发动机进气周期应与压力波半周期相配，即

$$q_1 = \frac{2f_1}{f_2} = \frac{60a}{nL}$$

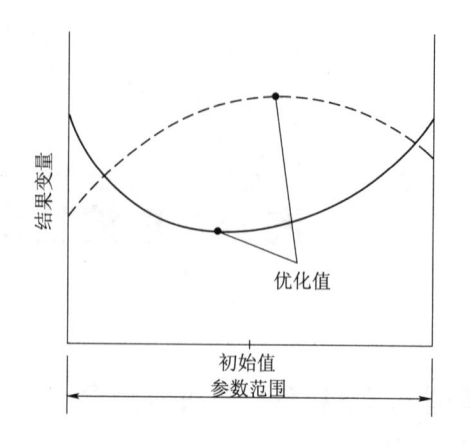

图 3-1 Optimizer 优化模型可优化变量曲线

对波动效应，有

$$q_2 = \frac{f_1}{f_2} = \frac{30a}{nL} \quad (3-3)$$

$q_2 = 1\frac{1}{2}, 2\frac{1}{2}, \cdots$ 时，下一次气门开启期间正好与正压力波相重合，则充气效率增加。当 $q_2 = 1, 2, \cdots$ 时，进气频率与压力波固有频率合拍，下一次气门开启期间正好与负压力波重合，则充气效率减小。

q_1 或 q_2 越小，则需要进气管越长；q_1 或 q_2 越大，则由摩擦引起的压力波衰减越大。由式 $q_1 = \frac{2f_1}{f_2} = \frac{60a}{nL}$ 和 $q_2 = \frac{f_1}{f_2} = \frac{30a}{nL}$ 可知，若 q 一定，管长与转速成反比，即高转速所需进气管短，低转速所需进气管长。

由上可知，合理选择进气系统管道长度、管径和稳压腔容积，有利于利用进气系统动态效应增加进入汽缸内的新鲜工质质量，从而提高发动机动力性。压力波在管道中变化非常复杂，可根据管道中气体一维非定常流动数值进行计算，一般将计算与试验相结合确定管道的结构尺寸。

3.1.2 发动机性能试验

1. 试验设备

（1）LJ465Q 发动机。

（2）CWF250 电涡流测功机。

（3）普联 FC-2000 型发动机台架测试系统。

2. 试验装置

试验在广西汽车拖拉机研究所发动机台架实验室进行，试验装置如图 3-2 所示。LJ465Q 发动机主要参数见表 3-1，原机型配气相位为：进气门开（上止点前）14°，

进气门闭（下止点后）50°，排气门开（下止点前）52°，排气门闭（上止点后）12°。

表 3-1 LJ465Q 发动机主要参数

项 目	参 数
类型	四冲程、直列斜置、自然吸气
排量/L	1.051
缸径×行程/mm	65.5×78
标定功率/(kW·min/r)	38.5/5200
压缩比	9∶1
燃油消耗率/(g/kW·h)	275
进气歧管长度×直径/mm	230×30

图 3-2 发动机试验台架

3.1.3 模型建立及计算

1. 模型建立

利用 GT-Power 软件对 LJ465Q 发动机进行仿真建模，如图 3-3 所示。

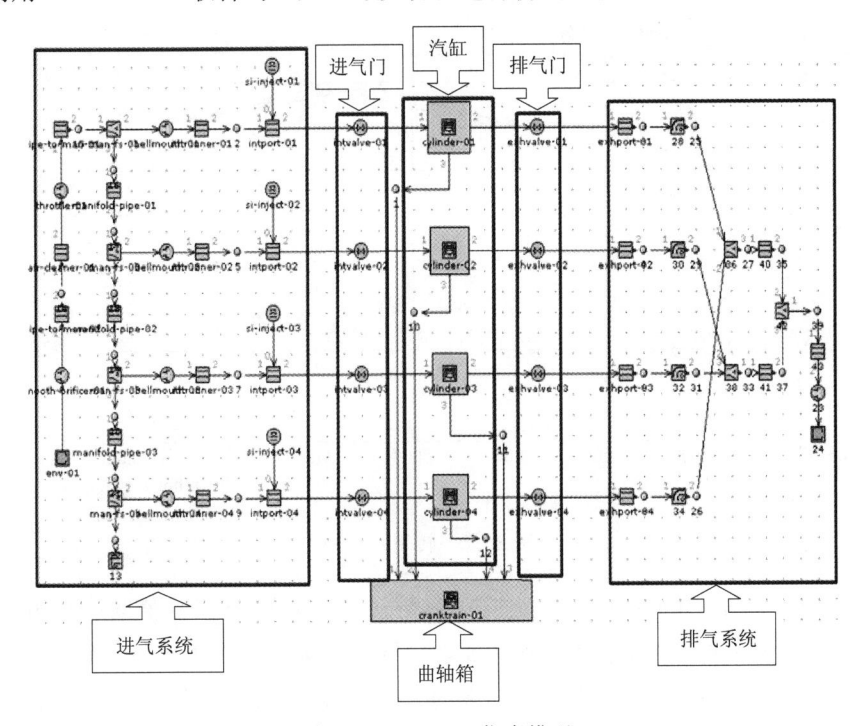

图 3-3 LJ465Q 仿真模型

2. 模型验证

为了验证所建模型的准确性，对该发动机在全负荷状态下各工况点功率、转矩和燃油消耗率进行仿真计算，并与该发动机台架试验值进行对比，如图 3-4 至图 3-6 所示。

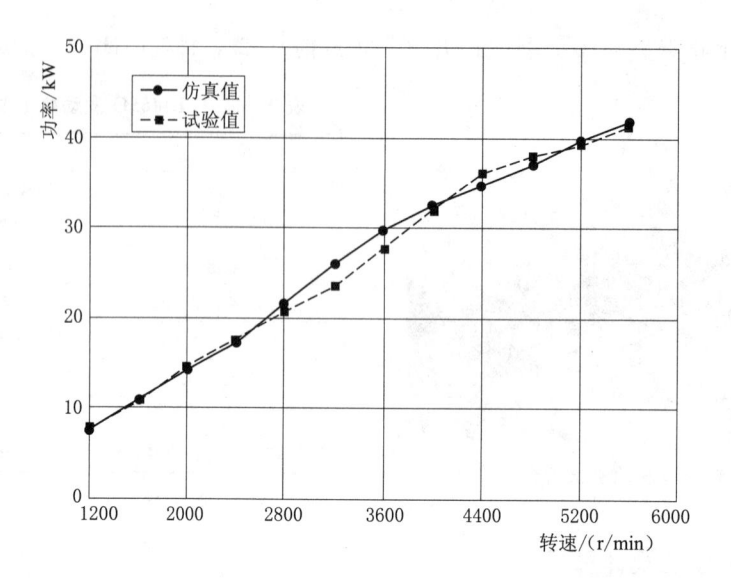

图 3-4 功率对比

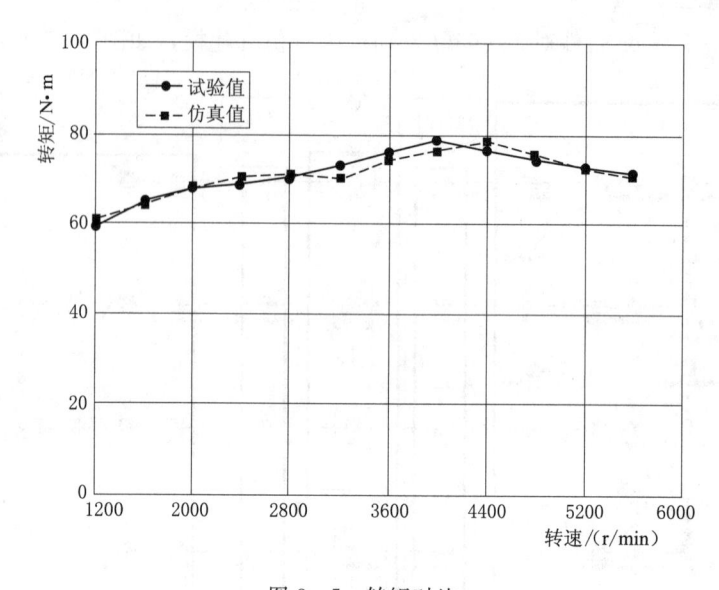

图 3-5 转矩对比

由图 3-4、图 3-5 可知，发动机功率与转矩仿真值及试验值吻合较好。由图 3-6 知，发动机燃油消耗率在低速区与试验值误差较大，这是由于仿真计算对发动机进行了简化处理，基于经验值在计算过程对发动机进、排气等管道长度进行离散，同时计算所使用的喷雾、燃烧模型等均为经验模型，与实际发动机工作过程存在一定误差，由于误差叠加使燃油消耗率计算值具有一定的误差，且误差在 7% 以内，在中速工况下误差较小，总体趋势与试验值较吻合，该计算模型具有一定准确性，可用于该发动机性能仿真分析。作者在发动机性能方面做了较多的仿真计算工作，其仿真计算结果准确性有前期工作基础为依托。

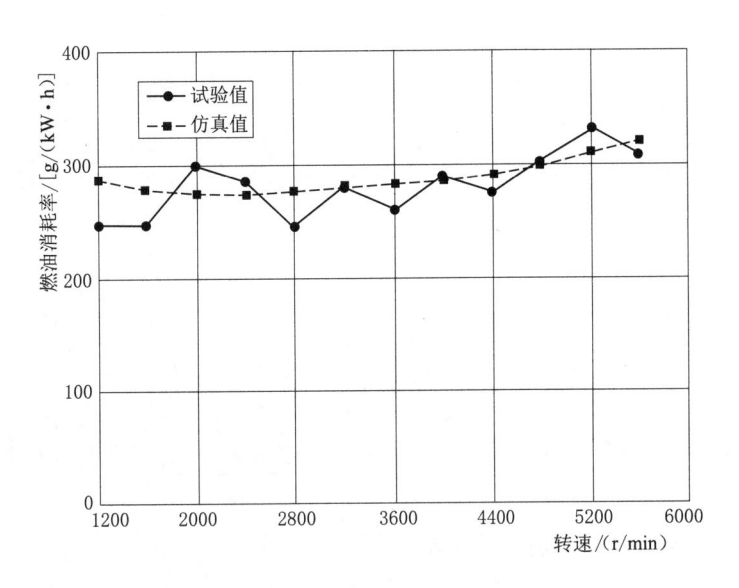

图 3-6 燃油消耗率对比

3. 进气歧管长度对发动机性能的影响

为了研究进气歧管长度变化对发动机性能影响趋势，保持配气相位与进气歧管直径不变，改变进气歧管长度进行计算，分析进气歧管长度变化对充气效率、功率、转矩和油耗的影响。

计算方案选取为：进气歧管原长减短 40%、原长减短 20%、原长、原长增加 20%、原长增加 40% 这 5 个方案进行计算分析。计算结果如图 3-7～图 3-9 所示。

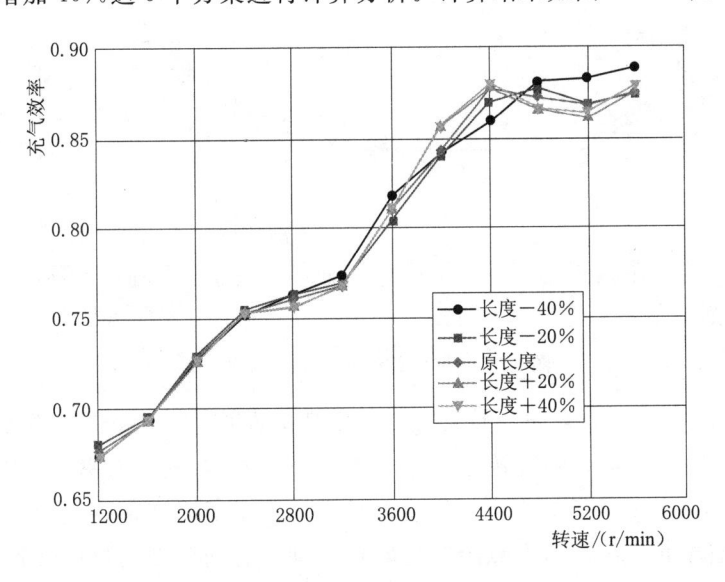

图 3-7 进气歧管长度对充气效率的影响

由图 3-8、图 3-9 可知，进气歧管长度变化对发动机功率、燃油消耗率影响甚微。同转速工况下，功率最大变化幅度为 1.6%（4400r/min）。由图 3-7 可知，

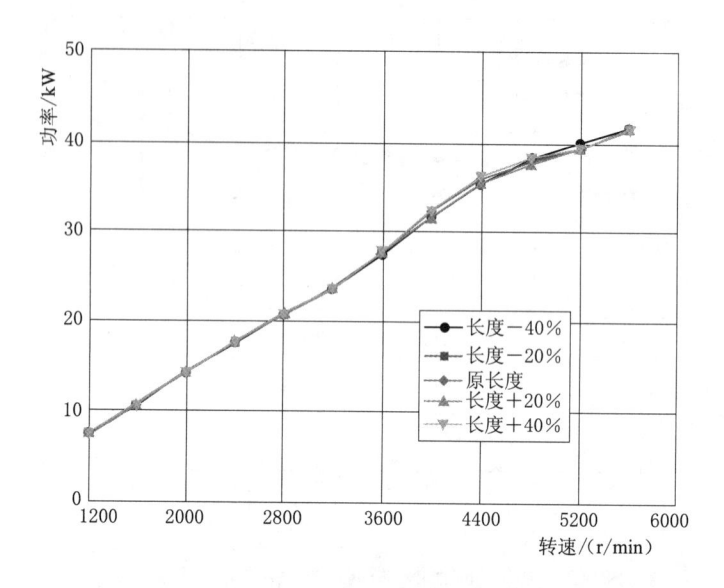

图 3-8 进气歧管长度对功率的影响

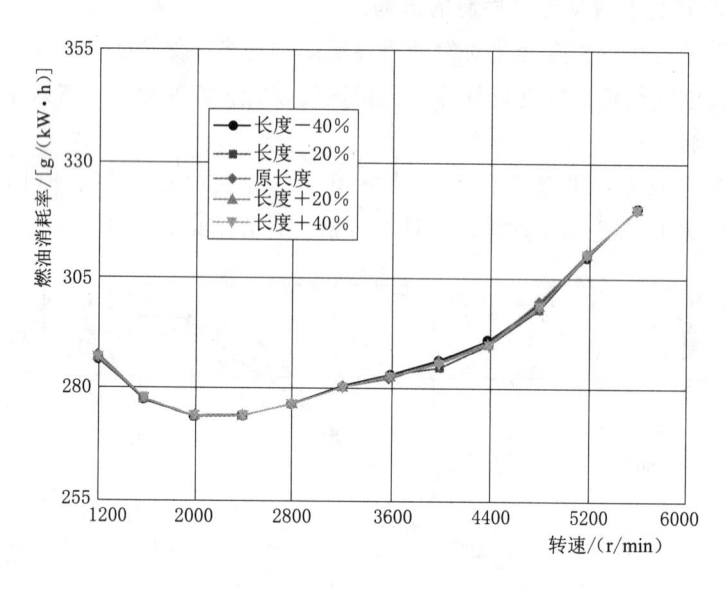

图 3-9 进气歧管长度对油耗的影响

3000r/min 以下低转速区，进气歧管长度变化对发动机充气效率影响不大；当发动机转速高于 4000r/min 时，随着转速增大，进气歧管越长，充气效率增大越快，长方案最大充气效率点出现早于短方案。这主要是因为发动机高速谐振点所对应的转速较高，进气歧管增长，高速谐振点会向低转速移动，有利于发动机中转速区的动力性能。当转速超过 4400r/min 时，长歧管方案充气效率明显下降，这主要是由于充气效率受到管内的沿程阻力影响，不仅会减小产生波动效应的动能，衰减压力波，而且会摩擦生热，提高进气温度，减少进入气缸内的新鲜工质。

4. 进气歧管直径对发动机性能的影响

为了研究进气歧管直径变化对发动机性能的影响趋势，保持配气相位与进气歧管长度不变，改变进气歧管直径进行计算，分析进气歧管直径变化对充气效率、功率、转矩和油耗影响。

计算方案选取为：进气歧管直径分别为 24mm、27mm、30mm、33mm、36mm、39mm。计算结果如图 3-10 至图 3-13 所示。

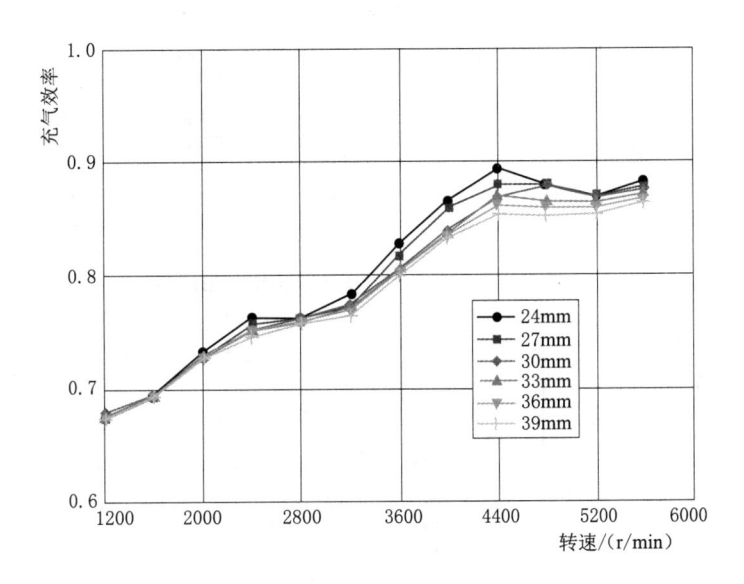

图 3-10 进气歧管直径对充气效率的影响

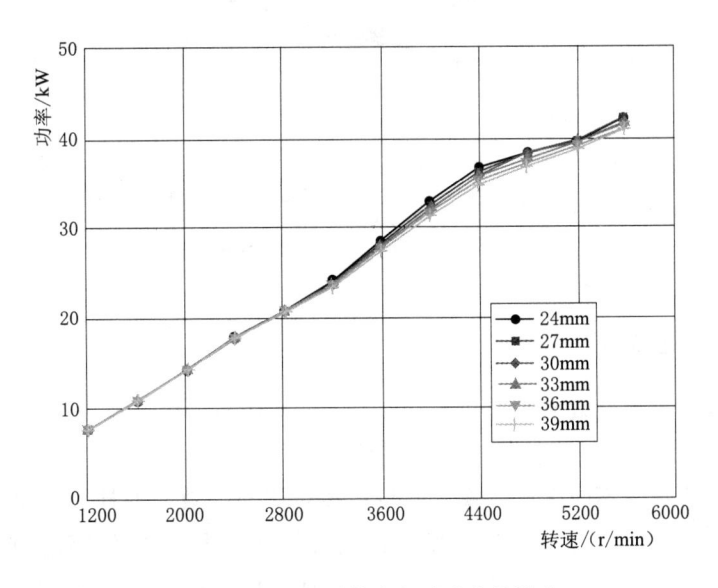

图 3-11 进气歧管直径对功率的影响

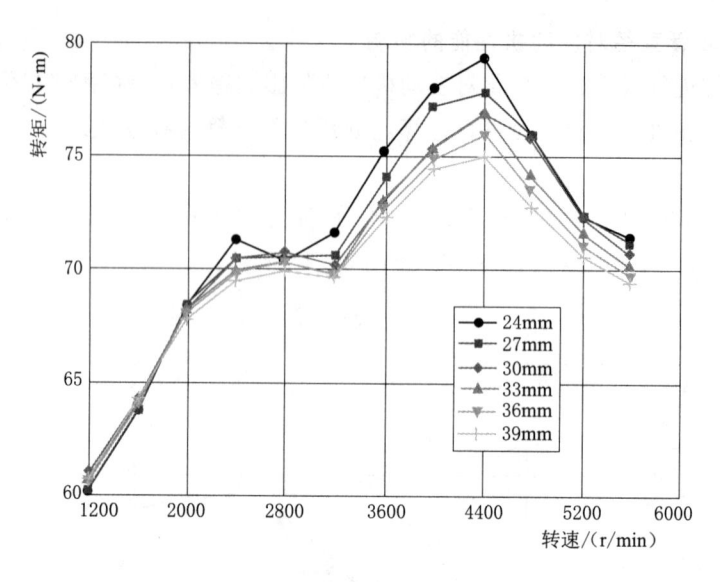

图 3-12 进气歧管直径对转矩的影响

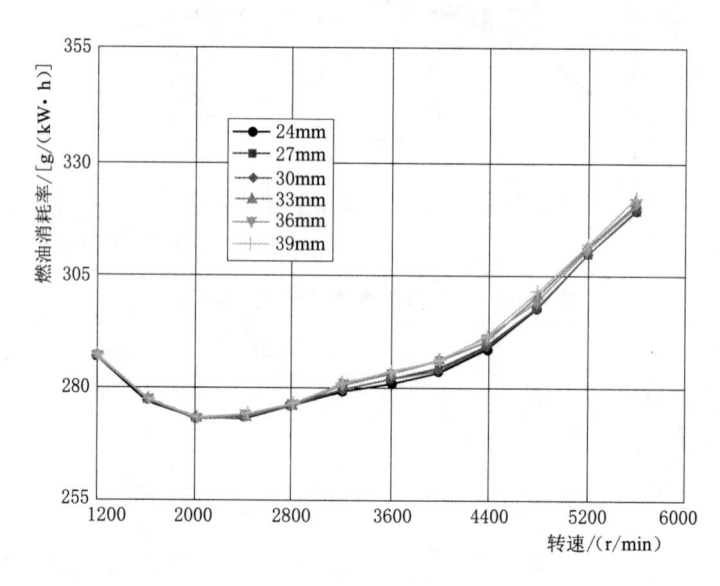

图 3-13 进气歧管直径对油耗的影响

3.1.4 进气歧管优化分析

由结构参数对充气效率趋势可知，基于 GT-Power 中 Optimizer 优化模型，以进气歧管管长、直径为自变量，充气效率为目标值进行计算。

图 3-14 所示为不同进气歧管长度与直径对应充气效率的计算结果。由图可知，当进气歧管直径在 27～28mm 时，发动机充气效率最大；进气歧管直径大于 30mm 时，发动机充气效率变小。由进气歧管流动特性分析可知，进气歧管长度也是影响进气系统充气效率最重要因素之一。由计算结果可知，进气歧管管长在 240～250mm

3.1 基于Optimizer优化模型对LJ465Q汽油机进气系统优化分析

时，发动机充气效率最大，由式（3-3）知，当进气歧管长度为243mm时，$q_2 = 10\frac{1}{2}$，此时对进气波动效应利用较好，为了满足更高转速对充气效率的需求，确定进气歧管长度为243mm、直径为28mm。

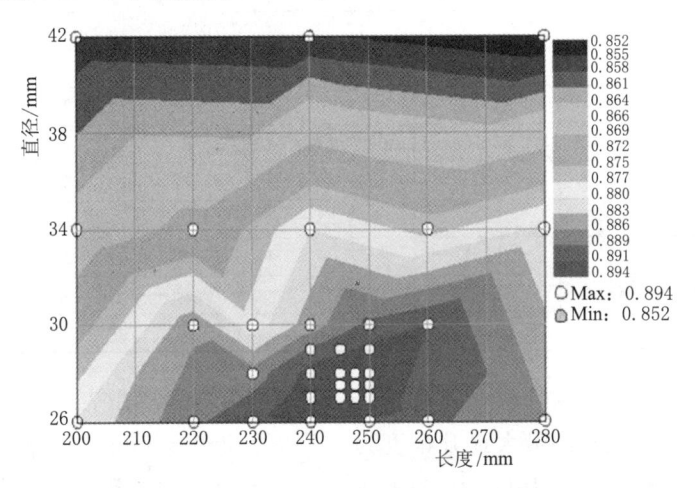

图3-14　进气歧管结构参数对充气效率计算结果

对进气歧管优化前后发动机性能进行计算见图3-15和表3-2。

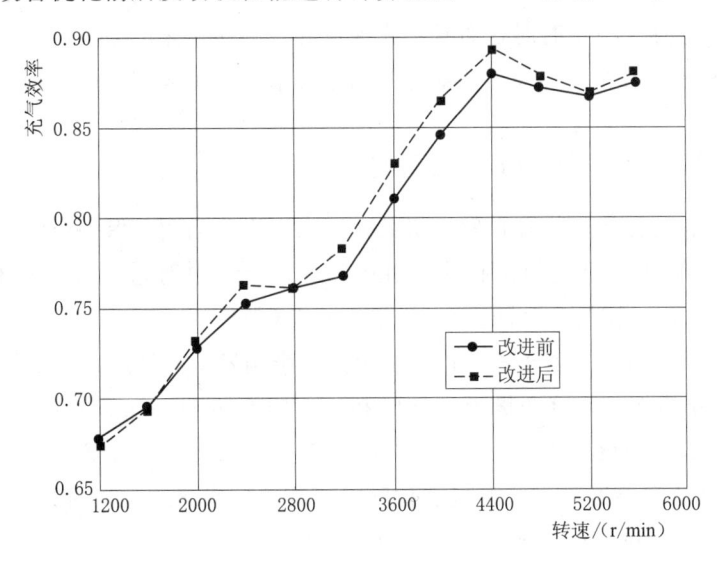

图3-15　改进后充气效率与原机值对比

表3-2　进气歧管改进前后动力性能对比

转速/(r/min)	歧管改进后		原机		提高幅度	
	功率/kW	扭矩/Nm	功率/kW	扭矩/Nm	功率/%	扭矩/%
1200	7.57	60.21	7.62	60.62	-0.69	-0.69
1600	10.70	63.88	10.74	64.10	-0.34	-0.34

续表

转速/(r/min)	歧管改进后		原机		提高幅度	
	功率/kW	扭矩/(N·m)	功率/kW	扭矩/(N·m)	功率/%	扭矩/%
2000	14.30	68.27	14.23	67.93	0.51	0.51
2400	17.93	71.35	17.65	70.21	1.63	1.63
2800	20.66	70.47	20.68	70.52	−0.07	−0.08
3200	24.03	71.72	23.48	70.08	2.34	2.34
3600	28.54	75.70	27.77	73.65	2.79	2.79
4000	32.66	77.96	31.80	75.92	2.69	2.69
4400	36.63	79.51	35.93	77.99	1.95	1.95
4800	38.11	75.81	37.85	75.30	0.69	0.69
5200	39.48	72.49	39.37	72.29	0.28	0.28
5600	41.85	71.37	41.44	70.67	0.99	0.99

由图 3-15 可知，发动机在中速段充气效率提升显著；由表 3-2 可知，中速段发动机动力性能有提升，最大提升幅度为 2.79%（3600r/min）。在低转速时动力性能有一定降低，最大降幅为 0.69%（1200r/min）。这主要是因为发动机配气相位是固定的，由于在不同转速下，压力波峰出现位置不同，而理想进气迟闭角是在进气快结束时，进气气流惯性最大，即压力波到达峰值通过气门时刻。由于固定配气相位的机构在确定其最佳气门正时时，通常是先保证其中高转速区的动力性，因此必然会损失部分低转速区动力性。若采用可变配气相位技术，则可兼顾低速区的动力性。

3.1.5 可变配气相位（VVT）优化研究

基于配气相位固定机构存在发动机低速区动力不足问题，保持凸轮型线不变，平移配气相位实现可变配气相位技术。在 GT-Power 中对进、排气门模块中 Cam Timing Angle 参数设置实现可变配气相位。原机 Cam Timing Angle 进气门为 234.5°CA，排气门为 125°CA。由于进、排气相位共同影响发动机性能，在配气相位计算中采用 Optimizer 模块。计算变量为进气门和排气门 Cam Timing Angle，计算目标为充气效率，计算范围设定为 ±20°CA、步长设定为 2°CA。

表 3-3 为在外特性下可变配气相位随转速变化的优化结果。图 3-16、图 3-17 分别为 4400r/min 和 2000r/min 条件下的计算值。

表 3-3　　可变配气相位计算结果

转速/(r/min)	进气相位		排气相位	
	原机	改进后	原机	改进后
1200	234.5	225.5	125	120
1600	234.5	227	125	121
2000	234.5	228	125	122

3.1 基于 Optimizer 优化模型对 LJ465Q 汽油机进气系统优化分析

续表

转速/(r/min)	进气相位		排气相位	
	原机	改进后	原机	改进后
2400	234.5	230	125	122
2800	234.5	230	125	122
3200	234.5	230	125	123
3600	234.5	230	125	123
4000	234.5	227	125	126
4400	234.5	234	125	125
4800	234.5	234.5	125	127
5200	234.5	236	125	126
5600	234.5	237	125	126

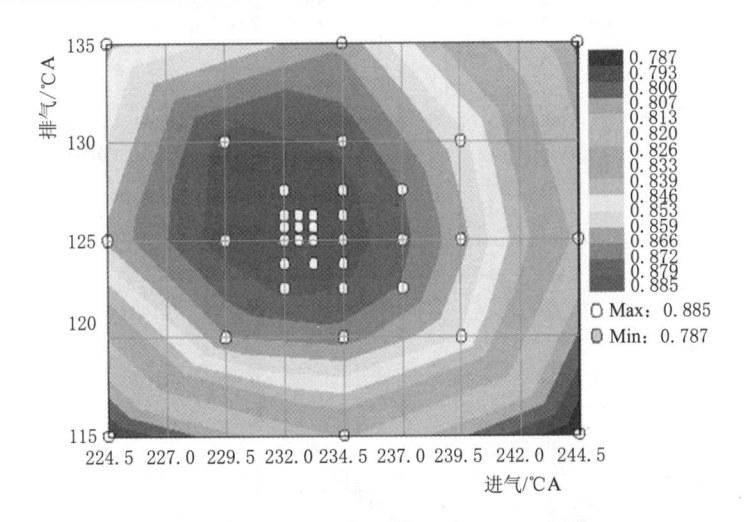

图 3-16 4400r/min 时配气相位对充气效率的计算值

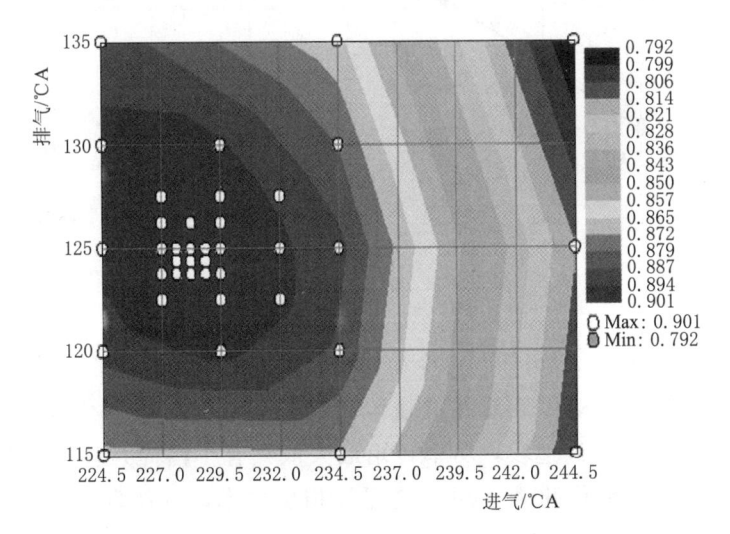

图 3-17 2000r/min 时配气相位对充气效率的计算值

优化改进配气相位前、后发动机全负荷性能对比如图 3-18 至图 3-21 所示。

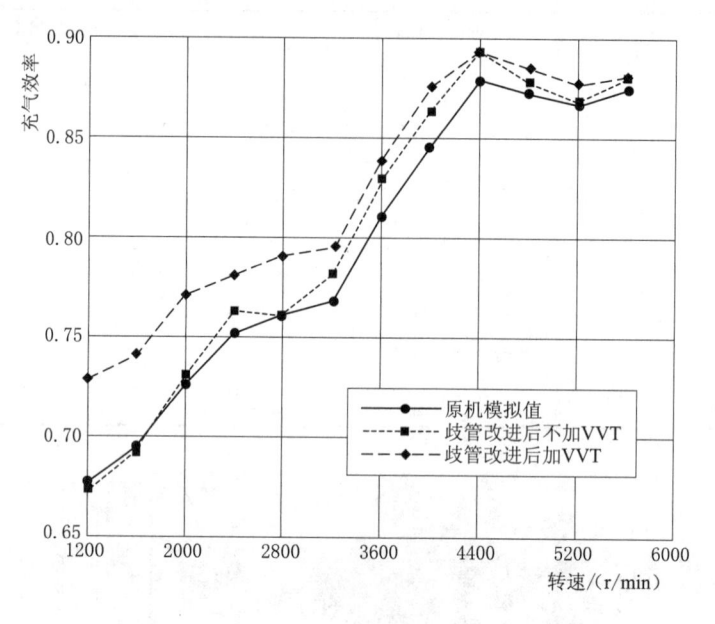

图 3-18 充气效率对比

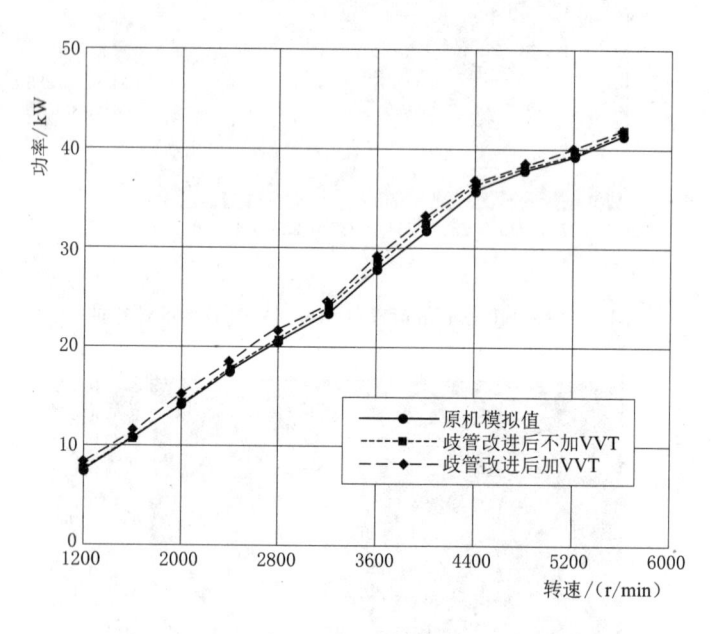

图 3-19 功率对比

从图 3-18 至图 3-21 可知，可变配气相位改进后，发动机的油耗与原机相比差别不大，而充气效率和动力性能在低速段得到了明显提升，其中功率最大提升了 7.46%（1200r/min）。在高速段，功率转矩最大值只有小幅提升且不如低速段显著。对进气歧管结构参数的优化和运用可变配气相位技术，可使发动机动力性能得到提升。

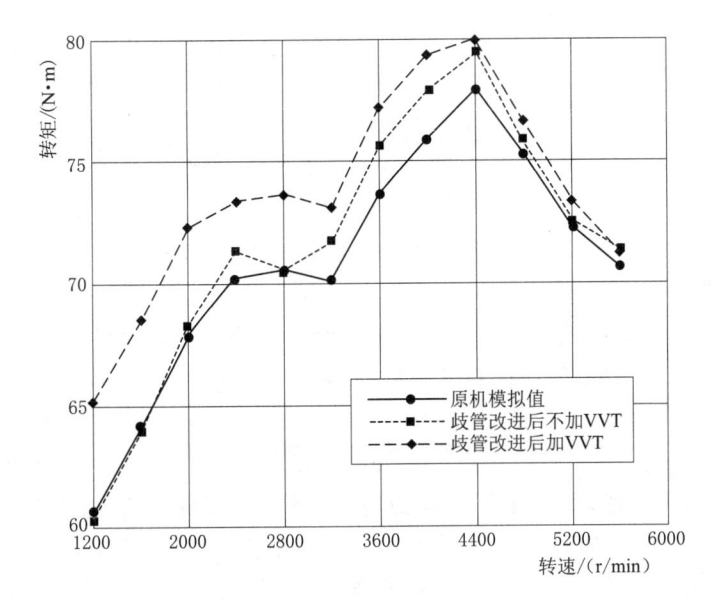

图 3-20 转矩对比

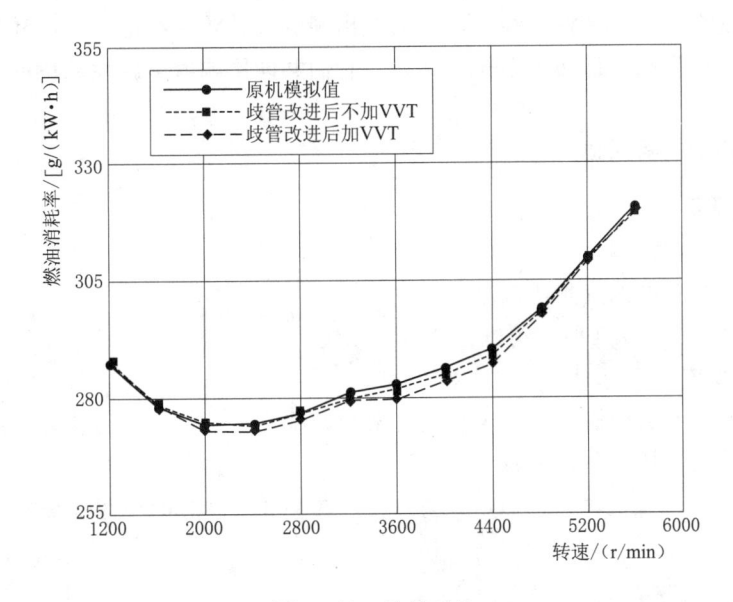

图 3-21 油耗对比

3.2 LJ465Q 发动机可变长度进气系统的研究

3.2.1 发动机进气系统的压力波谐振增压机理

发动机进气系统的压力波谐振增压机理：发动机正常工作时，进气系统因气门规律性地关闭、开启致使进气管中存在来回传播的压力波。正确利用空气系统的动态效应，使正压力波在进气门关闭之前到达,提高进气终了压力,从而提高发动机的进气效率。发动机的谐振效应模式包括进气歧管系统的综合效应和进气系统的整体动态效应。

进气歧管系统的综合效应的数学模型描述为

$$n = \frac{a\varphi_{se}}{12\pi}\sqrt{\frac{F}{LV_h}} \tag{3-4}$$

式中:n 为低谐振转速;a 为声速;φ_{se} 为进气门有效开启角,$\varphi_{se} = \varphi_1 + \varphi_2 - \varphi_3$,其中 φ_1、φ_2 为进气门提前开启角、迟闭角,φ_3 为进气门无效开启角,$\varphi_3 = 2\times(14\sim16)$;$F$ 为进气歧管的横截面积;L 为歧管长度;V_h 为单缸发动机排量。

进气系统的整体动态效应的数学模型描述为[4]

$$n_e = \frac{60a}{\pi}\sqrt{\frac{S}{VL_z}} \tag{3-5}$$

式中:n_e 为高谐振转速;a 为声速;S 为进气总管的截面积;L_z 为进气总管长度;V 为集中容积,$V = V_b + iV_p + iV_h/2$,其中 V_b 为谐振腔容积,i 为缸数,V_p 为一根进气歧管连同进气道的容积,V_h 为单缸发动机排量。

发动机的谐振转速是指充气效率最高点所对应的转速。多缸发动机充气效率随转速变化而出现在进气外特性曲线上,一般会出现进气歧管系统综合效应和进气系统整体动态效应,产生高、低两个谐振转速点,它们共同影响着多缸发动机的充气效率。

3.2.2 发动机性能试验

1. 试验设备

(1) LJ465Q 发动机。
(2) CWF250 电涡流测功机。
(3) 普联 FC-2000 型发动机台架测试系统。

2. 试验装置

试验在柳州五菱柳机发动机实验室台架测试系统上进行,试验装置如图 3-22 所示。发动机的主要技术参数见表 3-4。

图 3-22 发动机试验装置

表 3-4 LJ465Q 结构参数表

型 式	四冲程、直列斜置、自然吸气
汽缸数	4
缸径×活塞行程/mm	65.5×78
压缩比	9∶1
总排量/L	1.051
标定功率/转速/(kW·min/r)	38.5/5200
最大扭矩/转速/(N·m·min/r)	83/(3000~3500)
急速/(r/min)	900 左右
燃油消耗率/[g/(kW·h)]	275

3.2.3 模型建立及分析

1. 模型的建立

GT-Power 软件是美国 Gamma 公司研发的发动机专业仿真软件,它深受国内、外发动机研发公司的欢迎。本书以 LJ465Q 发动机作为研究对象,利用 GT-Power 软件分析可变长度进气歧管的结构参数。根据 LJ465Q 发动机的几何结构参数,建立该发动机工作过程仿真模型,如图 3-23 所示。

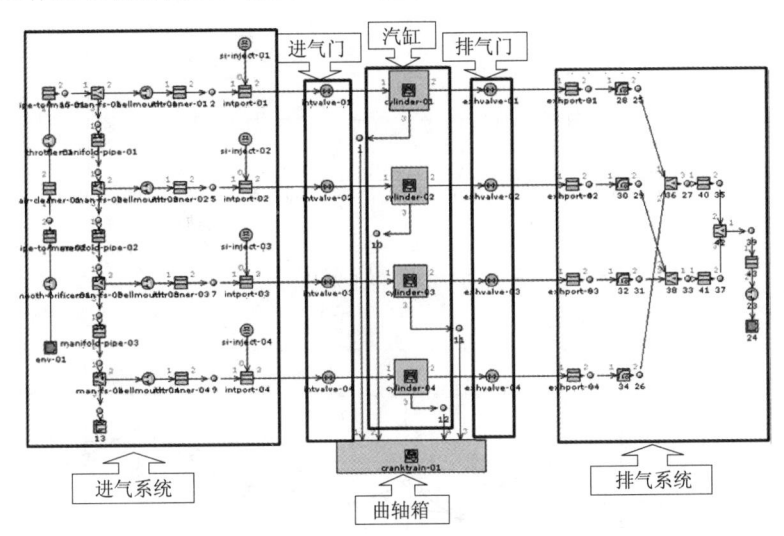

图 3-23 LJ465Q 的 GT-Power 整机模型

2. 模型的验证

为验证图 3-23 所示模型的准确性,在全负荷工况下利用 GT-Power 仿真计算发动机各工况转速条件下的功率、转矩和燃油消耗率值,与相同工况条件下发动机试验台架上试验数据进行对比,如图 3-24~图 3-26 所示。

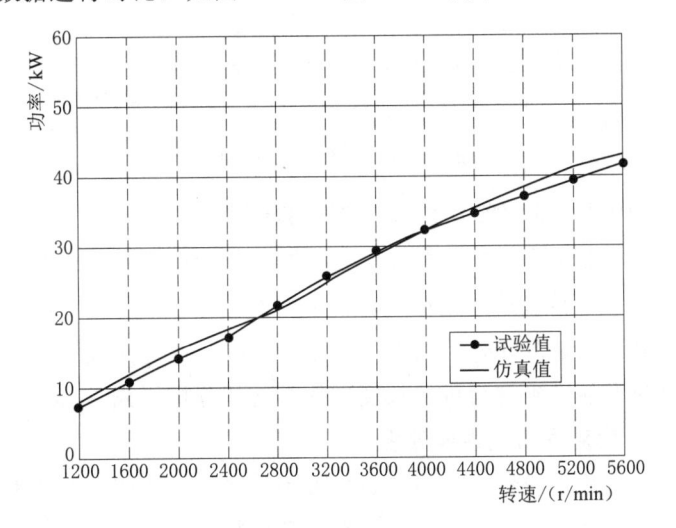

图 3-24 功率对比

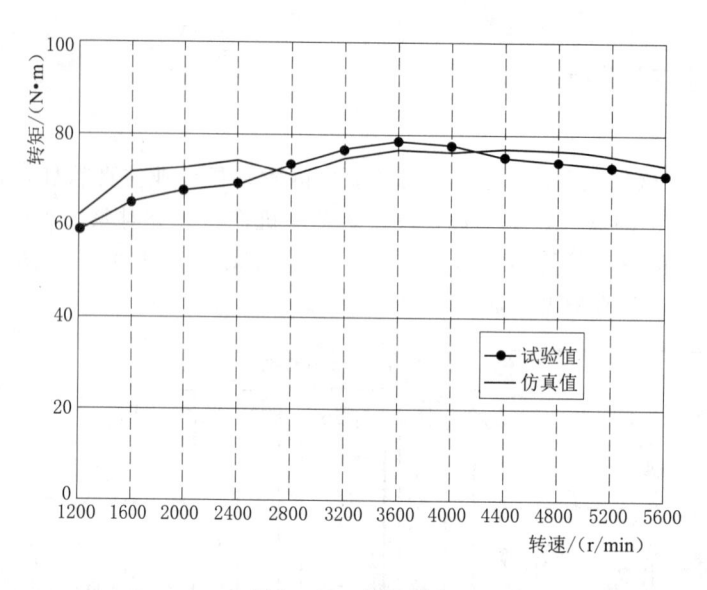

图 3-25 转矩对比

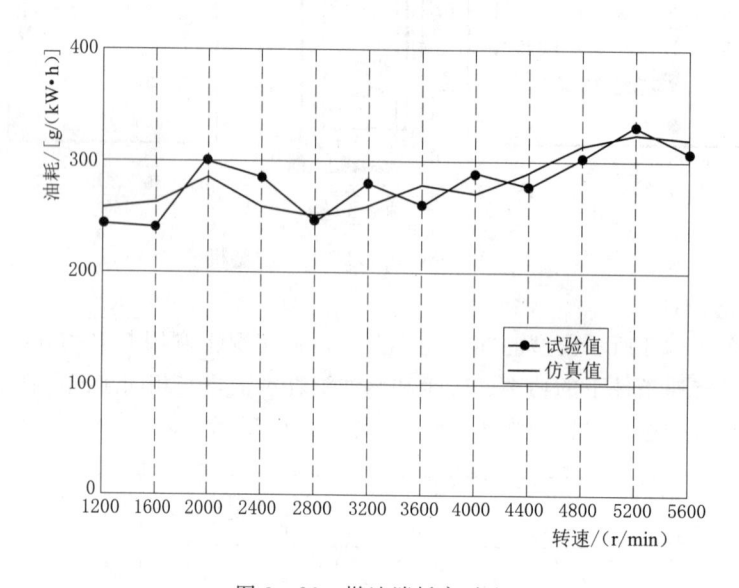

图 3-26 燃油消耗率对比

由图 3-24～图 3-26 可知，仿真值与试验值存在一定偏差。功率的偏差最小，最大偏差为 3%。燃油消耗率偏差达到 5%，这是因为仿真建模时所用燃烧模型缺乏相应的实测数据而用经验参数代替造成。转矩偏差达到 7%，主要是因为在计算过程中忽略了压力波衰减及进气相位等对充气效率的影响。通过比较，仿真值与试验值基本吻合，表明该模型能准确进行可变长度进气系统的分析研究。

3. 进气总管长度对发动机性能的影响

对进气管内的气流来说，进气门开启与关闭，在进气系统中会产生压力波。压力波从进气门开始以当地声速传播到敞开管端，又反射传回进气门，如此往返振荡。缩短进气管长度，则振荡周期缩短。为了提高低速转矩以提高加速性，应加大进气管长度；反之，为了提高高速转矩以提高额定功率，应缩短进气管长度。为了解决进气总管长度对发动机高速性能和低速性能的矛盾，采用可变进气系统，且可变进气管长度不能过长；否则会影响发动机高速性能或低速性能。

为了研究进气总管长度的变化对发动机性能的影响趋势。基于图3-23所建模型，在其他结构参数不变的基础上，分别选取进气总管长度值原长、1.2倍原长、1.4倍原长进行仿真计算，见表3-5，得出进气外特性、发动机功率曲线如图3-27和图3-28所示。

表3-5 不同进气总管长度计算方案

项 目	方 案 值		
总管	原长	1.2倍原长	1.4倍原长

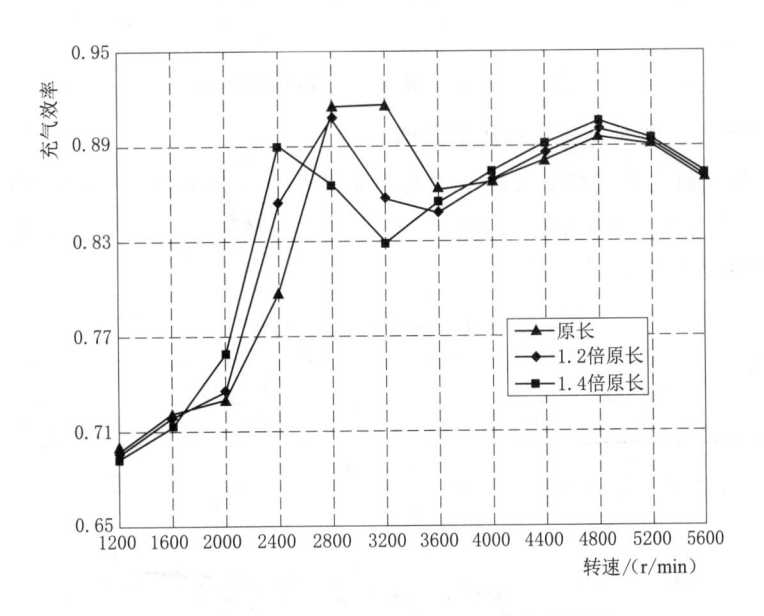

图3-27 不同进气总管长度下的进气外特性

由图3-27可知，随着进气总管长度由原长增加到1.2倍原长、1.4倍原长，低谐振转速向左移动，高谐振转速位置不变，对应的充气效率值也变化不大。这就很好地验证了整体进气系统的动态效应机理：进气总管长度主要决定低谐振转速点，在整体进气系统的动态效应中起着决定性的作用。

由图3-28可知，在中低转速下，随着进气总管长度的增加，功率增大，这是由于充气效率提高、进气量增加，提高了发动机的动力性。在转速3600r/min以上时进气总管长度变化对发动机功率影响较小，主要由于充气效率变化不大所致。在中低转速范围内，1.2倍原长与1.4倍原长的发动机功率变化不明显。因此，选取进气总管1.2倍原长的方案能满足中低转速区功率的要求。

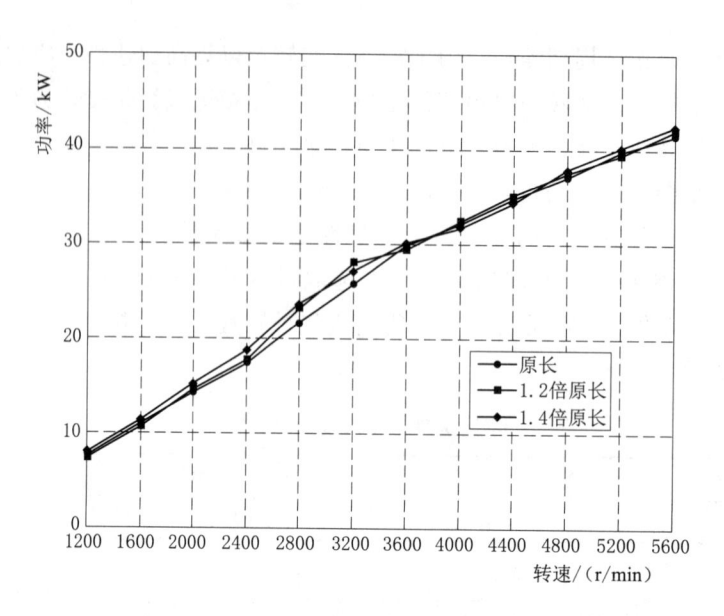

图 3-28 进气总管长度对功率的影响

4. 进气歧管长度对发动机性能的影响

同理，为了研究进气歧管长度变化对发动机性能的影响趋势，选取进气歧管长度值原长、1.2倍原长、1.4倍原长进行仿真计算，方案见表3-6，得出进气外特性、发动机功率曲线如图3-29和图3-30所示。

表 3-6　　　　　　　　不同进气歧管长度计算方案

项　目	方　案　值		
歧管	原长	1.2倍原长	1.4倍原长

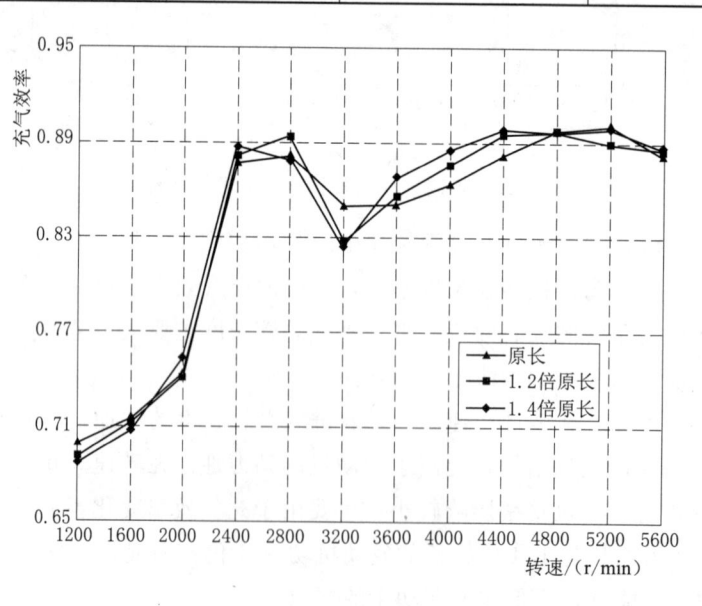

图 3-29 不同进气歧管长度下的进气外特性

由图 3-29 可知，随着进气歧管长度由原长增加到 1.2 倍原长、1.4 倍原长，低谐振转速点基本不变，而高谐振转速点向左移动，高转速区所对应的充气效率有了较大提升。这是因为进气歧管管长增加使 iV_p 增大，集中容积 V 也相应增加，且 $V>iV_p$；在其他条件不变的情况下，进气歧管管长增加间接对高谐振转速向低转速方向移动产生较大的影响。由图 3-30 可验证歧管进气系统的动态效应机理：进气歧管长度主要决定高谐振转速点，在进气系统的动态效应中起着重要的作用。

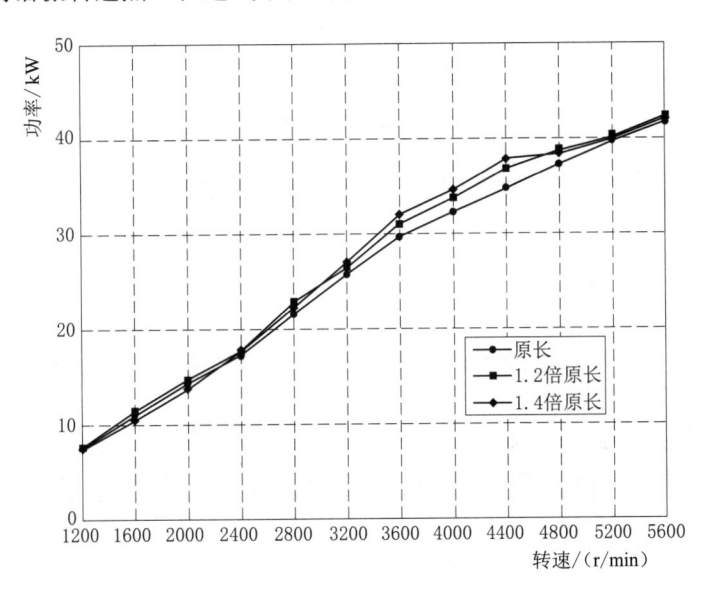

图 3-30 进气歧管长度对功率的影响

由图 3-30 可知，在中高转速下，随着进气歧管长度的增加，功率增大，其中功率最大提高幅度为 2.8%，在低转速区不同进气歧管长度对功率值影响较小。在中高转速范围内，进气歧管的长度并非随管长的线性增长而相应线性地提高发动机的性能。从进气歧管长度对功率影响曲线可知，由原长增加到 1.2 倍原长时的功率增量比 1.2 倍原长增加到 1.4 倍原长的功率增量大。这表明从提高发动机性能而言，发动机只在某一范围内存在着比较合适的管长。针对 LJ465Q 进气歧管在中高转速区选取原长 1.2 倍长度比较合理。

3.2.4 可变长度进气系统的设想及实现方式

由图 3-27 与图 3-29 可知，在转速范围内充气效率出现两个谐振转速点，分别对应高、低谐振转速下的最佳充气效率。利用进气总管管长、进气歧管管长与充气效率的关系，缩短进气总管的管长，使低谐振转速点向右移动；增加进气歧管的管长，使高谐振转速点向左移动。由此可得出，最佳进气系统管长（进气总管长度与进气歧管长度）可提升中等转速范围的充气效率，即高、低两谐振转速点往中等转速靠拢达到理想的重合点。

图 3-31 所示的可变长度进气系统只需要谐振腔在合理的控制策略下左右移动便能实现这一设想。该结构将进气歧管与进气总管分为两部分，进气总管的一端与谐振腔的左侧组成一不可活动的整体，进气歧管的一端与谐振腔的右侧为一体，由部分进气总管、谐振腔和部分进气歧管组成可滑移的谐振腔，并通过可滑移谐振腔来回滑动来实现进气总管与进气歧管管长的改变。

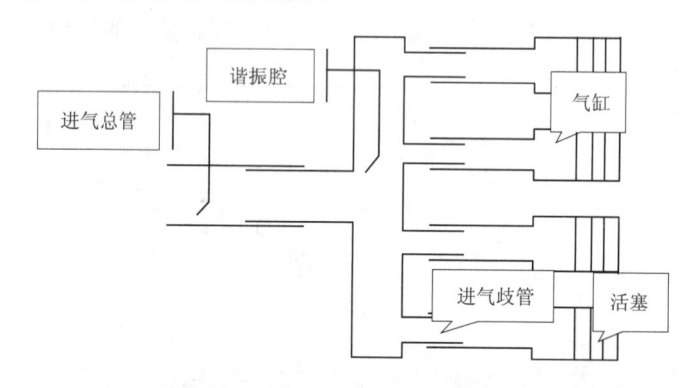

图 3-31 滑移式谐振腔可变长度进气系统结构简图

3.3 基于数值模拟的 LJ465Q 发动机进气道结构优化

进气道作为发动机进气系统的重要组成部分，其结构直接影响进入汽缸内的空气量、气体速度分布及其湍流状况等，这些因素直接影响发动机的燃烧过程，从而改变发动机经济性、动力性和排放性。因此，进行发动机进气道内气体流动特性分析对了解和研究发动机工作性能至关重要。

传统进气道研发采用经验设计和稳流试验相结合的方法，研制周期长且较难得到理想方案，已不能适应现代高性能发动机研制工作的需要。而应用 CFD（计算流体力学）技术进行进气道的模拟计算，不仅能够提供试验研究所不能提供的详尽信息，且花费小、周期短、适用性强，能够在短时间内进行广泛的变参数研究。在发动机产品的开发阶段，应用 CFD 技术能准确找出气道结构不合理的部位，进行改进优化。本书采用发动机 CFD 计算软件 AVL-Fire 对 LJ465Q 汽油机进气道不同进气门升程下气体流动特性进行了计算分析，研究了不同气门升程下缸内气流速度特性。

3.3.1 气道稳流试验

1. 试验过程

以柳州五菱柳机动力有限公司制造的 LJ465Q 汽油机进气道为研究对象，在美国 Super Flow 生产的 SF1020SB 型气道试验台上进行了试验。LJ465Q 发动机主要参数见表 3-7。

3.3 基于数值模拟的 LJ465Q 发动机进气道结构优化

表 3-7　　　　　　　发动机主要参数

缸径×行程/mm	65.5×78	气门锥面角/(°)	45
阀座内径/mm	32	气门直径/mm	33.5
最大气门升程/mm	8		

试验台工作原理：鼓风机吸气，使气道进气口与稳压箱之间产生压差，大气中的空气由进气道流入，经模拟气缸、孔板流量计、稳压箱等排到大气中去；适用于气缸直径小于 130mm，气缸总数少于 6 的发动机。试验台的流量试验精度为 ±0.5%，压差精度为 ±0.05kPa。

2. 试验结果

对试验数据进行整理，见表 3-8。

表 3-8　　　　　　　发动机主要技术参数

气门升程/mm	流量系数	涡流比	气门升程/mm	流量系数	涡流比
1	0.025	0.028	5	0.112	0.206
2	0.046	0.096	6	0.124	0.227
3	0.068	0.143	7	0.132	0.249
4	0.091	0.178	8	0.136	0.265

3.3.2　模型建立与网格划分

1. 模型建立

首先采用逆向工程，利用三坐标扫描仪扫描进气道砂芯模型，获取其点云图，然后导入 UG 软件中进行缝合等处理，最终得到进气道实体模型。进气道砂芯模型如图 3-32 所示。

将获得的进气道模型导入 UG 软件中，正向建立进气道—气门—缸内系统完整 CAD 模型，进而得到不同气门升程下的计算模型。完整的 CAD 计算模型如图 3-33 所示。

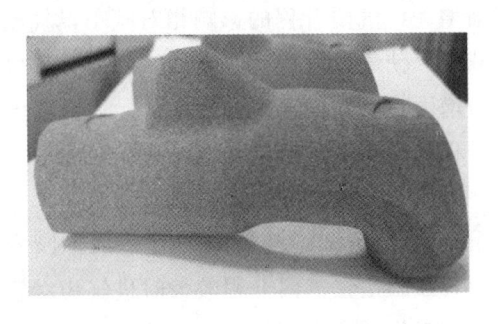

图 3-32　进气道砂芯模型　　　　　　图 3-33　CAD 计算模型

2. 网格生成

利用 AVL-FIRE 软件中 FAME 自动网格生成技术，对 2mm、4mm、6mm、8mm 等 4 种升程下计算模型进行网格划分。为了保证模拟计算精度，对气门座、气门以及气门喉口处进行网格加密处理。FAME 对气道部分的处理采用六面体与四面体混合网格，而气道前部的稳压箱与汽缸所用网格为六面体网格。图 3-34 为 6mm 气门升程下网格生成图。

图 3-34 6mm 网格生成图

3.3.3 计算理论与结果分析

本书主要对进气道内流场进行模拟分析，不考虑流体与外界热交换，其流体动力学特性可采用质量守恒方程和动量守恒方程描述。

湍流的模拟在主流区域采用双方程湍流模型，近壁区域采用标准壁面方程进行处理。

1. 初始边界条件

（1）进、出口采用压力边界条件，为便于进行试验验证，取与气道稳流试验相一致的初始条件，即进口截面处总压力为 1.013×10^5 Pa，环境温度为 25℃，通过稳流试验确定进出口压差为 2500Pa。

（2）所有壁面均采用固壁绝热边界。

2. 不同气门升程下涡流场结果分析

图 3-35 为不同气门升程下汽缸横切面的速度分布。由图 3-35 可知，汽缸内有两个较大的涡流，且这两个涡流的旋向相反。其形成原因为气流从进气道进入汽缸时，受到缸壁约束，产生相反作用力使气流向反方向运动。随着气门升程不断增大，两个涡流逐渐向汽缸中心移动，从线的密集程度来看，两个涡流的线比小气门升程时密集，说明涡流强度变大；随着气门升程逐渐增大，气门升程的影响相对减小，气流的流通面积变大，进气阻力变小，动能损失减少，使气缸内进气量增加，气门节流效应减少，使进气速度变快，缸壁产生的作用力增大，从而使涡流强度增大。涡流强度的增大使油气混合更加充分，从而改善燃烧过程，提高发动机的性能。

3. 不同气门升程下速度场结果分析

图 3-36 为不同气门升程下速度等值线图。由图可知，随着气门升程的不断变大，整个气缸内平均进气速度也在逐渐变大。其原因是在气门升程较大时进气相对容易些，进气量增加，气体快速进入缸内，气体相互作用减小，从而气体的平均进气速度在逐渐增加。

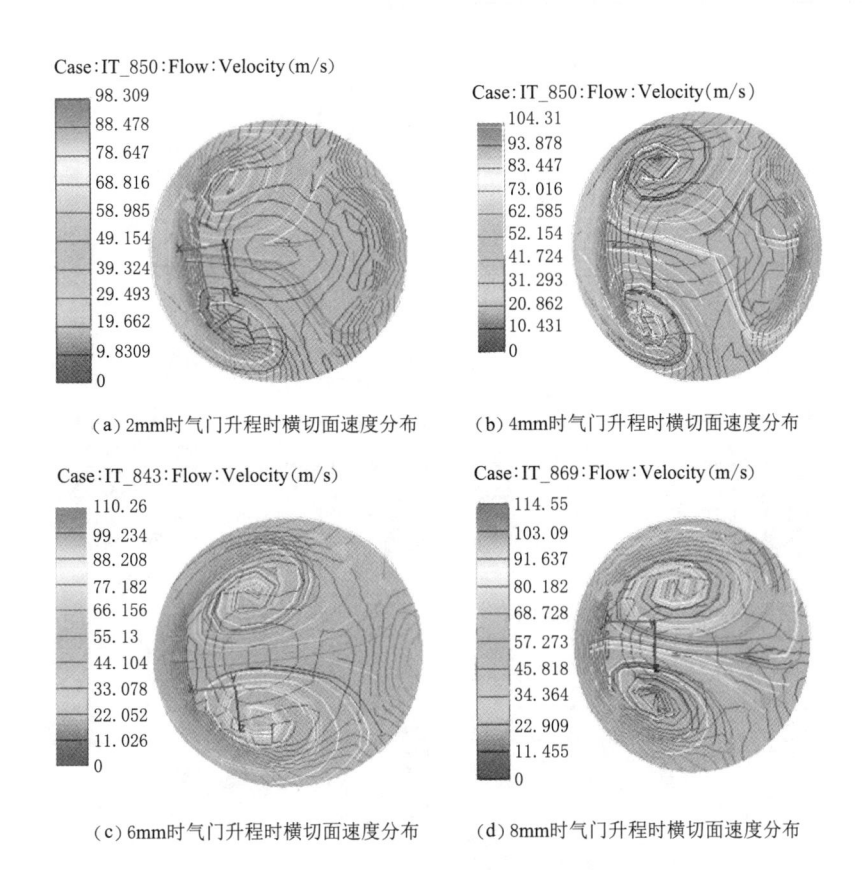

3.3 基于数值模拟的 LJ465Q 发动机进气道结构优化

(a) 2mm时气门升程时横切面速度分布
(b) 4mm时气门升程时横切面速度分布
(c) 6mm时气门升程时横切面速度分布
(d) 8mm时气门升程时横切面速度分布

图 3-35　不同气门升程下横切面速度分布

另外，速度等值线值最大的地方均在气门口附近，说明在气门口附近的速度值最大。这是由于在气门口附近结构的改变，使流体截面变小，进气压力相对增加，使气体流速加快，当气体进入气缸后，压力减小，气体流速随之变慢。由于受到气门处节流效应的影响，在气门升程较小时气流速度相对较低。因此，在较小气门升程下，须考虑降低节流效应以增大流量系数，提高发动机的性能。

4. 计算值与试验值对比

表 3-9 与表 3-10 分别给出了流量系数和涡流比试验值与计算值结果对比。

表 3-9　　　　　　　流量系数试验值与计算值对比

气门升程/mm	试验值	计算值	误差/%
2	0.046	0.049	6.52
4	0.091	0.096	5.49
6	0.124	0.128	3.22
8	0.136	0.138	1.47

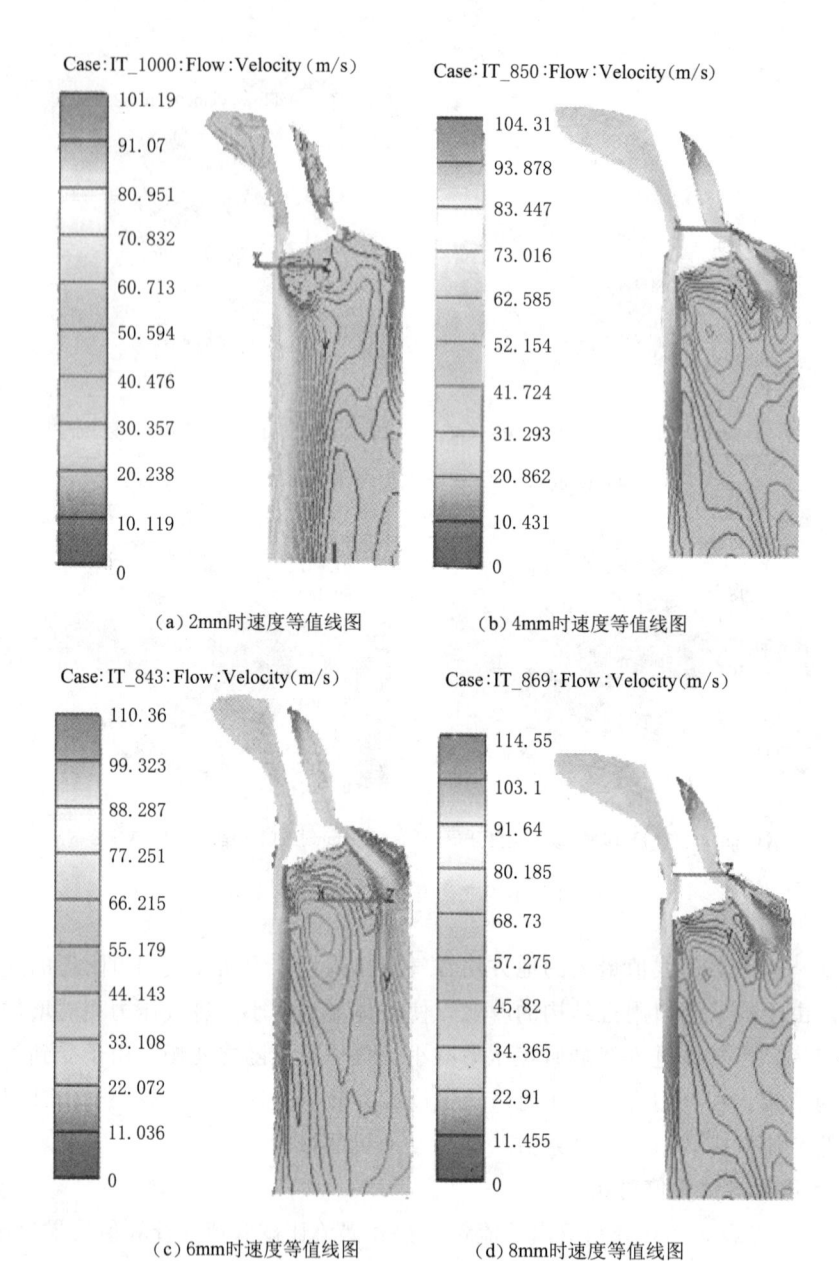

(a) 2mm时速度等值线图 (b) 4mm时速度等值线图

(c) 6mm时速度等值线图 (d) 8mm时速度等值线图

图 3-36　不同气门升程下速度等值线

表 3-10　　　　　　　　涡流比试验值与计算值对比

气门升程/mm	试验值	计算值	误差/%
2	0.096	0.106	9.43
4	0.178	0.191	6.81
6	0.227	0.238	4.62
8	0.265	0.271	1.85

由表 3-9 和表 3-10 可知，流量系数和涡流比相对误差均在 10% 以内，可见试验值与计算值结果比较吻合，能够作为气道改进的重要参考方法。

3.3.4 进气道改进

1. 对气门倒角改进

通过对进气道流场分布分析可知，气门口附近流场非常复杂，在气门升程较小时，流通截面小、进气阻力增加等因素使得进气流量系数减小、流速不均匀。因此，考虑对气门和气门座改进，使两者之间走气部分从几何空间形状上更趋于流线型。对原气门倒角（45°）进行改进，将其角度重新设定为 20°、30°、60°，并比较 3 种倒角与原倒角的流量系数变化。

2. 气门倒角对流量系数的影响

表 3-11 为气门倒角改进前后流量系数对比结果。

表 3-11　　　气门倒角改进前、后流量系数对比

气门升程/mm	20°	30°	60°	45°
2	0.052	0.054	0.047	0.049
4	0.099	0.104	0.095	0.096
6	0.131	0.123	0.125	0.128
8	0.138	0.139	0.134	0.138

由表 3-11 可知，气门倒角改进前、后流量系数变化趋势一致，即均随着气门升程增大，流量系数也增大。当气门升程较小时，气门倒角变化对流量系数的影响较大；当气门升程较大时，气门倒角改变对流量系数的影响不明显。气门倒角为 20°、30°时，流量系数随着气门升程增大而增大，且均高于气门倒角为 45°时的流量系数，而气门倒角为 60°时小于气门倒角为 45°时的流量系数。这是由于在气门内径不变的前提下气门倒角变小，相当于气门口附近气流流通截面积变大，进气流通阻力变小，进入气缸内气体质量增加，从而使流量系数增加。特别是当气门升程较小时，进气量较小，较小的进气量变化容易使流量系数产生较大变化；当气门升程较大时，进气增加量对流量系数变化的影响不显著。

由表 3-11 还可知，气门倒角 30°的流量系数大于气门倒角 20°的流量系数，这说明气门倒角并非越小越好，在一定范围内减小气门倒角有利于提高流量系数，超出一定范围反而影响进气质量，使流量系数降低。因此，确定气门倒角 30°为最佳改进方案。

3.4　基于数值计算的汽油机喷嘴结构优化 CFD 分析

近年来研究表明，喷孔内部燃油流动状态与喷嘴结构参数（如压力室容积、喷孔

长度、喷孔直径、喷孔数目、入口倒角等）有着密切联系，进而影响燃油喷雾特性。国内外已研究过许多喷油器结构参数对喷孔内部燃油流动特性的影响，但对喷孔分布、阀座锥角两结构参数研究较少。由此，本书全面研究了喷孔分布和阀座锥角两结构参数对喷嘴内部燃油流动特性的影响。

由于喷嘴内部结构尺寸小且复杂，难以直接准确观测喷嘴尺寸对喷孔内部燃油流动特性的影响。采用数值仿真技术研究喷孔内部燃油流动特性，可有效反映燃油流动特性。

本书以某公司汽油机5WY-2817A喷油器为研究对象，研究喷油器针阀升程最大时喷油嘴内部燃油速度分布、压力分布、湍动能分布等流动特性，可为该喷嘴结构设计和优化提供重要参考，也为喷嘴内部动态计算及燃烧室结构优化提供依据。

3.4.1 喷嘴流量试验

1. 试验过程

以5WY-2817A汽油机喷油器为研究对象，在YC01-STZH-B-1型喷孔流量测试试验台进行试验，如图3-37所示。5WY-2817A农用汽油机喷油器主要参数见表3-12。

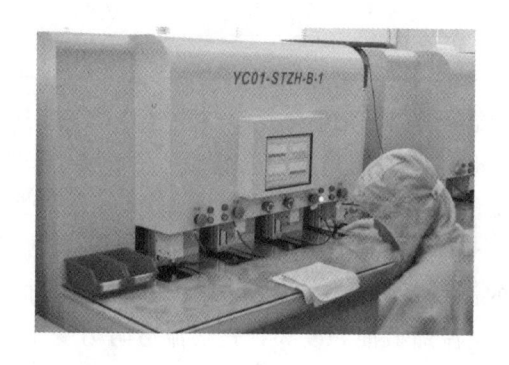

图3-37 喷孔流量测试试验台

表3-12 喷油器主要参数

项 目	参 数
喷孔直径/mm	0.234
喷孔长度/mm	0.15
喷孔数目×分布/mm	3×ϕ1.8
压力室高度/mm	0.3
阀座锥角/(°)	45
最大升程/mm	0.3

试验工作过程：喷油器固定到高精度流量计试验台架上，按"油泵"按钮建立油压，根据本试验测试喷油嘴标准油压，调整油压到0.4MPa，按"回油"按钮，使其处于关闭状态，开始试验验证，试验数据从显示仪获取。

2. 试验结果

（1）出口质量流量验证。由试验测得稳态时喷嘴出口处质量流量为109g/min，AVL-Fire软件计算得到稳态时喷嘴出口处质量流量为107.7g/min。计算值与试验值误差为1.2%，符合误差范围。

（2）喷孔处压力值验证。喷油器针阀升程处于最大，入口压力为4bar（1bar=10^5Pa）时，试验测得喷孔处压力值为1.18bar；数值计算得到喷孔处压力值为1.1602bar。试验值与计算值误差系数为1.6%，进一步验证了模型的准确性与有效性。

3.4.2 模型建立与网格划分

1. 模型建立

考虑到喷嘴端部及喷孔分布结构的对称性,取喷嘴结构 1/2 建立模型对喷孔处流场进行分析。用三维 UG 软件对实体对应几何尺寸进行建模,完整绘制过程如图 3-38 所示。

(a) 5WY-2817A 喷油器

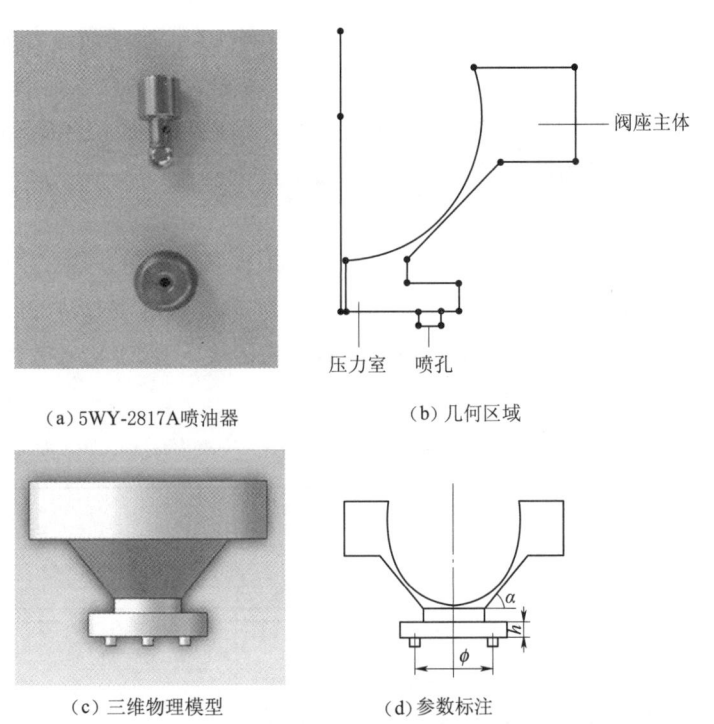

(b) 几何区域

(c) 三维物理模型

(d) 参数标注

图 3-38 喷嘴 CAD 造型

2. 网格生成

选取图 3-38 所示的三维模型,以 IGS 格式导入 AVL-FIRE 进行面网格划分,采用三角形单元,网格精度设置为 0.005。研究对象分为阀座主体和喷孔两部分,依次形成面网格与体网格,将两部分网格连接成一个完整网格,为保证计算精度,对压力室与喷孔处进行网格加密处理并创建入口面 Inlet、出口面 Outlet 和对称面 Sym,形成计算体网格如图 3-39 所示。

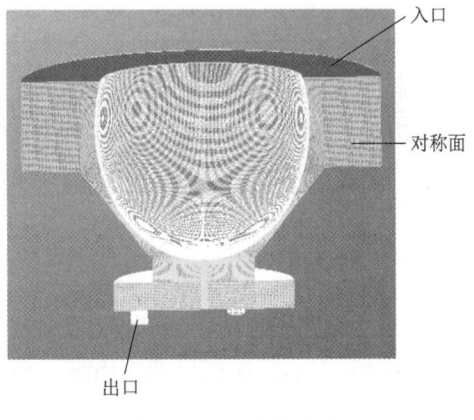

图 3-39 计算网格

3.4.3 计算理论与方案分析

本书主要对喷嘴流场进行计算分析,不考虑流体与外界热交换,其流体动力学特性采用质量守恒方程和动量守恒方程。

1. 初始边界条件

喷油器入口和出口均设置为压力边界条件,根据稳态试验边界条件,设定喷油器进口压力为 $P_{in}=4\text{bar}$,出口压力为大气压力 $P_{out}=1\text{bar}$,湍动能设置为 $1\text{m}^2/\text{s}^2$,喷油器壁面温度设置为 $T=295.13\text{K}$,表面流速无滑移且忽略传热,近壁面区域采用标准壁面函数法处理。截取喷油器一半作为计算域,形成两截面,截面设置为对称边界条件,边界上不存在压力降。

2. 方案确定

通过改变压力室轴向高度 h、喷孔分布直径 ϕ、阀座锥角 α 等3个结构参数,研究其对喷孔内部燃油流动特性影响[9]。首先优化 h 和 ϕ,在确定 h 和 ϕ 的基础上优化 α,最后确定一组最佳结构参数。原喷油器结构参数 $h=0.2\text{mm}$、$\phi=1.8\text{mm}$、$\alpha=45°$。根据渐进原则,h 和 ϕ 研究方案见表3-13。

表 3-13 研 究 方 案

方案	1	2	3	4
压力室高度 h/mm	0.2	0.3	0.4	0.5
喷孔分布直径 ϕ/mm	1	1	1	1
	1.4	1.4	1.4	1.4
	1.8	1.8	1.8	1.8
	2.2	2.2	2.2	2.2

方案 1 表示 $h=0.2$ 时,ϕ 分别为 1、1.4、1.8、2.2 时,对喷孔处燃油流动特性进行分析,当平均压力值最大时获取最佳 ϕ 值,结合速度场和湍动能场进行综合分析比较,类推其他方案。

3.4.4 结果分析

1. 压力室高度为 0.2mm 时不同 ϕ 值分析

图 3-40 为不同 ϕ 值燃油压力场。由图可知,不同 ϕ 值下,每个喷孔处红色区域都出现最大压力值,这是由于流体黏性特性导致流体在壁面面层区域上流速较低,壁面上压力较高。喷孔处压力分布都比较均匀,且都以较高压力值喷出。当 $\phi=1.4\text{mm}$ 时,喷孔处截面上压力场分布均匀且保持在较高压力水平。

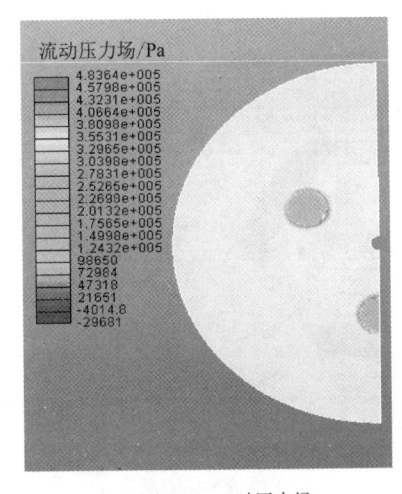

(a) $\phi=1$mm时压力场 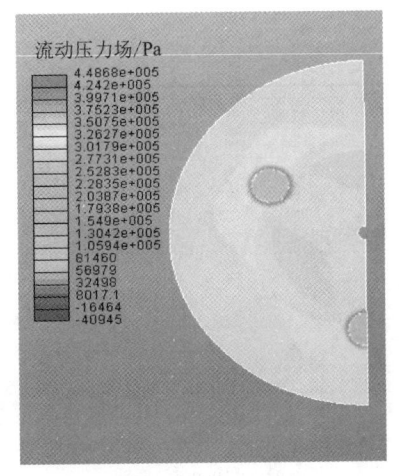　　　　　(b) $\phi=1.4$mm时压力场

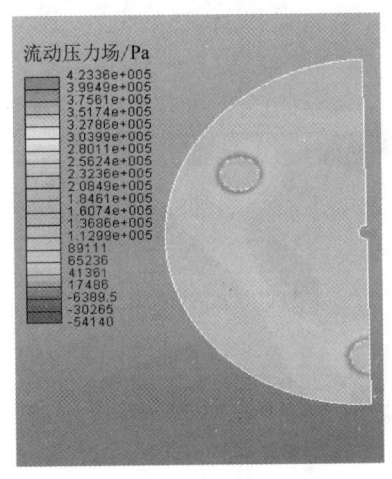

(c) $\phi=1.8$mm时压力场 　　　　　(d) $\phi=2.2$mm时压力场

图 3-40　$h=0.2$mm 时不同 ϕ 值压力场

图 3-41 为不同 ϕ 值燃油速度场，由图可知，不同 ϕ 值时喷孔处燃油速度分布趋于一致。喷孔处速度较压力室周围速度有明显增加，且喷孔中心区域集中了较大燃油流动速度。这是由于喷孔入口处结构发生改变，有效流通面积迅速下降，使燃油流动速度得到重新分布，呈现出增大趋势。

图 3-42 是不同 ϕ 值燃油湍动能场。由图可知，当 $\phi=1$mm 时，最大湍动能分布在喷孔边缘处；当 $\phi=1.4$mm 和 $\phi=1.8$mm 时，最大湍动能分布范围比 $\phi=1$mm 时广且比较均匀，由喷孔边缘延伸到喷孔中心区域；当 $\phi=2.2$mm 时，喷孔处出现挤流现象，这是由于喷孔边缘与压力室边缘接近重合，使得燃油流入喷孔时出现缩挤现象。

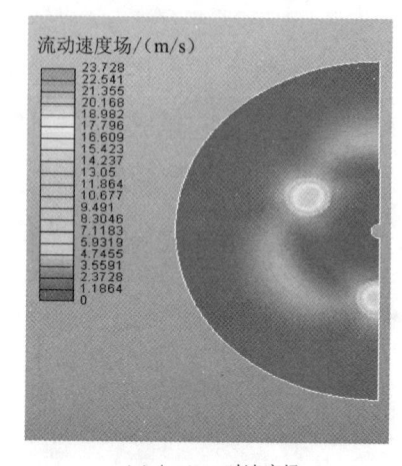

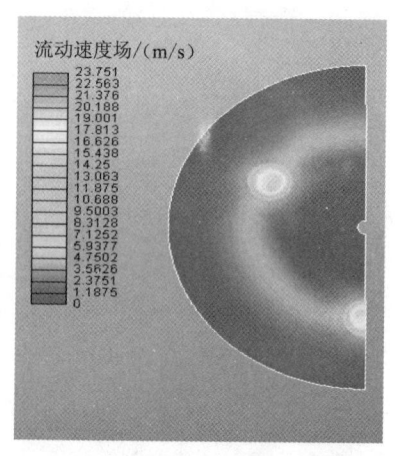

(a) $\phi=1$mm时速度场 (b) $\phi=1.4$mm时速度场

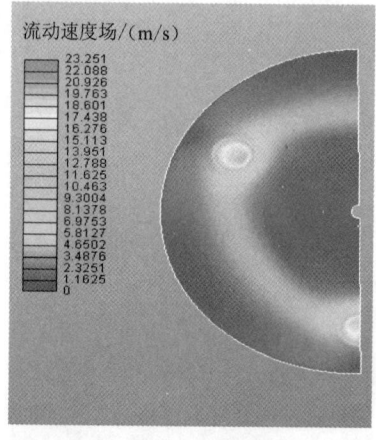

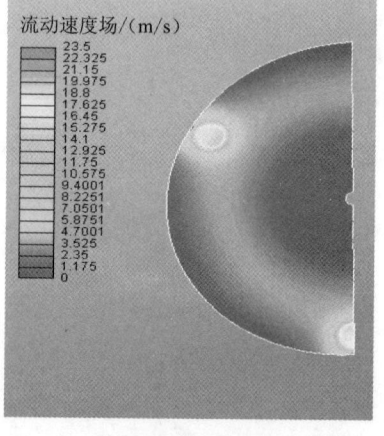

(c) $\phi=1.8$mm时速度场 (d) $\phi=2.2$mm时速度场

图 3-41　$h=0.2$mm 时不同 ϕ 值速度场

2. 压力室高度为 0.3mm 时不同 ϕ 值分析

图 3-43 为不同 ϕ 值燃油速度场。由图可知，不同 ϕ 值对应速度分布基本一致，压力室与喷孔之间速度变化最大。这是由于针阀升程最大时，针阀位置流通面积远大于喷孔流通面积，燃油在压力室区域的流动速度十分缓慢，从喷孔位置开始流通截面急剧收缩，流动速度迅速增大。在相同压力室高度下，随着喷孔分布增大，喷孔处速度值变化较小。

3. 压力室高度为 0.4mm 时不同 ϕ 值分析

图 3-44 为不同 ϕ 值燃油速度矢量图。由图可知，燃油流动速度和压力成反比，即燃油压力大，流动速度小；随着 ϕ 值增大，压力损失增大，由速度矢量图可知，对流场影响增大；且喷孔边缘动能较大，喷孔中心区域内动能较小；喷嘴作为关键执

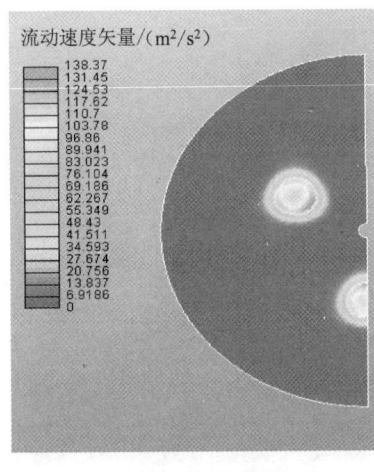

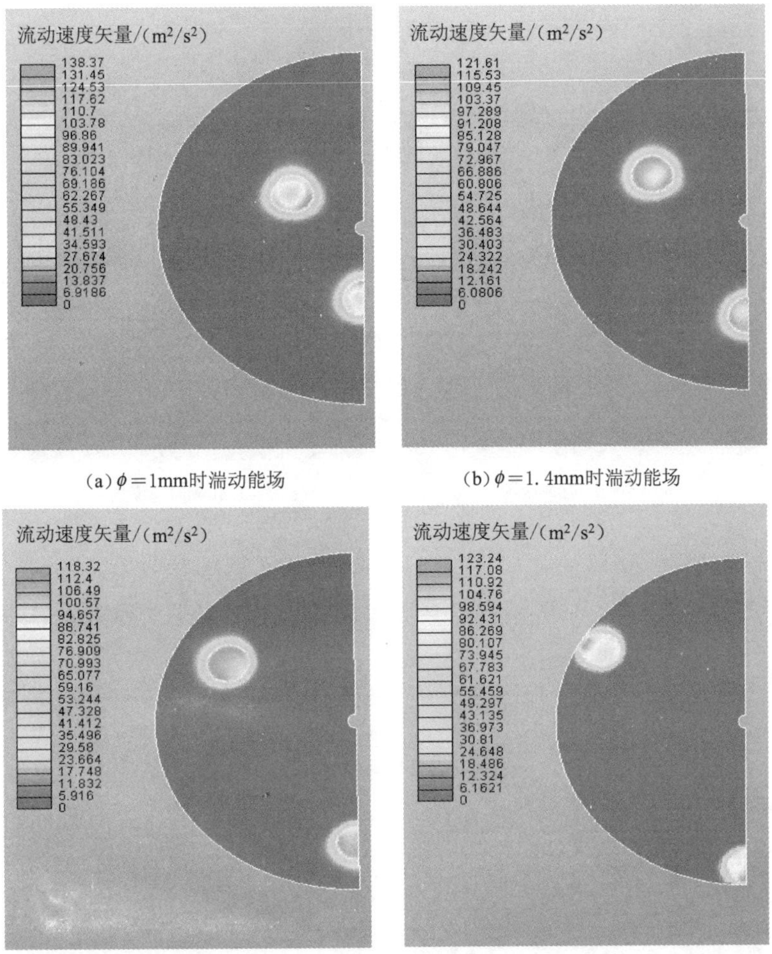

(a) $\phi=1$mm时湍动能场

(b) $\phi=1.4$mm时湍动能场

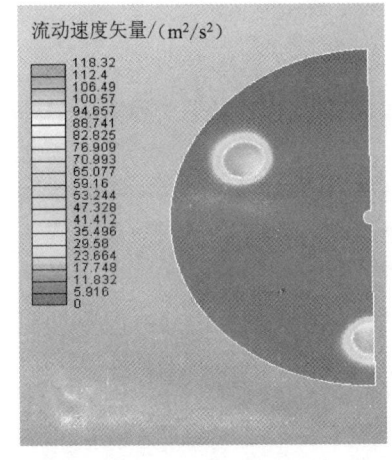

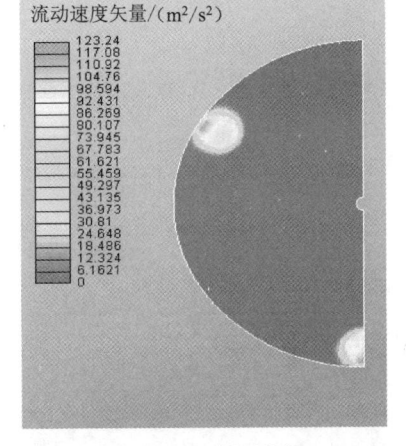

(c) $\phi=1.8$mm时湍动能场

(d) $\phi=2.2$mm时湍动能场

图 3-42　$h=0.2$mm 不同 ϕ 值湍动能场

行元件，应减少其压力损失。不同 ϕ 值对应速度矢量大致相同，在 $\phi=1.4$mm 时，截面上速度场分布均匀。

4. 压力室高度为 0.5mm 时不同 ϕ 值分析

图 3-45 为不同 ϕ 值速度迹线图。从图可知，不同喷孔分布下对应的速度迹线图趋势相同。压力室都具有一定汇流作用，在喷孔处都有一个较小涡流区。整个压力室内部速度都较低，流线流入喷孔时，都呈现较大弯曲。主要是因为喷孔处流线方向发生突变，使喷孔处压强减小，速度增大，提高了燃油雾化质量。

5. h 和 ϕ 确定

由平均压力值、速度值和湍动能值综合分析，得出不同压力室高度下最佳 ϕ 值的 4 组方案，见表 3-14。由表 3-14 可知，喷孔处最大平均压力值出现在方案 1，由此可确定 h 和 ϕ 为 $h=0.2$mm、$\phi=1.4$mm。

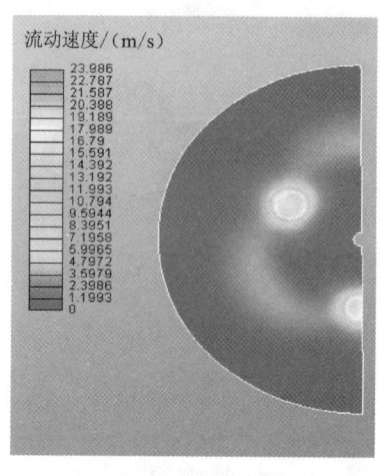

(a) $\phi=1$mm时速度场 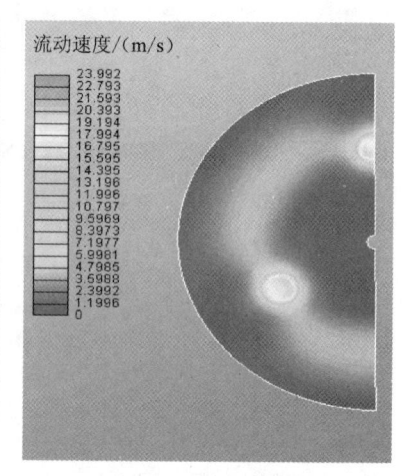   (b) $\phi=1.4$mm时速度场

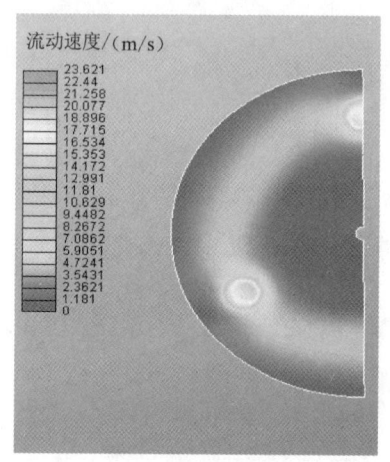

(c) $\phi=1.8$mm时速度场 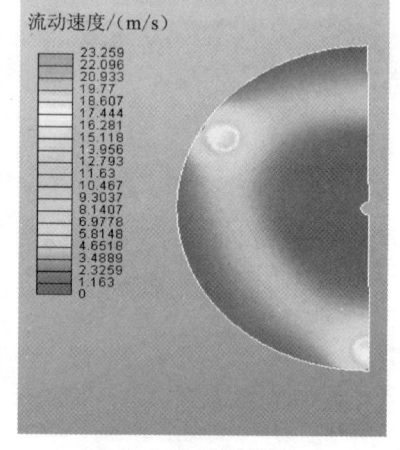   (d) $\phi=2.2$mm时速度场

图 3-43　$h=0.3$mm 时不同 ϕ 值速度场

表 3-14　最佳方案对比

方案	压力室高度 h/mm	最佳喷孔分布 ϕ/mm	喷孔处平均压力值/bar	喷孔处速度值/(m/s)	喷孔处湍动能值/(m²/s²)
1	0.2	1.4	1.4364	17.6582	65.61
2	0.3	1.8	1.1602	19.0879	88.56
3	0.4	1.4	1.1489	18.9995	87.63
4	0.5	1.4	1.0382	17.936	58.91

6. 最佳阀座锥角 α 确定

在 $h=0.2$mm、$\phi=1.4$mm 基础上改变阀座锥角 α，由原结构参数计算可得 α 取值范 $42.3°<\alpha<49.8°$，α 分别取 43°、45°、47°、49°，其中原阀座锥角 $\alpha=45°$。

(a) $\phi=1$mm时速度矢量

(b) $\phi=1.4$mm时速度矢量

(c) $\phi=1.8$mm时速度矢量

(d) $\phi=2.2$mm时速度矢量

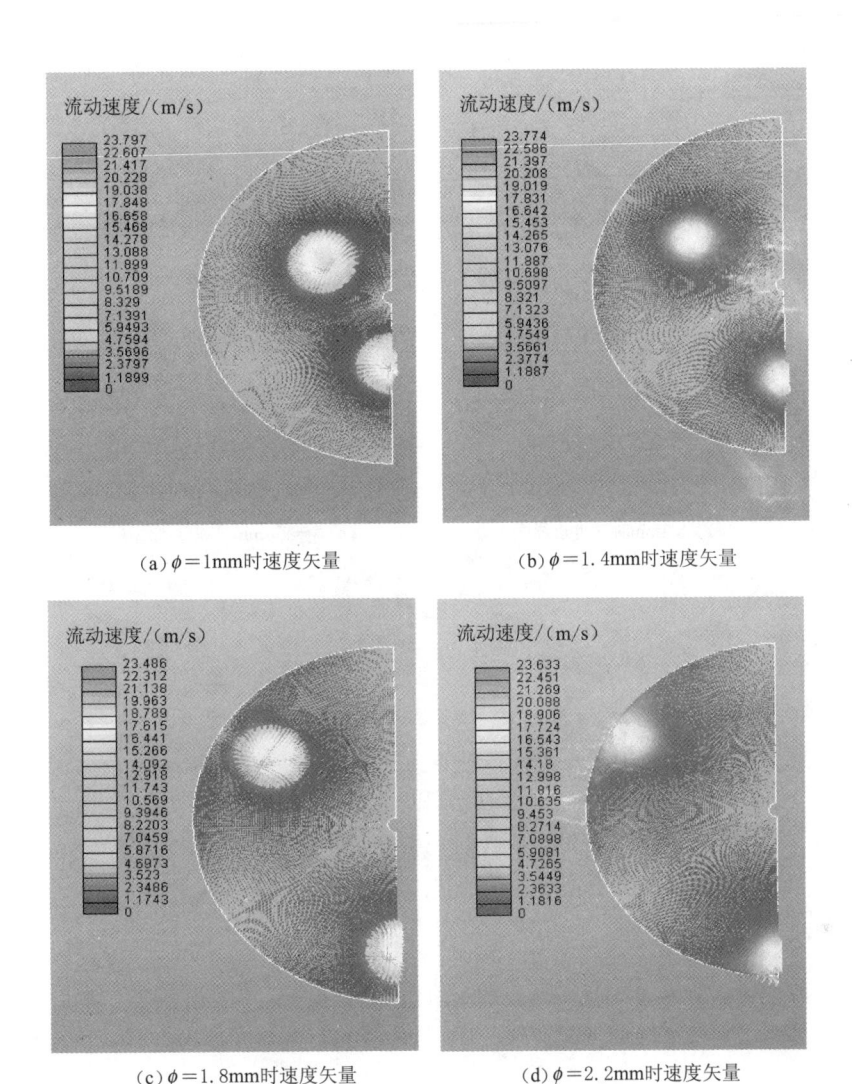

图 3-44　$h=0.4$mm 时不同 ϕ 值速度场

根据喷孔处平均压力值、平均速度值和平均湍动能值，确定最佳阀座锥角 α。表 3-15～表 3-17 分别为不同 α 值下对应的喷孔平均压力值、平均速度值和平均湍动能值。

表 3-15　平均压力值对比

α /(°)	43	45	47	49
平均压力值/bar	1.5301	1.4952	1.4364	1.0093

由表 3-15 可知，$\alpha=43°$时喷孔处平均压力值最大，且 $\alpha=43°$时由数值计算云图截面可知，压力场分布均匀且保持在较高压力水平。$\alpha=43°$喷孔处平均压力分布最佳。

(a) $\phi=1$mm时速度迹线图 (b) $\phi=1.4$mm时速度迹线图

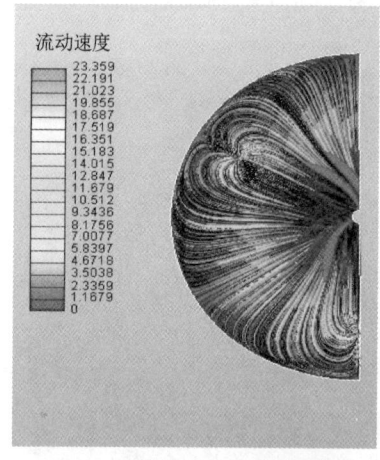

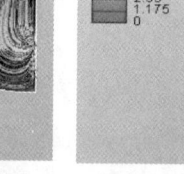

(c) $\phi=1.8$mm时速度迹线图 (d) $\phi=2.2$mm时速度迹线图

图 3-45 $h=0.5$mm 时不同 ϕ 值速度迹线图

表 3-16　　平均速度值对比

$\alpha/(°)$	43	45	47	49
平均速度值/(m/s)	15.5918	17.6582	19.1342	19.3514

由表 3-16 可知，随着 α 值增大，喷孔处平均速度值逐渐增大。

表 3-17　　平均湍动能值对比

$\alpha/(°)$	43	45	47	49
平均湍动能/(m^2/s^2)	66.37	65.61	63.486	61.98

由表 3-17 可知，$\alpha=43°$时，喷孔处平均湍动能值最大，且 $\alpha=43°$时由数值计算截面上速度场分布均匀且保持在较高速度水平。$\alpha=43°$喷孔处平均湍动能分布最佳。

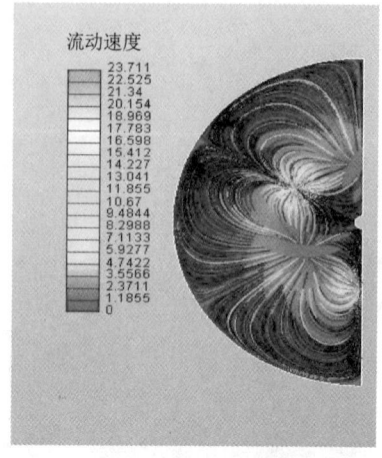

综合分析喷孔处平均压力值、平均速度值和平均湍动能值可得，$\alpha=43°$为最佳阀座锥角，此时喷孔处平均压力值为 1.5301bar，速度值为 15.5918m/s、湍动能值为

$66.37 \text{m}^2/\text{s}^2$。

7. 优化前后对比

表 3-18 为结构优化前、后参数对比。由表可知，结构优化后平均压力值有所提高，有利于改善燃油雾化，提升发动机性能。

表 3-18　　　　　　　　结构优化前、后参数对比

参　数	优化前	优化后
h/mm	0.3	0.2
ϕ/mm	1.8	1.4
$\alpha/(°)$	45	43
平均压力值/bar	1.2595	1.5301

图 3-46 所示为结构优化前、后出口质量流量对比。由图可知，优化后出口质量流量有所提高。

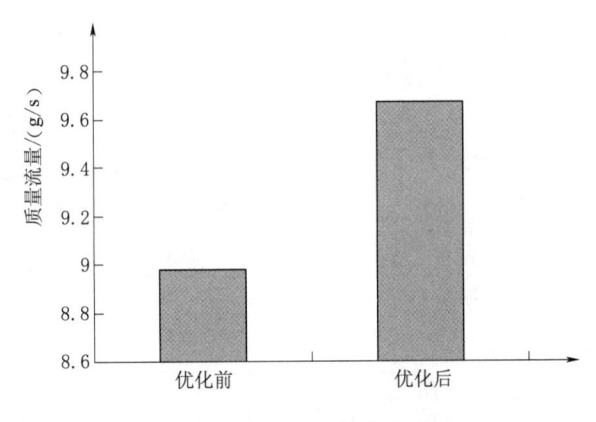

图 3-46　出口质量流量对比

第4章 柴油机电控技术

4.1 大功率柴油机电控燃油喷射系统计算研究

为了满足日趋严格的排放法规要求，并进一步提高燃油经济性，采用电控燃油喷射系统提高发动机燃料喷射压力及精度，进一步优化油、气比例以保证充分燃烧是降低发动机排放的一个重要途径。

近几年来我国大功率车辆装备生产企业与美国 EMD 公司共同研制成功了某大型车辆装备，这种新型装备采用了先进的大功率、低排放、16V265H 型电控柴油机，如图 4-1 所示。计算机仿真技术用于开发和优化匹配新型燃油喷射系统可以减少试验次数，能节省大量资源和时间。试验验证的喷射系统模拟软件不仅在系统变参数分析上具有试验无法相比的低成本、缩短开发周期等优越性，同时还可以发现一些在试验中无法观察到的新现象和新规律。

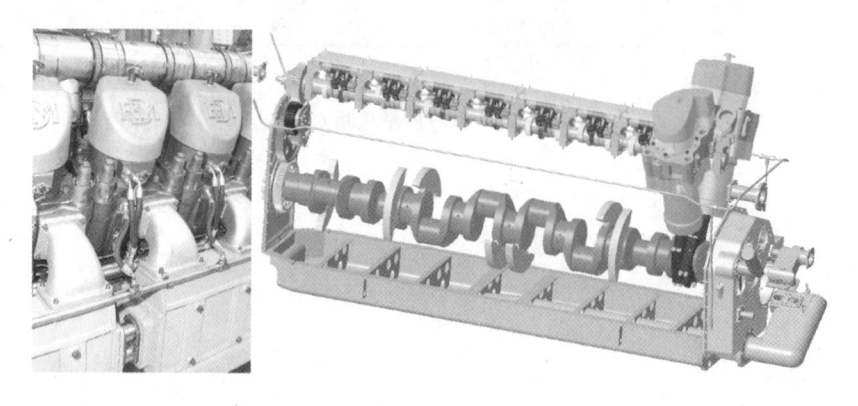

图 4-1　16V265H 电控柴油机与动力单元装配

16V265H 型电控柴油机采用了多项先进技术与结构，包括电控单体泵、低惯量 9 孔均布式喷油器、函数型供油凸轮、集成式 UPS 系统等。对 16V265H 型机车柴油机电控喷射系统的组成（电控单体泵、电磁阀、供油凸轮、喷油器等）进行了详细分析。通过上述工作，掌握了电控单体泵系统基本特性。对 16V265H 型机车柴油机电控喷射系统在国内首次进行了全面分析和国产化研究，这对进一步吸收消化国外先进技术奠定了坚实的基础，同时可为国产机车燃油系统优化和国内同行提供宝贵的借鉴经验。

本节以该引进的大功率柴油机电控单体泵燃油喷射系统为研究对象,利用专业的发动机仿真软件 GT-Fuel 进行了模拟分析。

4.1.1 电控喷射系统各部件结构参数特点

16V265H 型机车柴油机电控喷射系统各部件包括电控单体泵、喷油器、电磁阀、供油凸轮、高压油管、电子控制单元、传感器以及油箱、燃油泵等辅助设备。

1. 电控单体泵

(1) 喷油泵是由德国 Bosch 公司在 Austria(奥地利)分公司设计制造的电控单体泵(图 4-2),跟以往引进的机械式喷油泵不同,该喷油泵取消了柱塞头部螺旋形与出油阀偶件,柱塞在泵体内上下运动产生高压油,当电磁阀 12 通电后会吸住衔铁 16,衔铁 16 通过 M3 沉头螺栓 15 与空心阀芯 9 连接,衔铁 16 带动空心阀芯 9 与内套 10 闭合后进行供油。该电控喷射系统采用一种滚轮随动机构,此机构非常具有创新性,滚轮随动机构上端摇摆两侧的滚轮连接供油凸轮与电控泵推杆,凸轮沿着升程曲线运转带动推杆上下运动,推杆带动柱塞在泵体内上下运动产生高压油。

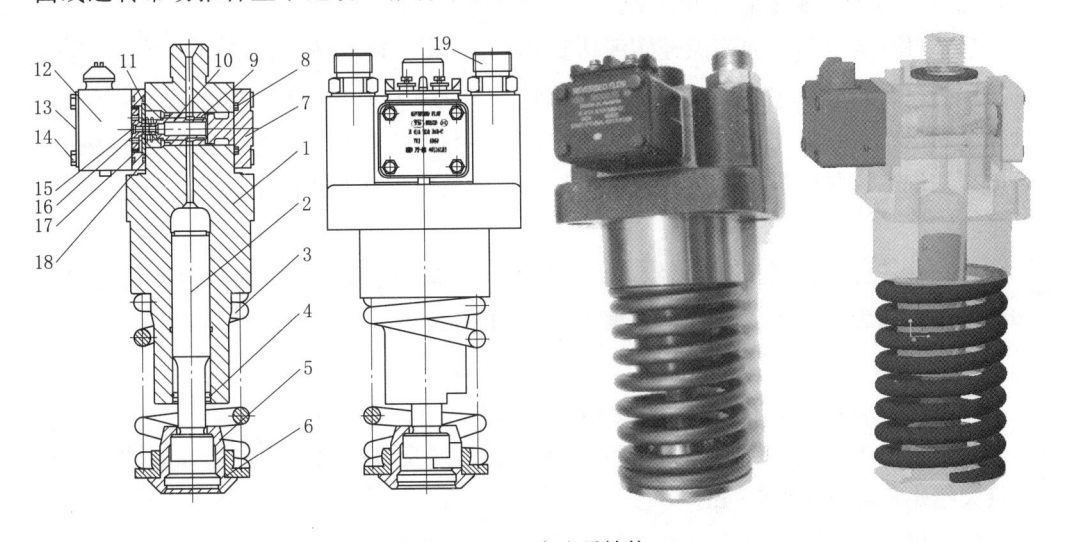

图 4-2 喷油泵结构

1—单体泵体;2—柱塞;3—柱塞弹簧;4—卡簧;5—调节套;6—弹簧座;7—限位端盖;
8—O 形密封圈;9—空心阀芯;10—内套;11—电磁阀弹簧;12—电磁阀;13—标示牌;
14—螺栓;15—M3 沉头螺栓;16—衔铁;17—挡片;18—矩形胶圈;19—油管接头

(2) 柱塞上端直径 22mm,下端直径 16mm,升程 28mm(图 4-3),这在国内干线机车柴油机上是少见的,通过这两个结构性参数可预知该喷油泵能产生很高的喷油压力。柱塞最下端一直径为 25mm 球形弧与喷油泵推杆上部结合,推杆上 O 形密封圈使柱塞与推杆柔性相连。

(3) 与传统机械式喷油泵相比,电控单体泵取消了柱塞套,柱塞与泵体内腔直接

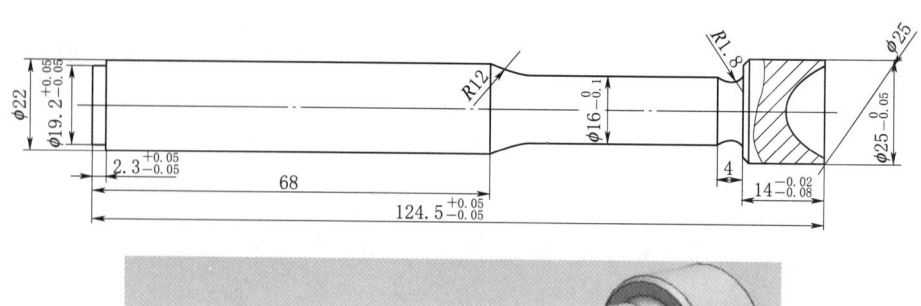

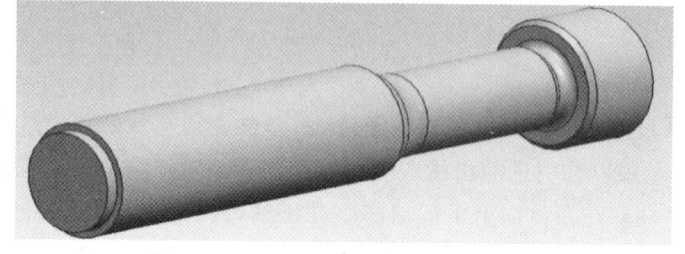

图 4-3 柱塞结构

构成了一套偶件。该泵体材料采用 20CrNi，具有良好的加工性，加工变形小，抗疲劳性能好，适合高强化柴油机需要。

（4）柱塞与泵体之间间隙经实测达到 6×10^{-6} m，且不做密封试验，这有利于柱塞加工与维护，降低生产成本。该柱塞采用材料为 Cr15，具有高强硬度，并且柱塞杆径表面进行了渗氮化钛处理，有利于防止柱塞磨损。在柱塞使用过程中也出现过柱塞断裂情况，这是因为柱塞腔内产生了相当高的油压，这对使用过程中的稳定性提出了考验。

（5）柱塞压缩弹簧簧丝直径为 $\phi9.5$ mm，弹簧中径 $\phi57.4$ mm。由试验分析可知，采用材料为 55CrSi，热处理硬度 49～54HRC。

2. 电磁阀

该电控燃油系统中采用第二代电磁阀控制方式（图 4-4）。

（1）由图 4-4 可知，左侧电控单元连接部件通过螺帽将线束固定，且固定线束时最大扭矩不超过 1.2N·m。

（2）燃油经过泵体上端右侧（电磁阀方向为正视图时）燃油进口处，通过内腔管道进到电磁阀限位端盖 7 与泵体安装间隙内腔中。当电磁阀未通电时，空心阀芯 6 与内套 5 断开，此时高压油路与低压油路相连通，空心阀芯空腔、衔铁空腔与电磁阀弹簧等部件都相通，燃油通过回油管道流回燃油箱。空心阀芯由于阀芯质量大大减轻，有利于电磁阀开启与关闭的快速响应，且空心阀芯空腔中燃油的流动能有效地带走电磁阀工作产生的热量，一定程度上降低了燃油工作温度。

（3）电磁阀内套为嵌入式结构设计，内套结构为规则的旋转体，具有良好的动平衡，能确保供油中孔与座面处的圆度，使空心阀芯与内套精密配合时具有良好的密封性，两者配合间隙为 2×10^{-6} m。

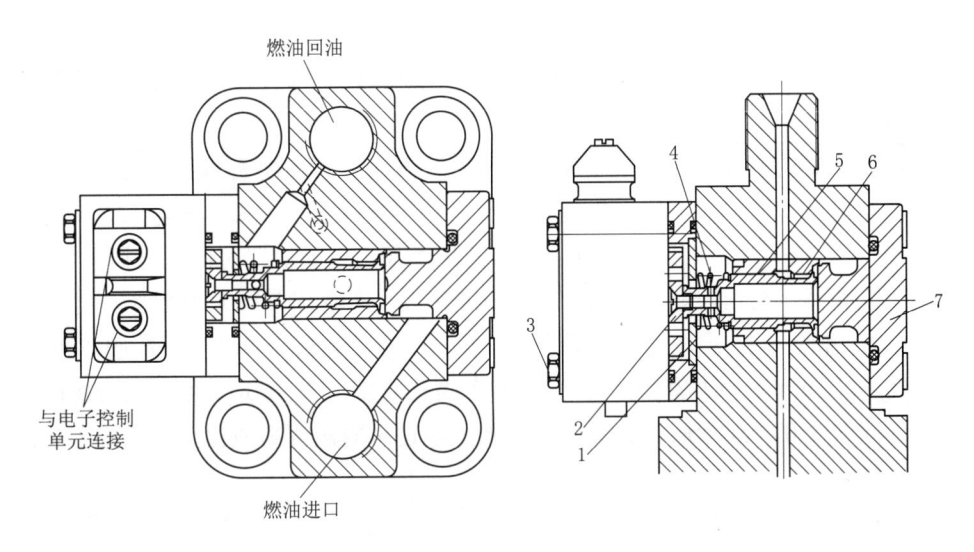

图 4-4 电磁阀结构示意图

1—挡片；2—衔铁；3—电磁阀螺栓；4—电磁阀弹簧；5—内套；6—阀芯；7—限位端盖

（4）阀芯与内套密封锥面处泄流面积 $F_v=10.43 mm^2$，F_v 必须保证足够大，使泄流迅速，不发生不正常喷射，但过大也受到结构限制，因此需综合考虑才能得到折中方案。该电磁阀泄流面积比较合理。

（5）电磁阀压缩弹簧簧丝直径为 $\phi 1.4mm$，弹簧中径为 $\phi 11mm$。采用材料为 55CrSi，热处理硬度为 45~50HRC。

（6）该电磁阀阀芯升程为 0.3mm，这有利于电磁阀的快速关闭[4]。

3. 喷油器

该柴油机燃油系统采用 Bosch 公司进口低惯性多孔闭式喷油器（图 4-5）。

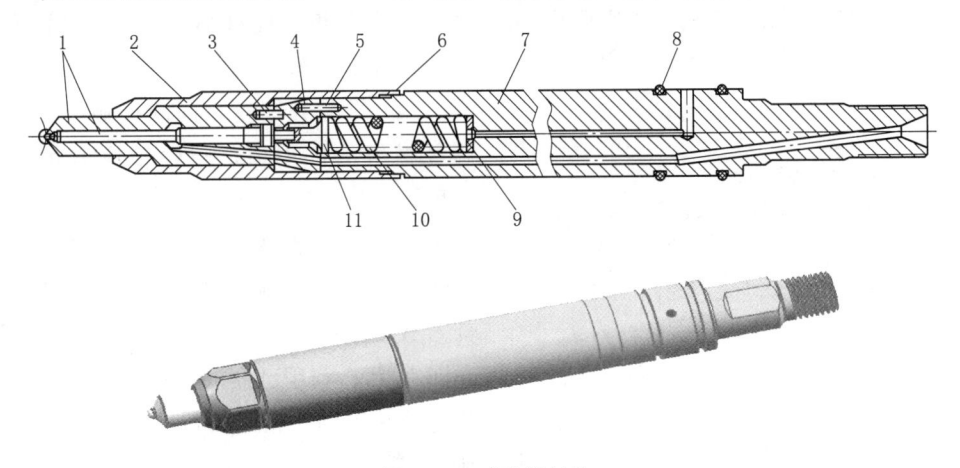

图 4-5 喷油器结构

1—针阀偶件；2—压紧螺母；3、5—定位销；4—支座板；6、8—O 形密封圈；7—喷油器体；9—调压垫片；10—调压弹簧；11—弹簧下座

(1) 喷油器采用 T 形针阀偶件，喷嘴头部直径为 17.8mm，针阀直径为 6mm。喷油器安装在缸头中央，用压块和螺母紧固在汽缸头内。喷油器启喷压力采用垫片式调整法。

(2) 喷油器进油接口处未安装燃油滤网，此方式有利减少喷油压力的损失。该喷油器采用纵向进油方式，而国产机车喷油器多采用横向进油方式（即进油方向垂直于喷油器体），而采用纵向进油方式可以降低高压燃油进入喷油器时的压力损失。

(3) 喷油器喷孔均匀分布且为 $9 \times \phi 0.445$mm，该喷孔布局尤为创新；针阀升程为 0.5mm；针阀启喷压力为 35MPa，最高喷射压力达到 160MPa；针阀副间隙为 0.002～0.0035mm；压力室直径为 2.5mm；喷孔长度为 1.6mm，喷射压力比国产机车要高，同时喷孔流通截面积也有一定的减少，这对弱涡流高强化直喷式机车柴油机而言是比较合适的。

(4) 喷油器弹簧螺旋簧丝直径为 ϕ4mm，弹簧中径为 ϕ11mm；采用材料为 50CrVA，由计算分析可知，弹簧刚度为 225.478N/mm，弹簧工作应力很高，这与良好的材质与工艺有关。

(5) 由试验分析可知，该针阀采用材料为 $W_6Mo_5Cr_4V_2$，针阀体采用 27SiMnMoV，表面硬度为 58～62HRC。

4. 供油凸轮的结构分析

供油凸轮是柴油机燃油喷射系统的主要部件之一，供油凸轮型线设计得是否合理，对喷油性能和整机性能都有很大的影响。供油凸轮一般应满足以下要求。

(1) 具有较高的平均速度和较宽的高平均速度范围，以便获得较高的喷油压力和较短的喷油持续时间。

(2) 具有较好的速度特性，以便获得良好的喷油规律和卸载性能。

(3) 加速度曲线应连续，保证工作的平稳，负加速度不应过小，避免凸轮和滚轮脱开和弹簧负荷过大。

(4) 凸轮和滚轮之间的接触应力不应超过材料的许用值；凸轮轴应有足够的刚度。

通过对该燃油系统供油凸轮的采样，利用凸轮轴型面测量仪分析得到凸轮的全部参数，最终确定供油凸轮的型线图如图 4-6 所示；利用已测的凸轮升程参数与数值差分法得到凸轮运动特性曲线如图 4-7 所示。

由图 4-6 可知，该供油凸轮的升程持续角度为 66°，最大升程为 30.33mm，供油凸轮的基圆半径为 65.63mm，基圆

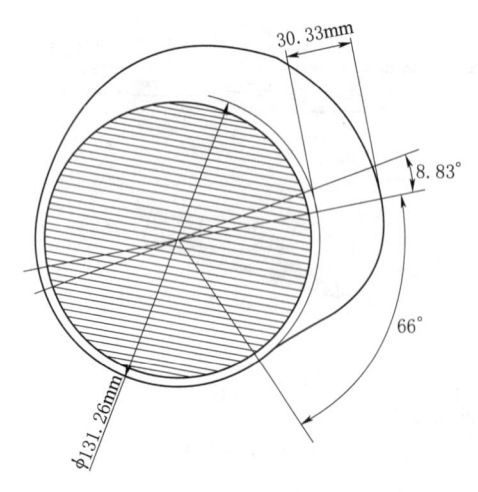

图 4-6 供油凸轮型线图

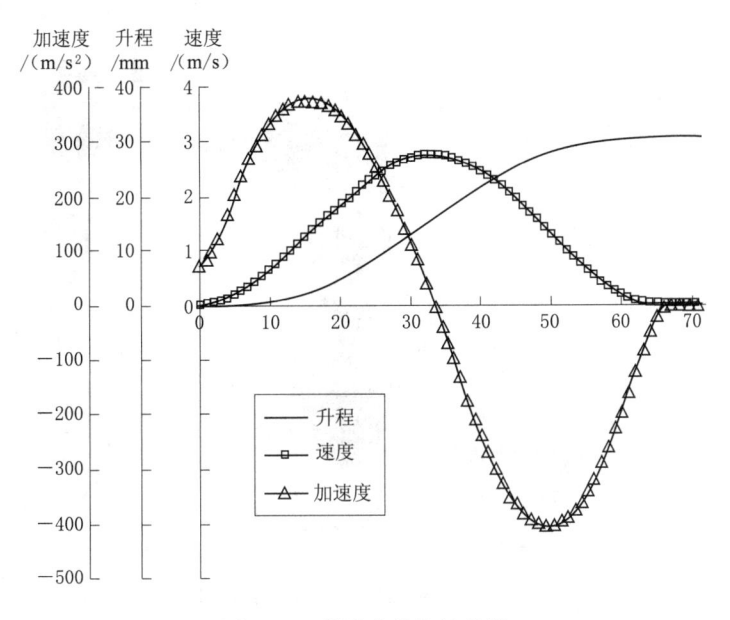

图 4-7 供油凸轮特性曲线

尺寸较大，有利于降低凸轮、滚轮间的接触应力，增加凸轮轴刚度。该燃油系统结构采用创新型凸轮随动机构，则柱塞最大升程为 28.02mm，即 30.33cosθ，$\theta=22.5°$为该柴油机 V 形夹角 45°的 1/2。由图 4-7 可知，标定转速下凸轮轴转速为 500r/min，由计算可知该凸轮最大速度为 2.736m/s，最大负加速度为 405m/s^2；该凸轮的加速度曲线是连续的，在凸轮供油期间没有产生冲击能，大大改善了凸轮传动机构的动力学性能，能有效地保证柴油机在工作期间的平稳性。

4.1.2 电控单体泵喷射系统工作原理

电控单体泵燃油喷射系统（图 4-8）主要由电控喷油泵、机械式喷油器以及控制系统组成。其中安装在喷油泵上的电磁阀是关键部件，也是电控突破的关键技术。

电控喷油的工作原理：曲轴带动油泵凸轮旋转，并推动滚轮推杆上下运动。当柱塞上移时，电磁阀得电闭合，切断高、低压油腔通路，柱塞开始压油，产生的高压燃油通过高压油管进入喷油器，并通过喷嘴雾化后喷入气缸内。当电磁阀失电断开时，高、低压油腔连通，燃油迅速卸载，喷嘴停止喷射。喷油泵柱塞在该系统中只承担供油加压作用，不再承担供油调节作用，齿条拉杆、柱塞螺旋槽以及调速器等都被取消，油泵的结构得到了简化与强化，使高压供油能力加强。

该电控单体泵燃油喷射系统采用的是 Bosch 第二代时间控制式喷射系统。燃油喷射的控制实现完全依赖于电磁阀的开启与关闭。其闭合时刻决定了供油提前角，闭合时间的长短决定了喷射油量。喷射系统的控制单元根据各传感器信号（转速、转角参考信号、水温、进气温度等），在优化后给予特定的时间使电磁阀通/断电，实现对发动机的供油。

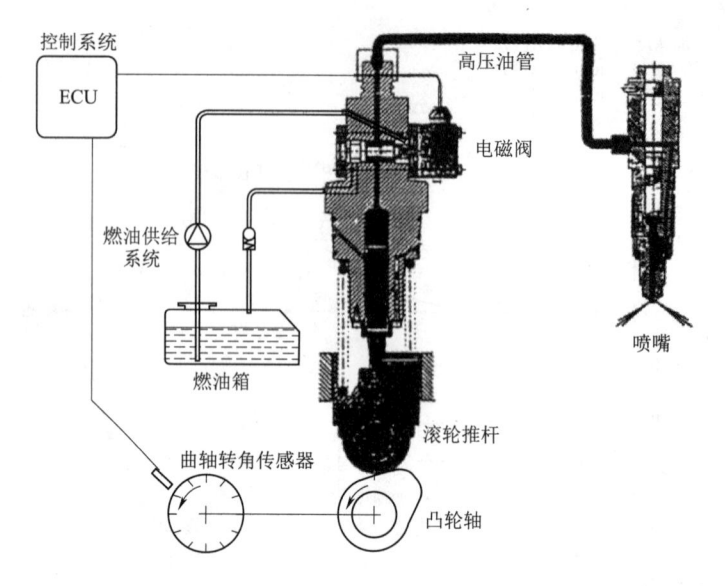

图 4-8 柴油机电控单体泵简图

4.1.3 喷射系统的仿真模型

GT-Fuel 采用的是有限体积法，整个计算核心是基于一维的 N-S 可压缩方程[4,5]。每个控制体都采用以下方程。

连续性方程，即

$$\frac{\mathrm{d}m}{\mathrm{d}t} = \sum_b \mathrm{mflx} \tag{4-1}$$

能量方程，即

$$\frac{\mathrm{d}(me)}{\mathrm{d}t} = p\frac{\mathrm{d}V}{\mathrm{d}t} + \sum_b (\mathrm{mflx} * H) - hA_s(T_f - T_w) \tag{4-2}$$

等熵方程，即

$$\frac{\mathrm{d}(\rho HV)}{\mathrm{d}t} = V\frac{\mathrm{d}p}{\mathrm{d}t} + \sum_b (\mathrm{mflx} * H) - hA_s(T_f - T_w) \tag{4-3}$$

动量方程，即

$$\frac{\mathrm{d}(\mathrm{mflx})}{\mathrm{d}t} = \frac{\mathrm{d}pA + \sum_b (\mathrm{mflx} * u) - 4C_f \frac{\rho u^2}{2}\frac{\mathrm{d}xA}{D} - C_p\left(\frac{1}{2}\rho u^2\right)A}{\mathrm{d}x} \tag{4-4}$$

式中：mflx 为进入控制体的质量通量，kg/(m²·h)，mflx=ρAu；H 为焓，kJ/mol，$H=e+p/\rho$；m 为控制体质量，kg；V 为体积，m³；p 为压力，Pa；ρ 为密度，kg/m³；A 为横截面流通面积，m²；A_s 为热传导表面积，m²；e 为单位质量总内能，J；h 为热传导率，W/(m·K)；T_f 为流体温度，℃；T_w 为壁面温度，℃；u 为边界速度，m/s；C_f 为表面摩擦系数；C_p 为压降系数；D 为当量直径，m；$\mathrm{d}x$ 为质

点在流向上的长度，m；dp 为 dx 上的压差，Pa。

在 GT-Fuel 的模型数据库中，内置了许多基本模型，如直管、弯管、孔口、弹簧、阻尼器、质量、壁面、环境边界条件等，还包括喷油器、凸轮轴等复合模型。可以通过这些基本模型快速搭建起燃油喷射系统的仿真模型。本书将数据库中曲轴、凸轮、喷油泵、电磁阀、高压油管、喷油器等模块拖入建模区域。然后将它们按图 4-9 所示连接起来，就得到了电子控制燃油喷射系统的仿真模型。

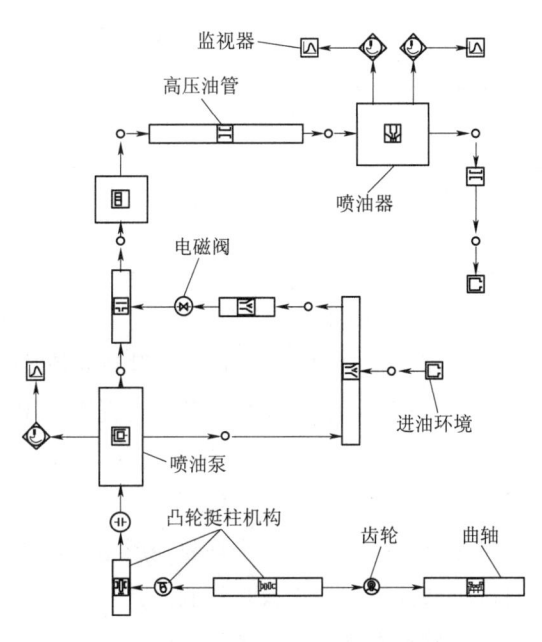

图 4-9　电控单体泵仿真模型

4.1.4　仿真方案与结果分析

1. 仿真的可行性

利用图 4-9 所示模型搭建国产大功率柴油机电控燃油系统在标定转速（曲轴 1000r/min）下的仿真模型，得出图 4-10 与图 4-11 所示的燃油系统主要性能曲线，并与试验值进行了对比，两者比较吻合。同时在国外 Tim、Eric 等也进行过仿真计算，其仿真结果的准确性也是被认可的。由此可以确定，该模型具备对引进大功率柴油机燃油系统的仿真可行性。

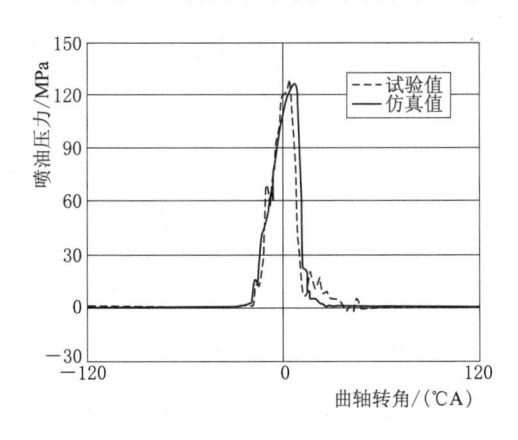

图 4-10　国产柴油机喷油压力曲线

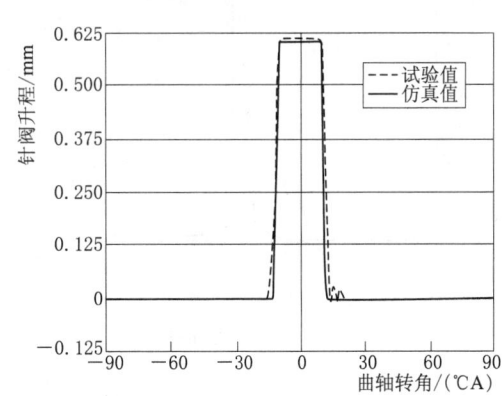

图 4-11　国产柴油机针阀升程曲线

2. 仿真计算及结果分析

计算对象引进大功率柴油机燃油系统建立仿真模型也如图 4-9 所示。其燃油系统主要参数见表 4-1。

表 4-1　　　　　　　　　　　燃油喷射系统参数

参 数 名 称	参 数 值	参 数 名 称	参 数 值
喷油泵柱塞直径/mm	22	喷油器针阀直径/mm	6
喷油泵柱塞升程/mm	28.02	喷油器喷孔数×孔径/mm	9×0.45
高压油管内径/mm	4	喷油器启喷压力/MPa	35^{+1}
高压油管长度/mm	738		

图 4-12～图 4-15 所示为引进大功率柴油机与国产大功率柴油机燃油喷射系统在标定转速（曲轴 1000r/min）下得到的仿真对比。

由图 4-12 可看出在最大负荷工况下，引进大功率柴油机仿真计算得到的喷油压力波曲线峰值压力达到 157.6MPa，对其进行取整可视该燃油系统的峰值喷射压力为 160MPa。与国产柴油机计算峰值压力 130MPa 进行对比可知，喷油压力越大，则喷油能量越高，喷雾粒子的平均粒径越小，使柴油机的油气混合越均匀。因此，高压喷射对改善柴油机碳烟排放是有利的。从提高喷油压力的因素分析，引进大功率柴油机的供油凸轮最大升程达到 30.33mm，柱塞直径 22mm，这是喷油压力高的关键因素。

引进大功率柴油机采用的是机械式低惯量喷油器。由图 4-13 可知，引进柴油机的针阀升程为 0.5mm，国产柴油机针阀升程小，有利于减小针阀在落座时对密封锥面的冲击应力，提高喷油器及其偶件的工作可靠性与寿命。

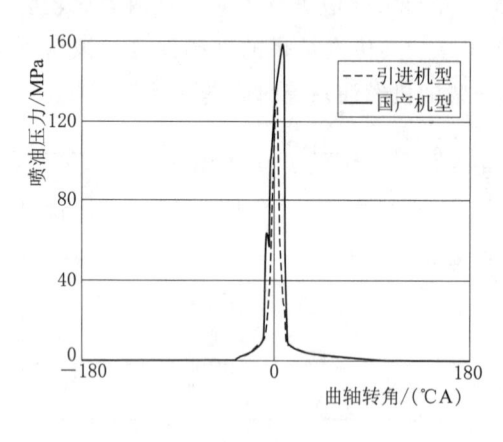

图 4-12　喷油压力曲线对比　　　　图 4-13　针阀升程曲线对比

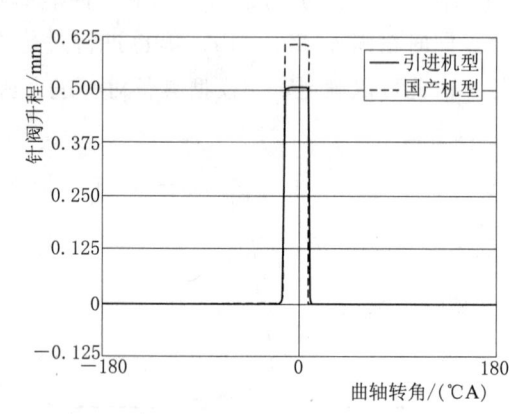

由图 4-14 可看出，引进柴油机与国产柴油机的电磁阀开始升起时对应的曲轴转角都为 -18°左右，即供油提前角为上止点前 18°CA，引进机型电磁阀的升程为 0.3mm，比国产柴油机高速电磁阀的升程小，这有利于电磁阀的迅速关闭，减少关闭时的响应时间。电磁阀在通电后经过 1h 间断后升起直至关闭高压与低压油路，进行供油，而在供油结束后电磁阀快速打开使高压油卸载。

图 4-15 给出了引进柴油机针阀的最大运动速度为 2.09m/s，这个速度一般要求

不超过 2.3m/s。而国产柴油机针阀的最大运动速度接近 2.6m/s，这对嘴端密封锥面的撞击很大，严重影响针阀偶件的使用寿命。显然引进柴油机的针阀运动速度是比较合理的。

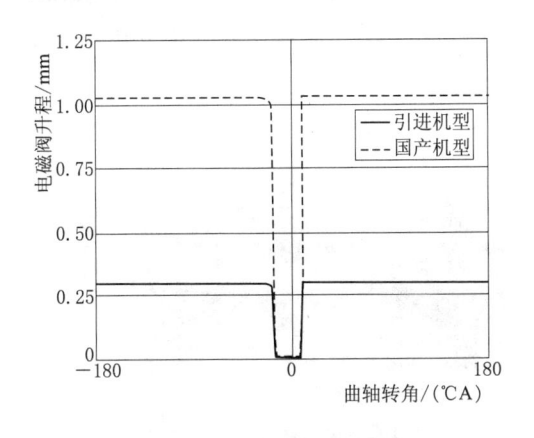

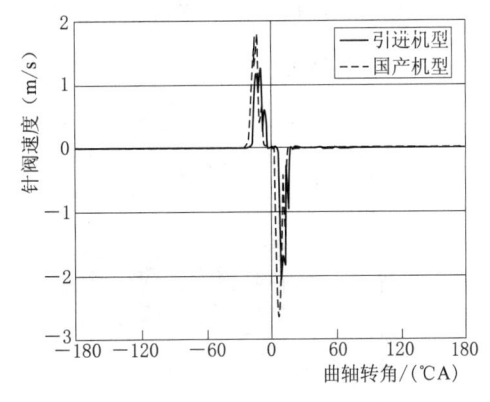

图 4-14　电磁阀升程曲线对比　　　　图 4-15　针阀速度曲线对比

柴油机燃油喷射系统的重要因素包括喷油压力、喷油正时。改变供油凸轮型线和增加柱塞直径可提高喷油压力。采用电控单体泵喷油系统，可以实现对喷油正时和喷油量实施灵活、优化和精确地控制，这适合我国引进大功率柴油机低油耗、低排放和高可靠性的发展需要。

4.2　高速电磁阀动态响应特性的计算分析

电磁阀是柴油机电控燃油喷射系统的核心组件之一，电控技术的应用对改善柴油机的综合性能具有显著的作用。由第一代时间控制式和第二代压力、时间控制式共轨喷射系统的发展，其控制核心都是通过电磁阀来实现燃油喷射。对于第一代时间控制式电控喷射系统，电磁阀控制着喷油量和喷射时刻。电磁阀的瞬态响应对柴油机喷射压力的建立与恢复有着关键性影响，同时也影响柴油机的性能。

在国内各大科研院所与高校都有研究电磁阀的经验，也有一些已做出试验产品。例如，原武汉理工大学杜传进团队开发的中压共轨电控喷油系统用的电磁阀关闭响应时间为 1.08ms，开启响应时间为 0.76ms；清华大学欧阳明高团队研发的电控泵-管-阀-嘴（PPVI）系统电磁阀关闭响应时间为 1ms，开启响应时间为 0.56ms。

本书以从德国 Bosch 公司引进的大功率柴油机电控喷油泵高速强力电磁阀为研究对象，理论上分析了电磁阀驱动特性，对进一步研究驱动参数对电磁阀响应特性进行铺垫，可为电磁阀参数的优化和消化吸收国外先进技术提供参考依据。

4.2.1 电磁阀驱动性能

图 4-16 所示为大功率电控柴油机用 Bosch 第二代时间控制式电磁阀结构装配图。由图 4-16 知,该电磁阀采用的是空心阀芯,其一个显著作用是减小了阀芯的质量,有效地缩短了电磁阀的动态响应时间。

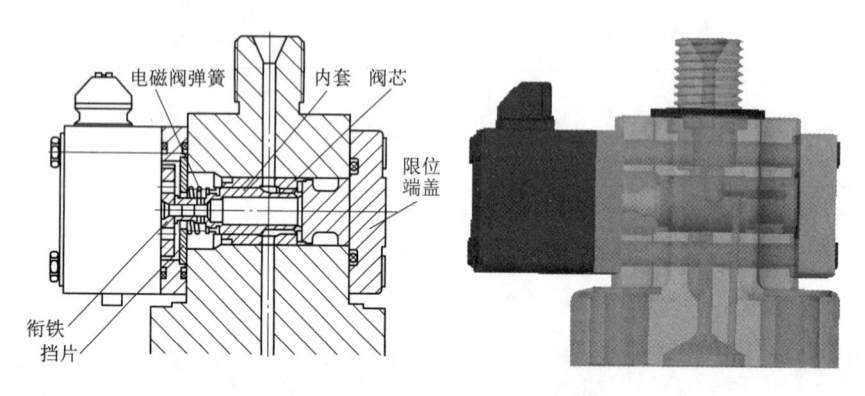

图 4-16 电磁阀结构装配图

电磁阀的驱动特性决定了其瞬态响应性能,电磁阀驱动特性可用电磁力 Maxwell(麦克斯韦)来表征,可表示为

$$F_{mag} = \frac{\mu_0}{2} \cdot \frac{i^2 N^2 A}{\delta^2}$$

式中:i 为线圈电流,A;N 为线圈匝数;A 为电磁作用面积,m²;μ_0 为空气磁导率,H/m;δ 为衔铁心与衔铁间工作间隙,m。

由公式知,当电磁阀结构参数不变时,电流值越大,电磁作用力越高;当电磁线圈的电流变化率增大时,其产生大的电磁力时间将缩短。电磁阀关闭响应的时间越短,开启响应的时间就越长。

在电磁阀通电执行阶段,ECU 提供给电磁阀线圈一常高电压,在此阶段电磁阀电流逐渐增大到最大值,电磁作用力逐渐增大,使阀芯开始运动。当电磁阀进入电流保持阶段时,ECU 提供给电磁阀线圈一常低电压,电磁阀电流值下降到仅可维持内套与阀芯闭合的临界状态。最大电流 I_s 称为启动电流,维持电流为 I_a。柴油机电控燃油系统中的电磁阀响应速度要求很高,必须在几毫秒甚至不到 1ms 内完成[5]。电磁阀驱动电流的理想波形如图 4-17 所示。

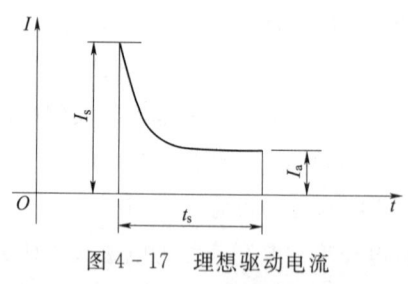

图 4-17 理想驱动电流

I_s—启动电流;I_a—维持电流;t_s—供油脉宽

由电控喷射逻辑可知,ECU 在一定时刻给电磁线圈发送一定电流大小的指令,达到控制电磁阀开启与关闭的目的。电磁阀瞬态响应影响因素主要有电磁阀驱动电流、电磁阀弹簧预紧力、阀芯质量等。本书首先

设定电磁阀弹簧预紧力为一个固定值,通过改变电磁阀驱动电流的大小,得出一组合理的电流组合;在最佳电流组合下分析了不同电磁阀预紧力对响应特性的影响。

4.2.2 电控喷射原理与电磁阀仿真模型建立

1. 柴油机电控单体泵喷射原理

柴油机电控燃油喷射系统主要由电控单体泵、喷油器及ECU系统等组成。而电控单体泵核心部件电磁阀是电控系统开发成形的关键技术。

电控单体泵喷射系统工作过程原理:曲轴通过齿轮连接驱动供油凸轮进行圆周转动,凸轮通过型线使滚轮与推杆执行上下周期运动。当喷油泵柱塞向上运动时,电磁阀通电,柱塞在喷油泵腔内进行压油产生高压油,形成的高压油通过高压油管流入喷嘴端,经喷嘴进行雾化后喷入到汽缸内。当电磁阀不通电时,电控喷射系统不喷油。

2. 电磁阀仿真模型建立

由电磁阀驱动性能的理论分析可知,电磁阀驱动电流与电磁阀弹簧预紧力对电磁阀开启与关闭响应特性有着重大关系。根据图4-16以及电控单体泵工作原理,借助GT-Suite软件建立该电磁阀的仿真模型,如图4-18所示。

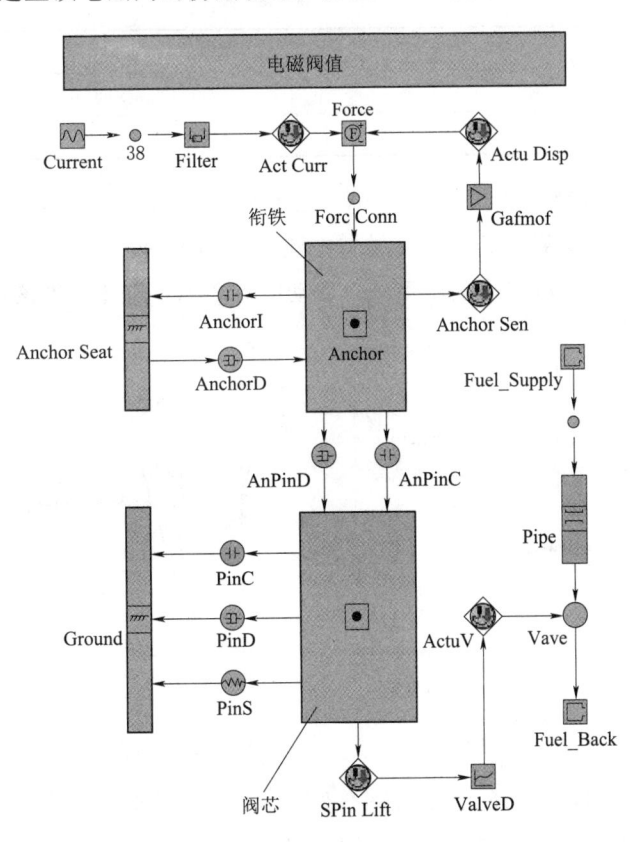

图4-18 电磁阀通电工作原理

由图 4-18 可知，电磁阀在特定时刻通电产生电磁力（Force）吸住衔铁带动阀芯克服弹簧预紧力（Pins）作用对阀孔（Valve）进行控制（此阀孔的开与闭分别代表电控单体泵高、低压油腔的断开与接通），阀孔开启，供油开始。当电磁阀断电时，电磁力消失，阀孔在阀芯弹簧预紧力的作用下关闭，供油结束。

4.2.3 仿真方案与结果分析

GT-Suite 是发动机领域中的专业仿真软件，作者在发动机性能方面做了大量的仿真研究工作，取得了一定的成果，其仿真结果准确性有前期工作基础为依托；国外学者也利用 GT-Suite 进行过仿真计算，其仿真结果的准确性也是被认可的。

1. 驱动电流方案选取与分析

对于该电控燃油喷射系统，燃油系统的参数是保密的。通过查阅相关资料，得知该类型电磁阀维持电流一般为 8~10A，而电磁阀启动电流一般能达到几十安培。

首先根据电磁阀装配图以及电磁阀弹簧的材料性质，经计算后可知电磁阀弹簧预紧力为 $F=45N$，电磁阀启动电流、维持电流值方案见表 4-2。

表 4-2　　　　　　　　　驱　动　电　流　参　数

项 目	参数值/A		
起动电流	20	25	30
维持电流	10	15	20

选取维持电流分别 10A、15A、20A，改变启动电流值，得出曲线见图 4-19 至图 4-21。选取启动电流 30A，改变维持电流值，得出图 4-22 所示曲线。图 4-19 中 Current-30-10 表示维持电流 10A，启动电流 30A，以此类推该示意法。

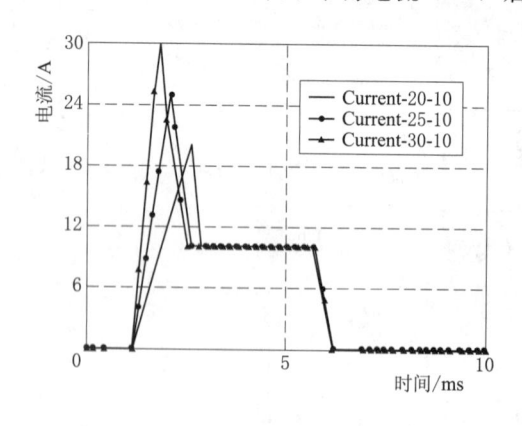

图 4-19　维持电流 10A 时的电流曲线 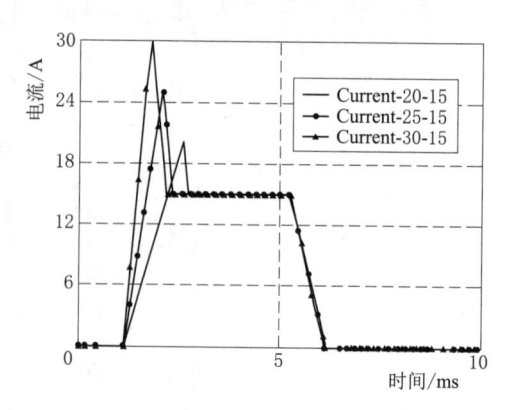　　图 4-20　维持电流 15A 时的电流曲线

从图 4-19 可知，当维持电流保持不变时，不同启动电流对应的电磁阀开启时间是不会改变的。当电磁阀启动电流逐渐增大时，电磁阀关闭的响应时间也相应缩短；图 4-20、图 4-21 也可用图 4-19 所示的解析来表达。

由图 4-19 可知，当启动电流为 20A 时，电磁阀关闭对应的时间为 1.4ms；启动电流为 25A 时，电磁阀关闭时间为 0.9ms；当启动电流为 30A 时，电磁阀关闭时间为 0.6ms。

由图 4-19 至图 4-22 可知，当维持电流为 10A 时，电磁阀开启时间为 0.4ms；当维持电流为 15A 时，电磁阀开启时间为 0.9ms；当维持电流为 20A 时，电磁阀开启响应时间增加到 1.4ms。

通过以上分析可知，在启动电流不变的情况下，电磁阀的关闭响应时间是一定的；在维持电流不变的情况下，电磁阀开启的响应时间是一定的。随着电磁阀启动电流的增大，电磁阀的关闭响应时间相应变短；当电磁阀维持电流增大时，电磁阀的开启响应时间变长。

电磁阀的关键在于其响应特性，驱动电流是影响响应特性因素之一。在选取电磁阀驱动电流时，启动电流的大小受到电磁阀线圈匝数、线圈直径大小等结构参数的约束；若电磁阀驱动电流大，整个系统功耗也会增大，因此选取电磁阀驱动电流时不宜选取过大。在高转速下长的开启时间不利于高速小油量的控制。因此，本书选取启动电流为 30A、维持电流 10A 作为该电磁阀驱动电流能保证电磁阀的快速关闭与开启。

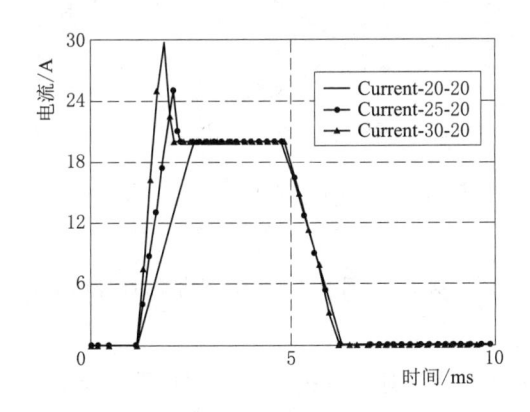

图 4-21 维持电流 20A 时的电流曲线　　图 4-22 启动电流 30A 时的电流曲线

2. 电磁阀弹簧预紧力选取与分析

根据现有基础可深一步探讨研究电磁阀瞬态响应性能，在已有的电磁阀弹簧预紧力条件下验证弹簧预紧力对阀的响应特性的影响。

由前一小节确定了最佳驱动电流组合，在此基础上表 4-3 给出了不同电磁阀弹簧预紧力的计算方案。

表 4-3　　电磁阀预紧力计算方案

项目	参数值/N		
预紧力	35	45	55

图 4-23 所示为不同弹簧预紧力下的驱动电流曲线，当电磁阀弹簧预紧力 $F=$

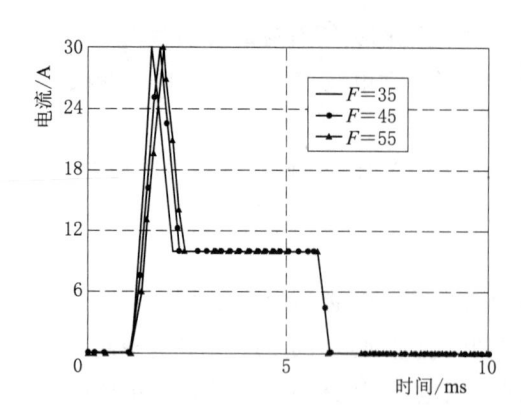

图 4-23 不同弹簧预紧力下电流曲线

35N 时的启动电流曲线达到最大值 30A 的时间最短；随着 F 值的增大，起动电流达到最大值的时间就越长，即关闭响应时间也就越长，由图中的电流曲线斜率可以得知道。当 $F=35$N 时，开启响应时间为 0.55ms，关闭响应时间为 0.45ms；当 $F=55$N 时，开启响应时间为 0.3ms，关闭响应时间为 0.75ms；随着 F 值的增大，开启响应时间变短。

图 4-24 给出了在启动电流 30A、维持电流 10A 时不同电磁阀弹簧预紧力对应的关闭与开启响应时间。

由此得知，随着电磁阀弹簧预紧力的增大，关闭的响应时间延长，而开启的响应时间缩短；在电磁阀整个关闭过程中，其电磁阀弹簧预紧力不宜过大，否则会出现电磁阀关闭滞后甚至不能关闭的现象。因此，在保证电磁阀开启响应良好的前提下，可尽量选取较小弹簧预紧力。电磁阀弹簧预紧力的选取不宜过大，也不宜过小，由研究的方案可确定选取弹簧预紧力为 45N。

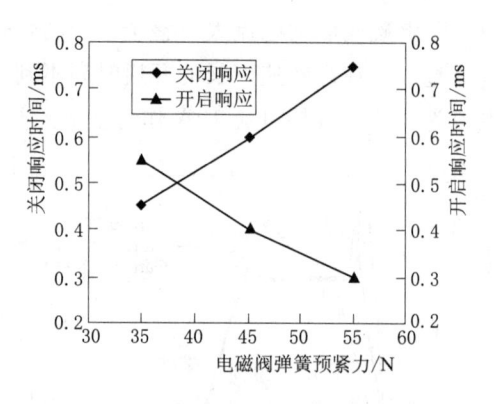

图 4-24 不同弹簧预紧力下响应时间曲线

研究的最终方案可确定为电磁阀弹簧预紧力为 45N，启动电流为 30A，维持电流为 10A，对应的关闭响应时间为 0.6ms，开启响应时间为 0.4ms，能够保证其精度响应要求。

4.3 电控共轨柴油机预喷射计算研究

为了满足柴油机节能减排和提高性能的要求，柴油机采用电子控制技术已成为当前柴油机技术必然的发展方向。电控高压共轨式喷射系统能够实现对喷油时刻、喷油油压、喷射时长以及喷油规律的可塑性，其对柴油机综合性能的改善是具有显著作用的。

柴油机的燃油经济性优于汽油机，但柴油机排气中含有较高的 NO_x 和碳烟（Soot）是限制柴油机发展的主要瓶颈，如何有效地减少柴油机的有害排放就成为了一个重点研究课题。柴油机排放控制的难点在于 NO_x 与碳烟生成机理的相互制约关系。国内外试验与仿真研究已经表明，电控柴油机采用多次喷射技术能有效地减少柴油机 NO_x 的生成，同时结合高压喷射，可使柴油机在获得较低 NO_x 排放的同时，还可以降低碳烟的排放。

图 4-25 所示为预喷射规律曲线。本书探讨了柴油机燃油预喷射影响 NO_x 生成过程的机理，研究了预喷射量、预喷射与主喷射的间隔等因素对柴油机 NO_x 和碳烟生成的影响。现行产品柴油机上通过采用高压共轨技术实现预喷射，能有效地降低柴油机的排放。

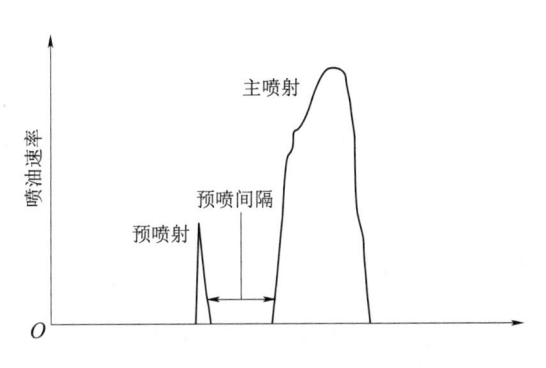

图 4-25 预喷射规律曲线

4.3.1 排放数学模型

1. NO_x 排放模型

内燃机燃烧过程生成的 NO_x 包括 NO 和 NO_2，但主要是 NO。故这里主要讨论 NO 的计算。应用扩展的 Zeldovich 机理描述热力氮氧化物的形成。

反应机理可以表示为

$$N_2 + O \longleftrightarrow NO + N$$
$$N + O_2 \longleftrightarrow NO + O$$
$$N + OH \longleftrightarrow NO + H$$

全反应过程 NO 生成率表示为

$$\frac{d[NO]}{dt} = 2k_f[N_2][O_2]$$

热力反应中反应率表示为

$$k_f = \frac{A}{\sqrt{T}}\exp\left(-\frac{E_a}{RT}\right)$$

式中：A 为前因子；E_a 为活化能。

2. 碳烟排放模型

柴油机碳烟的形成原理是复杂的热化学反应过程。当前学者与柴油机开发人员对碳烟生成机理的本质探索还需进一步加深，目前广为应用的物理模型不能完整地揭示其生成过程，但柴油机纯碳烟形成是由生成速率和氧化速率两部分组成。Hiroyasu 等提出的两步经验模型在柴油机碳烟生成仿真模型中得到了学术界的认可，其研究成果认为柴油机排放的碳烟浓度是其生成率 $\dfrac{dM_{form}}{dt}$ 和 $\dfrac{dM_{oxid}}{dt}$ 氧化率过程相互综合作用的结果[3,8,9]。

$$\frac{dM_{soot}}{dt} = \frac{dM_{form}}{dt} - \frac{dM_{oxid}}{dt}$$

$$\frac{dM_{form}}{dt} = A_f P^{0.5} \exp\left(\frac{-E_f}{RT}\right) M_{FV}$$

$$\frac{dM_{oxid}}{dt} = A_O P^{1.8} \exp\left(\frac{-E_O}{RT}\right) M_s$$

式中：A_f、A_O 为前因子；M_{FV} 为燃油蒸气质量；M_s 为碳烟质量；P 为压力；E_f、E_O 是活化能。本书采用的仿真软件 GT-Suite 就是采用该两种模型进行计算。

4.3.2 整机模型的建立

利用 GT-Suite 软件对一台电控共轨式柴油机进行建模，发动机主要参数见表 4-4。整机仿真模型如图 4-26 所示。该模型仿真结果的准确性得到了学术文章的认可。

表 4-4　　　　　　　　　发动机主要参数

项　目	参　数	项　目	参　数
缸数	4	最大扭矩/(N·m)	234（2200r/min）
总排量/L	2.834	压缩比	17.5：1
缸径×行程	95×100	发火顺序	1-3-4-2
标定功率/kW	70（3200r/min）	供油系统	Bosch 电控高压共轨

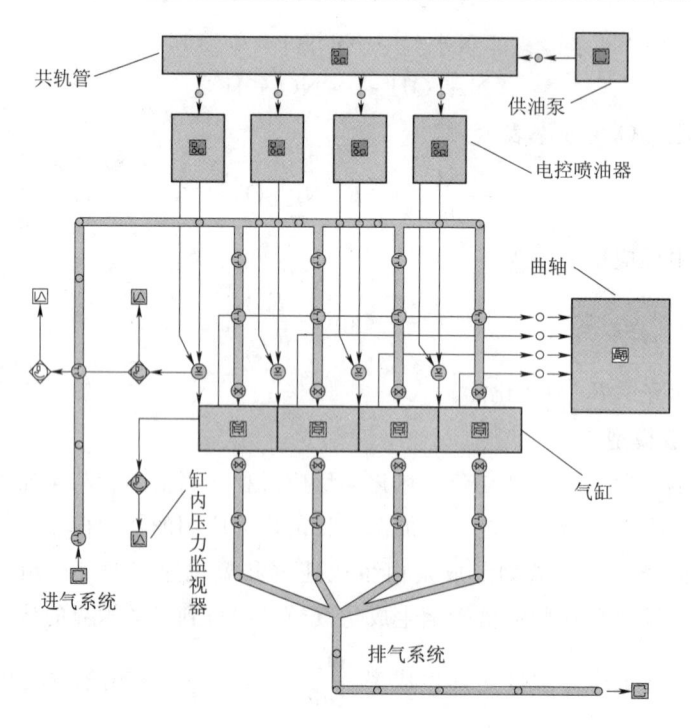

图 4-26　电控共轨柴油机模型

4.3.3 仿真方案

本书选取发动机转速为2600r/min作为仿真工况，不同的预喷射参数对燃烧和排放有很大的影响，主要的可变参数有预喷射量、预喷射与主喷射之间的间隔角。根据所研究的机型参数及研究方案，确定表4-5中的预-主喷射仿真方案（单次循环油量保持不变）。其中4%表示预喷射量占单次循环油量的比值[9]，依此类推该表示法。

表4-5 预-主喷射仿真方案

定 量		变 量			
共轨压力/MPa	145	预喷射量/%	4	14	24~30
主喷射正时/°CA BTDC	16	预-主喷间隔角/°CA	4	14	24

4.3.4 不同方案的仿真结果

1. 预喷射量对排放的仿真结果

图4-27～图4-29所示为预-主喷间隔4°CA、14°CA、24°CA时，预喷射量变化时对NO_x和碳烟排放的对比。图中Single表示单次喷射，YP表示预喷射，YP-4%-14方案为预喷射量为4%，预-主喷间隔角为14°CA。

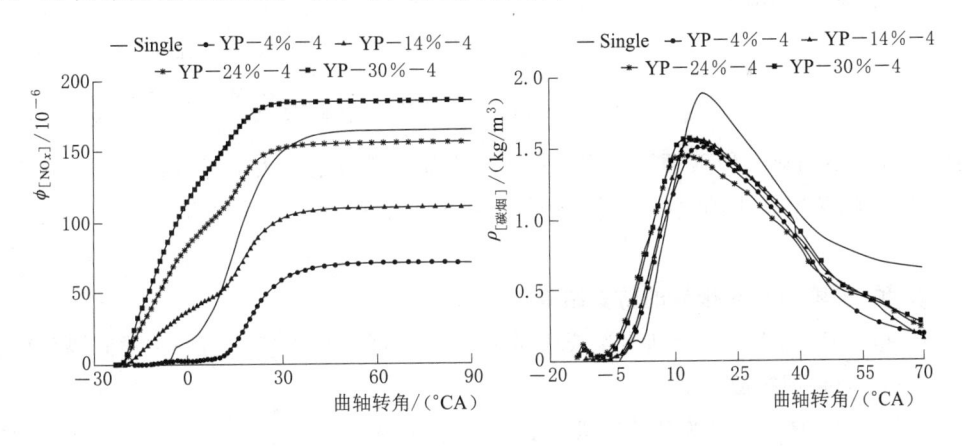

图4-27 预喷间隔为4°CA时NO_x和碳烟排放对比

图4-27～图4-29所示为预-主喷间隔角不变时，预喷射量变化对NO_x和碳烟排放的影响。预-主喷间隔分别为4°CA、14CA、24°CA时，随着预喷射量增加（即4%、14%、24%、30%），NO_x排放也随之增大，NO_x排放量随着预喷量增大其增幅也上升。在预喷量为30%时，NO_x排放值高于单次喷射。由此可预测24%的预喷射量是NO_x排放的一个关键点。当预-主喷间隔角为14°CA、24°CA时，预-主喷射量增加（即4%、14%、30%）其碳烟排放随之减小。当预-主喷间隔为4°CA时，碳

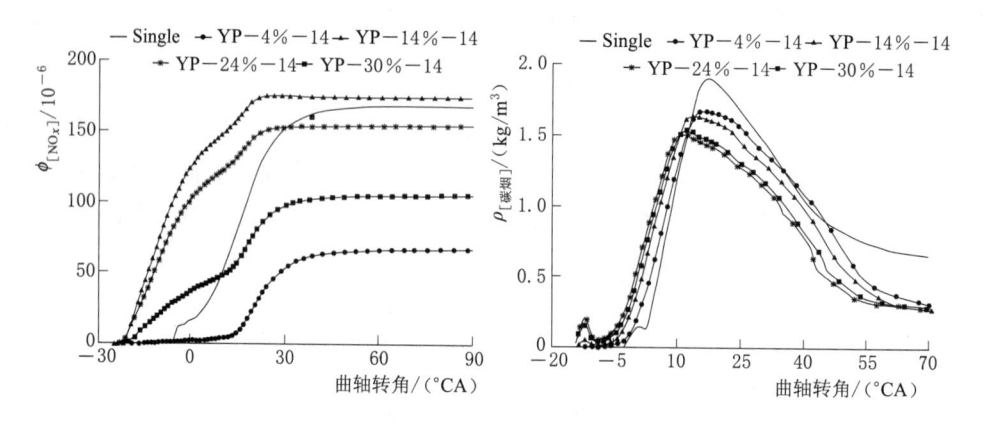

图 4-28 预喷间隔为 14°CA 时 NO_x 和碳烟排放对比

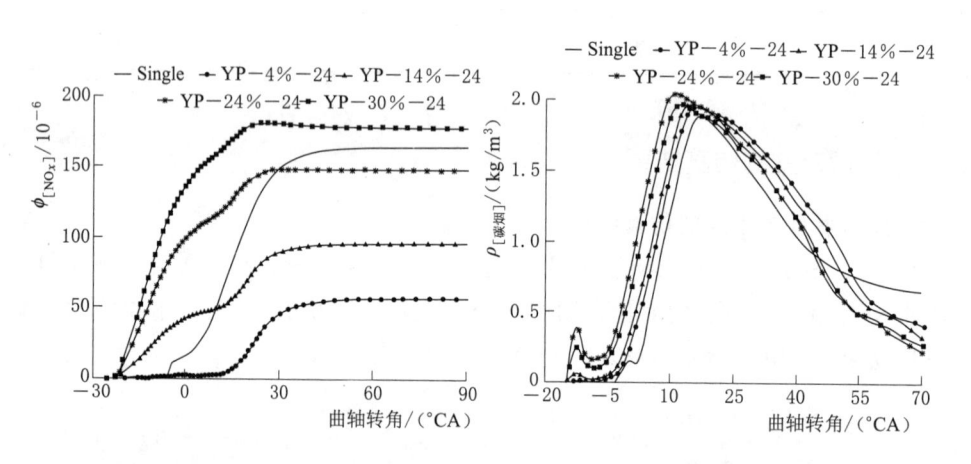

图 4-29 预喷间隔为 24°CA%时 NO_x 和碳烟排放对比

烟排放规则不明显，但碳烟排放值都低于单次喷射排放值。由上述分析可知，较小的预-主喷间隔角度和小的预喷射量对降低电控共轨式柴油机有害物排放具有较明显的效果。

2. 预-主喷间隔对排放的仿真结果

图 4-30～图 4-32 分别为预喷射量为 4%、14% 和 30% 时，预-主喷间隔角变化时对 NO_x 和碳烟排放的对比。

图 4-30～图 4-32 为预喷射量不变时，预-主喷间隔角变化对 NO_x 和碳烟排放的影响。由计算结果可知，当预喷射量分别为 4%、14%、24% 时，预-主喷间隔角增加时（即 4°CA、14°CA、24°CA），NO_x 排放值呈现减少的趋势，且都低于单次喷射排放值，NO_x 排放量随着预-主喷间隔角增大其降低的增幅较小。当预喷射量增大到 30% 时，NO_x 排放量随着预-主喷间隔角的增加呈现先减小后增大的现象，且 NO_x 排放值都高于单次喷射状态。当预喷射量相同时，随着预-主喷间隔角的增大，碳烟排放值随之增大，预-主喷间隔角度由 4°CA 增大到 14°CA 时，碳烟排放量增加幅度要小于预-主喷间隔角度由 14°CA 增大到 24°CA 时碳烟排放量。预-主喷间隔角 24°CA 时的各方案的

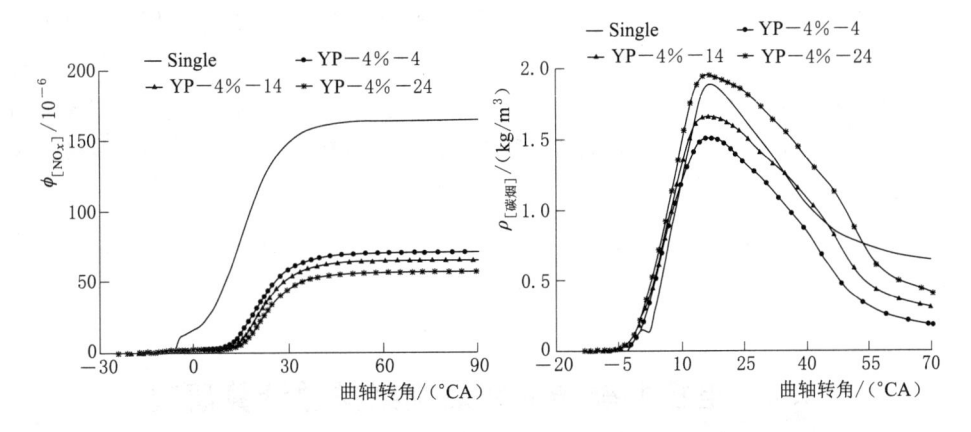

图 4-30 预喷量为 4% 时 NO_x 和碳烟排放对比

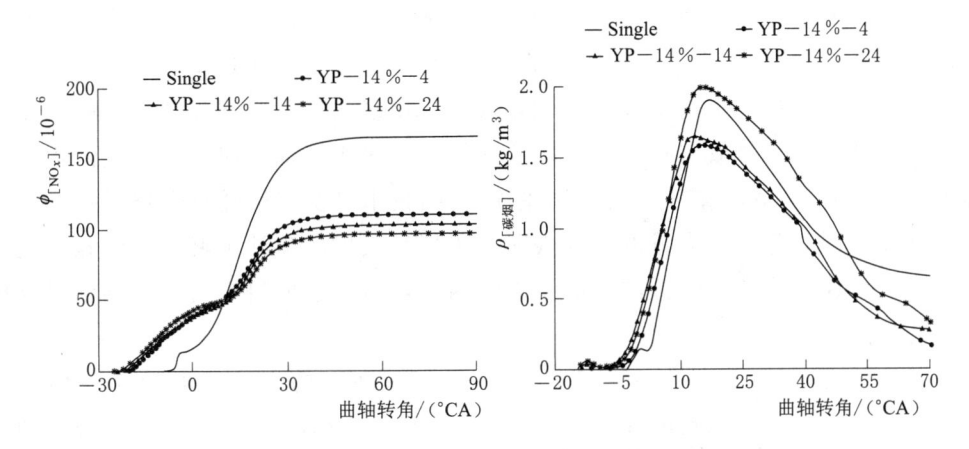

图 4-31 预喷量为 14% 时 NO_x 和碳烟排放对比

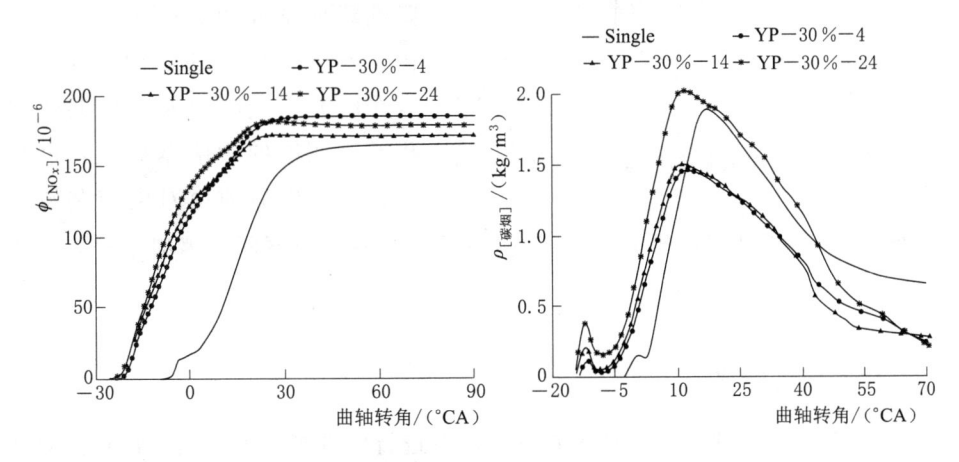

图 4-32 预喷量为 30% 时 NO_x 和碳烟排放对比

碳烟排放值高于单次喷射的碳烟排放值。由上述分析可知，相同预喷射量条件下，预-主喷间隔角增大有利于降低 NO_x 的排放，但不利于降低碳烟的排放。

采用较少喷油量的预喷射方案可缩短主喷射燃烧过程的滞燃期,相当于预喷油量对主喷过程的引燃效果,预喷射量的引入减少了单次喷射主喷的油量,达到了降低缸内最高燃烧温度的效果,进而降低了 NO_x 的排放。从降低柴油机排放角度来分析,可选取预喷射量 4%、预-主喷间隔角 4°CA(即方案 YP-4%-4)作为改善该电控共轨柴油机在 2600r/min 工况下的最优预喷射方案。由上述分析可知,方案 YP-14%-4 和 YP-14%-14 也能达到同时降低 NO_x 和碳烟的排放,可作为备选的预喷射方案。

4.4 电控共轨柴油机后喷射排放计算研究

为了满足柴油机日趋严格的排放法规,通过减小喷油正时可达到降低 NO_x 排放的目的。减小喷油正时会使柴油机碳烟排放增加,需通过增大喷油器喷射压力和优化喷油器喷射策略来降低碳烟排放。采用多次喷射与选择合理的喷油正时可作为降低柴油机排放的技术手段。众所周知,减小喷油正时可降低气缸内燃烧温度,显著降低 NO_x 排放;而采用主喷-后喷技术可实现柴油机燃烧噪声和有害气体排放的同时降低。大量的研究表明,采用后喷射的喷油策略可以明显提高碳烟后期氧化速率,从而降低碳烟的排放。因此,后喷射的研究将成为柴油机性能优化的热点。

理想的主、后喷油速率曲线如图 4-33 所示。在高压共轨柴油机上采用主喷-后喷双次喷射技术是一种降低碳烟排放的有效手段,这在国内、外也有相关的试验结果[6]。笔者在研究了预喷射对电控共轨柴油机排放性能的影响基础上,进行了比较详细的后喷射对电控共轨柴油机排放性能的分析计算,研究了不同主喷-后喷间隔角与不同后喷射量对发动机排放的影响关系。

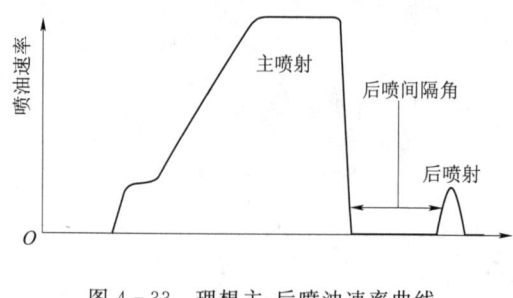

图 4-33 理想主-后喷油速率曲线

4.4.1 仿真模型搭建

借助 GT-Suite 软件对某高压共轨柴油机进行仿真模型的搭建。计算边界条件为:进气压力为 $2.5 \times 10^5 Pa$,进气温度为 25℃,并建立了电磁阀式电控喷油器、进排气系统等子系统模型。发动机主要参数见表 4-6。整机仿真模型如图 4-34 所示。该模型仿真结果的准确性得到了学术文章的认可。

4.4 电控共轨柴油机后喷射排放计算研究

表 4-6　发动机主要参数

项 目	参 数	项 目	参 数
缸数	4	最大扭矩/(N·m)	234（2200r/min）
总排量/L	2.834	压缩比	17.5:1
缸径×行程/mm	95×100	发火顺序	1-3-4-2
标定功率/kW	70（3200r/min）	供油系统	Bosch电控高压共轨

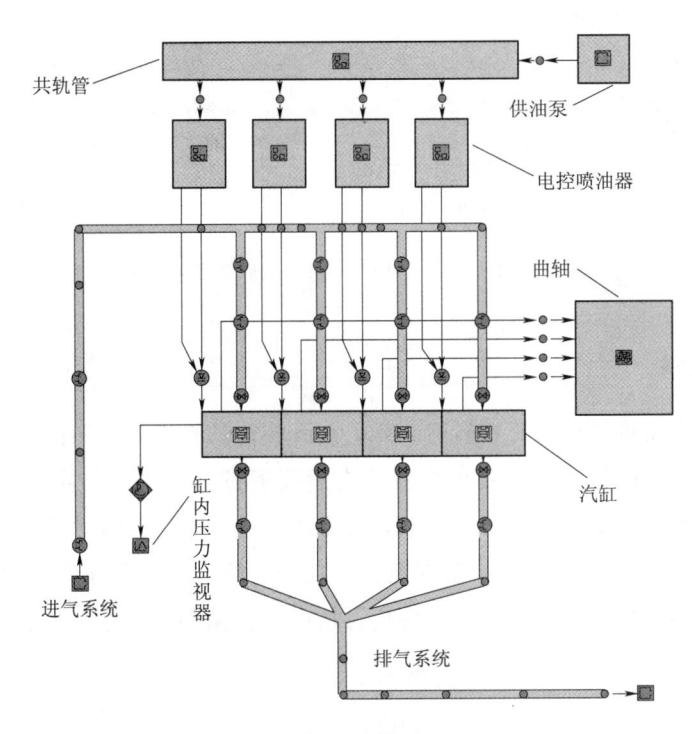

图 4-34　电控共轨柴油机仿真模型

4.4.2　不同喷油提前角对排放的影响

在发动机某一经济转速为 2600r/min，共轨油压保持在 145MPa 时，分析了不同喷油正时条件下柴油机排放的性能，研究常用工况转速下发动机性能对分析发动机具有重要意义。

图 4-35 为喷油正时角（SOI）分别为 -20°CA，-18°CA，-16°CA，-14°CA 下 NO_x 和碳烟排放结果。随着喷油正时角增大，NO_x 排放显著上升，这是因为喷油正时角增大后，柴油机燃烧室内达到的最高燃烧温度升高，已燃气体在高温下停留时间增加，导致 NO_x 排放增加。而随着喷油正时角增加，碳烟排放有所降低。这是因为随着喷油提前，燃油和空气的混合会更均匀，更多的碳被氧化为 CO_2。减小柴油

机的喷油提前角,可以降低 NO_x 排放,但碳烟的排放却逐渐上升,这表明仅仅靠调节喷油正时角来使二者同时满足排放法规是非常困难的,因此有必要进行后喷射研究来探索降低柴油机排放的新方法。

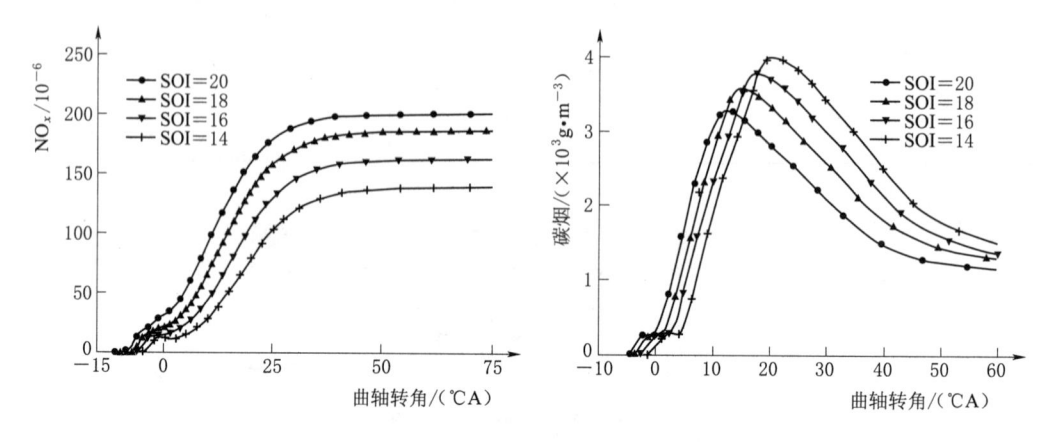

图 4-35 NO_x 和碳烟排放结果

4.4.3 方案分析

本书选取发动机转速为常用转速 2600r/min 作为仿真工况,不同的后喷射参数对燃烧和排放有很大的影响,主要可变参数有后喷射量、后喷射与主喷射之间的间隔角。根据所研究的机型参数及研究方案,确定表 4-7 的主-后喷射仿真方案(单次循环油量保持不变)。仿真方案在计算过程中对应的后喷射间隔角和后喷射量见表4-8。方案 1 为主-后喷射间隔角为 4°CA,后喷射量占单次循环油量的比值为 4%,依此类推该表示法。

表 4-7　　　　　　　　主-后喷射仿真方案

喷射常数		变 量 参 数			
共轨油压/MPa	145	后喷射量/%	4	14	24	34
主喷正时/°CA BTDC	16	主-后喷间隔角/°CA	4	14	24	

表 4-8　　　　　　　　仿　真　方　案

后喷间隔角/°CA \ 后喷射量/%	4	14	24	34
4	方案 1	方案 4	方案 7	方案 10
14	方案 2	方案 5	方案 8	方案 11
24	方案 3	方案 6	方案 9	方案 12

4.4.4 不同主-后喷射仿真分析

1. 后喷射量对排放的仿真结果

图 4-36～图 4-38 所示为主-后喷射间隔角 4°CA、14°CA、24°CA 时，后喷射量变化时对 NO_x 和碳烟排放的对比。图中 Single 表示单次喷射，HP 表示后喷，HP-4%-4 表示后喷射量为 4%，主-后喷射间隔角是 4°CA 的一种后喷射方案。

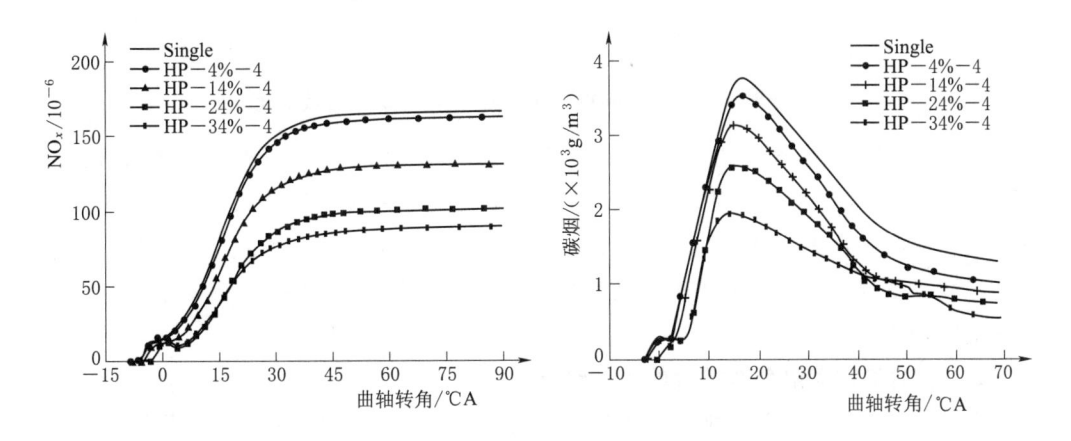

图 4-36 后喷射间隔角 4°CA 时 NO_x 和碳烟排放对比

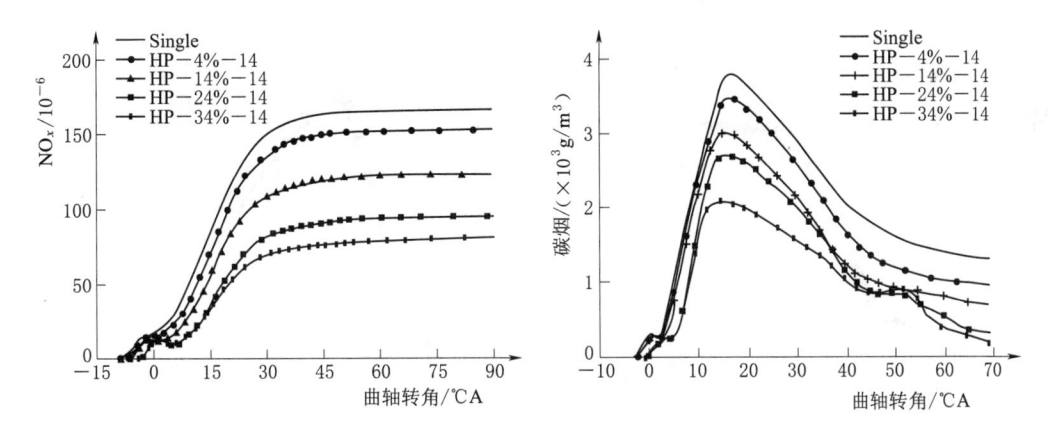

图 4-37 后喷射间隔角 14°CA 时 NO_x 和碳烟排放对比

由图 4-36～图 4-38 所示为主-后喷射间隔角不变时，后喷射量变化对 NO_x 和碳烟排放的影响。主-后喷射间隔分别为 4°CA、14CA、24°CA 时，随着后喷射量增加（4%、14%、24%、34%），NO_x 排放随之降低，且降低幅度显著，其降低的趋势主要是由于主喷燃油量减少，主喷燃烧阶段达到的缸内峰值温度降低；当后喷射量增加时，燃烧过程中过量空气系数减小，使 NO_x 生成量降低；主-后喷射生成的 NO_x 排放低于单次喷射状态。

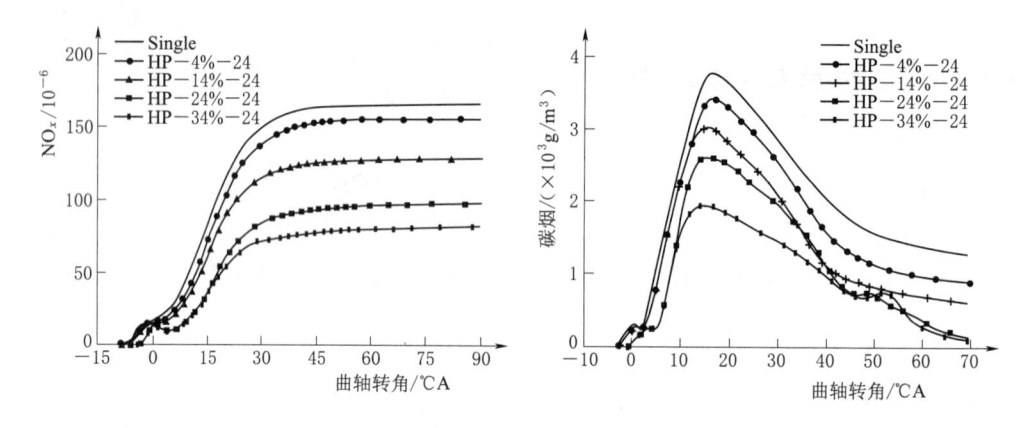

图 4-38 后喷射间隔角 24°CA 时 NO_x 和碳烟排放对比

当主-后喷射间隔角为 4°CA、14°CA、24°CA 时，主-后喷射量增加（4%、14%、30%），其碳烟排放随之减小，且碳烟排放低于单次喷射状态。这是由于后喷射相对于主喷射后的再次燃烧，使缸内放热率再次释放，提升了缸内燃烧温度，促进已生成碳烟的氧化；随着后喷射量的增加，放热率再次释放的幅度增大，碳烟再次被氧化的时间也延长。

2. 主-后喷射间隔角对排放的仿真结果

图 4-39～图 4-42 分别为后喷射量为 4%、14%、24% 和 34% 时，不同主-后喷射间隔对 NO_x 和碳烟排放的影响仿真结果。

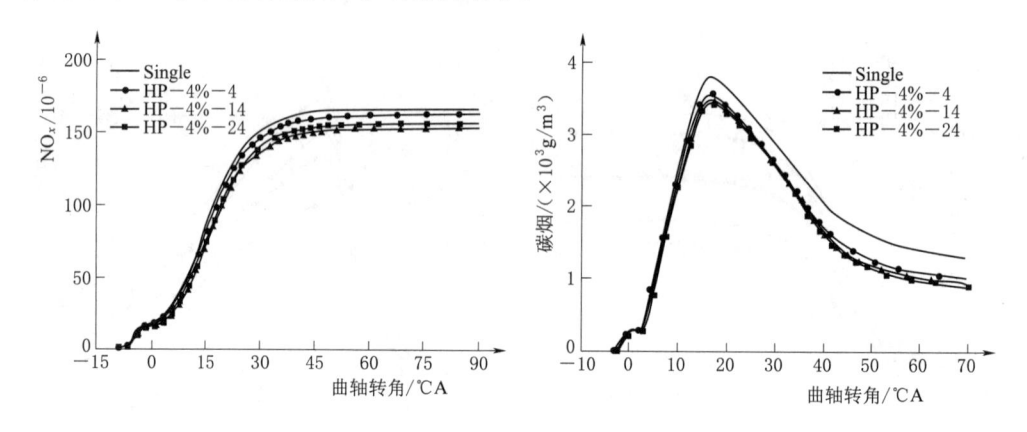

图 4-39 后喷油量 4% 时 NO_x 和碳烟排放对比

由图 4-39～图 4-42 对 NO_x 和碳烟排放的影响仿真结果可知，后喷射量一定时，NO_x 和碳烟排放对后喷射间隔的变化不太敏感。这是由于后喷射量一定时，放热率再次释放的规律曲线随着主-后喷射间隔角度的增大而后移，而此影响关系对柴油机后喷射缸内燃烧温度的变化影响较小。

后喷射量一定时，随着主-后喷射间隔角增加，NO_x 排放值呈现先减小后微量增大的趋势，这是因为随着主-后喷射间隔角的加大，燃烧温度上升的时间延后使 NO_x 的排放降低，当间隔角进一步增大时主燃对后燃点火效果更佳，促进了燃烧使 NO_x

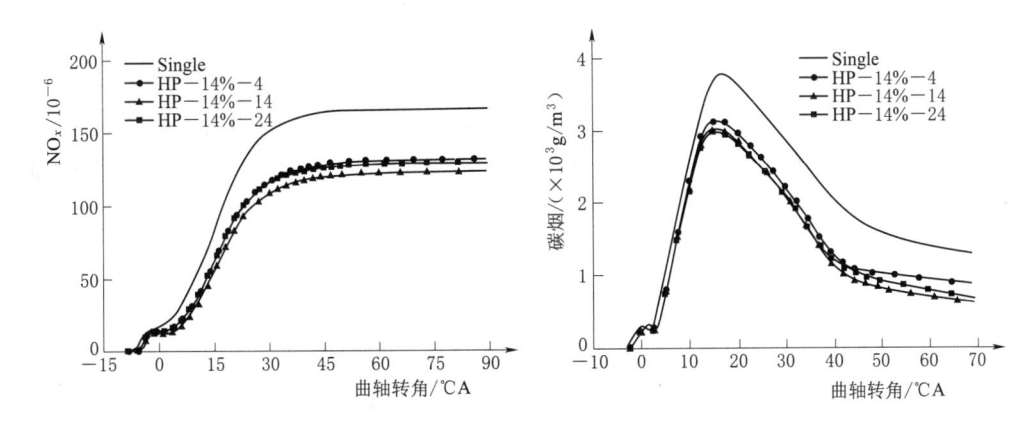

图 4-40 后喷油量 14% 时 NO_x 和碳烟排放对比

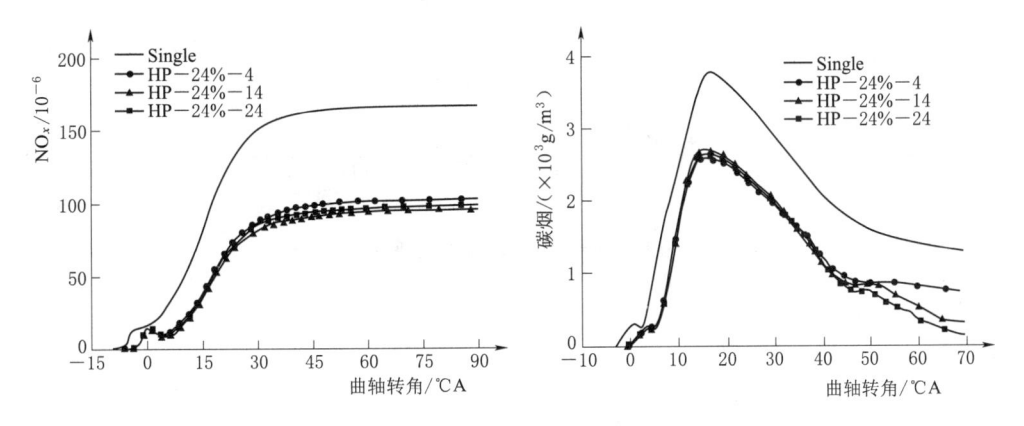

图 4-41 后喷油量 24% 时 NO_x 和碳烟排放对比

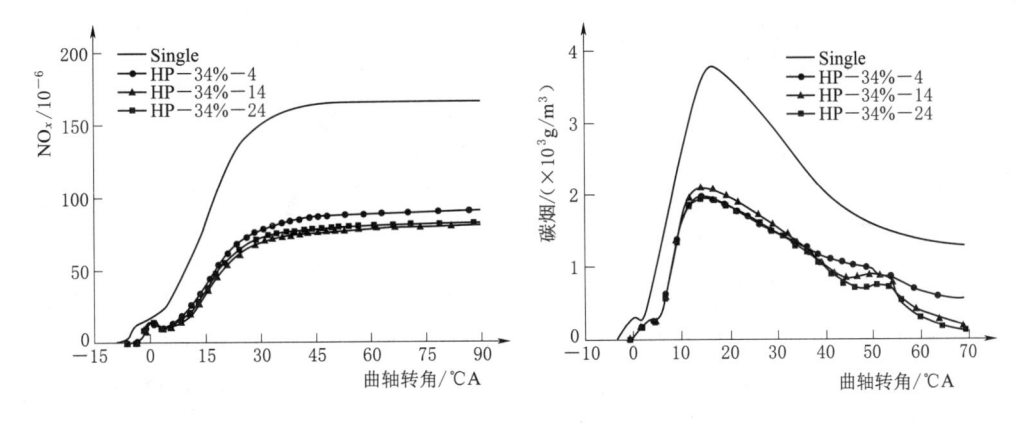

图 4-42 后喷油量 34% 时 NO_x 和碳烟排放对比

的排放略有上升；14°CA 的主-后喷射间隔角是 NO_x 排放的关键点。碳烟排放值随着主-后喷射间隔角的增大而降低。

在后喷射量比较大时（24%、34%），后喷燃烧生成的碳烟使得生成曲线上出现一个小峰值，这是由于后喷燃油燃烧局部缺氧所产生；随后碳烟生成量继续降低，这是因为后喷射燃油动能加强了油气混合,局部缺氧程度得到改善,促进了碳烟的氧化。上述结果表明,大的后喷射量和大的主-后喷射间隔角对改善 NO_x 和碳烟排放是有积极作用的,相同的后喷射量存在一个最佳的主-后喷射间隔角使碳烟排放最低。

由上述方案中可以看出,HP-5%-X($X=4°CA$、$14°CA$、$24°CA$)方案的排放降低效果最好,但都低于单次喷射的排放水平。

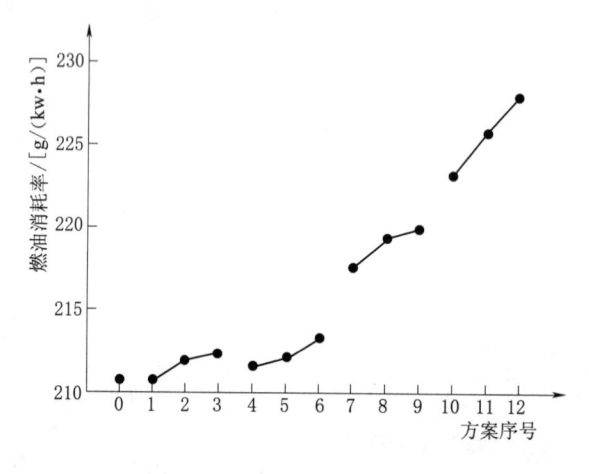

图 4-43 后喷射燃油消耗率

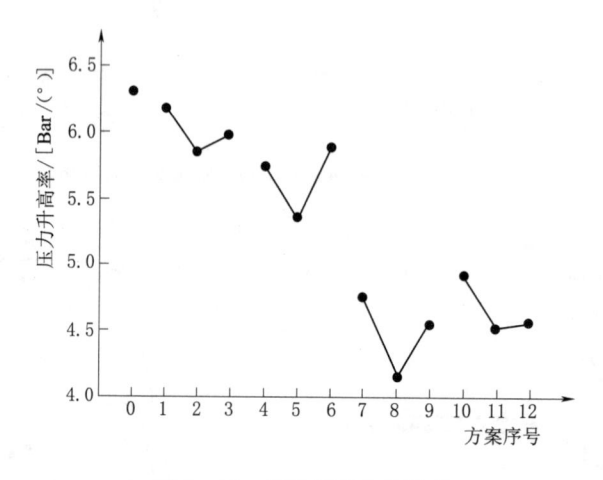

图 4-44 后喷射压力升高率

由图 4-43 可知,后喷射方案燃油消耗率高于单次喷射。这是由于后喷射是在主喷射结束后再次进行的喷射,由于循环总喷油量不变,后喷射技术使喷射速率重心随着后喷射量增加而后移,导致油耗增加。方案 0 表示单次喷射。方案 1 至方案 6 的油耗有小幅度增加,而方案 7 至方案 12 油耗增加幅度较大。由图 4-44 可知:方案 0、方案 1、方案 3、方案 6 压力升高率高于 $6Bar/(°)$。当压力升高率高于 $6Bar/(°)$ 时,柴油机会产生明显的震音,为了使柴油机能运转平稳,柴油机压力升高率应低于 $6Bar/(°)$。

通过分析不同主-后喷射方案的计算结果可知,选取 HP-14%-14(即方案 5)方案作为改善该柴油机在 2600r/min 工况下的最优后喷射方案。

4.5 预喷射对生物柴油发动机热性能的计算研究

生物柴油作为一种清洁燃料,具有传统石化柴油不可比拟的优势,其独特优势越来越受到研究学者关注,同时可作为柴油机燃料使用,是一种理想的替代燃料。鉴于传统石化柴油会带来较大尾气排放,电控柴油机采用比较成熟的预喷射技术结合生物柴油燃料源能有效降低柴油机排放,是替代燃料研究的一个新热点。同时查阅相关技术与研究资料后可知,国内外学者对电控柴油机采用生物柴油进行预喷射研究较少,主要研究集中在常规台架排放等性能试验。

本书以地沟油制生物柴油为原料,将 0 号柴油以 3 种不同比例掺合,研究不同掺合比生物柴油在全负荷、2200r/min 工况下采用预喷射技术对电控柴油机热性能影响,此研究是基于作者在预喷射对生物柴油发动机排放性能的研究基础上进行的。生物柴油采用预喷射技术能更有效地降低排放,因此本书仅从扭矩与放热率角度探索预喷射对生物柴油发动机性能的影响。本书将为后续生物柴油发动机采用预喷射研究提供基础数据。

4.5.1 生物柴油理化分析

将 0 号柴油与地沟油制生物柴油以 0、5%、10%、20% 体积分数进行混合(标记为 B0、B5、B10、B20,B 后数字表示生物柴油体积分数),测定各配比生物柴油密度、闪点、冷滤点、凝点、十六烷值、低热值等,其测试准则与过程参考国家标准。各配比生物柴油理化特性值见表 4-9,将表 4-9 中数值计算后输入软件燃料数据库中。

表 4-9　　　　　　　　　不同配比生物柴油理化特性值

测试项目	B0	B5	B10	B20
密度($20.0℃$)/(kg/m^3)	836.3	838.6	849.7	871.2
闪点(闭口)/℃	60	70	72	74
冷滤点/℃	4	3	2	2
凝点/℃	-7	-7	-6	-5
运动黏度($20℃$)/(mm^2/s)	3.7	4.939	7.057	8.627
十六烷值	54.8	54.9	55.0	55.2
低热值	42.85	42.12	41.82	40.75

4.5.2 验证与模型建立

1. 试验设备

试验设备包括某国产 4B 系列共轨柴油机、CWF250 电涡流测功机、普联 FC-

2000型发动机台架测试系统、FC2210油耗仪、FTY-100不透光烟度计、AVL4000排气分析仪、Indiset 630缸内压力采集系统、Indicom 1.4数据处理软件。该电控柴油机主要参数为：4气缸，4气门，缸径95mm，活塞行程100mm，总排量2.834L，额定功率70kW(3200r/min)，最大扭矩234N·m(2200r/min)，采用Bosch高压共轨喷油系统。试验在广西汽车拖拉机研究所台架实验室进行，试验时缸内压力值数据采集间隙为0.5°CA，每100个循环进行平均。试验装置如图4-45所示。

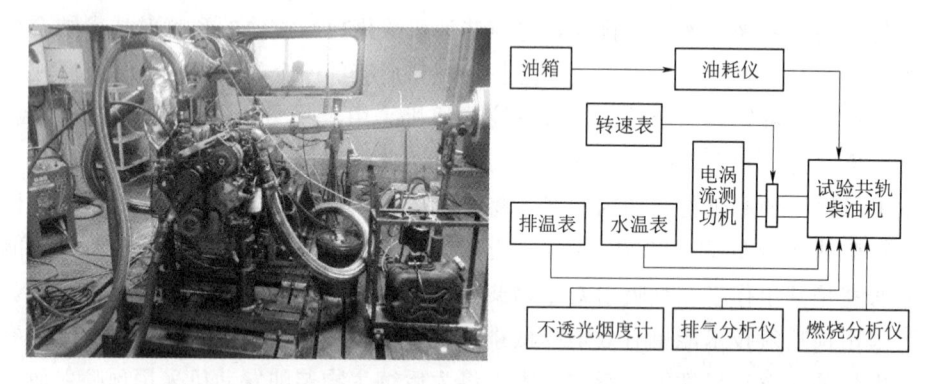

图4-45 柴油机试验装置

2. 模型建立与验证

利用GT-Suite软件对某国产4B系列高压共轨柴油机进行仿真建模，如图4-46所示。

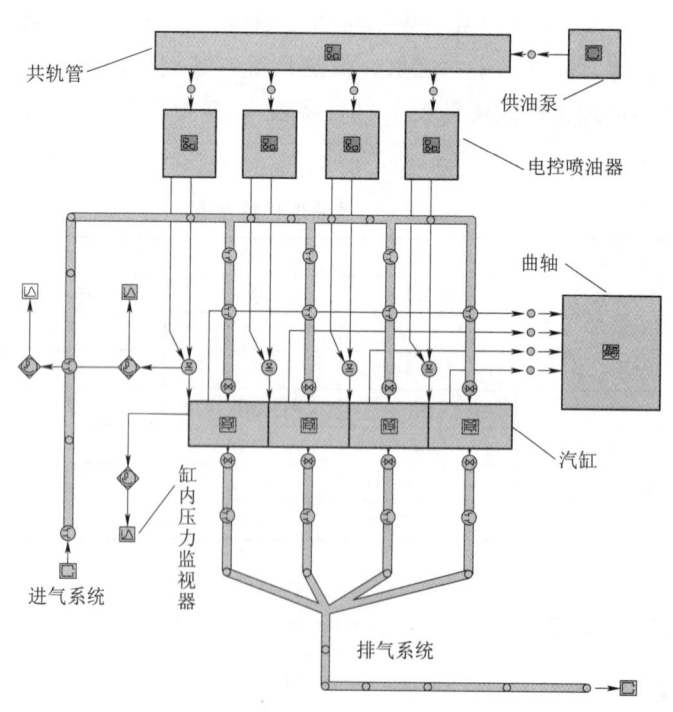

图4-46 电控柴油机仿真模型

对所建柴油机模型可靠性进行评价，选取柴油机在全负荷、2200r/min 时不同掺合比生物柴油计算值与柴油机台架试验实测示功图进行对比，如图 4-47 所示。

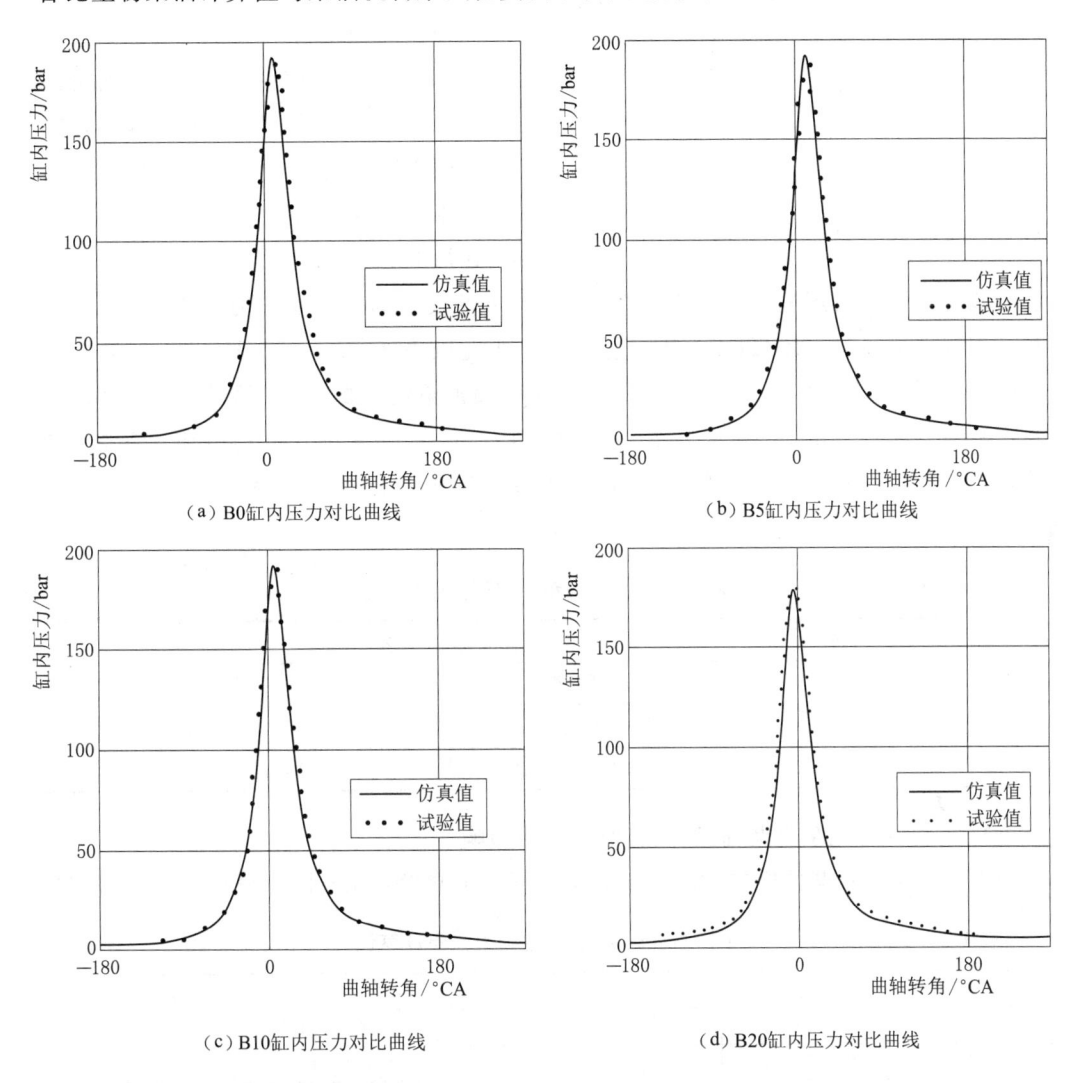

(a) B0缸内压力对比曲线

(b) B5缸内压力对比曲线

(c) B10缸内压力对比曲线

(d) B20缸内压力对比曲线

图 4-47 不同配比生物柴油缸内压力曲线

由图 4-47 可知，通过对比不同掺合比生物柴油仿真值与试验值，其吻合较好，计算值与试验值误差不超过 5%，具有足够计算准确度，可进行下一步计算分析工作。

4.5.3 仿真计算与结果分析

1. 方案确定与计算条件

图 4-48 为预喷射示意图，预喷射与主喷射喷油量采用相对值，为其占总循环喷油量的百分比。当仅有单次喷射时，主喷射喷油量为 100%，采用预喷-主喷时，预

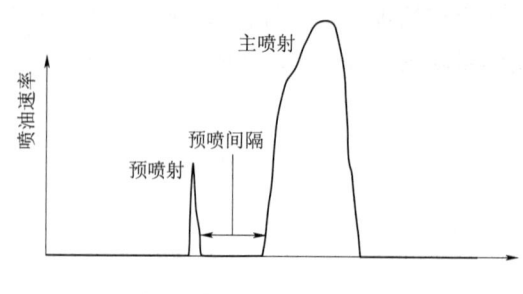

图 4-48 预-主喷射示意图

喷射与主喷射喷油量之和为 100%。预喷间隔为预喷射结束至主喷开始时对应的曲轴转角。

本书主要研究预喷射对生物柴油发动机扭矩与瞬时放热率的影响，在不同方案仿真计算时，需保持其他运行工况一致，选取电控共轨式柴油机在最大扭矩工况点（2200r/min）进行计算分析，定义压缩上止点为 0°CA。边界条件设置为：喷油压力为 145MPa，初始主喷提前角 17°CA BTDC（上止点前），进气压力为 $2.5×10^5$ Pa，进气温度为 320K。结合所研究机型，确定不同掺合比不同喷油策略仿真方案，见表 4-10。定义单次喷射方案为 Single，喷射方案 B5-5%-10，其中 B5 表示采用掺合比为 5% 生物柴油，5% 表示预喷射喷油量，10 表示预喷-主喷间隔为 10°CA，依此类推该表示法[2,3]。

表 4-10　　不同掺合比不同预-主喷射计算方案

定　量		变　量				
共轨压力/MPa	145	燃料类型	B0	B5	B10	B20
主喷射正时/°CA BTDC	16	预喷射量/%	5	15	25	
		预-主喷间隔角/°CA	0	10	20	30

2. 不同掺合比生物柴油预-主喷对扭矩的影响

表 4-11 表示柴油机在 2200r/min 工况下，不同掺合比不同预喷-主喷方案对柴

表 4-11　　不同掺合比不同预-主喷射扭矩计算值

Case	方案	扭矩/(N·m)	Case	方案	扭矩/(N·m)
1	B0-single	234	15	B10-15%-20	225.8
2	B5-5%-10	232.4	16	B10-15%-30	225.4
3	B5-5%-20	231.6	17	B10-25%-10	224.7
4	B5-5%-30	231.0	18	B10-25%-20	224.3
5	B5-15%-10	230.3	19	B10-25%-30	223.9
6	B5-15%-20	229.7	20	B20-5%-10	223.2
7	B5-15%-30	229.1	21	B20-5%-20	223.0
8	B5-25%-10	228.8	22	B20-5%-30	222.8
9	B5-25%-20	228.2	23	B20-15%-10	222.4
10	B5-25%-30	227.8	24	B20-15%-20	222.1
11	B10-5%-10	227.0	25	B20-15%-30	219.9
12	B10-5%-20	226.8	26	B20-25%-10	219.3
13	B10-5%-30	226.3	27	B20-25%-20	219.0
14	B10-15%-10	226.1	28	B20-25%-30	218.5

油机扭矩仿真计算值。图4-49所示为不同掺合比不同喷油策略对柴油机扭矩的影响，图4-49可直观显示该转速下扭矩变化趋势，Case1代表B0-Single方案，其他依此类推。

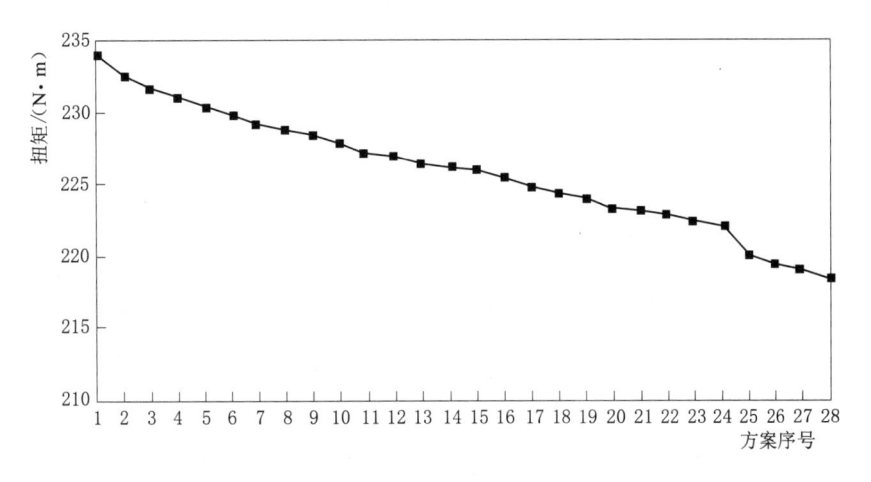

图4-49 不同方案扭矩值

由图4-49可知，该共轨柴油机燃用不同掺合比生物柴油时，其动力性均有所下降，随着生物柴油掺合比增大，动力性下降。主要由于生物柴油热值比普通柴油低，不同掺合比生物柴油热值随着掺合比增大而下降，因此柴油机动力性随掺合比增大而呈线性下降趋势；且生物柴油黏度高于普通柴油，对燃油雾化有一定影响，也是导致动力性下降的因素之一。

对于相同掺合比生物柴油，柴油机动力性能随着预喷射量增大而下降，随着预喷-主喷间隔增大而下降。若预喷-主喷间隔增大，主喷射角度不变，由于预喷油量增大，在上止点前更早燃烧的预喷燃油更多，压缩负功更大，主喷油量减少，推动活塞做功的燃油更少，压力升高率降低，导致柴油机动力性能下降。燃用B5、B10、B20生物柴油时，最小扭矩分别为227.8N·m、223.9N·m、218.5N·m，比采用普通柴油分别下降2.65%、4.32%、6.62%。

仅考虑扭矩对柴油机的影响，可选取4个最佳方案，依次为B5-5%-10、B5-5%-20、B5-5%-30、B5-15%-10。

3. 不同掺合比生物柴油预-主喷对放热率的影响

图4-50（a）表示柴油机在2200r/min工况下不同掺合比生物柴油燃烧过程瞬时放热率曲线。由图4-50（a）可知，主喷射提前角不变时，不同掺合比生物柴油所对应的主喷射阶段瞬时放热率曲线变化不大，由于引入预喷射后，主喷射仍占循环喷油量的95%，因此总体瞬时放热率曲线趋势变化不大；不同掺合比生物柴油放热率峰值较柴油单次喷射有所下降，且随着掺合比增大而降低，这是由于预喷射影响了急燃期燃烧，降低了缸内瞬时放热率，另外，由于使用不同掺合比生物柴油，生物柴油掺合比越大低热值越小，运动黏度越大导致最高瞬时放热率越低；与纯柴油相比，

不同掺合比生物柴油在预喷射阶段有放热现象且瞬时放热率变化不大。分析认为，预喷射燃油在主喷射之前已燃烧，从而存在一定的放热率，不同掺合比生物柴油预喷射区段瞬时放热率主要影响因素为预喷量和预喷射间隔，由于这两个因素影响结果相同，不同掺合比生物柴油在预喷射区段瞬时放热率变化不大。

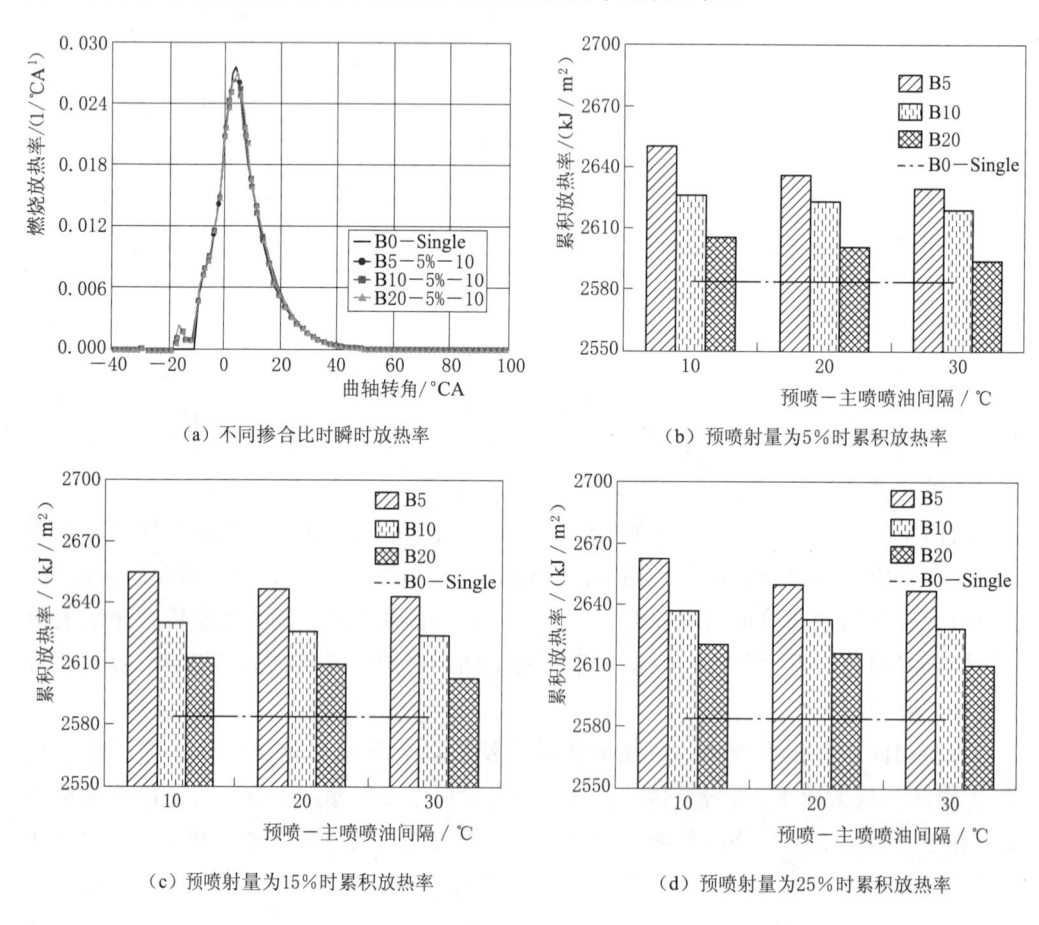

图 4-50　不同掺合比生物柴油预-主喷对放热率的影响

图 4-50（b）～（d）表示不同掺合比生物柴油柴油机累积放热率对比。从图可知，不同掺合比生物柴油累积放热率均比纯石油单次喷射高；当预喷射量和预喷-主喷间隔相同时，燃料随着生物柴油掺合比增大，累积放热率逐渐降低；但不同掺合比生物柴油不同喷油策略最小累积放热率与最大累积放热率相比仅下降约 1.88%，表明累积放热率变化幅度不大。

4. 预喷射量对生物柴油放热率的影响

图 4-51（a）表示柴油机在 2200r/min 工况下不同预喷射量生物柴油瞬时放热率变化曲线。当预喷射时刻和掺合比相同时，随着预喷射量增加，预喷射区段放热率峰值增大，而主喷射区段放热率峰值逐渐降低且前移。分析认为，引入预喷射后，随着预喷射量增大，燃烧加剧，单位时间内释放出更多热量，使预喷射区段瞬时放热率

峰值增大，预喷射量增大降低了主喷阶段油量，缩短了主喷射滞燃期，主喷射区段放热率峰值降低且峰值前移。

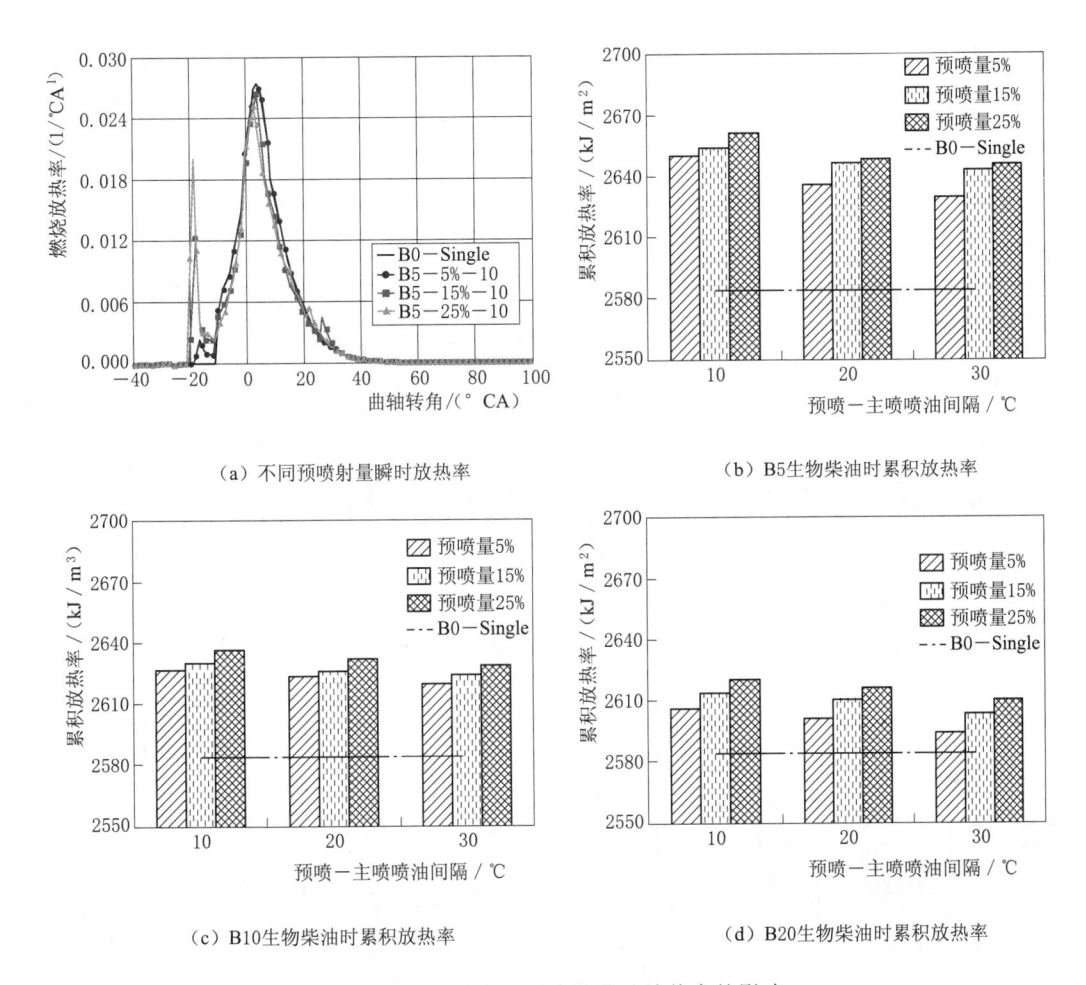

(a) 不同预喷射量瞬时放热率

(b) B5生物柴油时累积放热率

(c) B10生物柴油时累积放热率

(d) B20生物柴油时累积放热率

图 4-51 预喷射量对生物柴油放热率的影响

图 4-51 (b)~(d) 表示不同预喷射量时柴油机累积放热率对比。从图均可知，当生物柴油掺合比和预喷-主喷间隔相同时，燃料随着预喷射量增大，累积放热率逐渐增大。

5. 预喷-主喷间隔对生物柴油放热率的影响

图 4-52 (a) 表示柴油机在 2200r/min 工况下不同预喷-主喷间隔生物柴油瞬时放热率变化曲线。由图 4-52 (a) 可知，在主喷射提前角和同一掺合比生物柴油条件下，不同预喷-主喷间隔生物柴油瞬时放热率曲线形状趋于一致，且预喷阶段放热率随着间隔角增大而前移。

分析认为，对于同一掺合比燃烧，引入预喷射后，主喷射仍占循环喷油量的 95%，因此总体瞬时放热率曲线趋势变化不大，预喷射区段放热率随着间隔角增大而前移主要由于预喷-主喷间隔增大,预喷射远离主喷射,预喷射燃油提前燃烧,使瞬时放热率提前;当预喷-主喷间隔较大时(30°CA),预喷射区段瞬时放热率略高;当预喷射量很小时(5%),预喷射喷油率峰值较低,且预喷-主喷喷油间隔较小时,会造成预喷射阶段喷射和断油能力不干脆,这由执行器控制精度决定。从控制角度看,预喷-主喷间隔较大时,受主喷射影响较小,生物柴油是含氧燃料,预喷射的生物柴油可充分燃烧,使预喷射阶段瞬时放热率峰值略高些。

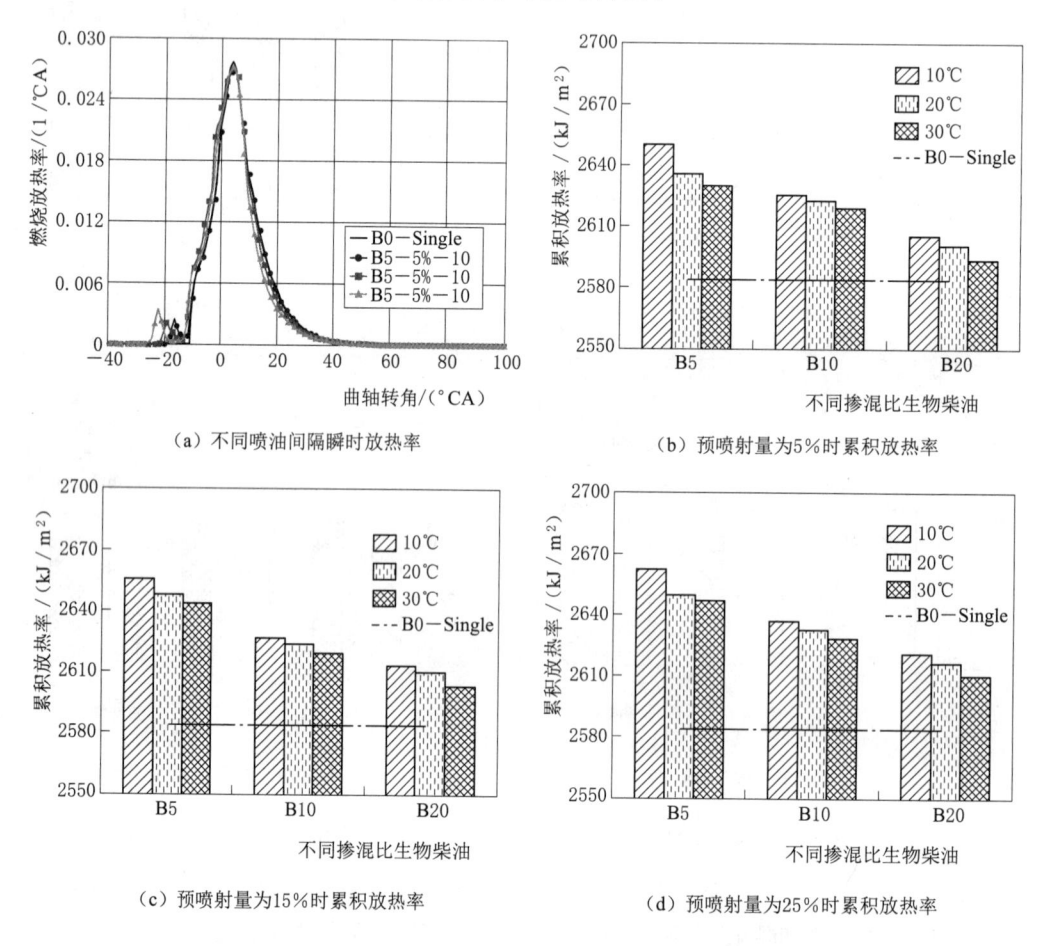

(a) 不同喷油间隔瞬时放热率

(b) 预喷射量为5%时累积放热率

(c) 预喷射量为15%时累积放热率

(d) 预喷射量为25%时累积放热率

图 4-52 预喷-主喷间隔对生物柴油放热率的影响

图 4-52(b)~(d) 表示燃用不同预喷-主喷间隔时柴油机累积放热率对比。从图可知,当生物柴油掺合比和预喷射量相同时,生物柴油随着预喷-主喷间隔增大,累积放热率逐渐下降。

通过分析不同掺合比不同喷油策略对瞬时放热率和累积放热率的影响,若仅考虑放热率因素,4个最佳方案依次为 B5-5%-10、B5-15%-10、B5-25%-10、B5-5%-20。

综合考虑扭矩和放热率两方面因素的影响,可选取最佳方案依次为 B5-5%-10、B5-5%-20、B5-15%-10 作为优化该转速工况下的预喷射策略。

4.6 预喷射对生物柴油发动机排放性能的计算研究

电控柴油机采用预喷射技术能有效地减少柴油机 NO_x 的生成，同时结合高压喷射可使柴油机在获得较低 NO_x 排放的同时，降低碳烟的排放[1]。而生物柴油作为一种清洁生物燃料，具有许多石化柴油不可企及的优点，可供柴油机使用，是一种理想的替代燃料。

目前，世界各国正在进行内燃机代用燃料生物柴油的研究工作。胡志远等研究了全负荷速度特性下不同生物柴油混合比例增大，发动机排放降低。Hribernik 等在一台直喷柴油机上研究了生物柴油对燃烧排放的影响。通过查阅相关资料可知，国内外学者对生物柴油柴油机的研究主要集中在常规的台架排放等性能试验，而对电控柴油机采用生物柴油进行预喷射研究甚少，生物柴油发动机采用预喷射能进一步降低柴油机的有害排放，是替代燃料研究的一个亮点。

本书以地沟油制成的生物柴油为原料，将 0 号柴油以 3 种不同比例掺混，研究不同掺混比燃料在 2200r/min 工况下采用预喷射技术对柴油机排放性能的影响，本研究将为后续生物柴油发动机采用预喷射研究提供基础数据，其研究方法具有一定的工程应用价值。

生物柴油理化特性分析，计算模型建立与验证由 4.5 节内容。

4.6.1 模型建立与验证

1. 模型建立

本书利用 GT-Suite 软件对某电控高压共轨柴油机进行仿真建模，如图 4-53 所示。柴油机主要参数见表 4-12。

表 4-12　　　　　柴油机主要参数

项目	参数	项目	参数
缸数	4	标定功率/(kW·min/r)	70/3200
总排量/L	2.834	发火顺序	1-3-4-2
缸径×行程/mm	95×100		

2. 模型的验证

电控共轨式柴油机在 2200r/min 工况下进行仿真与试验，定义压缩上止点为 0°CA。边界条件设置为：喷油压力为 160MPa，主喷射提前角为 16°CA BTDC（上止点前），进气压力为 $2.5×10^5$Pa，进气温度为 320K。图 4-54、图 4-55 所示为掺混

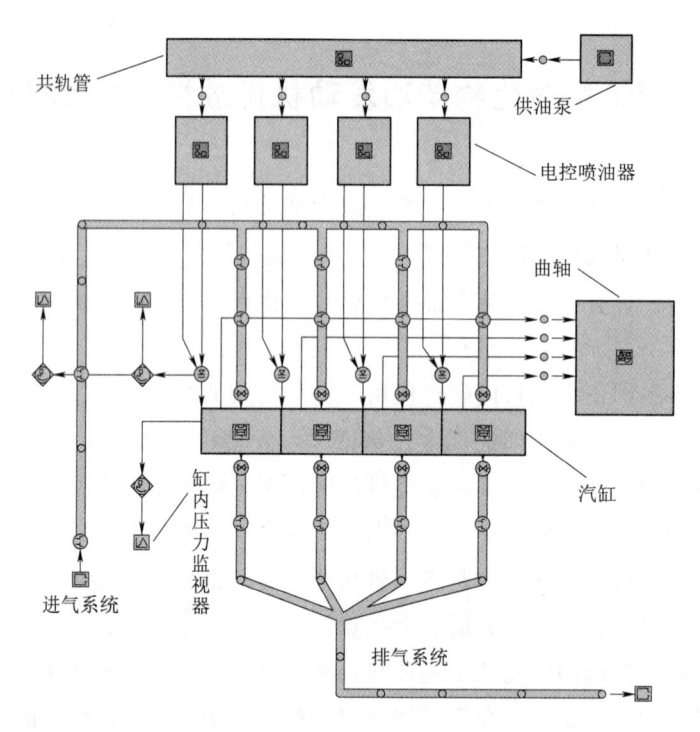

图 4-53 发动机仿真模型

比为 B0、B5 生物柴油仿真值与试验值缸内压力对比。B5 表示掺混比为 5% 生物柴油，依此类推该表示法。

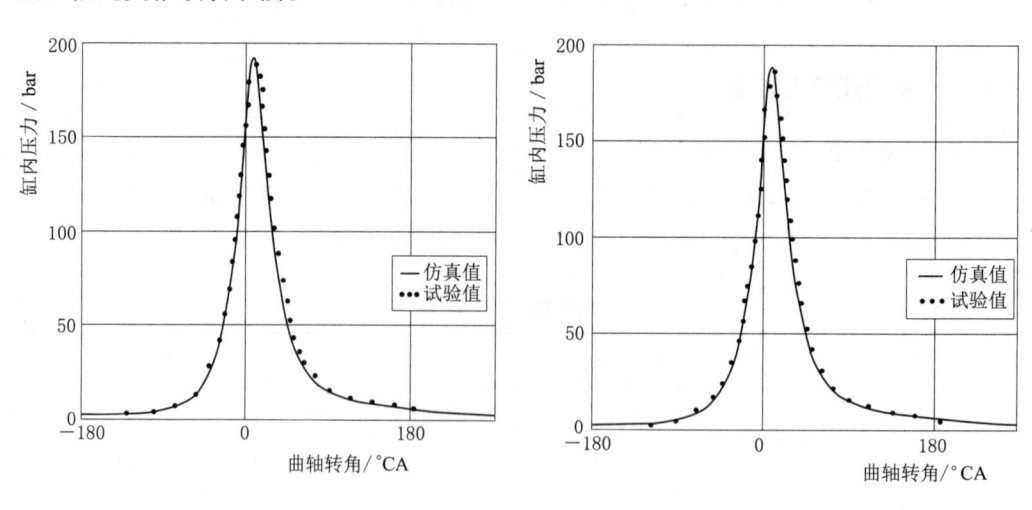

图 4-54 B0 缸内压力对比曲线

图 4-55 B5 缸内压力对比曲线

由图 4-54、图 4-55 可知，仿真值与试验值吻合较好，误差不超过 6%，说明此仿真模型的准确性，可用于下一步的预喷射计算。同时笔者在发动机性能方面做了较多的仿真研究工作，其仿真结果准确性有前期工作基础为依托。

4.6.2 仿真计算与结果分析

不同掺混比预喷射仿真方案见表 4-13 和表 4-14。定义单次喷射方案为 Single，喷射方案 B5-X%-Y，方案中的 X% 表示预喷射占总喷油量的 X%，Y 表示预喷-主喷间隔为 Y°CA，依此类推该表示法。

表 4-13　　　　　　　　　预喷射变量

可变参数	参数值
预喷油量/%	X=5、15、25
预喷-主喷间隔角/°CA	Y=10、20、30

表 4-14　　　　　　　　　计算方案

燃料类型	预喷量/%	预喷间角/°CA
B0	0	0
B5	X	Y
B10	X	Y
B20	X	Y

1. 预喷-主喷间隔对不同掺混比生物柴油排放的影响

图 4-56 为该柴油机在 2200r/min 工况下，不同预喷-主喷间隔对 NO_x 和碳烟排放影响曲线。

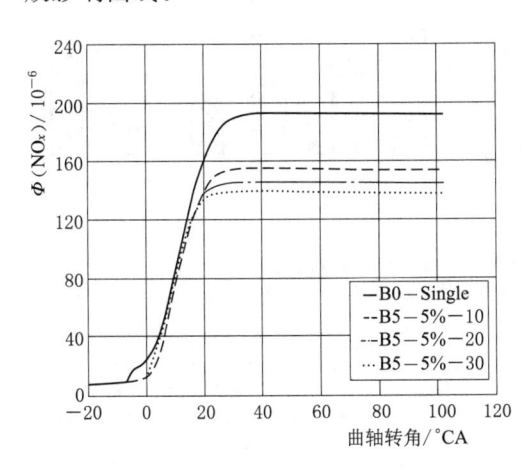

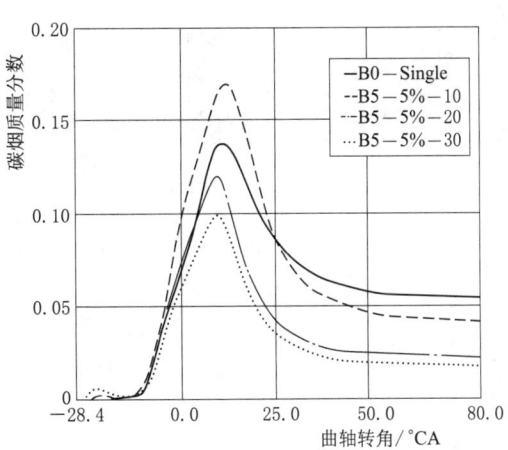

图 4-56　预喷间隔对排放物 NO_x 和碳烟的影响

在 B5 燃油预喷射量为 5% 时，随着预喷-主喷间隔增大，NO_x 排放逐渐减小，且减小幅度不明显，与纯柴油单次喷射相比有所改善。这是由于预喷-主喷间隔较小，预喷射燃油燃烧未完全，预喷火焰成为主喷射的点火源，缸内平均温度升高，产生了较多 NO_x 的排放量，预喷-主喷间隔越长，缸内温度不能快速达到高温条件，抑制

了 NO_x 生成。与纯柴油单次喷射相比，预喷射使缸内空气更稀薄，同时生成 CO_2，主喷射燃烧时会卷吸预喷射燃烧后的 CO_2 等排放物而抑制初期燃烧放热率以达到降低缸内温度的目的，从而抑制 NO_x 生成。

随着预喷-主喷间隔增大，碳烟排放量降低。这是由于预喷-主喷间隔较小时，预喷射燃烧时间较短，主喷射燃油喷入到预喷射燃油燃烧的火焰中，使燃油在缸内局部缺氧，又由于生物柴油是含氧燃料，改善了局部缺氧而使燃烧充分，出现了 B5-5%-10 方案比 B0-Single 方案的局部碳烟排放量要高的现象。当预喷-主喷间隔为 20°CA 时，预喷射燃油燃烧的时间较长，降低了碳烟生成量；预喷-主喷间隔为 30°CA 时，碳烟排放量降低幅度不大，这是因为预喷-主喷间隔为 20°CA 时，预喷射的燃油已经基本燃烧结束，预喷-主喷间隔过大时，碳烟排放量降低不明显。

图 4-57～图 4-59 表示不同预喷-主喷间隔对 NO_x 和碳烟排放量的对比。从图中可知，在生物柴油掺混比和预喷射量相同的条件下，NO_x 排放量随着预喷-主喷间隔增大而逐渐降低，且减小的幅度较小。碳烟排放随着预喷-主喷间隔增大而逐渐降低，间隔角度在 20°时减小幅度最大。

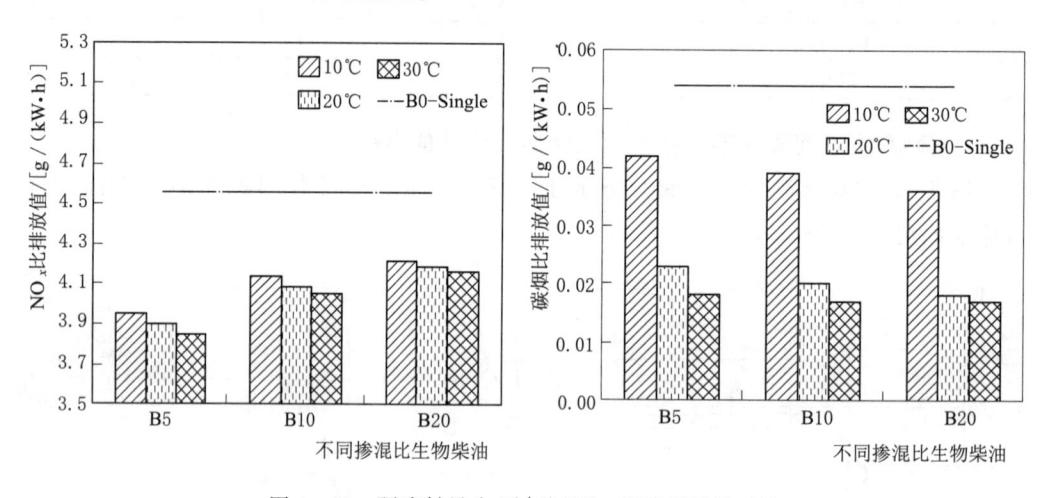

图 4-57 预喷射量为 5% 时 NO_x 和碳烟排放对比

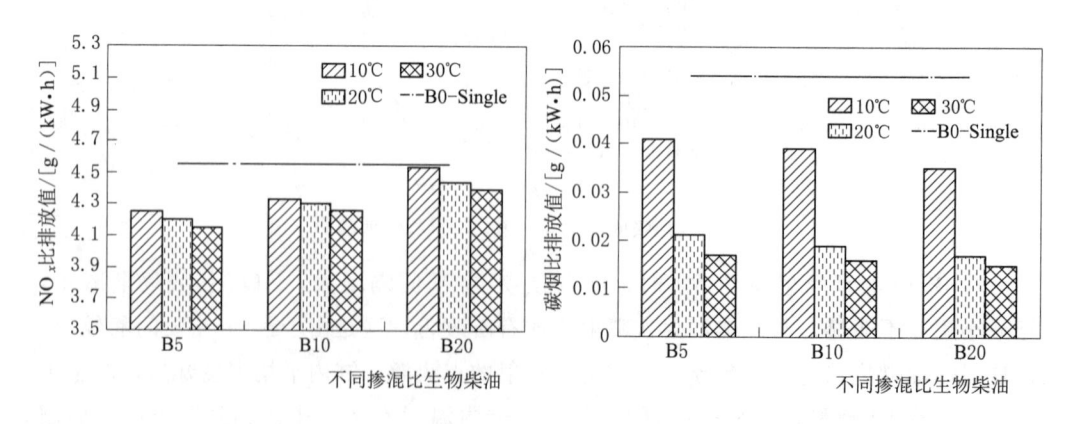

图 4-58 预喷射量为 15% 时 NO_x 和碳烟排放对比

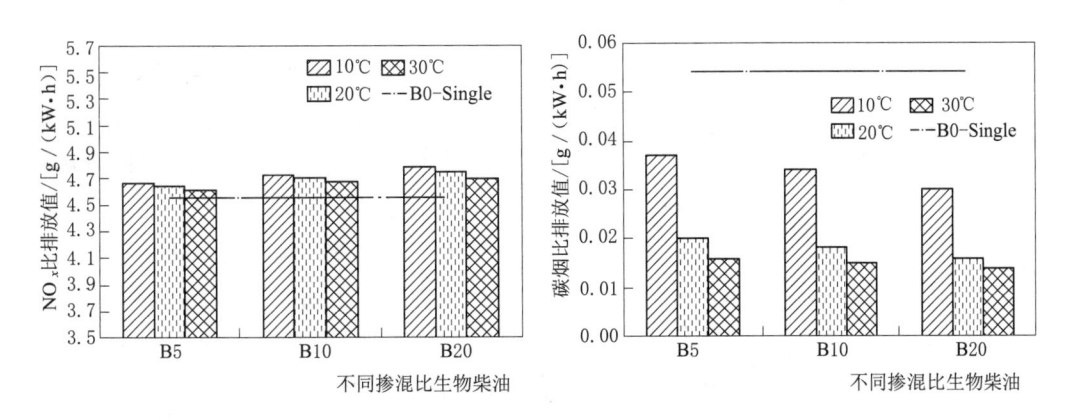

图 4-59 预喷射量为 25% 时 NO_x 和碳烟排放对比

2. 预喷射量对不同掺混比生物柴油排放的影响

图 4-60 为不同预喷射量对 NO_x 和碳烟排放影响曲线,由图 4-60 可知,在使用 B5 生物柴油,预喷-主喷间隔为 10°CA 时,随着预喷射量的增大,NO_x 排放量明显增大;当预喷射量为 25% 时,B5 燃油比纯柴油 NO_x 排放量还要高。这是由于预喷射量越大,预喷射燃油燃烧结束后,缸内温度增高,高温持续时间也增大,加上 B5 生物柴油本身有一定含氧量,两者共同促进了 NO_x 的生成,因此 NO_x 排放量随着预喷射量增大而增大。

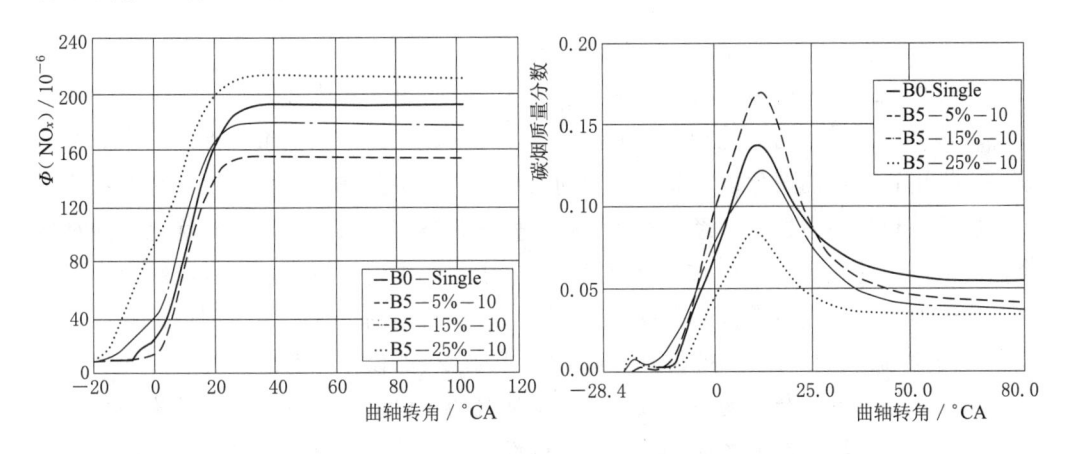

图 4-60 不同预喷射量对 NO_x 和碳烟的影响

在使用 B5 生物柴油,预喷-主喷间隔为 10°CA 时,随着预喷射量增大,碳烟排放量降低,且降低幅度明显。在生物柴油掺混比和预喷-主喷喷油间隔相同条件下,NO_x 排放量随着预喷射量增大而呈现增大趋势,碳烟排放量随着预喷射量增大而降低,降低幅度较小。

通过分析不同掺混比、不同喷油策略对 NO_x 和碳烟排放量影响因素可知,预喷射量为 25% 方案 NO_x 排放高于纯柴油单次喷射;预喷射量为 15% 方案排放值高于预喷射量为 5% 的方案。方案为 B5-5%-10、B5-5%-20、B5-5%-30 时 NO_x 和碳烟排放量最优，且低于纯柴油排放。

3. 预喷方案对扭矩的影响

图 4-61 为生物柴油掺混比 5%，预喷射量为 5% 时不同预喷-主喷间隔角条件下柴油机的扭矩值。随着预喷-主喷间隔角度增大，柴油机的扭矩下降。高压共轨柴油机使用不同掺混比的生物柴油时，柴油机动力性均有一定程度的下降，并随着生物柴油的掺混比增大动力性下降。

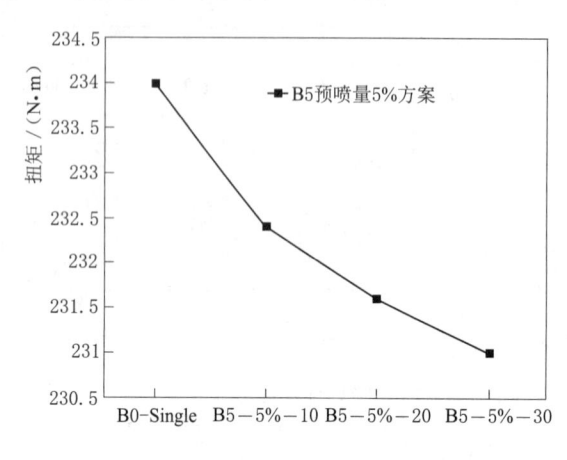

图 4-61 B5 预喷射量 5% 方案扭矩值

综合考虑柴油机扭矩、NO_x 和碳烟排放因素，最终选取 B5 生物柴油、预喷射 5%、预喷-主喷喷油间隔为 10°CA 的方案作为该柴油机在该转速下的最优预喷射方案。

4.7　8L265 柴油机冷却系统分析

内燃机经历了 100 多年的发展，早已成为性能优良、技术成熟、在国民经济各个领域中得到广泛应用的热能动力机械。但是，由于越来越严重的世界性的石化能源短缺，人类生存环境的恶化以及其他新型动力机械的竞争，使内燃机从以往只要求特定工况性能（包括动力性能、经济性能、排放性能、噪声及操纵性能等）优化转到对整个运行范围内的各个工况点的性能均优化的要求；要求内燃机从过去以经验设计为主的时代过渡到以近代新学科的新技术为基础的计算机辅助设计上来。利用计算机仿真技术对内燃机整机和各个系统仿真分析研究对内燃机的设计已非常重要。

柴油机是一种复杂的动力机械。作为柴油机的重要组成部分，冷却系统关系到柴油机的热应力、热变形和磨损等问题。机构设计合理的冷却系统，不仅可以提高柴油机的可靠性和耐久性，而且可以提高柴油机的动力性、经济性和排放性。对于缸数较多的柴油机，冷却系统结构非常复杂，运用计算机三维数值模拟仿真是常用方法。柴油机冷却系统优化设计中，冷却水的三维流动与传热是最主要的问题，其直接影响到柴油机的冷却效率、高温零件的热负荷、整机的热量分配和能量利用。对于多缸柴油机，各缸冷却水的均匀性及控制前后气缸冷却水流动的均匀性也是特别重要的问题。目前，计算流体力学（Computational Fluid Dynamic，CFD）已经成为解决这些问题的重要手段。它利用电子计算机对计算区域进行离散处理，再通过对离散区域的求解来模拟和研究黏性流体的运动规律。运用 CFD 技术进行柴油机冷却系统内部流场的仿真，分析其冷却能力，找出影响冷却系统性能的主要因素，可用于指导柴油机冷却水套的设计和试验工作，能够有效地缩短研发周期，节省人力和物力，节约研发成本。本节通过对直列8缸8L265柴油机冷却系统的数值计算，给出了冷却水的流动情况以及整体和局部的压力分布情况、各缸冷却水的流速分布。

柴油机水套的结构非常复杂，在设计开发过程中，在没有样机水流试验数据的条件下，CFD分析手段为结构设计工程师提供了强大的技术支持。通过对流场进行CFD分析，可以清楚地了解水套内冷却液流动情况，避免了设计过程中的盲目性，从而保证了水套结构的合理性和冷却可靠性。将CFD技术用于柴油机冷却系统的开发过程中，利用商用软件STAR-CCM+求解水套内的流场，通过对计算结果的分析提出改进方案，使其满足冷却要求。

4.7.1 研究的目的和内容

本节对直列8缸柴油机冷却系统进行三维探索，其缸径为265mm，行程为300mm，转速为1000r/min。柴油机冷却系统流动与传热模拟过程如下。

（1）建立冷却水套三维模型。利用三维建模软件UG，对发动机冷却水套的缸体和缸盖等部分进行建模。建模过程中，对于构件特别复杂的部分进行简化处理，省略一些次要的细节（如过渡圆角、倒角等），特别需要重点分析的部分（如缸盖鼻梁区）则不做简化处理。

（2）划分计算网格，确定仿真边界条件。利用STAR-CCM+软件对三维模型划分网格，全局网格采用非结构化多面体网格，对缸盖鼻梁区进行网格加密处理。

（3）利用STAR-CCM+软件对冷却水套三维仿真，得到三维速度流场、压力场和温度场。对冷却效果进行分析和评价。

（4）根据冷却系统仿真得到的结果，输出数据模型仿真的计算结果。

4.7.2 冷却水数值模拟解决方案

冷却水数值模拟的解决方案过程如下。

（1）建立冷却过程所需的控制微分方程。这是从传统流体力学的角度对冷却过程的描述，求得控制微分方程的解析解便得到与冷却过程相关的一切数据。当然，不借助离散的方法求解析解的过程是基本不可能实现的。

（2）确定冷却过程的初始条件和边界条件。顾名思义，初始条件为初始时刻冷却系统所需满足的条件。对稳态问题，初始条件的设定会影响离散方程的收敛，需谨慎设置。边界条件为流体边界需要满足的条件，主要分为进口、出口的流动边界条件和壁面边界条件等。

（3）对冷却系统进行离散处理，生成计算网格和节点，并建立网格的离散方程。此过程是数值模拟仿真的精髓。离散化的方法包括有限差分法、有限元素法和有限体积法,离散的目的是为了将控制方程的微分形式转化为离散方程的代数形式,将解析解的求解过程转化为离散解的求解过程。

（4）将初始条件和边界条件离散,求解离散方程,由离散网格的代数方程,代入离散后的初始条件和边界条件求解离散方程,若解不收敛则需重建离散方程,若解收敛,则得到离散解。求解方法主要为 SIMPLE 算法和 PISO 算法。

（5）根据解得到冷却水控制微分方程的解析解,并输出数据模型仿真的计算结果,如图 4-62 所示。

1. 几何造型

采用 UG 软件对该 8 缸柴油机冷却系统进行三维建模。几何形状的精确描述是准确数值模拟的重要前提,要保证数据模拟的准确性,就需要对实际的几何构造进行精确的造型,最好是和实际的几何形状相差无几。但是该直列 8 缸柴油机冷却系统整体结构十分复杂,完全按照其实体建立计算模型非常困难,在保证对数值模拟计算结果不产生很大影响的前提下,对实际的实体结构进行一些等效简化处理,如略去某些过渡圆角、倒角等次要细节,对一些关键位置（如缸盖水套"鼻梁"区）不作任何简化,如图 4-63 所示。

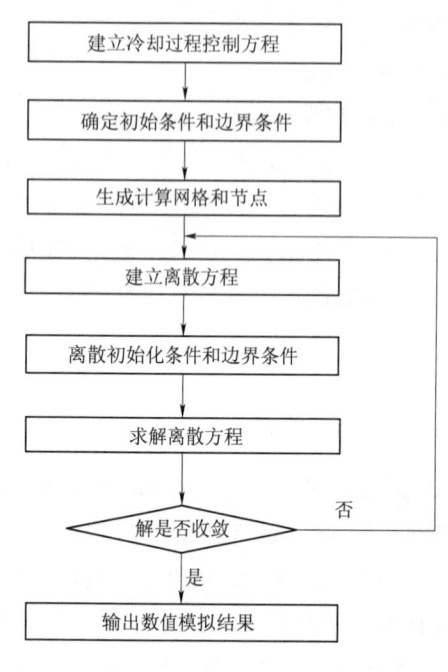

图 4-62 冷却水数值模拟解决方案

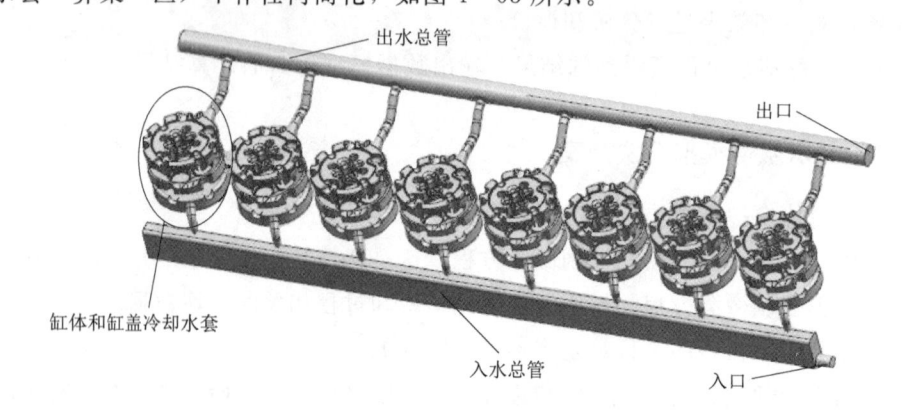

图 4-63 冷却水套模型

2. 网格的划分

网格就是流体区域内一些离散的点,计算流体力学就是通过数值方法将流体控制微分方程离散,得到网格上的离散方程并求解离散方程组,最终得到控制方程的解。在计算流体力学过程中,网格划分技术和网格质量的好坏直接关系着求解精度和计算速度的优劣。如何划分网格受到人们越来越多的关注,网格主要可以分为结构化网格、非结构化网格和混合网格三大类。结构化网格是类似于计算机中的 3 位数组机构,节点位置可以根据网格的位置进行命名。而非结构化网格中节点的位置却不能用一个固定的法则来命名。混合网格顾名思义,就是结构化网格中混杂有结构化网格,网格是二者的组合。结构化网格生成时计算机工作量小,网格生成质量较高,网格更容易收敛,但会耗费更多的网格生成的人工用时。非结构化网格的生成有 3 种,即八叉树法、Delaunay 方法、陈面推进法。与结构化网格相反,非结构化网格的计算机工作量较大,相对计算机要求较高,网格质量不易控制,但会耗费更少的人工用时,且网格对模型的自适应性更强。

与三维实体相比,计算网格的建立在数值模拟中是一个非常棘手的问题。由于实际的冷却系统流动区域具有复杂且不规则的几何外形,为了保证计算精度,希望计算网格能尽量保持计算区域与实际流动区域相一致。同时网格的类型、质量、结构、尺度等都直接影响到计算的精度和稳定性。

STAR-CCM+对网格生成功能非常强大。STAR-CCM+使用 CD-Adapco 倡导的多面体网格,与原来的四面体网格相比,在保持相同计算精度的情况下,可以实现计算性能 3~10 倍的提高。本节运用该软件对 8 缸柴油机冷却水套进行网格的划分,全局网格为非结构化多面体网格,对某些关键区域(如缸盖鼻梁区)进行面网格加密处理,并且在除了入口和出口的壁面上生成了边界层网格,边界层数为 2,边界层类型为棱柱。网格总数约 130 万,如图 4-64 所示。

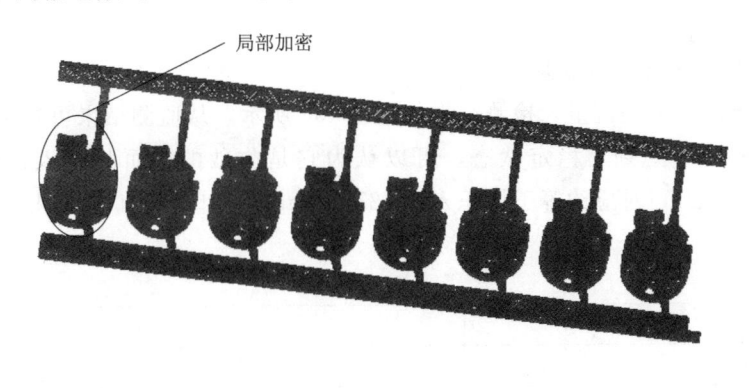

图 4-64 冷却水套网格

3. 设置边界条件

边界条件是进行数据模拟之前必须设定的流动边界参数,是解流体控制微分方程所需的定常参数。在冷却系统数值模拟中,流动边界条件的确定相对简单,而与传热相关的复杂边界条件难以精确确定。由于准确的传热边界条件难以确定,多数研究仅仅考虑了冷却水的流动问题,通过计算获得以往需要大量试验才能得到的流动信息。

在计算传热问题时，为了方便计算，一种方法是把壁面定义为同一温度；另一种是在研究传热时把冷却系统内冷却液的流动作为人为的边界条件进行处理。

边界条件主要分两种类型，即流动边界条件和壁面边界条件。本模型中边界条件参考设置如下。

(1) 流动边界条件。入口采用速度入口为 14m/s，并给定入口温度为 349K；出口采用压力出口，其值为标准大气压，并给定出口温度为 353K。

(2) 壁面边界条件。缸盖整体采用同一个平均温度为 383K，缸套采用整体温度为 368K。

4. 三维仿真求解

利用 STAR-CCM+ 对发动机水套进行三维仿真求解，计算工况选在柴油机工作的最大转矩工况，冷却介质为纯净水。在数值计算中，认为冷却水在水套内的流动状态是三维不可压缩的黏性湍流流动，采用稳态的计算模式，用优化的 SIMPLE 算法进行计算，空间差分格式采用二阶格式，时间差分格式采用一阶完全隐式格式，湍流模型选用 k-ε 高 Reynolds 湍流模型，在壁面区域使用 Norris 和 Reynolds 方程低雷诺数模型。在计算过程中，需要求解连续性方程、动量方程、能量守恒方程和湍能模型方程。

4.7.3 仿真结果分析

通过计算结果分析，得到冷却系统每个管路和机体的流速分布、温度分布和压力分布。

1. 出口平均流量监测

监测出口平均流量，检测结果如图 4-65 所示。从监测结果可看出，出口流量为 3.786998kg/s 达到了稳定状态，可以认为它是收敛的。而此时入口的流量对应为 3.786869kg/s，对应约等于体积入口 2274L/min，出口与入口流量相差很小，满足质量守恒定理。

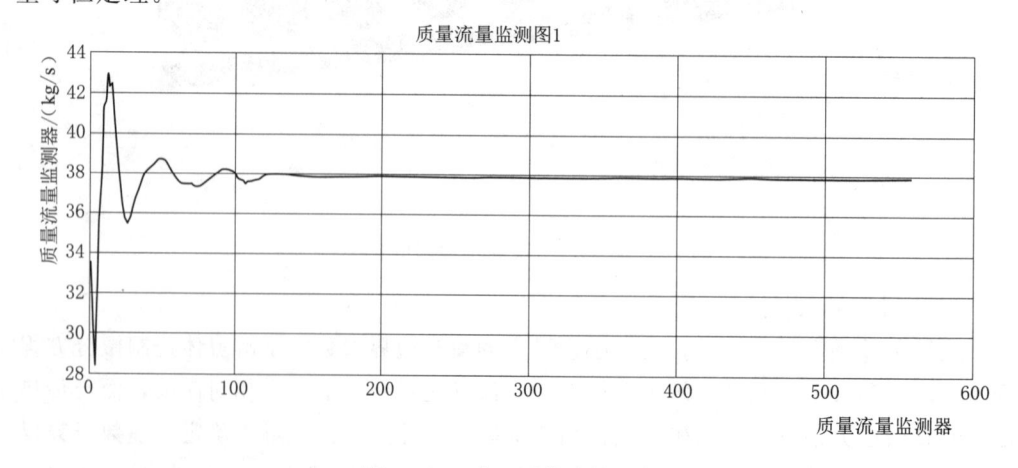

图 4-65　出口平均流量监测

2. 冷却水套速度流场分析

缸套和缸盖的温度场分布是由冷却水的流动决定的。冷却腔室内的冷却水流速越高，其存在流动死区越少，冷却效果越好。根据国外 CFD 咨询公司的计算经验，冷却水流速高于 0.5m/s 即可满足冷却要求。冷却水套流场分析主要包括流线图（图 4-66）和矢量图（图 4-67）两种。

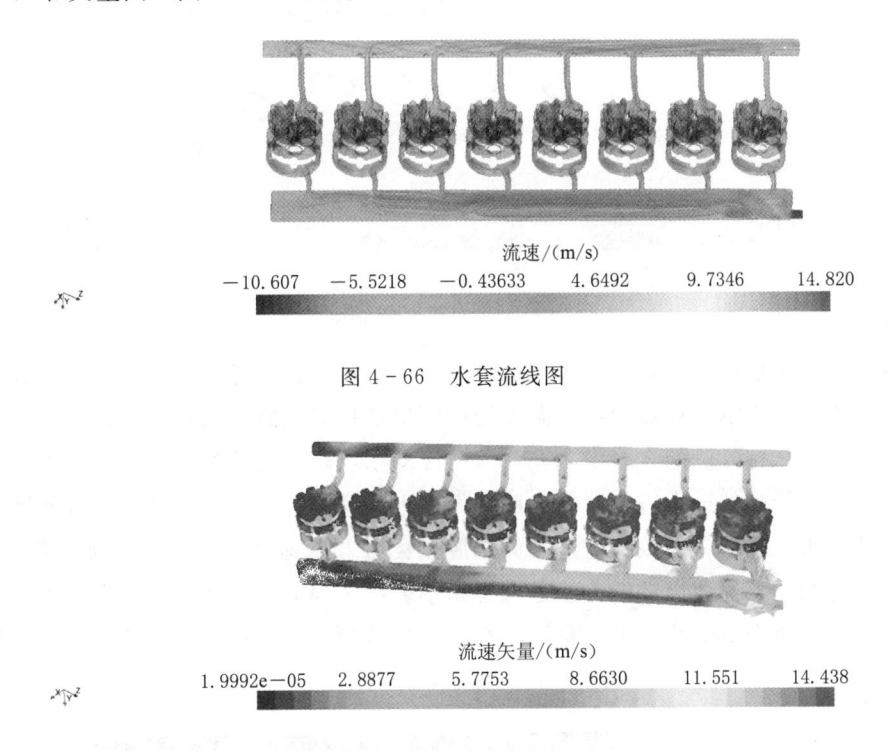

图 4-66 水套流线图

图 4-67 水套相邻表面速度云图

从流线图和矢量图综合分析可知，整个冷却水套的平均冷却水流速为 1.43m/s；缸套内冷却水平均流速为 1.14m/s；缸盖区域的冷却水平均流速为 0.76m/s，尖锐的棱角部分区域流速低于 0.5m/s。

图 4-67 所示为冷却水套内冷却水的速度分布矢量图。从图中可以看出，从总体上来说水套基本上没有出现流动死区，这杜绝了蒸汽囊形成的可能性。其流场分布比较均匀，缸套下部流速比上部流速高，水套流速平均为 1.43m/s 左右，满足设计要求，但在缸盖水套上部依然出现低速区，这对缸盖上部冷却效果会产生细微影响。缸套下部周向流动基本形成，为改善该处的热负荷及变形提供了有利条件。从单缸流场来看，1 缸、2 缸（本书假定离入水口距离最近的为 1 缸，往后依次类推）流速过高，这对发动机正常工作会产生一定影响。而 6 缸、7 缸、8 缸流速则相对要缓慢一些，但不影响散热效果。

3. 冷却水套温度场分析

对于冷却水套温度场，根据壁面边界条件的设定情况，重点考虑接触缸套和缸盖火力面及排气管道的冷却水的温度场。接触缸套的冷却水温度场可以从图 4-68 中看出，冷却水进入缸套冷却水腔后，温度逐渐升高，最高温度区域靠近排气侧的下方附近，比进口温度高，此处温度较高的原因是冷却水大部分从排气侧的 3 个上水孔流走，导致下方冷却效果比较差。

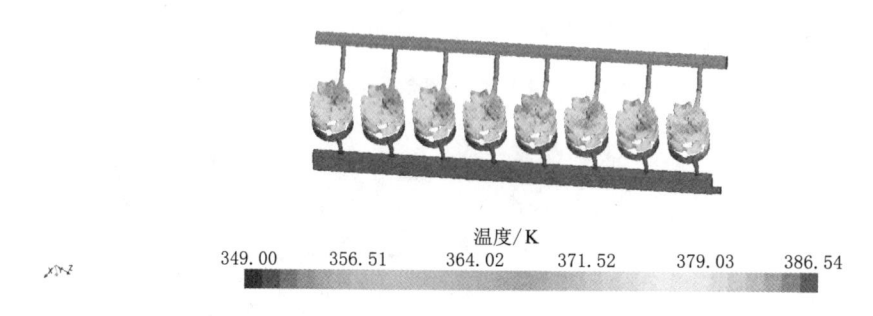

温度/K
349.00　　356.51　　364.02　　371.52　　379.03　　386.54

图 4-68　水套温度分布云图

水套冷却水温度场分布中，鼻梁区由于冷却水流动速度较快，温度较低且分布均匀，如图 4-69 所示。缸盖冷却水温度的峰值出现在进气侧的尖角处，比进口的温度高。这是由于从排气侧的 3 个上水孔流入的冷却水，较多的流经鼻梁区进入到其上部的冷却水腔，较少的进入进气冷却水腔；而靠近进气侧的两个上水孔进入进气侧冷却水腔的冷却水也不多，导致缸盖进气侧水腔内的冷却水流速过缓，出现流动缓慢区，尖角处尤为明显。优化设计的方法是考虑缩小鼻梁区到上部冷却水腔的冷却水道，或者增大进气侧两个上水孔的上水量，这样可以让冷却水更多地流向缸盖进气侧水腔进行冷却。

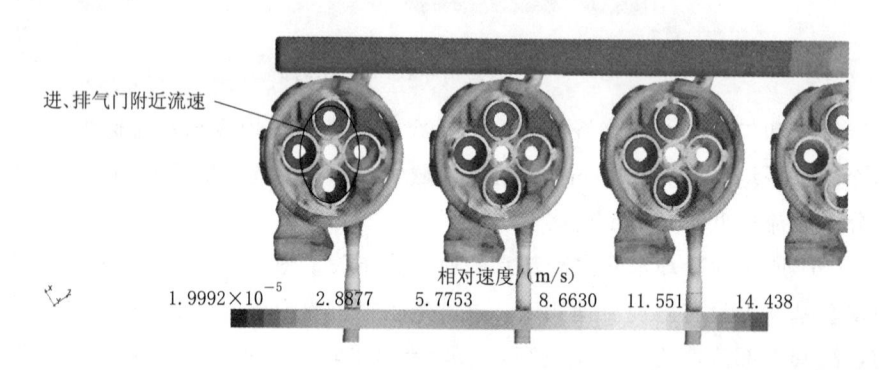

进、排气门附近流速

相对速度/(m/s)
1.9992×10^{-5}　　2.8877　　5.7753　　8.6630　　11.551　　14.438

图 4-69　第 8 缸局部流速

流速快的区域对应的散热效果好，冷却水带走的热量就多，所以对应的温度相应要小，从图 4-69 与图 4-70 可以得出结论。鼻梁区散热良好，其平均温度在 351K 左右。

通过对整个冷却水套温度分布云图分析，发现第 8 缸相比于其他气缸的散热效果要差，下面重点查看第 8 缸，其温度云图如图 4-71 所示。

从图 4-71 中可以看出第 8 缸在进气口的尖角处，由于局部流速过慢，使其温度

进排气门附近温度

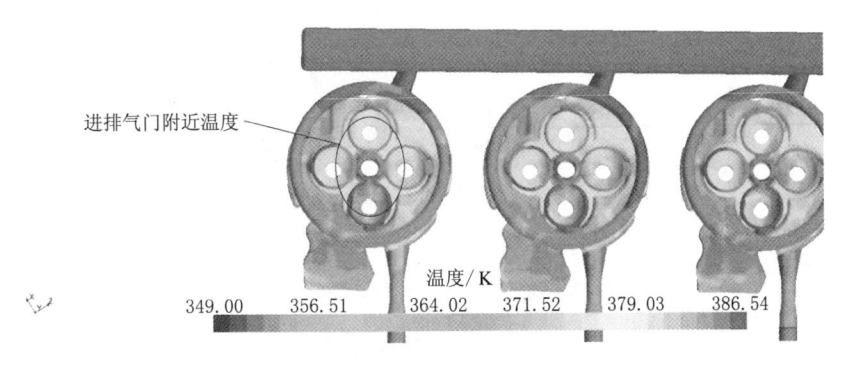

温度/K
349.00　356.51　364.02　371.52　379.03　386.54

图 4-70　第 8 缸局部温度

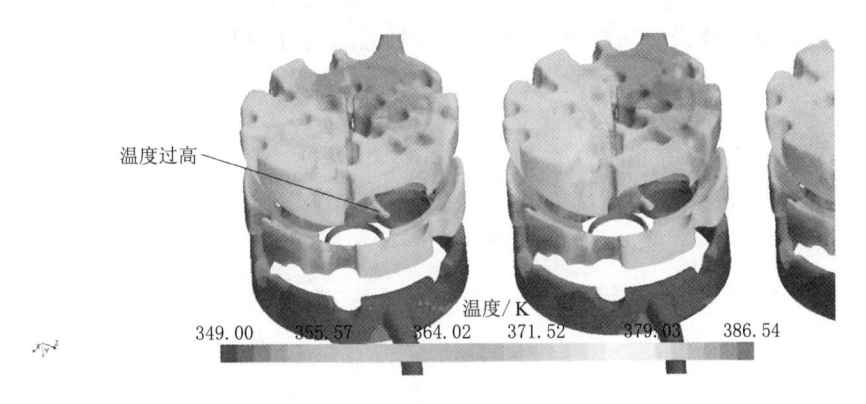

温度过高

温度/K
349.00　355.57　364.02　371.52　379.03　386.54

图 4-71　局部温度云图

达到 381K，比附近的区域稍高，但是由于这个区域棱角太过尖锐，不可避免会出现温度稍高，对其散热影响不大。而在进气口侧的边缘棱边的地方，相比于邻近区域，其温度也稍稍出现升高，但此区域散热效果良好。

4. 冷却水套压力场分析

冷却水套压力场云图分布如图 4-71 所示，冷却水从总入口流入，在冷却水流经各缸上水孔和鼻梁区后，压力损失较大，最后从总出口流出时冷却水压力降到最低，总压力损失为 1.693×10^5 Pa。

图 4-72 所示为缸体水套内冷却水的压力分布云图。从整体上看，压力分布比较均匀。通过分析压力云图可得出从 1 缸到 8 缸，进口压力由 59557Pa 依次增加为 105262Pa，差值为 45705Pa。这主要是由于输出端（8 缸一侧）的进水总管和出水总管封闭，流动阻力逐渐增大，从而导致进口压力升高。2 缸与 3 缸、4~8 缸压力分布十分接近。从单缸压力场分布来看，后 3 缸压力分布很均匀，而 1 缸、2 缸压力分布相对不太均匀。与其他各缸压力比较，1 缸压力相对较低，主要是由于进水总管和出水总管封闭，越往后的气缸其流动阻力越大，从而导致进口压力升高，而 1 缸压力反而较低。

5. 缸套截面上的速度云图

从图 4-73 可以看出，2 缸在此截面（缸套中间位置）的平均上水速度最快，某

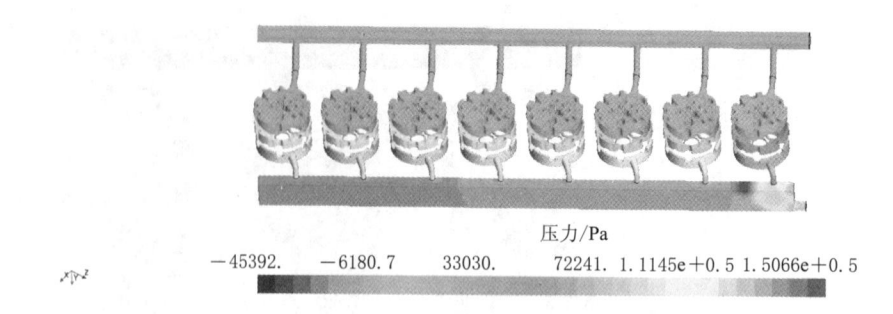

压力/Pa
−45392.　−6180.7　33030.　72241. 1.1145e+0.5 1.5066e+0.5

图4-72　冷却系统压力云图

些点的位置速度达到7.2m/s，这是由于2缸最靠近总入水口。而1缸在进口附近形成了漩涡致使其流速慢。从整体上看，1~4缸入水速度快是由于其离总入水口较近的缘故。而后4缸速度比前4缸小的原因是，水从总入水口分别进入各缸，中途在流经入水总管时，由于流体的黏性作用及摩擦损失，所以流经到后几缸时，流体速度比于前面要慢些，但是整体平均速度达到0.5m/s以上，是符合要求的。

速度/(m/s)
0.042044　1.6826　3.3232　4.9637　6.6043　8.2449

图4-73　缸套截面上的速度云图

6. 上水孔截面速度云图

从图4-74所示的上水孔截面（缸套缸盖接触表面）中可以看出，对于某个单独的气缸来说，邻近的3个一起的上水孔（半径10mm）上水速度要比旁边的两个水孔（半径5.1mm）大。这是因为邻近的3个上水孔的孔径要比分开的两个上水孔大的缘故。

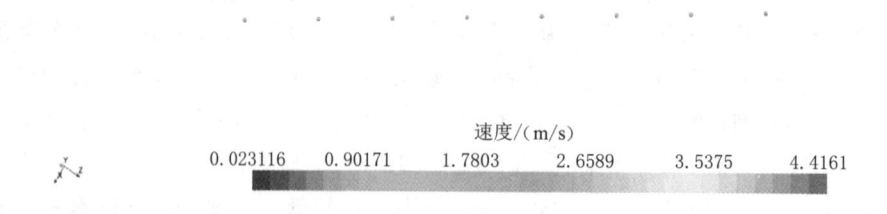

速度/(m/s)
0.023116　0.90171　1.7803　2.6589　3.5375　4.4161

图4-74　上水孔截面速度云图

7. 缸盖截面压力云图

从图4-75所示的缸盖截面（靠缸盖中间位置）可以看出，1缸压力最低，而越往后面则压力越高。截面上的压力分布符合整体发动机水套压力分布的大体趋势,但是从中也可以看出 5 缸、6 缸、7 缸、8 缸在出水口的位置压力相对较大,但它们的压力分布云图较相似,比较均匀。

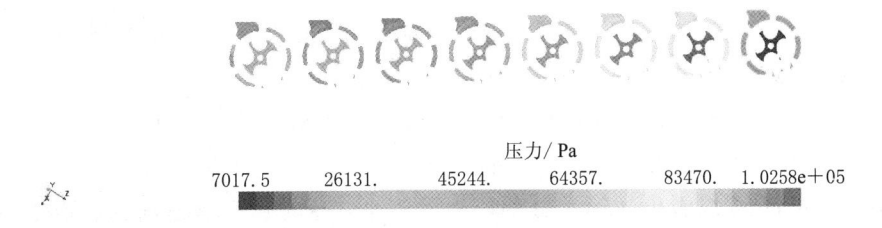

图 4-75 缸盖截面压力云图

8. 各缸入口压力及速度

各缸的进口压力(入水总管分别跟各缸缸套入水口接触地方的压力)如图 4-76 所示,其单位为 Pa,可以看出从 1 缸到 8 缸,进口压力由 59557Pa 依次增加到 105262Pa,差值为 45705Pa。这主要是由于输出端 8 缸的进水总管和出水总管封闭,流动阻力逐渐增大,从而导致进口压力升高。

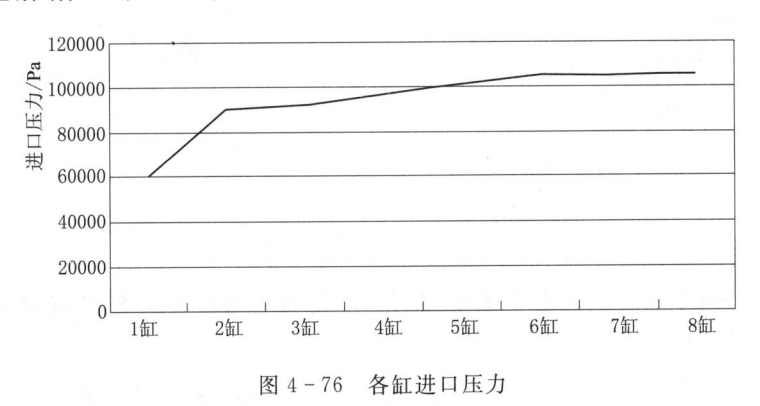

图 4-76 各缸进口压力

各缸的进口速度如图 4-77 所示,其单位为 m/s。从 1 缸到 8 缸,进口速度由 5.86m/s 增加到 6.55m/s,然后依次减小到 5.60m/s,差值为 0.95m/s。2 缸流速较

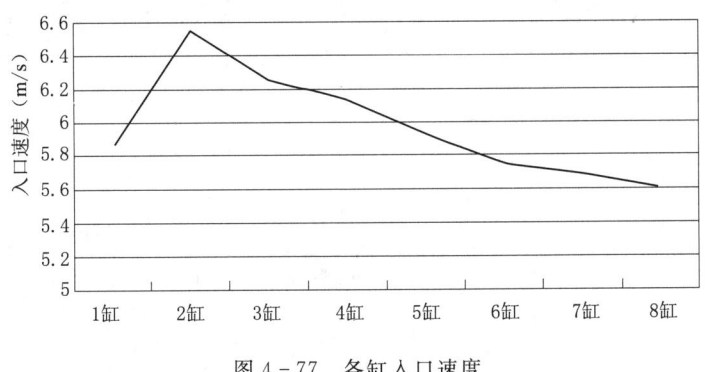

图 4-77 各缸入口速度

大的原因是，该处离进水总管的进口和出水总管的出口较近，流动较为通畅，流动阻力较小。而1缸进口速度反而比后三缸小，是因为水从总入水口进入，在1缸入口与总入水口之间形成了涡流，漩涡的存在反而不利于水的正常流动。

综上，根据进口流量和压力的综合比较，可以得出：前两缸冷却效果很好，能较好地满足散热要求，而第8缸冷却效果相对差些，但是也能很好地满足散热需求。

9. 各缸压力及速度损失

各缸压力损失是以总入水管分别流入各缸入口接触位置的压力值与各缸出口与出水总管相接触的面的压力值之差，其单位为Pa。

从图4-78可以看出，第1缸的压力差较小，这是由于这是离进、出水口最近的地方，流体能很顺畅地通过；第8缸的压力损失相对较大，这是因为水在从入水总管流经各缸时，当到达第八缸时，受到的阻力摩擦等原因引起的各种损失是最大的。

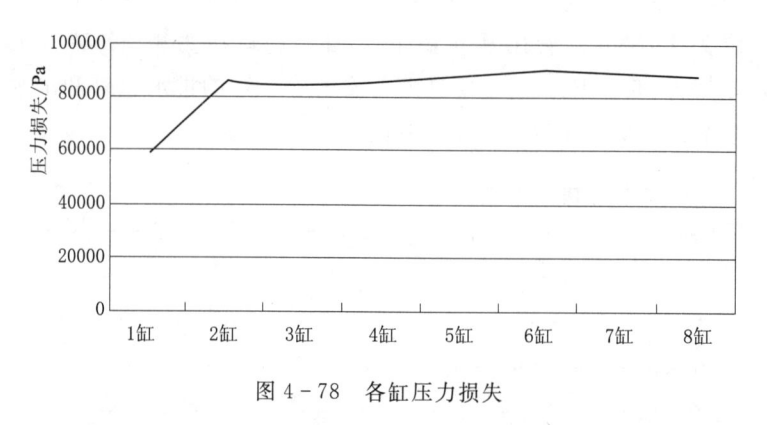

图4-78 各缸压力损失

在计算各缸的速度损失时，速度损失截面位置与各缸压力损失截面是同一个位置，其单位为m/s。

从图4-79可以看出，第1缸的速度损失最大，这是因为1缸离入水口最近，所以当水从第1缸入水口进入时，对它的阻碍作用就小，所以进口速度快。

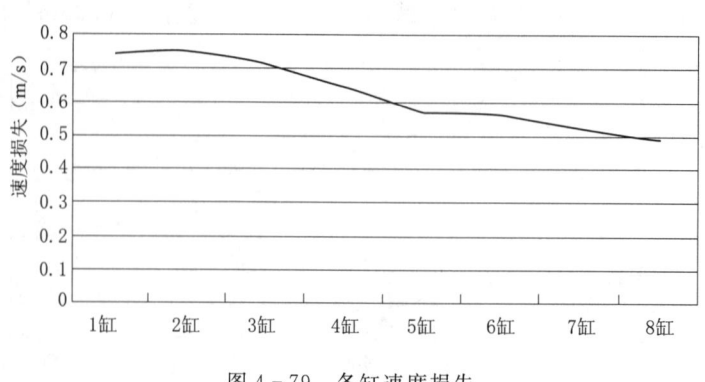

图4-79 各缸速度损失

4.7.4 结论

本节利用流体计算软件 STAR-CCM+对直列 8 缸柴油机水套进冷却水流动情况模拟,可以较准确、详细地分析冷却水的真实流动情况。初步评价了其冷却能力的大小,在此分析基础上,可以得到的结论如下。

(1) 本书介绍了柴油机冷却系统的重要性,并利用流体软件对其流场进行分析,从整体和关键部位分析流场的情况,从而可以全面了解冷却水套的详细情况,为柴油机的开发设计和优化工作提供一定的参考依据。

(2) 结果显示,冷却水套的冷却液的整体压力损失比较合理,平均流速较高;冷却水套流速平均值为 1.43m/s 左右,发动机整体散热效果良好。缸盖冷却水套的进气侧尖角处温度稍高,是因为它的棱角过于尖锐,但其不影响柴油机正常散热。

(3) 对于柴油机的重点区域——鼻梁区,由于鼻梁区冷却水流动速度较快、温度较低且分布均匀,因此其散热效果良好,其平均温度在 351K 左右,能满足散热要求。

(4) 从冷却水套总的温度云图来看,7、8 两缸相比于其他各缸温度稍高,但是由于冷却水平均流速在 0.5m/s 的标准以上,它能带走足够多的热量,所以不会出现散热不良等问题。若有需要可选择适当优化,如把入口跟上水口孔孔径适当增大。

(5) 冷却水总入水口的位置虽然距离 1 缸最近,但是由于水流入总入水管时,在 1 缸跟总入水口的位置形成漩涡,所以水在流入第 1 缸缸套时速度反而不是最快的。

(6) 内燃机燃烧室内,燃烧、传热和流动相互作用、相互影响,使用流固耦合仿真模拟是研究燃烧室传热问题的必然趋势,它跟实际的流场情况更加相符,但是目前提供的数据尚不足以进行流固耦合分析,后期还需要对其进行完善。

第 5 章 混合动力系统构型分析

5.1 混合动力系统构型分析

21 世纪以来，能源危机和环境污染两大问题，严重影响人类社会的可持续发展，同时日益受到各国政府和民间的重视。随着汽车工业的发展，汽车保有量增加，对能源和环境压力日益加剧，研究开发低排放、低油耗的汽车新技术势在必行。混合动力车辆是一种介于普通汽车和电动车辆之间的过渡型车辆，兼有两者的一些优点，如低排放、高效率与续驶里程长，成本较采用传统动力系统的车辆稍高。因此，混合动力是近期切实可行的一条车辆发展技术路线。

混合动力汽车根据动力系统的结构可以分为串联构型（Series）、并联构型（Parallel）、混联构型（Combined，Series-Parallel，Power-Split）几种形式。不同构型的混合动力系统各有优、缺点，其方案的选择取决于多种因素，如驾驶工况、应用环境、成本考虑等。

5.1.1 串联构型

如图 5-1 所示，串联构型（Series Hybrid）的特征是只有一个能量转换装置可以为车辆提供驱动力。在串联式混合动力汽车中发动机带动发电机发电，或通过燃料电池发动机直接输出电能。其电能通过控制器直接输送到蓄电池或电动机。电动机产

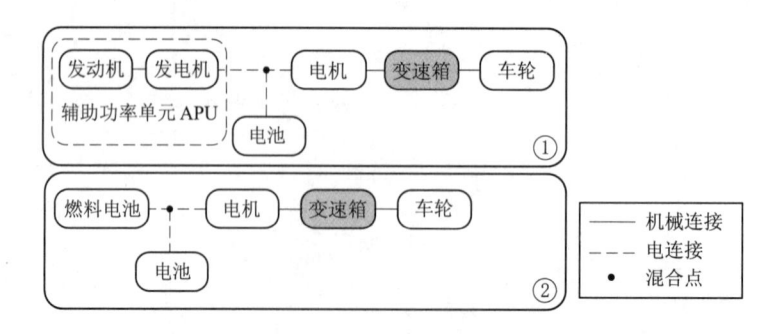

图 5-1 串联混合动力系统构型

生驱动力矩驱动汽车，或工作在发电模式下将车辆机械能转换为电能（制动能量回收）。因为系统中为车辆提供驱动力的通路只有电机一条，没有分支，故称为串联混合动力。发电机输出的电能和电池储存的电能均可为电机提供能量，在此处系统能量以电能的形式进行混合。电池作为能量储存器用于平衡能量差值。系统通过发电机-电机实现了能量的机械-电-机械转换，从传统汽车通过轴进行的机械传动变为通过电缆进行的电传动，从而实现了发动机和车轮间完全的机械解耦。电机和车轮间可根据需要安装变速箱、减速箱等机械变速装置。

发动机/发电机构成的发电单元又称为辅助动力单元（Auxiliary Power Unit，APU）。其中的发动机可以为汽油机、柴油机、燃气发动机等多种类型。发电机通常只具备发电模式（不需要电动模式），可以为永磁发电机、交流同步发电机等。交流发电机还需配备整流器或AC/DC变换器等变流装置，以便接入电池直流总线。由于电机功率通常较大，发电机输出、电池、电机输入共享的直流总线多为高压总线（300~500V）。除电池外，超级电容器也可用作电能存储装置，用于减轻系统重量和提高制动能量的回收率。

串联构型系统一般具有部件体积大、重量大的特点，多应用于大型客车、货车等商用车型中。

1. 系统特点

串联混合动力中发动机与车辆完全机械解耦，其运行工况不受汽车行驶工况的影响，可以始终控制在最佳的工作区稳定运行。当发电机的发电功率大于电动机所需的功率时（如汽车减速滑行、低速行驶或短时停车等工况），发电机向电池充电以维持能量的平衡；当发电机发出的功率低于电动机所需的功率时（如汽车起步、加速、高速行驶、爬坡等工况），电池则向电动机提供额外的电能。串联式混合动力电动汽车适合负载频繁变化的市区工况，因为发动机可以不受道路情况影响保持高效率运行发电。而在负荷持续较高的高速路工况行驶时，往往因为要经过机械能—电能—机械能多次能量转换，与传统车辆和并联构型相比，系统效率相对较低，不能体现出优势。

采用串联式结构控制简单，并可使汽车的排放降低。然而由于车辆所需的功率完全由电机提供，发动机功率需要完全由发电机吸收，必须采用功率大的发电机和电动机，使整车成本提高。

2. 系统工作模式

（1）纯电动驱动模式。当车辆低速行驶、倒车或蠕行时，电机需求功率很小，当此时蓄电池荷电状态（SOC）很高时，系统进入纯电动模式。发动机停机，电机所需的能量完全由电池提供。这样避免了发动机工作在低负荷区域带来的不经济燃油消耗，提高了系统综合效率。当电机需求功率增大到一定程度后，或蓄电池SOC降低到一定程度后，APU启动发电，系统进入发动机/电机联合工作模式，如图5-2所示。

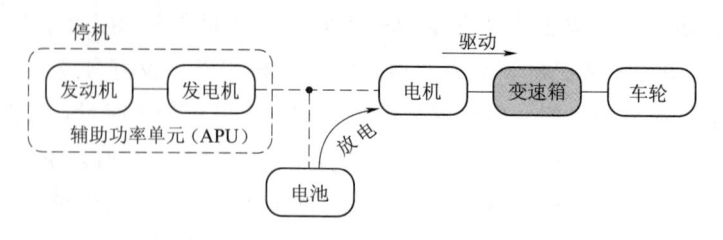

图 5-2 串联混合动力工作模式——纯电动模式

(2) 发动机/电机联合工作模式（功率分配模式）。车辆行驶过程中的大多数情况下，系统处于此工作模式。APU 系统向外发电，电机消耗电能驱动车辆行驶。此模式又可细分为两种情况：当 APU 输出功率小于电机需求功率时，不足的电能由蓄电池提供，蓄电池放电；反之，当 APU 输出功率大于电机需求功率时，多余的电能储存于蓄电池中，蓄电池充电。这样，APU 的输出功率不直接受车辆行驶状态影响，可优化控制在高效工作区域中，如图 5-3 所示。

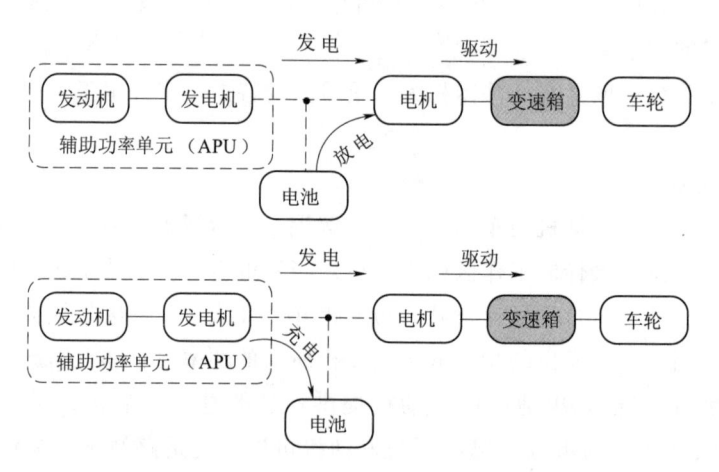

图 5-3 串联混合动力工作模式——联合工作模式

(3) 制动能量回收模式。当车辆进行制动时，电机可工作在发电模式，向车轮提供制动扭矩，将车辆的动能转换为电能，存储于蓄电池中。这样，车辆制动过程中的动能没有像传统车辆那样被摩擦做功转化为热的形式消耗，而是通过电机转化为电能，实现了能量的回收，如图 5-4 所示。

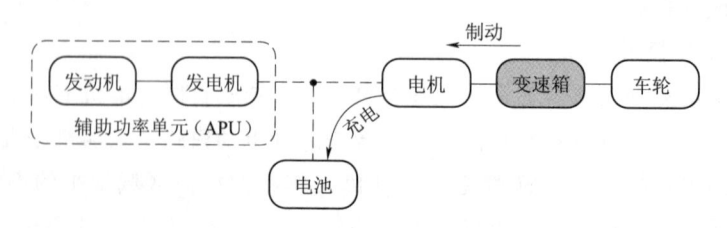

图 5-4 串联混合动力工作模式——制动能量回收模式

对于单轴驱动车辆，只有由电机驱动的驱动轮可以进行制动能量回收，其他车轮上的制动力仍由机械制动器提供。驱动轮上的制动力也只是对其部分进行回收，传统机械制动器通常出于安全考虑仍然发挥作用。

制动过程中回收能量的大小受路面特性、车辆制动安全特性、电机制动功率和电池充电接收特性等因素制约。

(4) 停车充电模式。当车辆处于停止状态时，特别是由于交通原因导致的临时停车时，如果蓄电池 SOC 过低，APU 系统输出电能为蓄电池进行充电，系统工作在停车充电状态。此模式对于迅速补充蓄电池电能和避免发动机频繁停机具有显著效果，如图 5-5 所示。

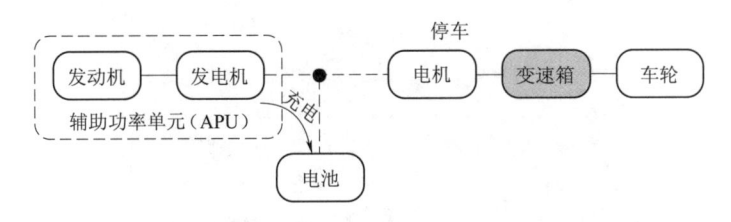

图 5-5 串联混合动力工作模式——制动能量回收模式

3. 系统实例

(1) 构型 1 实例——国外柴油串联混合动力

Orion 客车工业和 BAE 系统团队 1997 年就成功地将混合动力客车推向了市场。目前 Orion Ⅶ 型混合动力客车已经成为世界领域的领导品牌，仅在纽约市就有 200 辆运行，在多伦多、旧金山和纽约市等地的订单也超过了 700 辆。截至 2005 年，其在纽约市的运行里程已超过 100 万 mile。

其系统参数见表 5-1。

表 5-1　　　　　　　　　Orion Ⅶ 客车动力系统参数

电机	持续功率/kW	184
	峰值功率/kW	235
发动机	类型	Cummins ISB 柴油机
	排量/L	5.9
发电机	功率/kW	140

其系统的油耗/排放数据与传统车对比见表 5-2。

表 5-2　　　　　　Orion Ⅶ 客车油耗/排放数据与传统车对比

类　型	NO_x 排放 /(g/mile)	微粒排放 /(g/mile)	CO_2 排放 /(g/mile)	油耗 /MPG
柴油动力	18.8	0.24	2.84	3.6
CNG 动力	11.0	0.02	2.66	3.1
BAE 混合动力	9.1	0.02	1.95	4.5

(2) 构型 1 实例——国内柴油串联混合动力。北京时代华通公司基于柴油发动机的串联混合动力大客车已经在北京、株洲、聊城等多个城市示范运营。2004 年株洲电动汽车示范运营公司成立，为国家级电动汽车示范线，如图 5-6 所示。其混合动力系统构型如图 5-7 所示，系统中使用了由二极管组成的整流桥作为三相发电机和直流总线间的变流装置。与可控 AC/DC 装置相比，大大降低了系统成本，但对控制上提出了更高要求。

图 5-6　时代华通串联混合动力客车

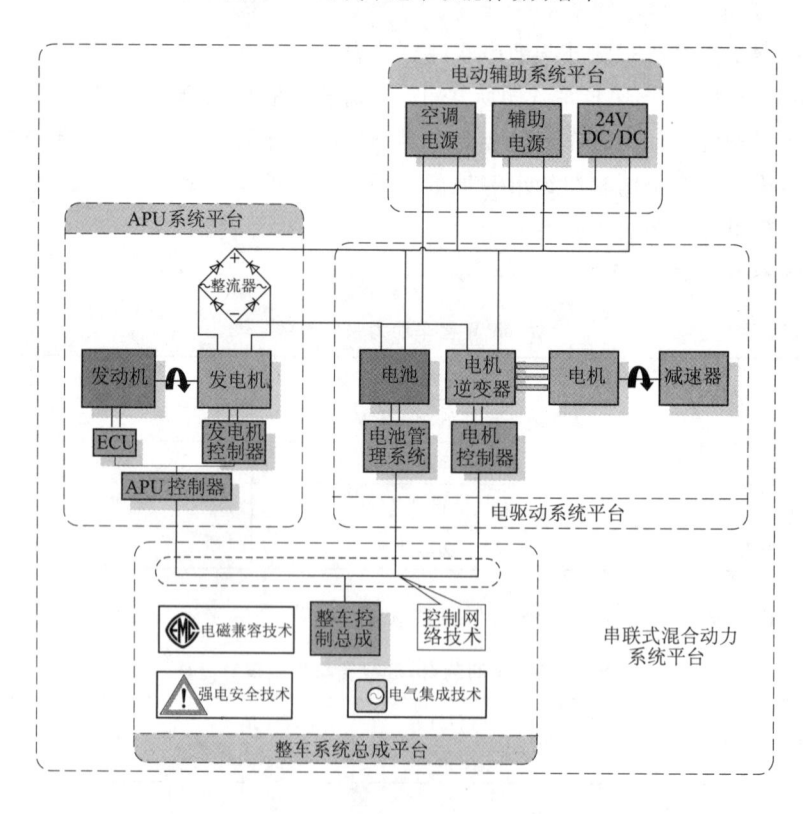

图 5-7　时代华通串联混合动力系统结构

系统参数见表 5-3。

表 5-3　　　　　　　　时代华通串联混合动力客车参数表

车辆	尺寸 L×W×H/mm	11220×2500×3200
	乘员/人	60
电机	持续功率/kW	100
	峰值功率/kW	150
	最大扭矩/(N·m)	1000
发动机	类型	Sofim 高压共轨柴油机
	排量/L	2.8
	功率/kW	107
发电机	功率/kW	78
电池	类型	NiMH
	容量/(A·h)	60
	工作电压/V DC	320～450

(3) 构型 1 实例——氢天然气串联混合动力

清华大学与美国能源部合作的氢天然气（CNG）串联式混合动力城市公交车如图 5-8 示，系统结构如图 5-9 所示。CNG 混合动力车经济性比原车改善 25.9%，NO_x 改善 76.8%，CO 改善 68.16%，HC 改善 42.4%。排放改善显著。

图 5-8　CNG 串联式混合动力大客车

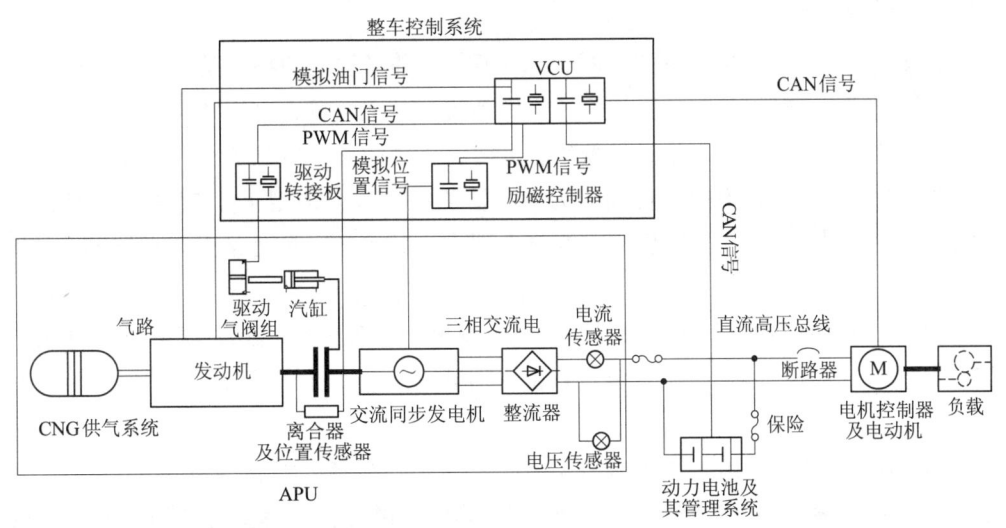

图 5-9　CNG 动力系统结构总图

系统参数见表 5-4。

表 5-4　　　　　　　　　CNG 混合动力客车参数表

车辆	尺寸 L×W×H/mm	11400×2550×3150
	整备质量/kg	12200
	满载质量/kg	15500
	核定乘员/人	78
电机	持续功率/kW	100
	峰值功率/kW	150
	最大扭矩/Nm	1000
发动机	类型	CNG
	排量/L	5.3
	功率/kW	132/2300
发电机	型号	StamfordUC274C
	功率/kW	78
电池	类型	NiMH
	容量/(A·h)	80
	工作电压/V DC	320～450

从文献的总结看，串联式混合动力汽车最大特点是排放显著降低，节油效果在 25% 左右。

5.1.2 并联构型

并联式驱动系统结构示意图如图 5-10 所示。并联构型的特点是有多个能量转换装置可以同时给车辆提供驱动力。系统由发动机、一个电机、电池和传统车辆机械传动装置构成。电机与发动机通过机械耦合方式将机械能混合后驱动车辆行驶。根据混合点的位置不同，并联构型又可细分为离合器前混合型（构型 1）、离合器后混合型（构型 2）、变速箱后混合（构型 3）、双离合器型（构型 4）和道路混合型（Through the Road，TTR）（构型 5）。

并联构型中的电机一般同时具备电动机/发电机两种工作模式，既可以将电池中储存的电能转换为机械能输出，也可以通过发电模式将机械能转换为电能储存在电池中。

其中构型 1 结构多用于微混合（Micro Hybrid）和轻度混合（Mild Hybrid）系统。构型 2～5 多用于全混合（Full Hybrid）系统。微混合、轻度混合和全混合是按照系统混合比进行的划分，其定义为电机功率在所有动力源功率总和中所占的比例，即 $P_{mot}/(\sum P_{mot}+P_{eng})$。微混合动力中电机功率很小，通常只具备快速启动/停止发动机和部分制动能量回收功能。轻度混合则在微混合的基础上增加了电机助力和更强

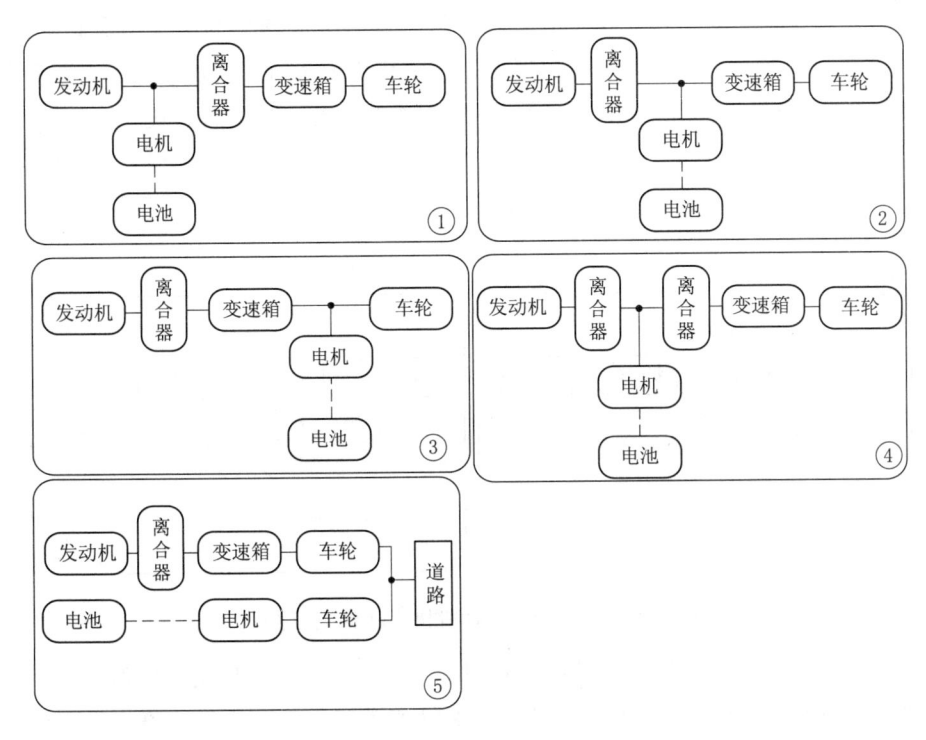

图 5-10 并联混合动力系统构型

的制动回收能力。在全混合中电机功率已经足够大，可实现单独驱动车辆能力，从而使系统具备纯电动能力。

1. 系统特点

并联构型系统中车辆驱动力通常主要由发动机提供，电机起到辅助作用。即使电机不工作，系统仍然可以依靠发动机驱动车辆行驶。电机的作用只是改变发动机的工作状态，使得发动机避免工作在低效率区域，从而提高系统综合效率。因此，所要求的电机、发动机功率可以降低，电池容量可以减小，电池组重量也可以降低，使制造成本降低。

从图 5-10 中可以看出，根据离合器和混合点位置关系不同，并联系统可以细分为几种构型。对于混合点前没有离合器的构型（构型 1），离合器位于混合点后，发动机不能独立于电机脱开。发动机起系统主要动力源的作用，电机只起辅助作用，一般没有纯电动状态，系统通常为微混合或轻度混合动力系统。发动机和混合点之间存在离合器的构型（构型 2~4），发动机可以通过离合器分离实现与传动系统脱离，车辆由电机独立驱动。因此，此类构型通常也需要功率较大的电机，系统多为深混合动力系统。对于混合点后有离合器的系统（构型 1、4），可以通过发动机和车辆传动系统脱开，采用电机实现发动机迅速启动功能。

在并联式混合动力电动汽车中，电机通过从系统中加、减扭矩来调节发动机的负荷。在加速时，电机工作在电动模式，消耗蓄电池中的电能为系统提供扭矩，帮助车辆加速。在制动时，电机工作在发电模式，将车辆机械能转换为电能储存到电池中。另外，在车辆行驶过程中，电机还可以根据发动机当前运行工况的油耗、排放和蓄电池 SOC 情况智能决定扭矩输出，从而进一步对系统油耗、排放进行优化。

2. 工作模式

（1）发动机快速启动/停止模式。如前所述，只有混合点后有离合器的系统构型 1、4 具备此模式，如图 5-11 所示。

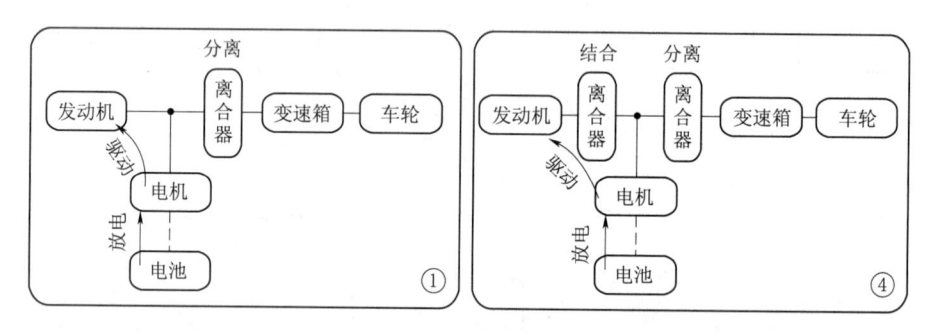

图 5-11 并联构型发动机快速启动/停止模式

通过混合动力电机可以将发动机在短时间（<1s）内快速启动，从而实现发动机的快速启动/停止。在车辆由于交通等原因临时停车时，发动机迅速停止，取消了原有的怠速状态，节省了怠速状态中的燃油消耗和有害气体排放。当检测到司机发出的车辆起步意图后，发动机被迅速启动，驱动车辆前进。

（2）纯电动模式。只有发动机和混合点之间存在离合器的构型 2~5 具备纯电动模式，如图 5-12 所示。

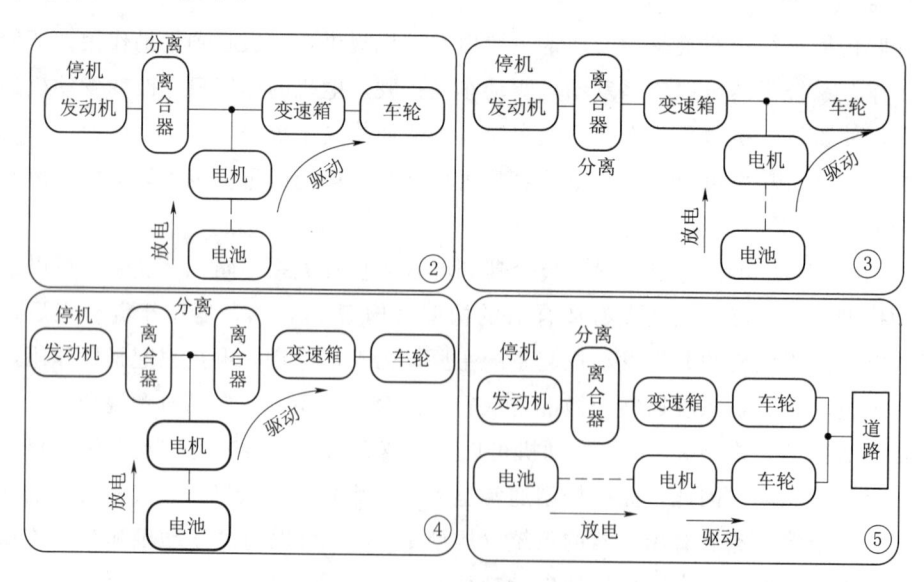

图 5-12 并联构型纯电动模式

当汽车起步蠕行、低速行驶或倒车时，发动机前的离合器分离，发动机不工作，电机为车辆提供驱动力，电池放电。此模式使得发动机在小负荷时可以完全停止旋转，减少了燃油消耗。

（3）联合工作模式。此模式是汽车正常行驶时系统的主要工作模式，各个离合器均处于结合状态。发动机和电机联合工作。当车辆起步加速或上坡时，车辆需求功率较大，电机处于电动模式输出扭矩，对系统进行功率补偿，蓄电池放电。当汽车处于中低速巡航或蓄电池 SOC 很低时，电机处于发电模式，将发动机输出的一部分扭矩转变为电能为蓄电池充电，如图 5-13 所示。

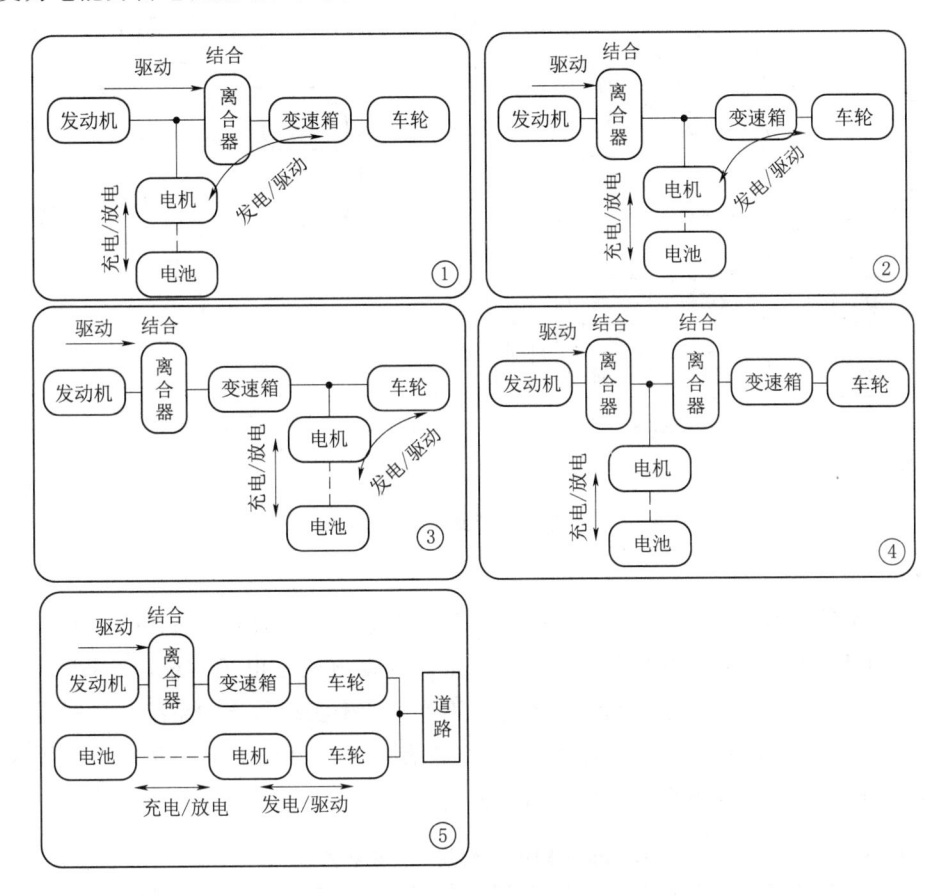

图 5-13 并联构型联合工作模式

在此模式中，电机根据发动机当前运行工况的油耗、排放和蓄电池 SOC 情况智能决定扭矩输出，从而进一步对系统油耗、排放进行优化。

（4）制动能量回收模式。当车辆减速制动时，电机工作在发电模式，将车辆机械能进行回收，转变为电能为蓄电池充电。发动机和混合点间有离合器的构型可以通过分离该离合器使发动机停转，减小由于倒拖发动机造成的摩擦损失，以便回收更多的能量。对于发动机和混合点间没有离合器的系统构型，发动机停止喷油，工作在断油状态，减小燃油消耗。对于可控气门发动机，气门处于完全关闭状态（停缸），减少发动机泵气损失，以便回收更多的能量，如图 5-14 所示。

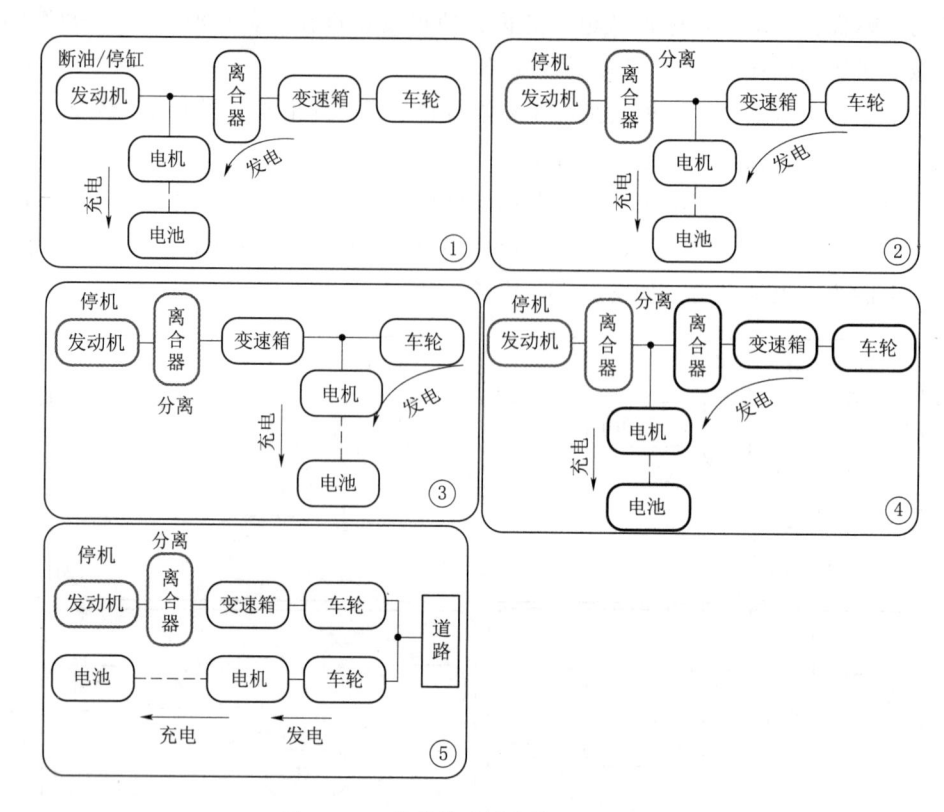

```
┌─────────────────────────────────┐  ┌─────────────────────────────────┐
│ 断油/停缸    离                 │  │ 停机        离  分离            │
│ ┌─────┐    合  ┌─────┐ ┌────┐  │  │ ┌─────┐    合      ┌─────┐┌────┐│
│ │发动机│────器──│变速箱│─│车轮│  │  │ │发动机│────器─────│变速箱││车轮││
│ └─────┘    ┌─┐ └─────┘ └────┘  │  │ └─────┘    ┌─┐     └─────┘└────┘│
│        │   │电│  ↙发电          │  │            │电│     ↙发电        │
│        └───│机│                 │  │        ┌───│机│                  │
│     充电   └─┘                  │  │   充电  │   └─┘                  │
│     ↓      ┌─┐                  │  │   ↓    │   ┌─┐                  │
│            │电│                 │  │        └───│电│                  │
│            │池│     ①          │  │            │池│      ②          │
│            └─┘                  │  │            └─┘                  │
└─────────────────────────────────┘  └─────────────────────────────────┘
```

图 5-14 并联构型制动能量回收模式

3. 系统实例

（1）构型1实例——微混合 BSG 系统。美国通用汽车公司于 2006 年年底在其 Saturn VUE 2007 款多功能车平台上安装了带式启动电机发电机系统，并投入量产。尽管通用公司的带式启动电机发电机系统并不是第一个实现量产的系统（法国雪铁龙等公司此前已将此技术量产），但其举动已充分表明了世界汽车工业界对此项技术的重视和对此技术未来市场看好。系统构成见表 5-5。

表 5-5　　　　　　　　GM Saturn VUE 混合动力系统参数表

整车性能	
城市油耗：27mpg	高速路油耗：32mpg
0～60mph 加速时间：10.2s	
比传统 VUE 车改善 20%	
汽油发动机	
排量：2.2L	可靠的皮带张紧系统
最大扭矩：220N·m/4400r/min	最大功率：127kW/6600r/min

续表

改进的 AT 变速器	
改进 Lundell 电机	
最大助力功率：4kW	发电最大功率：5kW（电功率）
助力最大扭矩：60N·m	质量：<12kg
NiMH 动力电池	
额定电压：36V	质量：<25kg
最大放电功率：10kW	最大充电功率：10kW

为解决发动机停机后驱动空调压缩机的问题，可以在曲轴带轮输出端加电磁离合器，使发动机停机后通过 BSG 驱动空调压缩机，如图 5-15 所示。

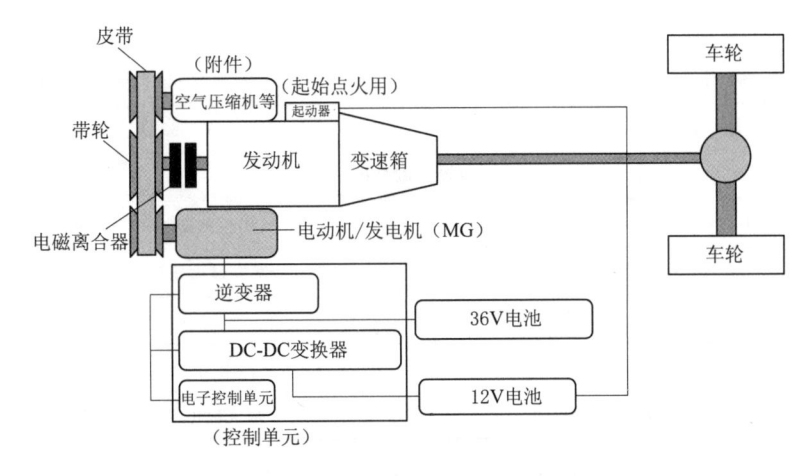

图 5-15 GM Saturn VUE 混合动力系统结构
（皮带轴离合器实现发动机解决停机后空调运转问题）

（2）构型 1 实例——国外汽油机轻度混合 ISG 系统（来源：Honda）。日本本田公司早在 2001 年就在其 Insight 轿车上推出了配备 IMA（Integrated Motor Assist）系统的混合动力版本，并实现量产，如图 5-16 所示。于 2003 年和 2005 年分别在其 Civic 和 Accord 上推出安装此 IMA 系统的混合动力轿车。在 2006 版 Civic 和 2007 版 Accord 上，本田公司又对其混合动力系统进行了升级。

所有本田公司推出的混合动力轿车都是基于其 IMA 混合动力系统。此系统即 ISG 系统，通

图 5-16 本田 ISG 发动机

过在发动机飞轮处安装电机构成轻度混合动力系统,该系统特点为采用 3 阶段可变气门正时系统。

1) 根据发动机转速,切换进排气凸轮轴正时,可实现完全关闭气门,禁止发动机换气,消除发动机的泵气损失。

2) 高速车辆减速,发动机倒拖时配合断油功能,实现发动机停缸技术,最大程度减少发动机油耗。

因此系统可以实现快速启停、发动机助力、制动能量回收、倒拖断油等功能。其 IMA 系统可谓现今最成熟的量产 ISG 系统。系统配置见表 5-6。

表 5-6　　　　　本田 ISG 混合动力系统配置

整车性能（2006Civic 混合动力车型）	
油耗:31km/L（日本 10～15 工况）	0～100km/h 加速时间:12s
汽油发动机	
排量:1.4L	i-VETC 三段可变气门正时
最大扭矩:119N·m/3300r/min	最大功率:63kW/5700r/min
直流无刷电机	
助力最大功率:10kW	发电最大功率:12.3kW
助力最大扭矩:62N·m/103N·m（CVT）	发电最大扭矩:108N·m
NiMH 动力电池	
容量:5.5A·h	额定电压:158V
最大放电功率:16.1kW	最大充电功率:13.3kW

(3) 构型 1 实例——国内柴油机轻度混合 ISG 系统。清华大学于 2006 年起在柴油机上开始了 ISG 轻度混合动力系统的研究。在高压共轨柴油机的基础上为其设计基于永磁电机和超级电容的 ISG 混合动力系统,如图 5-17 所示。加装了 ISG 的柴油机的扭矩、功率输出特性如图 5-18 中实线所示。通过加装此 ISG 电机,对于原有柴油发动机降低有害污染物排放、提高综合燃油经济性和提高驾驶性均能起到明显改进作用。

图 5-17　柴油 ISG 系统

(4) 构型 2 实例——深度混合并联系统（来源:Siemens VDO）。西门子 VDO 公司为深度混合动力推出了电机位于变速箱侧的混合动力系统,如图 5-19 所示。此系统可以具备纯电动工作方式,电机功率较大,可以单独驱动车辆,属于深度混合范畴。

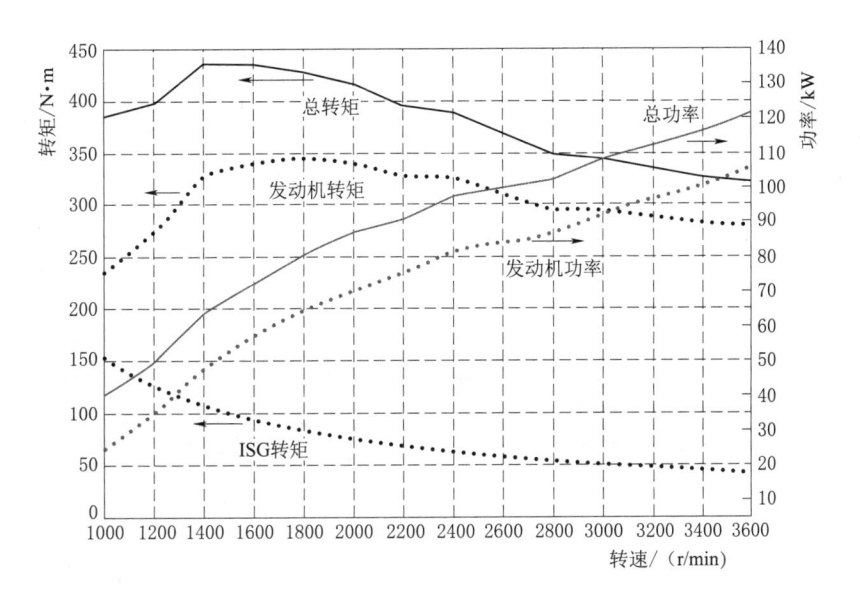

图 5-18 ISG 系统扭矩、功率特性曲线

图 5-19 Siemens VDO 离合器后并联混合动力系统

5.1.3 混联构型

混联式构型是串联构型与并联构型的综合。系统的主要特征：①至少包含两个电机；②系统能量混合方式同时具备并联混合和串联混合特征。

通过两个电机与传动装置间的配合，使系统既可以按串联方式工作，也可按并联方式工作。其结构示意图如图 5-20 所示。根据电机与传动系耦合方式的不同，可进一步细分为 3 种构型。构型 1（丰田构型）通过一个行星齿轮实现了动力分配和无极变速功能。构型 2（双并联构型，Combined Hybrid）通过双并联结构和一个离合器构成能量的混联通路。构型 3（GM/DC/BMW，双模式构型）则利用自动变速器中的两个行星齿轮组与电机的不同耦合连接，同时实现了类似构型 1（3-1 模式：输入分配）和构型 2（3-2 模式：混合分配）的两种工作模式。

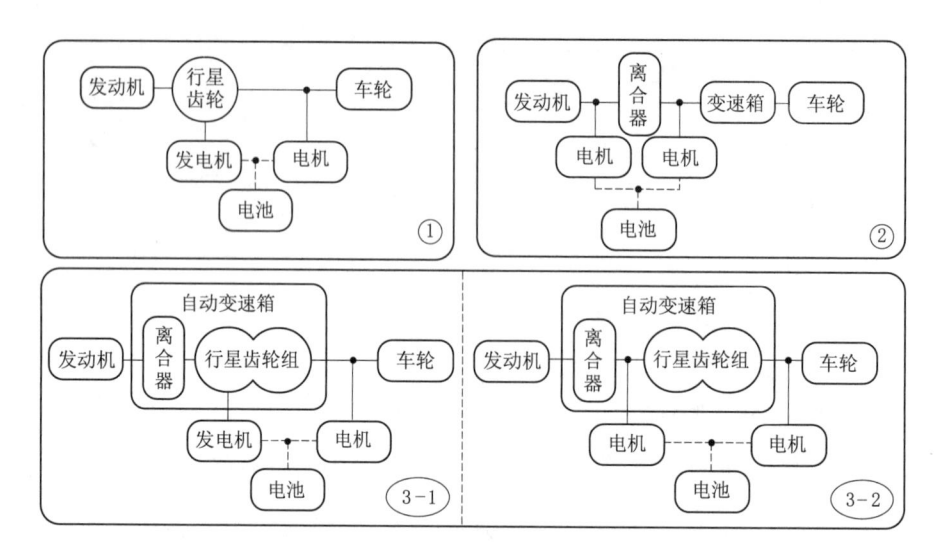

图 5-20 混联构型

发动机通过机械动力分配装置（如行星齿轮）将一部分动力传送至一个电机，此电机通常工作在发电模式，将机械能转换为电能储存在蓄电池中，系统的另一个电机则负责将电能转换为机械能，能量在蓄电池处以电能形式进行混合，具备串联能量混合特征。发动机的另一部分动力则直接输出至车辆，与上述串联能量混合通路通过电机以并联方式进行混合，共同驱动车辆行驶。

1. 系统特点

混联式驱动系统兼具串联式和并联式的优点，具有更全面的混合动力工作模式，系统能量分配灵活度更高，能更好地适应车辆复杂的行驶工况。

对于频繁行驶/停车和蠕行的城市工况，系统可以通过关闭发动机，通过电机以纯电动方式行驶，充分利用了串联混合动力的优势。对于持续中高负荷的高速路工况，发动机为车辆行驶提供主要能量，具有并联构型特征和优势。系统通过行星齿轮的变速特性和电机的辅助作用，对发动机工况点进行优化，使系统在高速路工况下仍然能够得到较高系统效率。

多数混联构型（构型1、构型3-1）都利用了行星齿轮机构进行能量分配，在实现能量分配的同时，还实现了车辆的变速器功能，替代了传统车辆的手动或自动变速器。构型1利用一个行星齿轮通过控制发电机转速实现了无极变速器功能，称之为电子无极变速器 e-CVT。构型2则利用现有自动变速器中的行星齿轮组，通过动态改变电机机械耦合位置，在变速器的基础上实现了能量混合。

然而，混联构型往往系统比较复杂，需要动力分配装置（行星齿轮）和多个电机，使得系统成本和复杂度大大提高。

2. 工作模式

（1）纯电动模式。当汽车起步蠕行、低速行驶或倒车时，系统中发动机停机，车辆由电机以纯电动方式带动行驶，如图5-21所示。构型1中的行星齿轮和发电机处于空转状态。构型2中的离合器分离。双模式构型3工作于3-1模式，行星齿轮组处于空转状态，离合器分离。

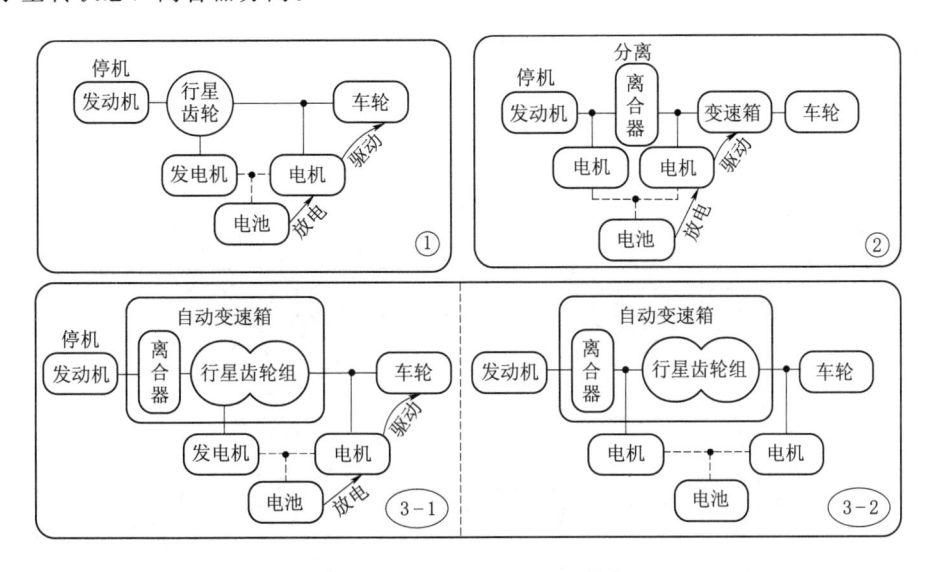

图5-21 混联构型纯电动模式

（2）联合工作模式。车辆正常行驶时主要处于此工作模式，如图5-22所示。在构型1中，发动机一部分动力直接输出至车轮，另一部分动力通过发电机-电机输出至车轮。在构型2中，离合器处于结合状态，发动机主要动力通过机械方式输出至车轮，两个电机可以根据发动机工作状态智能地决定是驱动还是发电，以优化系统效

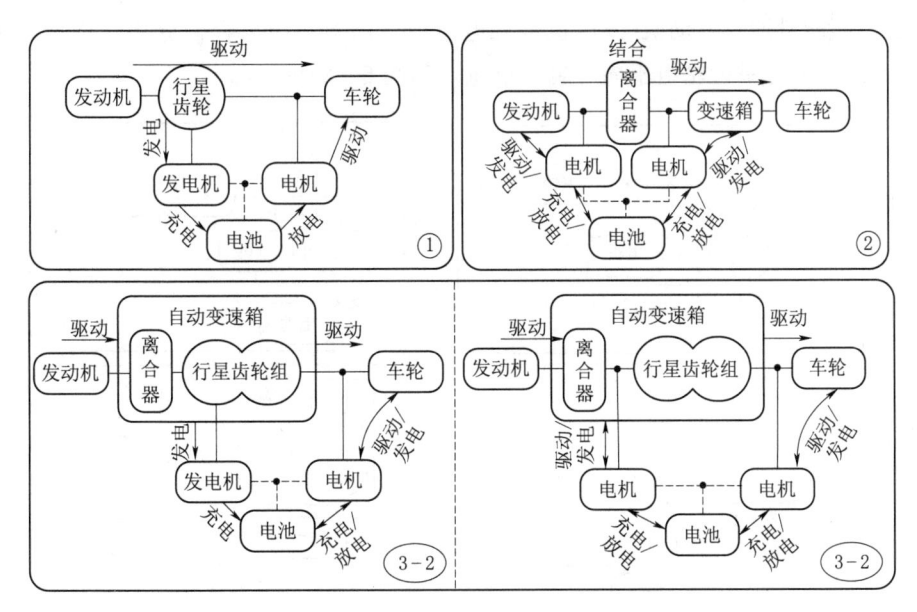

图5-22 混联构型联合工作模式

率。对于双模式构型3，其3-1模式适合行驶于频繁行驶/停车的低速低负荷城市工况，工作方式与构型1类似。其3-2模式适合高速高负荷的高速路工况，工作方式类似于构型2。当车辆有急加速需求时，系统中的电机迅速输出能量，为车辆提供加速动力。

（3）制动能量回收模式。当车辆制动时，行星齿轮处于空转状态，离合器分离，发动机停机。电机将车辆机械能转换为电能，储存在电池中，如图5-23所示。

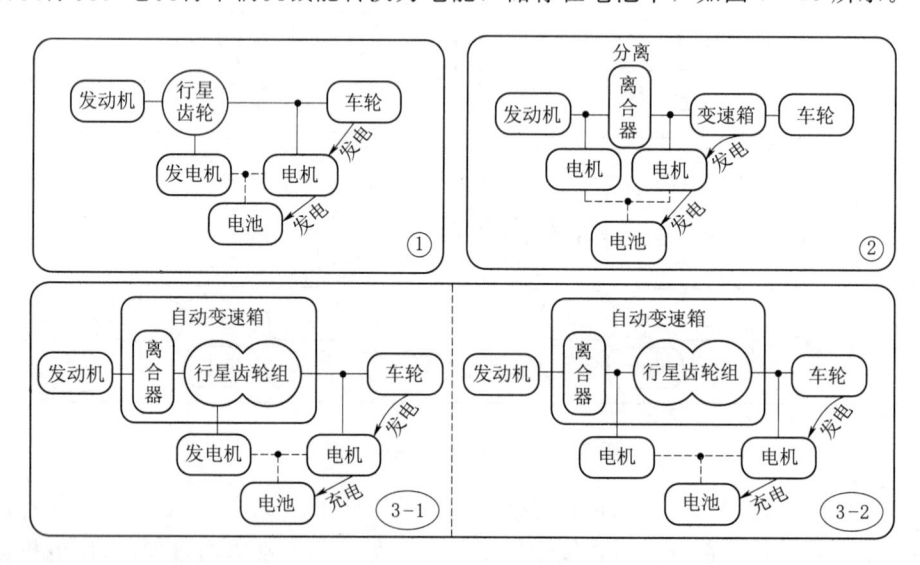

图 5-23　混联构型制动能量回收模式

（4）停车充电模式。混联构型具备停车充电功能，构型1中的行星齿轮输出轴不输出能量，能量通过发动机-发电机进入电池中。构型2中离合器分离。构型3工作于3-1模式，行星齿轮组不向外输出能量，如图5-24所示。

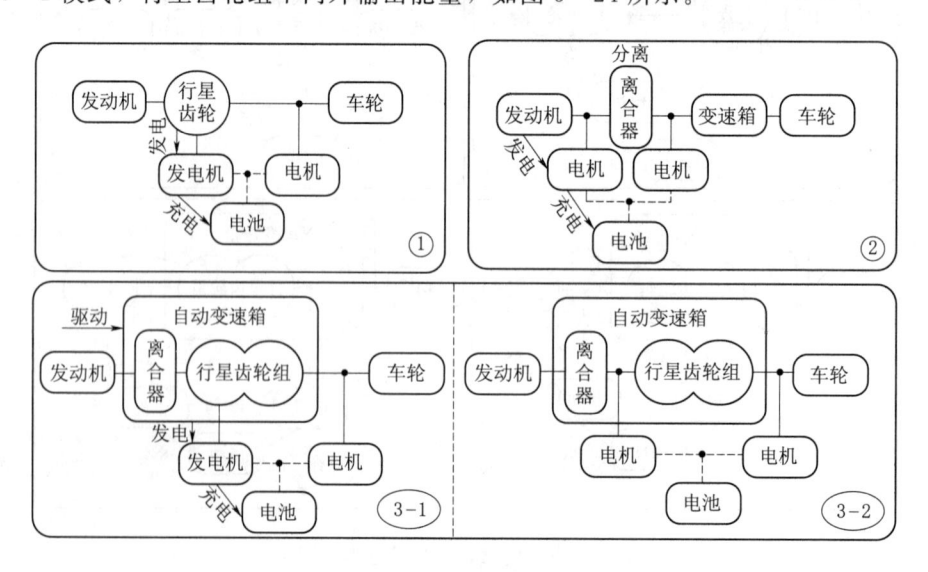

图 5-24　混联构型停车充电模式

3. 系统实例

（1）构型1——丰田混合动力构型。丰田公司早在1997年就在日本（2000年在全球）推出了其Prius混合动力车，并于2003年又推出了其升级版本Prius-Ⅱ。其独特的混联构型THS（Toyota-Hybrid-System）如图5-25所示，在世界范围内被广泛地进行了研究。系统以一个行星齿轮动力分配机构为核心，由一个1.5L、57kW、115N·m汽油Atkinson循环发动机以及一个高达10000r/min转速的发电机、一个50kW/400N·m永磁电机和一组NiMH电池构成，如图5-26所示。

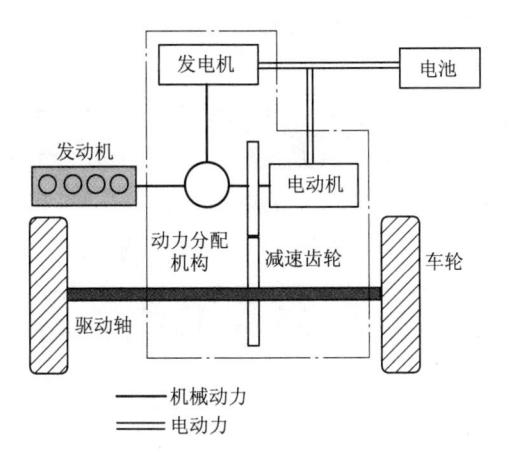

图5-25 Prius混合动力构型　　图5-26 Prius动力系统解剖图

如图5-27所示，其动力分配装置核心由一个行星齿轮构成，发动机连接行星齿轮架，发电机连接太阳轮，输出轴连接外齿圈，电机并联在输出轴上。根据行星齿轮特点，通过调整太阳轮转速，可以在实现动力分配的同时实现无极变速，这样车辆无需再配备变速箱。

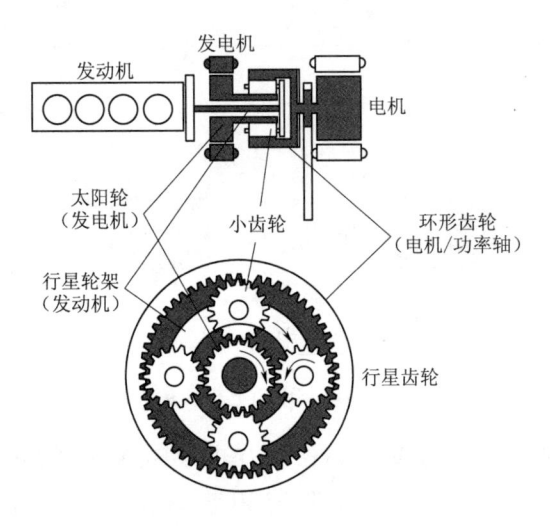

图5-27 Prius行星齿轮动力分配装置

通过其智能控制算法，与传统车相比，系统在 ADR81/01 混合工况测试条件下实现了 4.4L/100km 的油耗，并同时提升了车辆的加速性能。

(2) 构型 2——双并联实例（来源：Siemens VDO）。西门子 VDO 也给出了双并联构型的混合动力系统，如图 5-28 所示。系统中一个电机位于发动机飞轮处，其功能类似于 ISG 系统；另一个电机位于变速箱一侧，可以实现纯电动功能。

(3) 构型 3——双模式混合动力。为应对丰田混合动力系统，通用汽车公司（GM）、戴姆勒-克莱斯勒公司（DC）和宝马公司（BMW）自 2003 年开始联合为

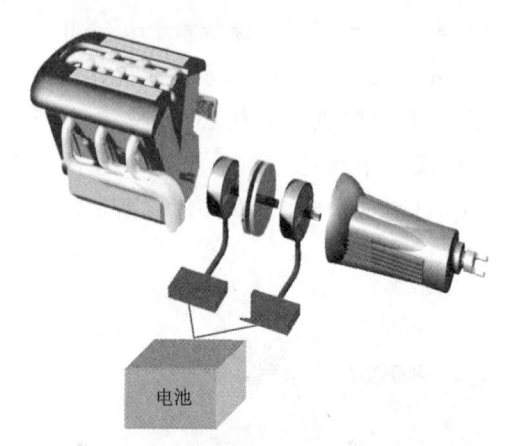

图 5-28 西门子双并联混合动力构型

轿车、卡车开发一套新型混合动力构型，并称之为双模式混合动力（Two - mode Hybrid）。系统利用现有自动变速器中的两个行星齿轮和离合装置，增加了两个电机，实现了动力混合与自动变速器的结合。

系统包含以下两种工作模式。

1) 输入分配模式（Input Split）。用于车辆起步，低速行驶等低速低负荷工况。

2) 混合分配模式（Compound Split）。用于车辆高速路巡航和拖动货物等高速大负荷工况。通过自动变速器改造而成的系统结构，其工作原理参见图 5-29 以及前面针对构型 3 的分析。

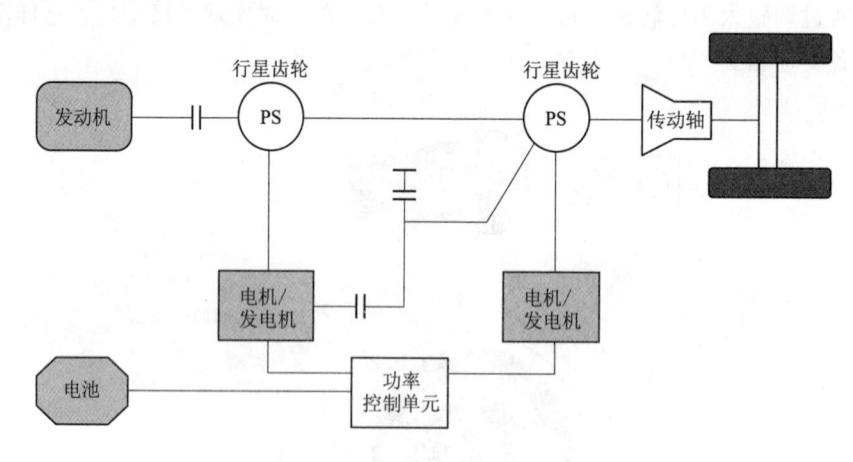

图 5-29 双模式构型系统结构原理图

使用了该系统的混合动力车 Chevrolet Tahoe SUV 和 GMC Yukon SUV 已于 2007 年推出。该车型的混合城市/高速路测试工况结果显示，其燃油经济实现了 25% 的改善。

通用公司还联合其下属的 Allison 传动系统公司，为大客车开发了 EP40/50 系

统，应用于城市公交客车服务。与传统柴油动力大客车相比，系统达到了 60% 甚至更好的燃油经济性，降低微粒物排放 90%，NO_x 排放达 50%，同时提升加速能力达 50%。

5.2 混合动力系统仿真分析

混合动力系统的各种构型各具特色，由于应用环境（工况）的差别以及还没有足够多的应用数据，目前还没有具体资料说明在不同的路况下，到底是串联构型好还是并联构型好。本节将借助仿真的方法进行解释。

5.2.1 仿真方法

仿真模型为前向式，采用 Matlab Simulink 建立，各个部件的模型均采用实测部件的 MAP 建模。图 5-30 为串联混合动力的前向仿真模型信息流图。包括一个驾驶员模型，该模型给出加速踏板位置和制动命令信号用于车辆跟踪给定的车速信号，仿真信息沿功率的传递方向从发动机、电机、变速箱到车轮。混合动力系统模型中的蓄电池采用 Rint 模型。串联混合动力系统模型已经过实物台架试验的验证，仿真结果与台架实测结果相差 5% 以内，图 5-31 为试验系统框图（部件参数见表 5-8）。因此，认为其他模型的仿真结果也是可信的。

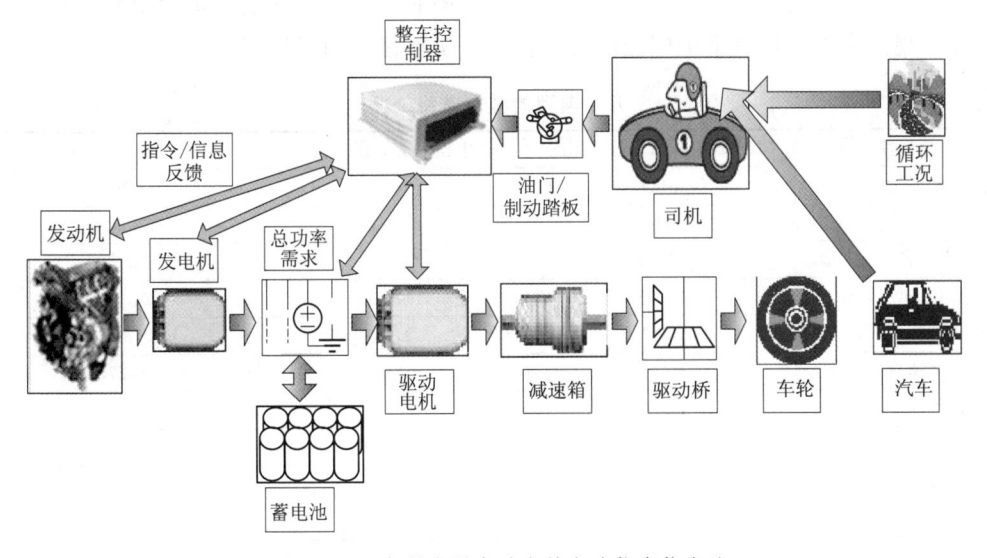

图 5-30 串联式混合动力前向式仿真信息流

5.2.2 道路工况

由于道路工况和整车性能指标会对整车部件的选择产生重要的影响，所以在进行

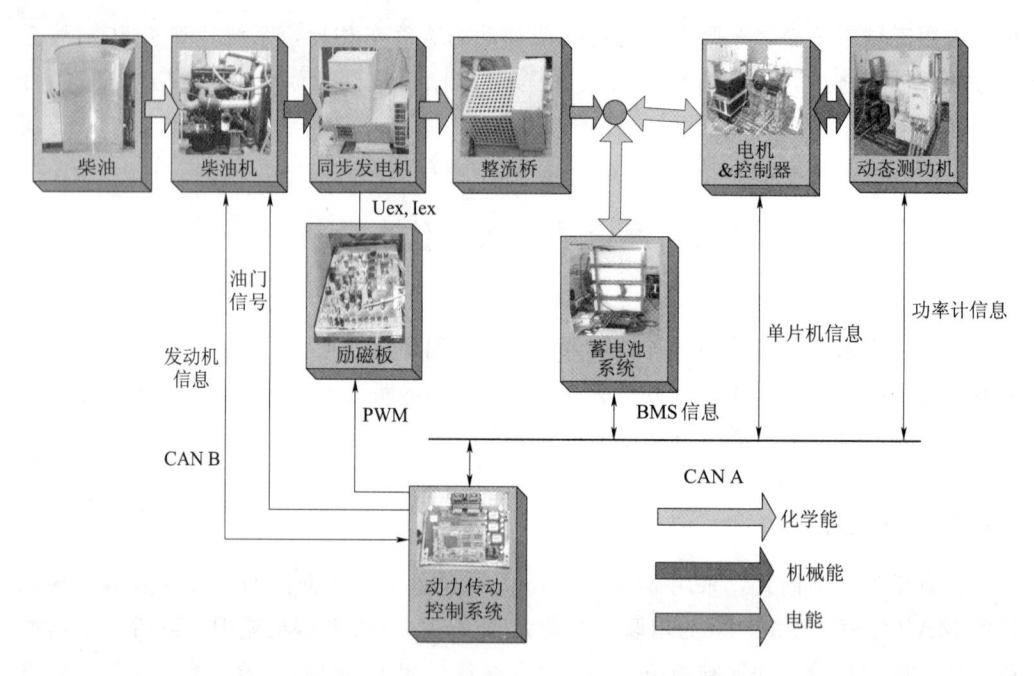

图 5-31　串联混合动力试验台架框

适合于城区道路公交车辆的开发时，首先需要考虑城市道路工况的特殊性。本节选用表 5-7 中几种较典型的工况进行比较分析。此表包括了 3 种工况，从较为拥堵的 MANHATTAN（曼哈顿）道路工况到比较顺畅的快速工况。图 5-32 为 3 种工况图。其中中国公交车典型工况是中国汽车技术中心根据大量的数据统计结果，并结合国外法规制定的，反映了中国当前实际公交车工作情况的循环工况。

表 5-7　几种典型的城市道路工况

统计性能	MANHATTAN 道路工况	中国公交城区工况	中国公交城郊快速工况
循环时间/s	1089	1304	1791
行驶距离/km	3.32	5.83	12.224
最高车速/(km/h)	40.72	59.98	74.52
平均车速/(km/h)	10.98	16.1	24.37
最大加速度/(m/s^2)	2.06	1.25	0.833
最大减速度/(m/s^2)	-2.5	-2.47	-1.2753
平均加速度/(m/s^2)	0.54	0.31	0.3131
平均减速度/(m/s^2)	-0.67	-0.43	-0.4467
怠速时间/s	394	375	579.6
停车次数	20	14	12

公交市区工况的特点如下。

(1) 整车怠速时间长。

(2) 停车次数频繁。

(3) 平均车速很低。

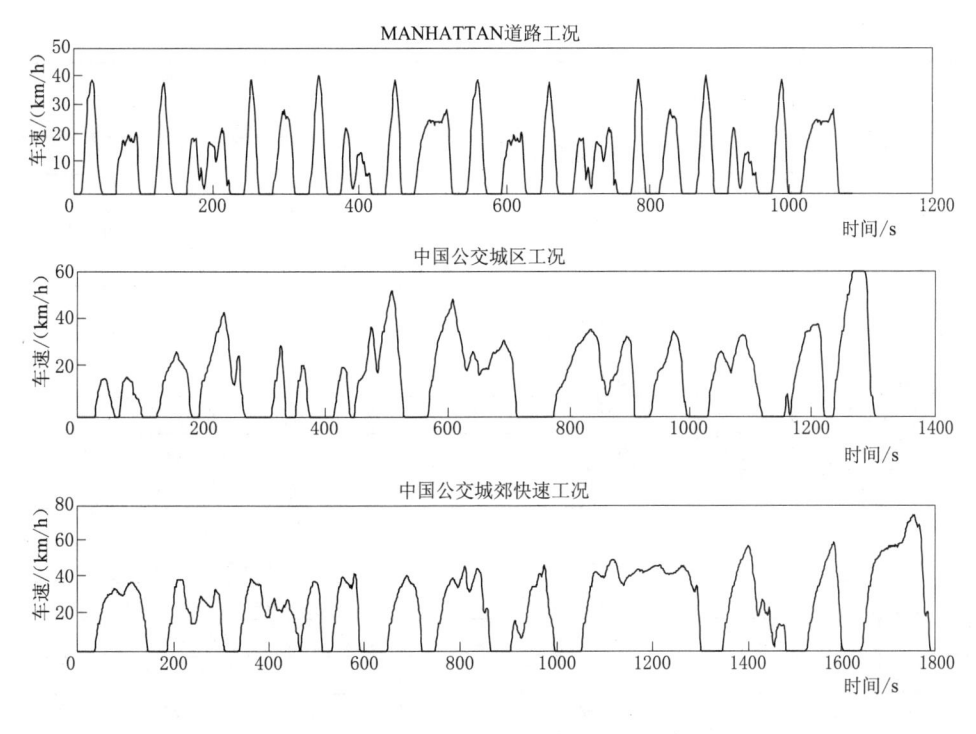

图 5-32 3 种道路工况

(4) 最高车速远低于城郊工况。

3 种工况中，MAHATTAN 工况平均车速最低，起停次数最多。从中国城区和城郊工况的对比可以看出，城区工况下，整车的加速度和减速度比城郊工况下大许多。这种平均车速不高，最大加速度和最大减速度又很大的情况下，采用全混合动力系统可以减小发动机的动态过程，同时有利于整车制动能量的回馈利用。

5.2.3 动力系统的仿真比较

本节仿真只针对柴油机串联混合动力客车、柴油机并联混合动力构型 3 客车（图 5-10）、传统柴油机动力手动挡客车及 AT 档客车。柴油机串联混合动力系统客车参数见表 5-8。并联式混合动力系统客车参数见表 5-9。传统 AT 柴油机动力客车及传统手动挡柴油机动力客车的参数（变速比与 AT 一致）见表 5-10。由于缺乏发动机的排放数据，本节只比较经济性能。

表 5-8 柴油机串联式混合动力系统客车参数

车辆	尺寸 $L \times W \times H$/mm	11400×2550×3150
	整备质量/kg	13200
	满载质量/kg	16500
	核定乘员/人	78
	迎风面积/m²	7.5
	空气阻力系数 C_D	0.75

续表

车辆	滚动阻力系数 f	0.0076+0.000056ua
	车轮滚动半径 r/m	0.512
	主减速器速比 i_0	6.3
	变速箱速比 i_g	2.46
	辅件功率/kW	5、10、15（模拟不同季节的辅件消耗）
电机	型号	TEG 异步牵引电动机 JD143B
	持续功率/kW	100
	峰值功率/kW	150
	最大扭矩/N·m	1000
	最大转速/(r/min)	6000
	工作电压/V	300～450
发动机	类型	东风康明斯 ISDe160 30
	排量/L	3.9L
	功率	90kW/1400r/min
发电机	型号	Stamford UC274G
	功率	100kVA
整流器	型号	TEG100kW
电池	类型	春兰 NiMH
	容量	60Ah
	工作电压	320～450V DC

表 5-9　　　　并联式混合动力系统客车参数

车辆	尺寸 $L\times W\times H$/mm	11400×2550×3150
	整备质量/kg	13000
	满载质量/kg	16300
	核定乘员/人	78
	迎风面积/m²	7.5
	空气阻力系数 C_D	0.75
	滚动阻力系数 f	0.0076+0.000056ua
	车轮滚动半径 r/m	0.512
	主减速器速比 i_0	6.3
	变速箱速比	
	1挡	6.35
	2挡	3.27
	3挡	1.77
	4挡	1.0
	5挡	0.81
	辅助功率/kW	5、10、15（模拟不同季节的辅件消耗）
电机	型号	TEG 异步牵引电动机
	持续功率/kW	30
	峰值功率/kW	60
	最大扭矩/N·m	800

续表

发动机	类型	东风康明斯 ISDe160 30
	排量/L	3.9
	功率	118kW/2300rpm
电池	类型	NiMH
	容量	40Ah
	工作电压	320~450V DC

表 5-10　　传统 AT、手动挡柴油机动力客车参数

车辆	尺寸 $L \times W \times H$/mm	$11400 \times 2550 \times 3150$
	整备质量/kg	12200
	满载质量/kg	15500
	核定乘员/人	78
	迎风面积/m²	7.5
	空气阻力系数 C_D	0.75
	滚动阻力系数 f	$0.0076+0.000056u_a$
	车轮滚动半径 r/m	0.512
	主减速器速比 i_0	9.1
	变速箱速	Allison T270
	1挡	3.49
	2挡	1.86
	3挡	1.41
	4挡	1.0
	5挡	0.75
	6挡	0.65
	辅件功率/kW	4、9、14（模拟不同季节的辅件消耗）
发动机	类型	康明斯 ISBe220 31
	排量/L	5.9
	功率	162kW/2500r/min
	峰值转矩/Nm	820@1500r/min

图 5-33～图 5-35 分别为当辅件功率小（5kW，传统为 4kW）、辅件功率中（10kW，传统 9kW）、辅件功率大（15kW，传统 14kW）的情况下，不同构型的客车在 3 种不同工况下的油耗比较。由此可见，传统 AT 车的油耗最高。混合动力在中国公交城区工况下效果比较好，当辅件功率小时经济性最好，比传统 AT 车好 24% 左右，但随着辅件功率增大以后效果变差，当辅件功率为 15kW 时，节油只有 16% 左右。串联式混合动力车在 MANHATTAN 工况下经济性比并联式稍好，在中国公交城区工况下经济性与并联式相当，在中国公交城郊快速工况下经济性比并联式稍差。

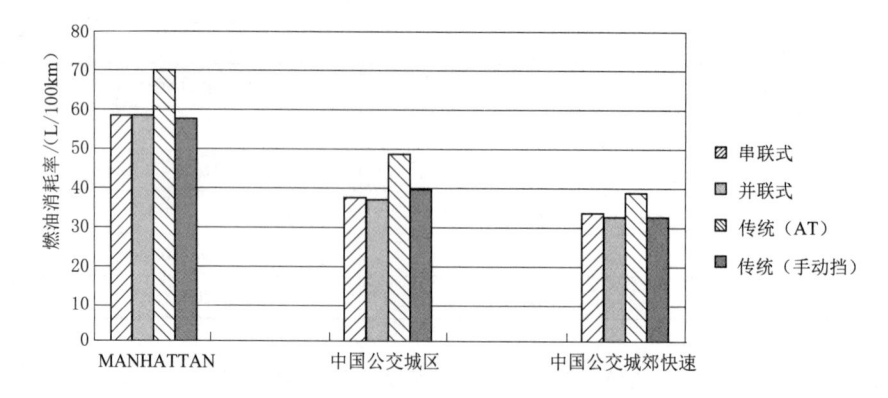

图 5-33　辅件功率小（5kW，传统构型的为 4kW）的油耗比较

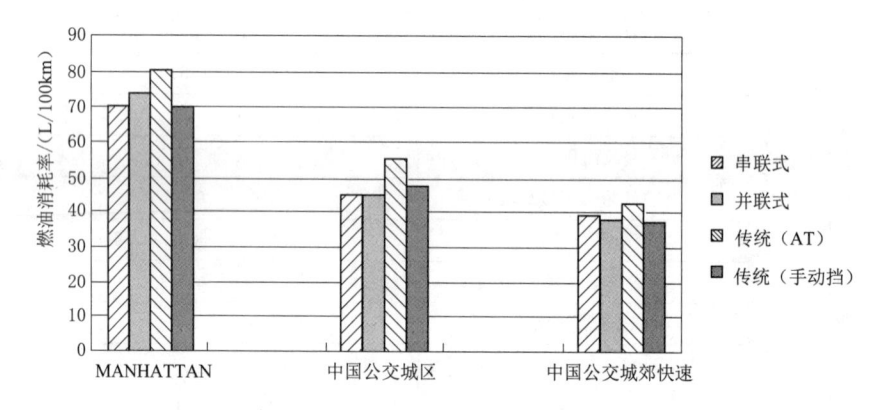

图 5-34　辅件功率中（10kW，传统构型的为 9kW）的油耗比较

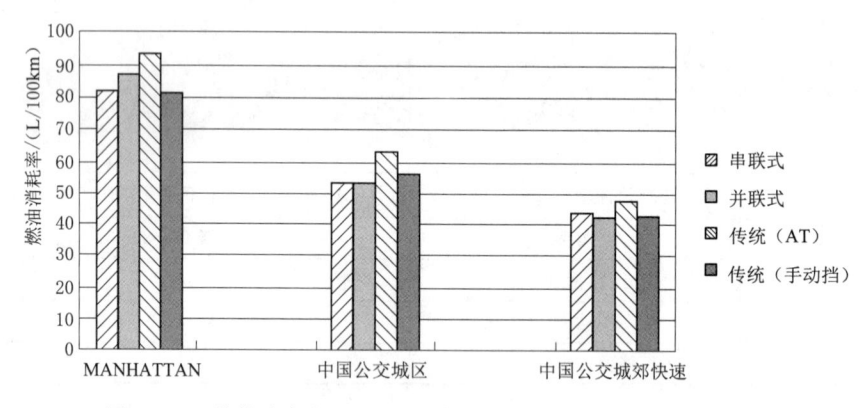

图 5-35　辅件功率大（15kW，传统构型的为 14kW）的油耗比较

仿真发现，混合动力系统只有在中国公交城区工况下油耗才明显比传统手动挡车低，在其他工况下混合动力经济性与传统手动挡相差不大。下面通过能量流来分析原因。

图 5-36~图 5-38 分别为串联式混合动力在 MANHATTAN、中国公交城区、中国公交城郊快速工况下的能流图（辅件为 5kW）。

图 5-39~图 5-41 分别为并联式混合动力在 MANHATTAN、中国公交城区、中国公交城郊快速工况下的能流图（辅件为 5kW）。

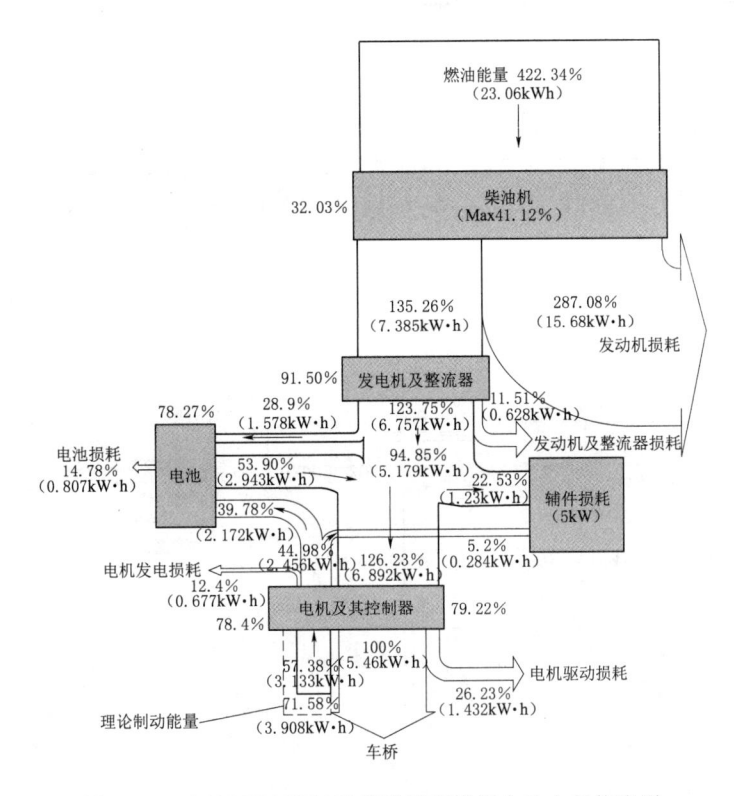

图 5-36 MANHATTAN 路况下串联混合动力的能流图

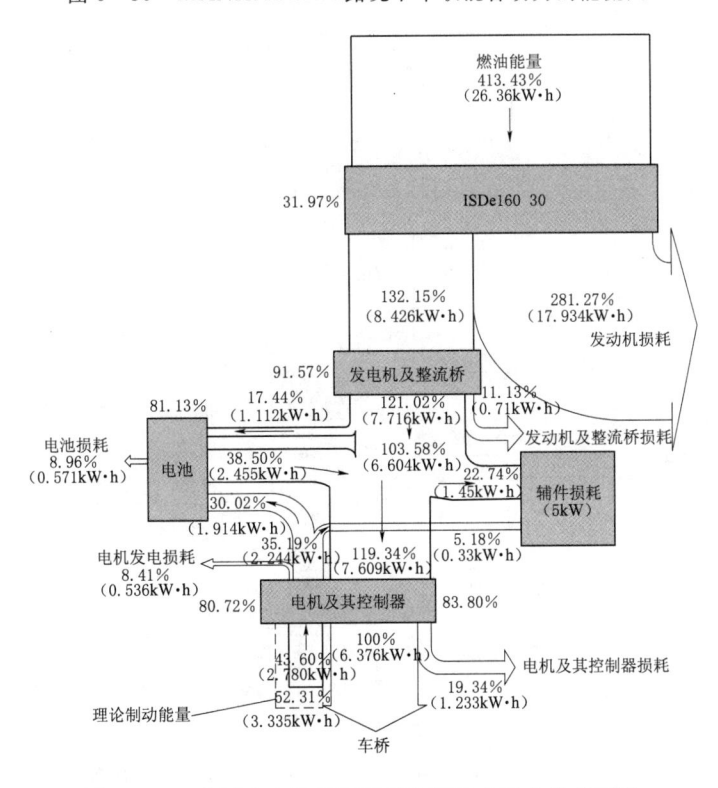

图 5-37 中国公交城区路况下串联混合动力的能流图

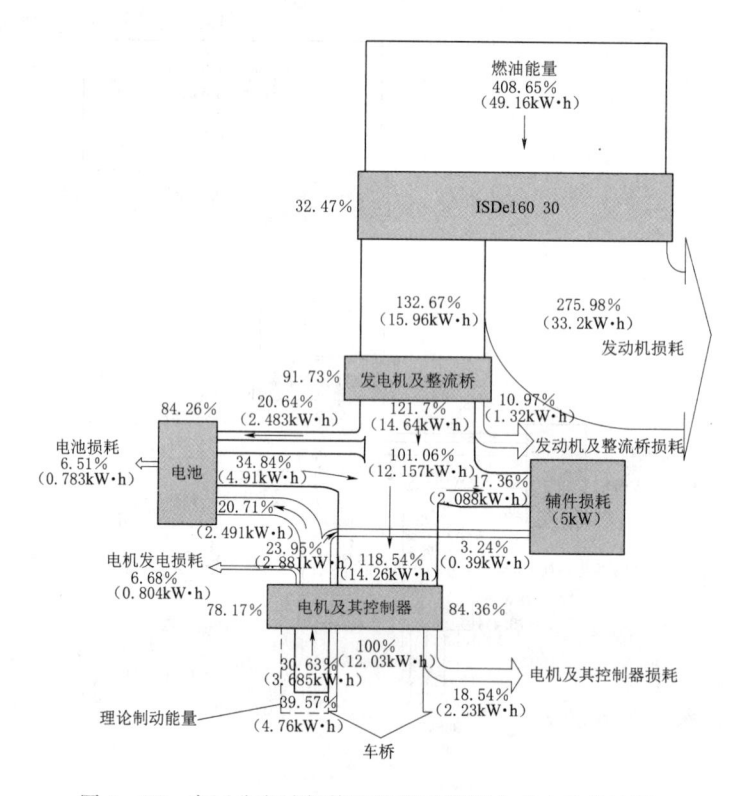

图 5-38　中国公交城郊快速路况串联混合动力的能流图

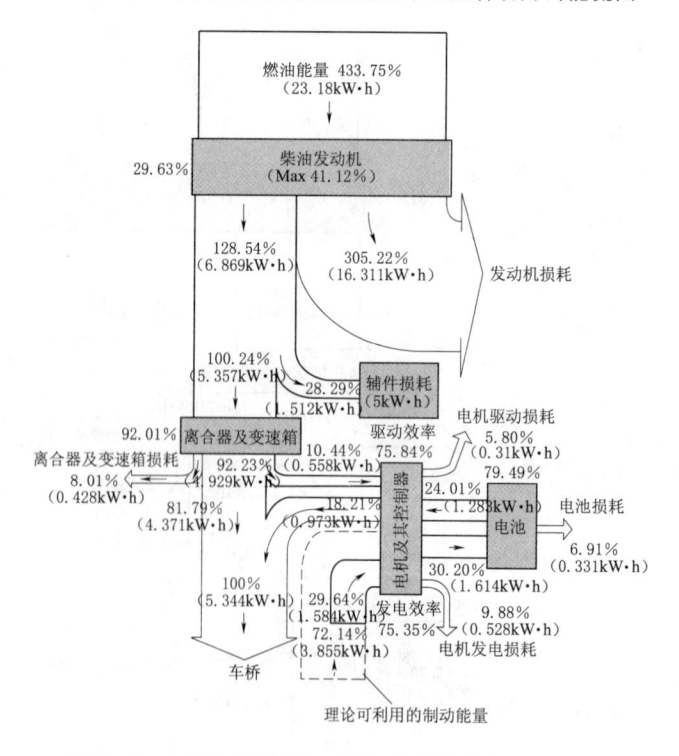

图 5-39　MANHATTAN 路况并联混合动力的能流图

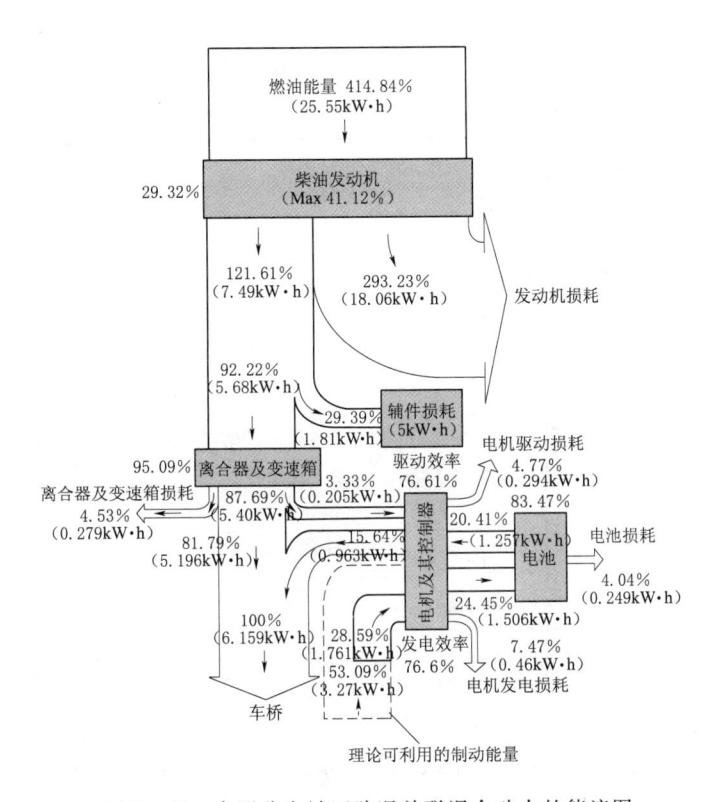

图 5-40 中国公交城区路况并联混合动力的能流图

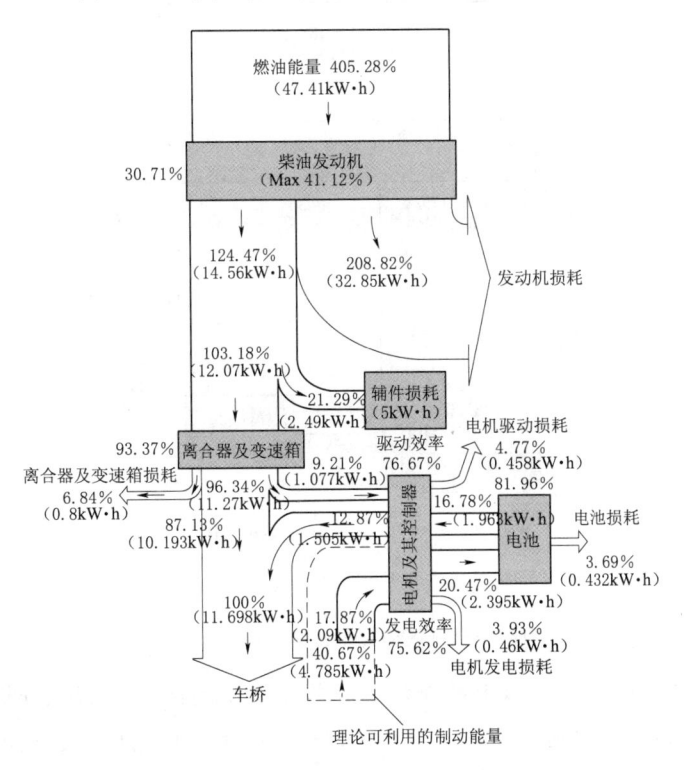

图 5-41 中国公交城郊快速路况并联混合动力的能流图

图 5-42~图 5-44 分别为传统柴油机动力系统在 MANHATTAN、中国城区、中国城郊快速工况下的能流图（辅件为 5kW）。

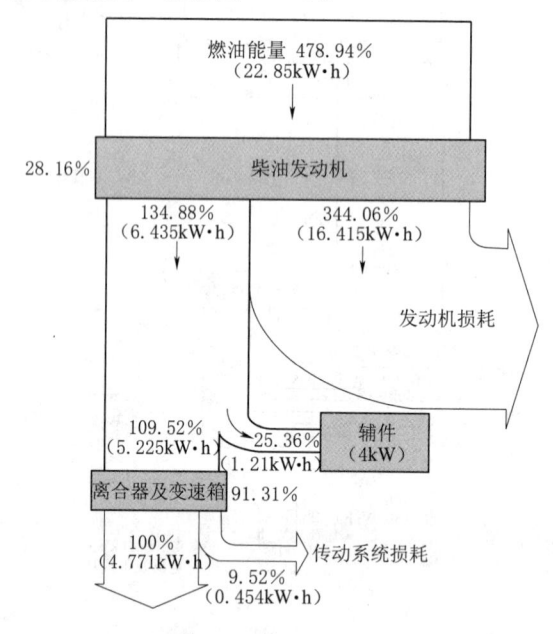

图 5-42 MANHATTAN 路况下传统柴油机动力系统能流图

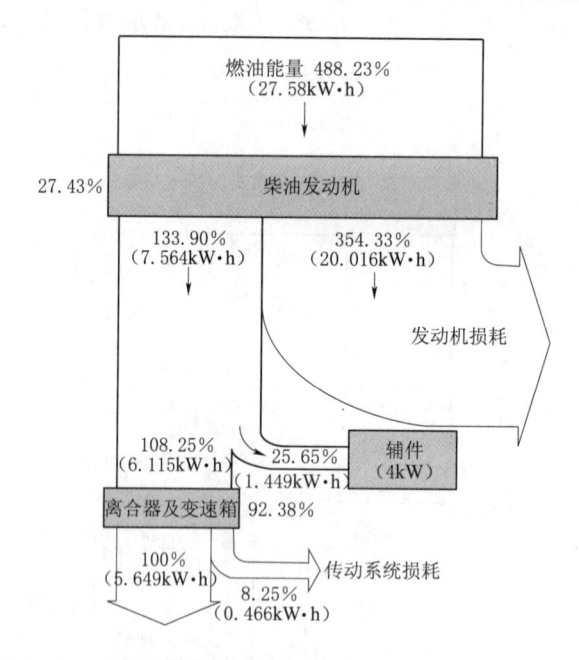

图 5-43 中国公交城区路况下传统柴油机动力系统能流图

可以从两个方面来分析以上的能流图。首先从制动回馈方面来分析。在 MAN-HATTAN、中国公交城区、中国公交城郊快速路况下，理论可以利用的制动回馈能量分别为 72%、52%、40% 左右。MANHATTAN 工况下理论上回馈的能量最为可

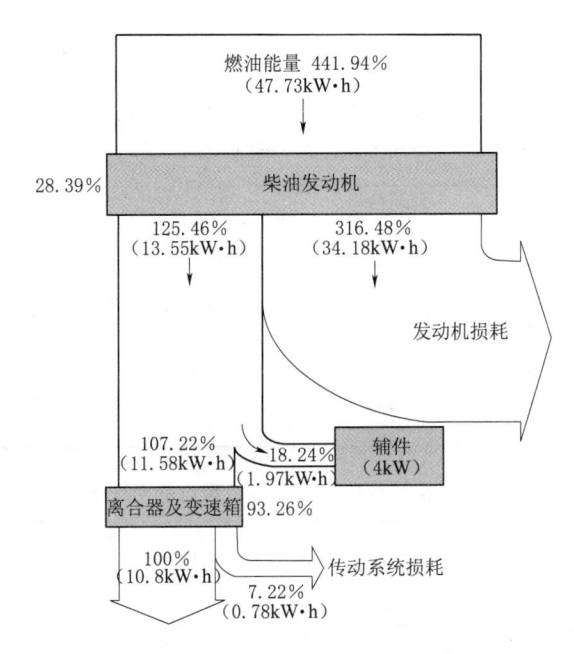

```
                    燃油能量 441.94%
                      (47.73kW·h)
                         ↓
              ┌──────────────────────┐
    28.39%    │     柴油发动机        │
              └──────────────────────┘
                 ↓            ↓
            125.46%        316.48%
           (13.55kW·h)    (34.18kW·h)
                             ↓
                                   发动机损耗

                         18.24%    ┌─────────┐
            107.22%     (1.97kW·h) │  辅件   │
           (11.58kW·h)             │ (4kW)   │
              ↓                    └─────────┘
        ┌──────────┐
        │离合器及变速箱│ 93.26%
        └──────────┘
              ↓         7.22%
            100%      (0.78kW·h)  传动系统损耗
          (10.8kW·h)
```

图 5-44　中国公交城郊快速路况下传统柴油机动力系统能流图

观。采用以上构型的串联混合动力在 MANHATTAN、中国公交城区、中国公交城郊快速路况下制动回馈的利用率分别为 80%、83%、77% 左右。并联混合动力在 MANHATTAN、中国公交城区、中国公交城郊快速路况下制动回馈的利用率分别为 41%、53%、44% 左右。可见，串联式混合动力实际利用的回馈能量是并联混合动力的 2 倍左右。

其次从部件损失方面来分析。串联混合动力系统柴油机效率为 32% 左右，并联混合动力系统柴油机效率为 29% 左右，传统柴油机动力客车柴油机效率为 28% 左右。串联混合动力发电机及整流器效率为 91% 左右。不同工况下电池的效率有较大差别（因为充放电的强度不同引起的）。在 MANHATTAN 路况下电池效率最低。电机效率与路况关系也比较密切，串联式混合动力在 MANHATTAN 路况下电机总效率低于 80%，在中国公交城区工况和城郊工况下驱动效率达 84%。采用的并联式混合动力的电机效率较低，低于 80%。具体比较可参见表 5-11～表 5-13，它们分别为 MANHATTAN、中国公交城区、中国公交城郊快速路况下各种构型的能量百分比比较表（以车辆驱动能量为基准，负号代表消耗的能量或损失的能量）。

表 5-11　　　　　　MANHATTAN 路况下各种能量比例对比表

构型 项目	串联混合动力	并联混合动力	传统（手动挡）
燃油能量	+422.34%	+433.75%	+478.94%
理论可以利用的回馈能量	(+71.58%)	(+72.14%)	0
制动回馈回收的能量	+57.38%	+29.64%	0

续表

项目＼构型	串联混合动力	并联混合动力	传统（手动挡）
发动机损耗	-287.08%	-305.22%	-344.06%
发电机及整流器损耗	-11.51%	0	0
电池损耗	-14.78%	-6.19%	0
电机发电损耗	-12.4%	-9.88%	0
电机驱动损耗	-26.23%	-5.8%	0
离合器及变速器损耗	0	-8.01%	-9.52%
辅件耗能	-27.73%	-28.29%	-25.36%
车辆驱动的能量	-100%	-100%	-100%

表 5-12　　中国公交城区路况下各种能量比例对比表

项目＼构型	串联混合动力	并联混合动力	传统（手动挡）
燃油能量	+413.43%	+414.84%	+488.23%
理论可以利用的回馈能量	(+52.31%)	(+53.09%)	0
制动回馈回收的能量	+43.60%	+28.59%	0
发动机损耗	-281.27%	-293.23%	-354.33%
发电机及整流器损耗	-11.13%	0	0
电池损耗	-8.96%	-4.04%	0
电机发电损耗	-8.41%	-7.47%	0
电机驱动损耗	-19.34%	-4.77%	0
离合器及变速器损耗	0	-4.53%	-8.25%
辅件耗能	-27.94%	-29.39%	-25.65%
车辆驱动的能量	-100%	-100%	-100%

表 5-13　　中国公交城郊快速路况下各种能量比例对比表

项目＼构型	串联混合动力	并联混合动力	传统（手动挡）
燃油能量	+408.65%	405.28%	441.94%
理论可以利用的回馈能量	(+39.57%)	(+40.67%)	0
制动回馈回收的能量	+30.63%	+17.87%	0
发动机损耗	-275.98%	-280.82%	-316.48%
发电机及整流器损耗	-10.97%	0	0
电池损耗	-6.51%	-3.69%	0
电机发电损耗	-6.68%	-3.93%	0
电机驱动损耗	-18.54%	-4.77%	0
离合器及变速器损耗	0	-6.84%	-7.22%
辅件耗能	-20.6%	-21.29%	-18.24%
车辆驱动的能量	-100%	-100%	-100%

从表 5-11 可知，如果车辆完全相同（车重一样、辅件功率一样），在 MANHATTAN 路况下，串联混合动力构型的能量传递效率最好（比传统手动挡车改善 11.6%），其次为并联（比传统手动挡改善 9.2%）。但考虑辅件功率和车重后（混合动力比传统车重、辅件消耗大），混合动力的节油效果不明显，甚至不节油。

从表 5-12 可知，如果车辆完全相同（车重一样、辅件功率一样），在中国城区路况下，串联混合动力构型的能量传递效率与并联的相当，经济性较传统手动挡高 15% 左右。但考虑辅件功率和车重后（混合动力比传统车重、辅件消耗大），混合动力的节油效果不到 10%。

从表 5-13 可知，如果车辆完全相同（车重一样、辅件功率一样），在中国公交城郊快速路况下，并联混合动力构型的能量传递效率稍好，经济性较传统手动挡高 8% 左右。但考虑辅件功率和车重后（混合动力比传统车重、辅件消耗大），混合动力的节油效果不明显，甚至不节油。

根据以上初步分析，不同路况、不同部件效率对系统的经济性影响很大，因此合理设计、匹配混合动力相当重要。下面通过仿真方法对混合动力的经济性潜力进行分析。

5.2.4　串联混合动力系统匹配仿真分析及经济性潜力

从表 5-11～表 5-13 来看，影响串联混合动力经济性的因素有制动回馈利用率、电机效率、储能装置效率、发电机效率、发动机负荷率、辅件功率、车重等。以下分别进行分析。

1. 提高发动机的负荷率

图 5-45 为在 MANHATTAN 工况下，发动机效率与发动机平均功率的关系。当发动机平均功率从 25kW（辅件功率 5kW）提高到 29kW（辅件功率 10kW）时，发动机效率提高 1.5% 左右。但再增大发动机的平均功率，对效率的影响不大。在其

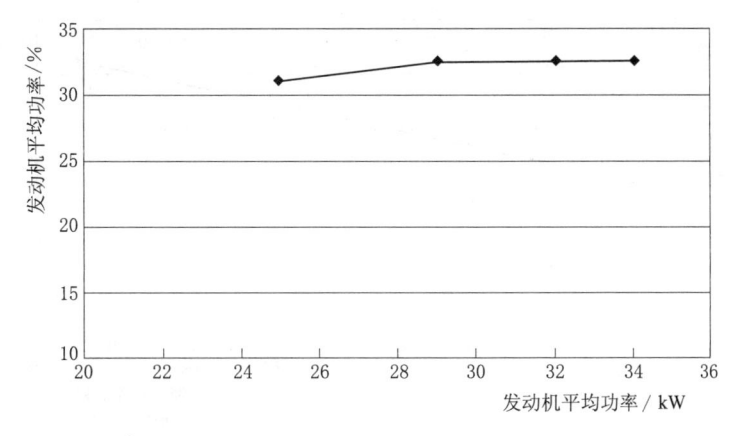

图 5-45　MANHATTAN 工况下发动机效率与发动机平均功率的关系

他路况下,提高发动机的平均功率(发动机平均功率在 22~41kW 之间),发动机的效率改善不多,在 0.5% 左右。

提高发动机的负荷率有两种方法:采用小发动机来提高发动机负荷率;从系统控制的角度限制 APU 的最小输出功率,考虑怠速停机等。

总的看来,系统通过提高发动机负荷率对效率改善不多,因为柴油机的效率在很宽范围内变化不大。

2. 减少辅件功率

在 MANHATTAN、中国公交城区和中国公交城郊快速路况下,辅件功率与油耗关系分别如图 5-46~图 5-48 所示。可见,在 MANHATTAN、中国公交城区和中国公交城郊快速路况下,每增加 1kW 的辅件功耗,油耗分别增加 2.47L/100km、1.52L/100km 和 1.09L/100km。相当于总油耗的 3%~5%。因此,系统设计时应该注意降低每个辅件的功耗。

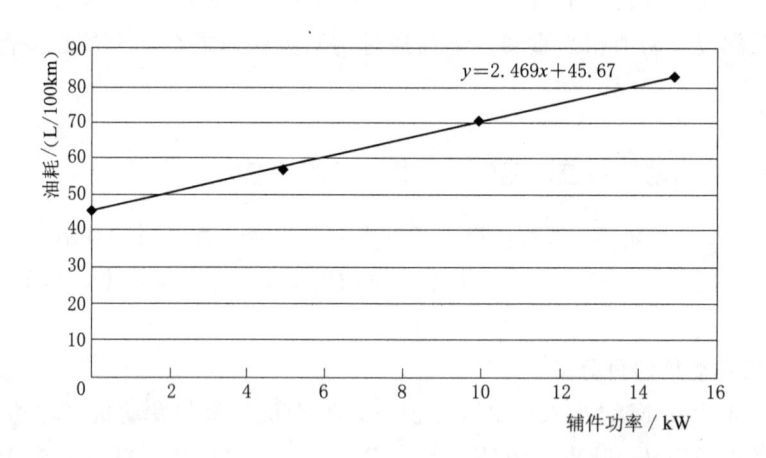

图 5-46 MANHATTAN 路况下辅件功耗与油耗的关系

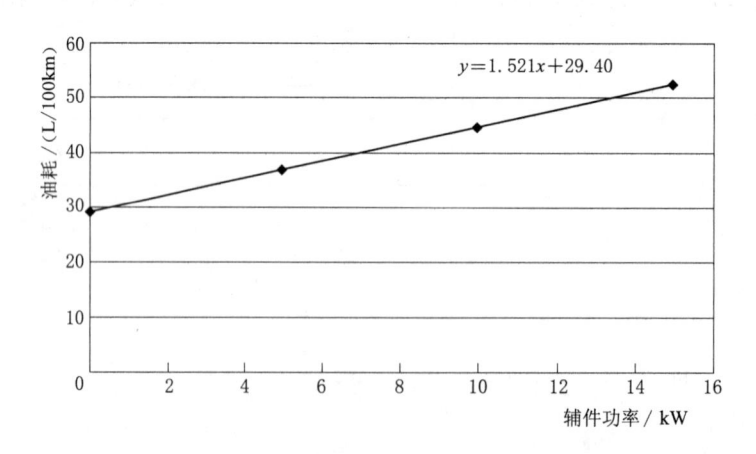

图 5-47 中国公交城区路况下辅件功耗与油耗的关系

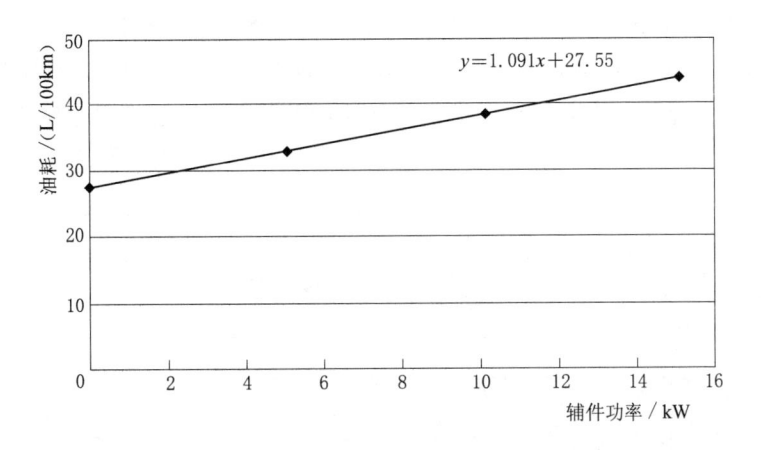

图 5-48 中国公交城郊快速路况下辅件功耗与油耗的关系

3. 减重

在 MANHATTAN、中国公交城区和中国公交城郊快速路况下，车重与油耗关系分别如图 5-49～图 5-51 所示。可见，在 MANHATTAN、中国公交城区和中国

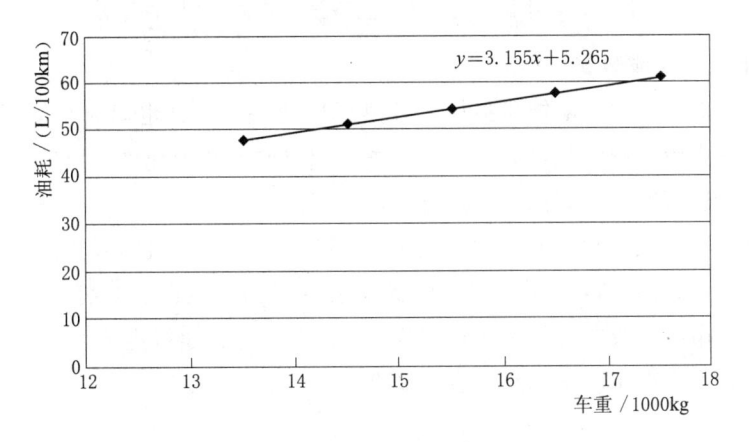

图 5-49 MANHATTAN 路况下车重与油耗的关系

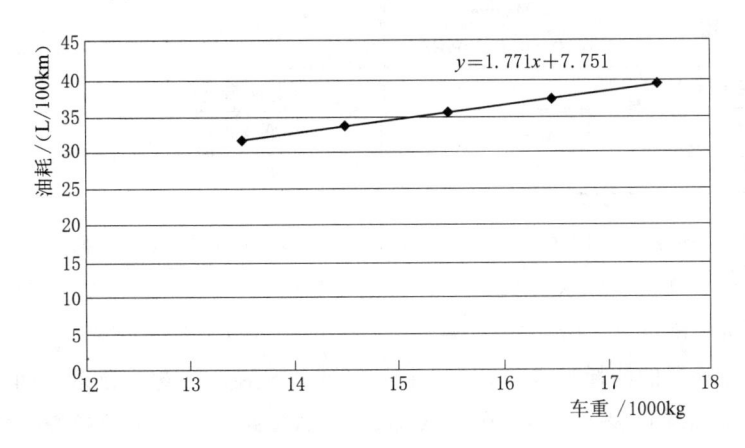

图 5-50 中国公交城区路况下车重与油耗的关系

公交城郊快速路况下，每增加 1000kg 的车重对应的油耗分别增加 3.16L/100km、1.77L/100km 和 1.68L/100km。相当于总油耗的 4%～6%。因此，系统设计时应该注意降低车重。降低车重方法除了优化部件外，采用高电压也是减小部件尺寸的有效方法之一。

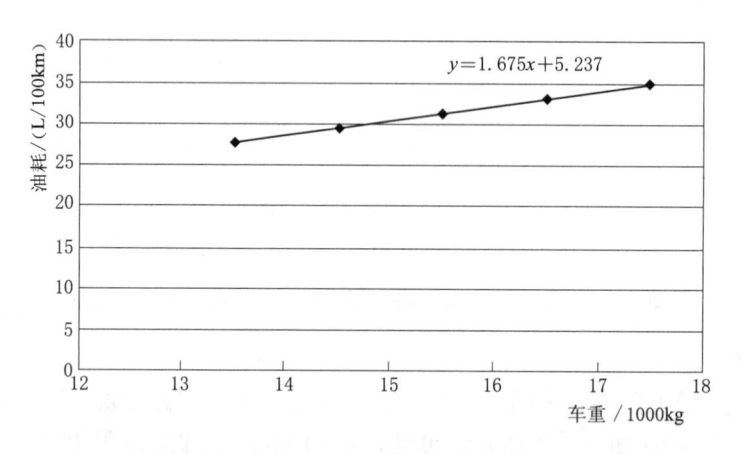

图 5-51 中国公交城郊快速路况下车重与油耗的关系

4. 采用高效储能装置

储能装置效率不但影响能量损耗、散热风扇功耗，而且也影响制动回馈的利用。因为在回馈过程中，制动强度高时，总线电压超过储能装置允许的限值时，电机将自动保护，不再进行回馈。如图 5-52 所示，当制动回馈功率在 80kW 以下时，制动能量基本能够吸收，但当制动回馈功率大于 80kW 后，由于电机的限压保护，制动的能量不能完全利用。因此，采用效率高的储能装置（如超级电容）将获得更好的经济性。本书仿真用的超级电容的参数见表 5-14。为了配合超级电容，需要对系统进行改造，电机的工作电压范围调整为直流 250～480V。

表 5-14 超级电容基本参数

型 号	Maxwell BMOD0165 P048	型 号	Maxwell BMOD0165 P048
模块额定电压/V	46.5	模块质量/kg	14.2
容量/F	165	串联模块数	10
内阻/Ω	7.1×10^{-3}	并联数	3

从表 5-11～表 5-13 可知，采用超级电容后，在 MANHATTAN、中国公交城区和中国公交城郊快速路况下大约可以节省 28%、17%、14% 左右的驱动能量，同时散热功耗可以降低 0.2kW 左右。

通过仿真获得的油耗见表 5-15。采用超级电容后，相对于原系统油耗有较大的改善，原系统油耗见表 5-16。在 MANHATTAN 路况下，采用超级电容的系统比采用镍氢电池的系统节油 10L/100km 左右；在中国公交城区路况节油 3.13L/100km

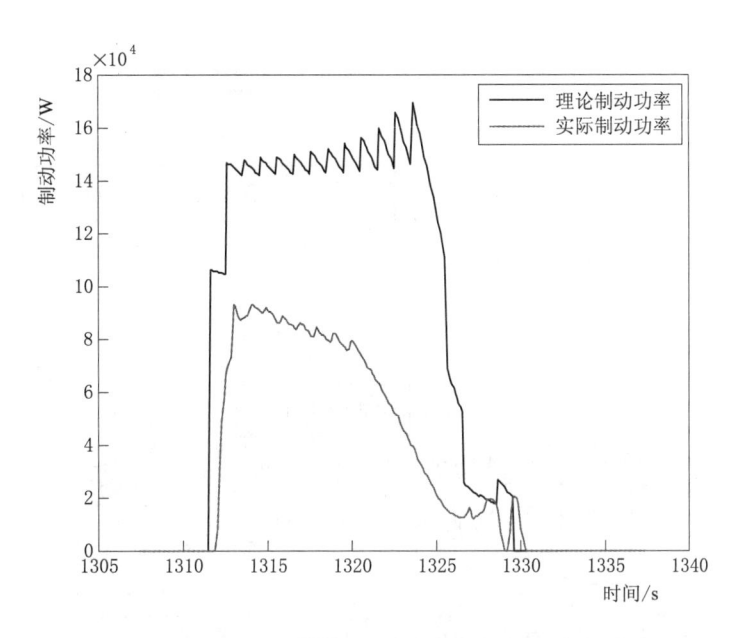

图 5-52　制动强度高时实际制动回馈的功率曲线

左右；在中国公交城郊快速路况下节油 3.3L/100km。可见，在拥堵制动频繁的 MANHATTAN 路况下节油比较明显，在中国公交城区和城郊路况下节油相当。MANHATTAN 路况下，辅件功率为 5kW 的系统能流图见图 5-53，可见制动回馈的利用率可以达到 100%，储能装置效率达到 98%。但是由于发动机的负荷率有所降低，引起发动机平均效率有所降低（此时可以通过控制方法来提高发动机的负荷率，因为采用超级电容后，APU 能量通过储能装置转换后损失不大）。

表 5-15　采用超级电容后串联混合动力系统在不同工况下的油耗　　（L/100km）

道路工况 辅件功率/kW	MANHATTAN 路况	中国公交城区路况	中国公交城郊快速路况
5	48.76	34.27	30.77
10	60.02	42.04	36.28
15	71.92	49.87	41.51

表 5-16　采用镍氢电池后串联混合动力系统在不同工况下的油耗　　（L/100km）

道路工况 辅件功率/kW	MANHATTAN 路况	中国公交城区路况	中国公交城郊快速路况
5	57.2	36.89	33.84
10	70.9	45.36	39.5
15	82.86	53.33	45.14

5. 采用高效电机

从以上能流图可见，由于电机的平均效率不高（最高平均效率只有 84% 左右），

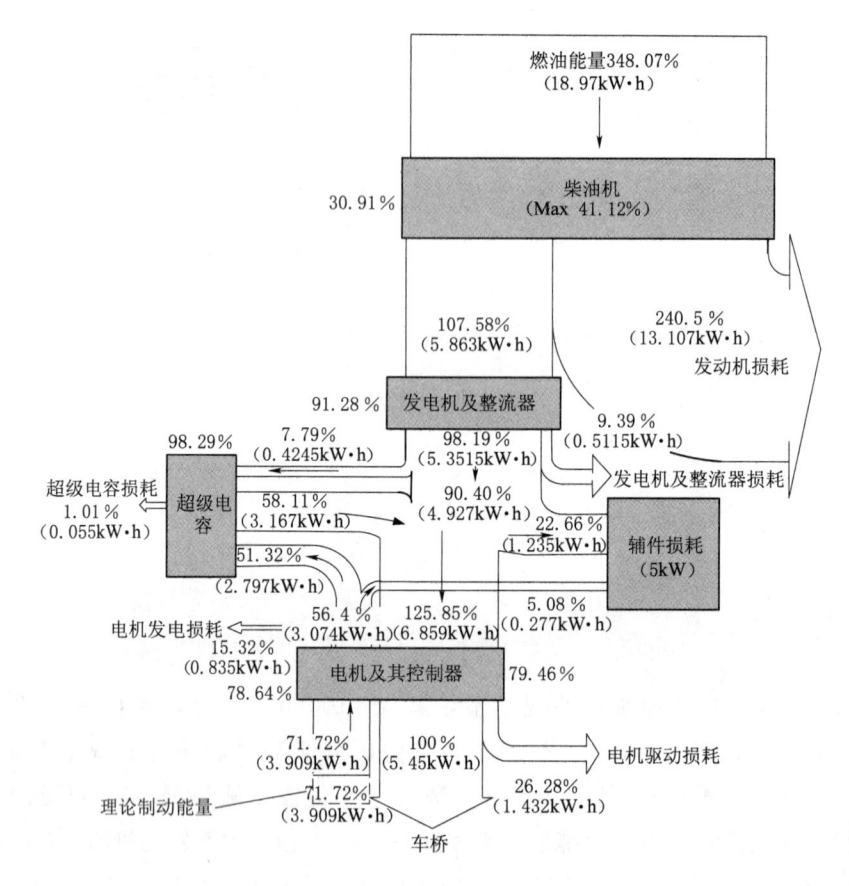

图 5-53 采用超级电容后 MANHATTAN 路况下的能流图

电机的驱动与制动的能量损失达到驱动能量的 20%～40%。因此，提高电机系统的效率是改善经济性最有效的方法之一。

提高电机的效率方法有很多，采用永磁电机是一种好方法。本节仿真采用的数据引自 Advisor 的永磁电机 PM100，并按比例进行修正。仿真结果见表 5-17。在 MANHATTAN 路况下，采用永磁电机的系统较采用交流感应电机的系统节油 9L/100km 左右；在中国公交城区工况下节油 3.6L/100km；在中国公交城郊快速工况下节油 3.3L/100km。辅件功率为 5kW 时，在 MANHATTAN 路况下的能流图见图 5-54。可见，采用永磁电机后电机效率提高到将近 90%。

表 5-17 采用永磁电机和超级电容后系统在不同工况下的油耗

辅件功率/kW	道路工况 MANHATTAN 路况	中国公交城区路况	中国公交城郊快速路况
5	39.48	30.61	27.79
10	51.14	38.44	33.04
15	62.29	46.12	37.43

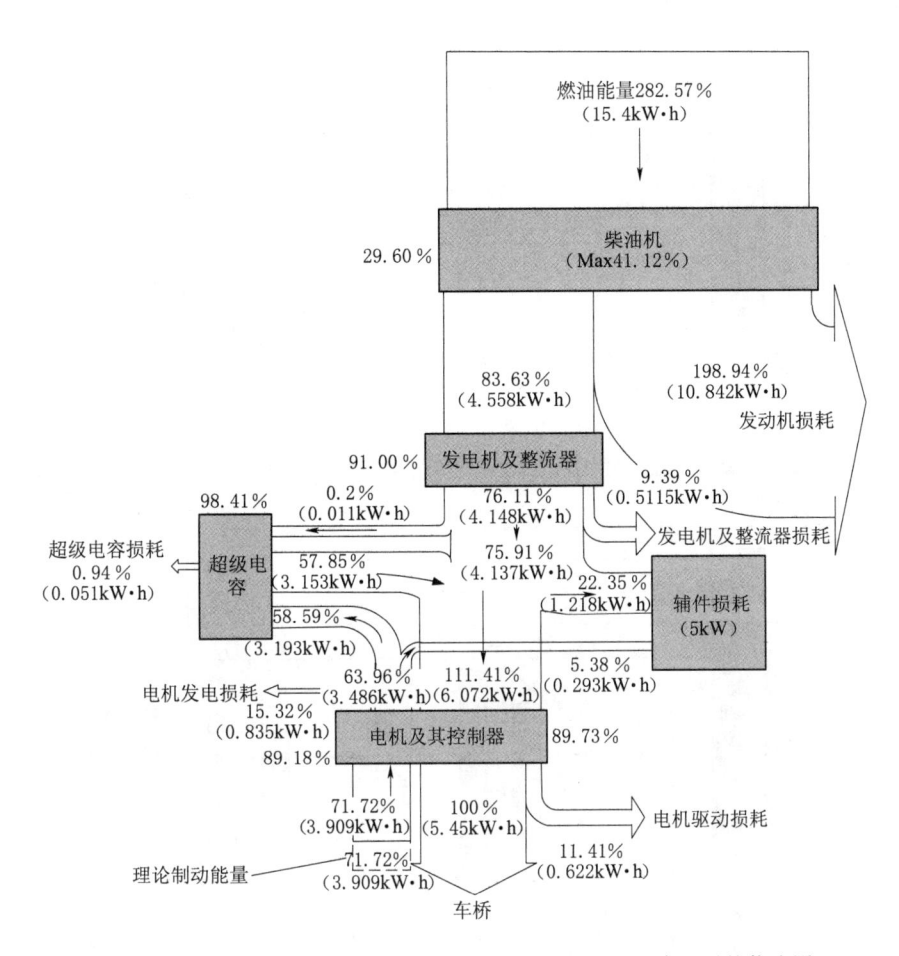

图 5-54 采用永磁电机与超级电容后 MANHATTAN 路况下的能流图

6. 串联式混合动力经济性潜力

采用以上的措施后，串联混合动力系统经济性大大提高。与传统柴油机（手动、AT）的经济性比较见图 5-55～图 5-57。

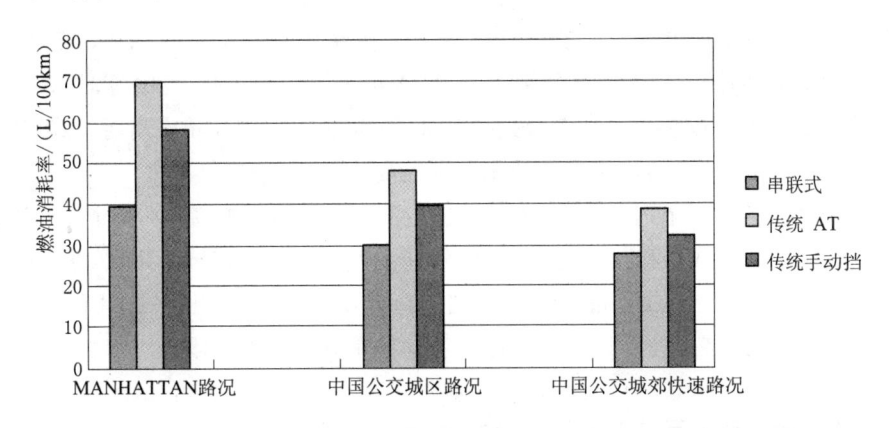

图 5-55 辅件功率小（5kW，传统构型的为 4kW）的油耗比较

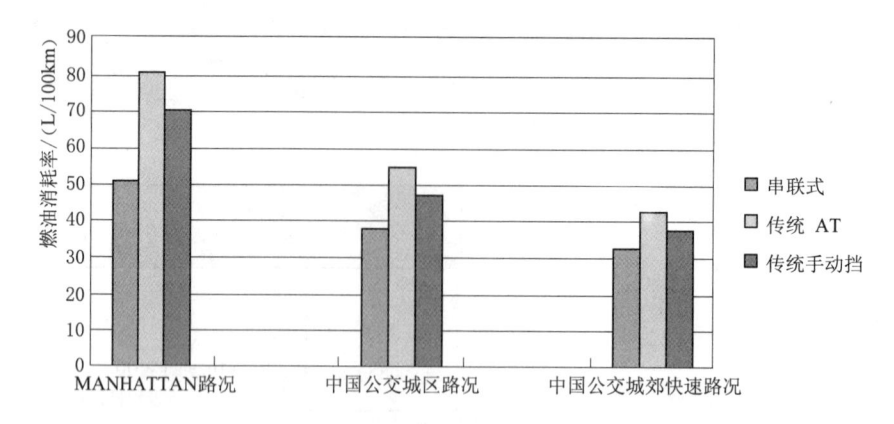

图 5-56　辅件功率中（10kW，传统构型的为 9kW）的油耗比较

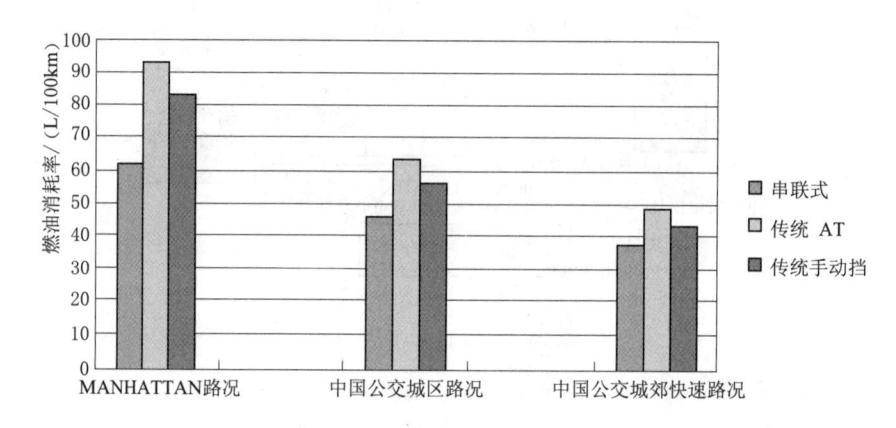

图 5-57　辅件功率大（15kW，传统构型的为 14kW）的油耗比较

可见系统经过改善后，在 MANHATTAN 路况下，辅件功率较小时（5kW，冬天），经济性较传统 AT 和传统手动挡车分别提高 44% 和 31%；辅件功率中等时（10kW），经济性较传统 AT 和传统手动挡车分别提高 37% 和 27%；辅件功率高时（15kW，夏天），经济性较传统 AT 和传统手动挡车分别提高 33% 和 25%。

系统经过改善后，在中国公交城区路况下，辅件功率较小时（5kW，冬天），经济性较传统 AT 和传统手动挡车分别提高 37% 和 23%；辅件功率中等时（10kW），经济性较传统 AT 和传统手动挡车分别提高 31% 和 20%；辅件功率高时（15kW，夏天），经济性较传统 AT 和传统手动挡车分别提高 28% 和 18%。

系统经过改善后，在中国公交城郊快速路况下，辅件功率较小时（5kW，冬天），经济性较传统 AT 和传统手动挡车分别提高 28% 和 15%；辅件功率中等时（10kW），经济性较传统 AT 和传统手动挡车分别提高 24% 和 12%；辅件功率高时（15kW，夏天），经济性较传统 AT 和传统手动挡车分别提高 23% 和 13%。

5.2.5　并联混合动力系统匹配仿真分析及经济性潜力

与串联式混合动力系统一样，提高发动机的负荷率、车辆减重、降低辅件功耗也是提高系统经济性的途径。本节主要从采用高效储能装置、高效电机及选择电机大小的角度来分析并联式混合动力的经济性。

1. 采用高效储能装置

从表5-11～表5-13可知，采用超级电容后，预计可以从制动回馈及储能装置的损失中节省10%以上的驱动能量。采用的超级电容模块参数与表5-14一样，但是只采用10个模块（串联混合动力采用30个模块）。

通过仿真获得的油耗结果见表5-18。采用超级电容后，相对于原系统油耗有较大的改善，原系统油耗见表5-19。在MANHATTAN路况下节油7～10L/100km；在中国公交城区路况节油2L/100km左右；在中国公交城郊快速路况下节油3L/100km。可见，在MANHATTAN路况下节油比较明显。在中国公交城区和城郊路况下，节油相当。MANHATTAN路况下，辅件功率为5kW的能流图见图5-58，可见制动回馈的利用率由29.64%提高到38.15%，储能装置效率达到96%。

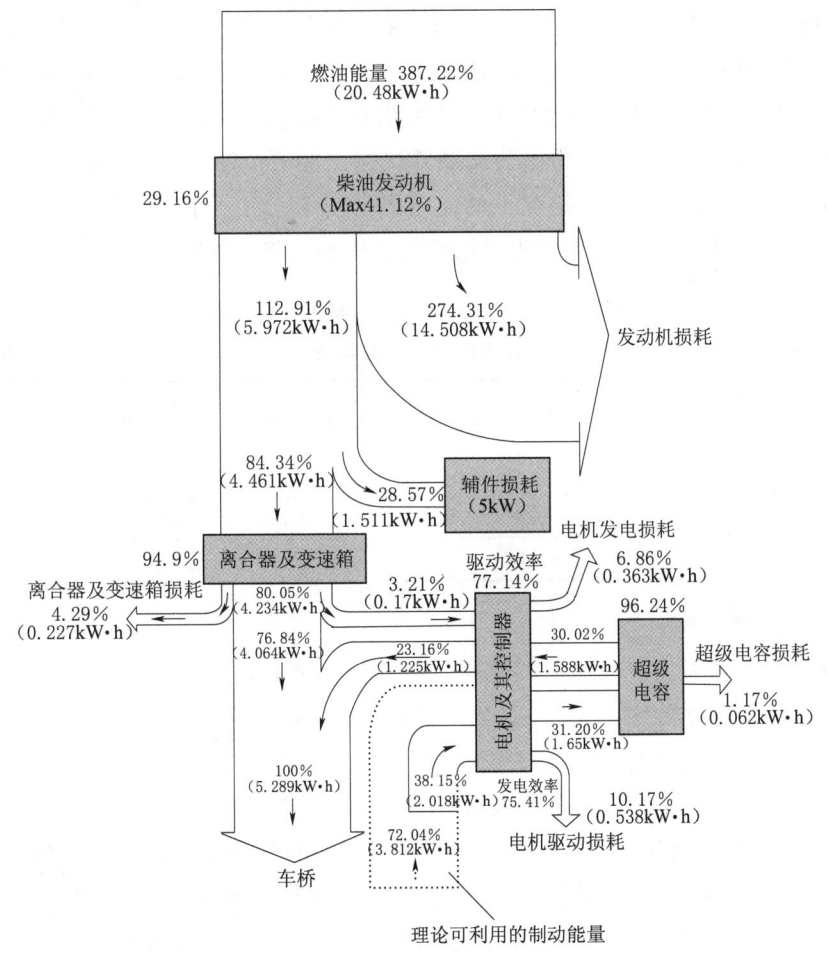

图5-58 采用超级电容后MANHATTAN路况下的能流图

表 5-18　采用超级电容后并联混合动力系统在不同工况下的油耗　　（L/100km）

道路工况 辅件功率/kW	MANHATTAN 路况	中国公交城区路况	中国公交城郊快速路况
5	51.98	35	29.75
10	65.37	43.68	35.44
15	78.31	51.71	40.72

表 5-19　采用镍氢电池后并联混合动力系统在不同工况下的油耗　　（L/100km）

道路工况 辅件功率/kW	MANHATTAN 路况	中国公交城区路况	中国公交城郊快速路况
5	58.93	36.96	32.72
10	74.26	45.61	38.42
15	88.06	53.56	43.63

2. 采用高效电机

采用永磁电机是一种好方法。本节仿真采用的数据同样引自 Advisor 的永磁电机 PM100，并按比例适当修改。仿真结果见表 5-20。在 MANHATTAN 路况下，采用永磁电机的系统较采用交流感应电机的系统节油 4L/100km 左右；在中国公交城区工况下节油 2.5L/100km；在中国公交城郊快速工况下节油 1L/100km。辅件功率为 5kW 时，在 MANHATTAN 路况下的能流图见图 5-59。可见，采用永磁电机后，电机效率提高到 87% 左右。但因为采用的电机较小，节油效果没有串联式高。

表 5-20　采用超级电容及永磁电机后并联混合动力系统在不同工况下的油耗　　（L/100km）

道路工况 辅件功率/kW	MANHATTAN 路况	中国公交城区路况	中国公交城郊快速路况
5	47.86	33.5	28.76
10	60.89	42.11	34.31
15	72.72	50.01	39.43

3. 合理选择电机

并联式混合动力由于采用小的电机，制动回馈能量的利用率低，因此在 MANHATTAN 及中国公交城区路况下，经济性明显比串联式低。本节通过分析制动回馈的分布情况，合理选择电机大小来优化并联式混合动力的匹配。

首先分析制动能量的分布以及采用不同大小的电机对制动能量利用率的影响。图 5-60～图 5-62 分别为 MANHATTAN、中国公交城区和中国公交城郊快速路况下的制动能量分布曲线及选用不同大小电机对制动能量利用率影响曲线。可见在 MANHATTAN 路况下，选用 50kW 电机时，制动能量的利用率为 60% 左右，如果选用的电机功率增加到 100kW，制动能量的利用率可以达到 90% 以上，但是随后增

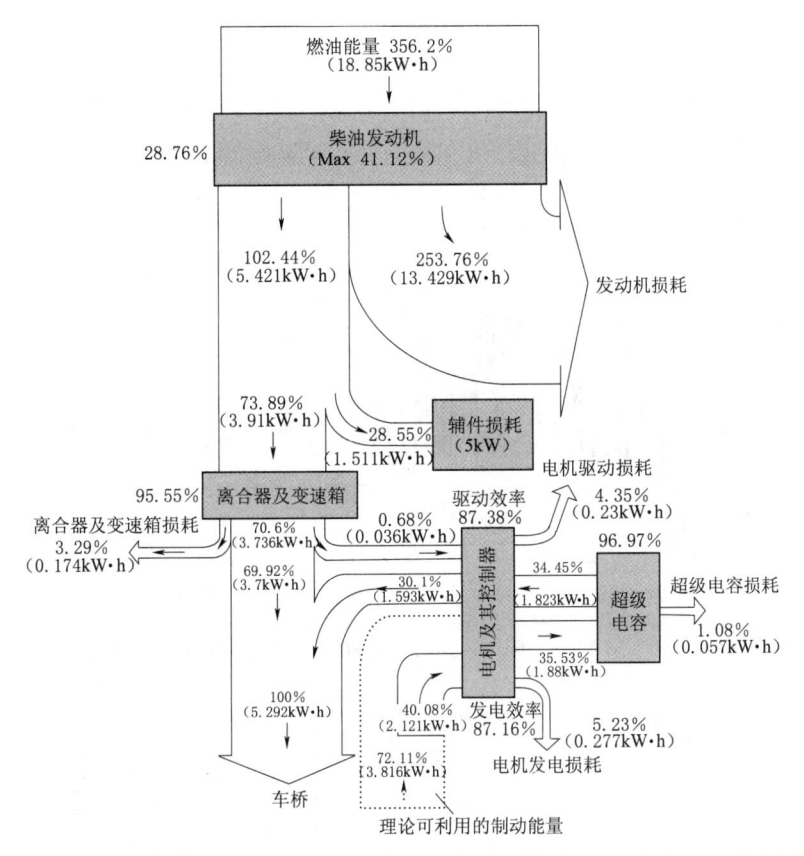

图 5-59 采用超级电容和 60kW 永磁电机后 MANHATTAN 路况下的能流图

加电机功率，制动能量的利用率增加不大。从图 5-60~图 5-62 这 3 个图来看，选择 100kW 的电机比较合理。仿真结果见表 5-21。可见在 MANHATTAN 路况下，采用 100kW 永磁电机的系统油耗比采用 60kW 永磁电机的系统节油 6.1L/100km；在中国公交城区路况下节油 2L/100km；在中国公交城郊快速路况下节油 1.4L/100km。辅件功率为 5kW 时，在 MANHATTAN 路况下的能流图如图 5-63 所示。可见制动能量的利用率从 55% 增加到 85% 左右。

表 5-21 采用超级电容及 100kW 永磁电机后并联混合动力系统在不同工况下的油耗 (L/100km)

道路工况 辅件功率/kW	MANHATTAN 路况	中国公交城区路况	中国公交城郊快速路况
5	41.59	31.51	27.44
10	54.7	40.14	33.01
15	66.56	48.09	38.11

4. 并联混合动力潜力

采用以上措施后，系统经济性大大提高。与传统柴油机（手动、AT）的经济性比较见图 5-64~图 5-66。

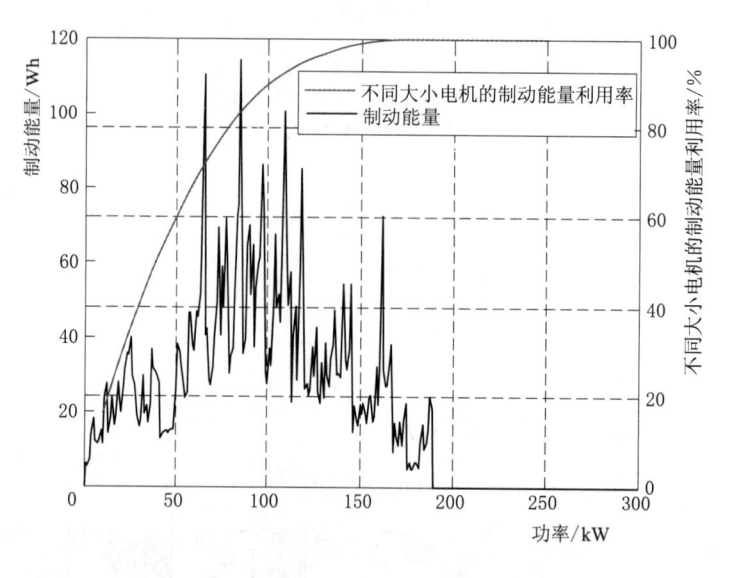

图 5-60 MANHATTAN 路况下制动能量分布及可利用率曲线

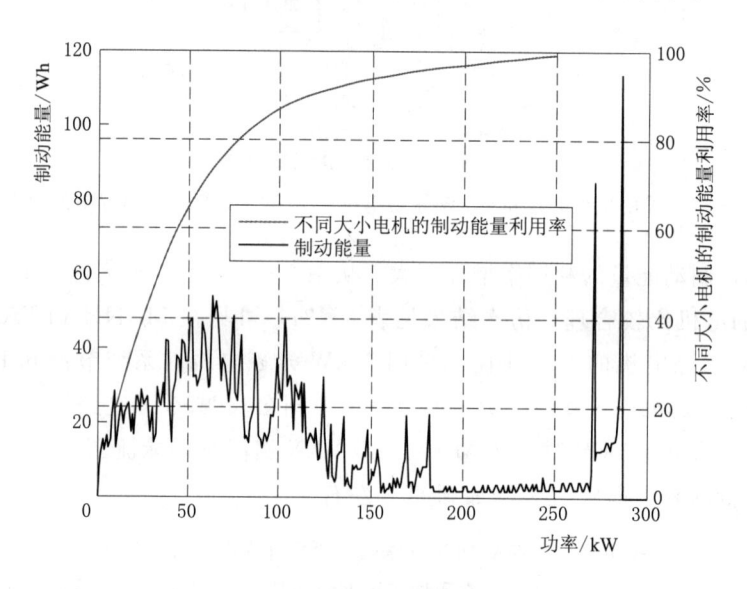

图 5-61 中国公交城区路况下制动能量分布及可利用率曲线

可见系统经过改善后,在 MANHATTAN 路况下,辅件功率较小时(5kW,冬天),经济性较传统 AT 和传统手动挡车分别提高 41% 和 29%;辅件功率中等时(10kW),经济性较传统 AT 和传统手动挡车分别提高 33% 和 22%;辅件功率高时(15kW,夏天),经济性较传统 AT 和传统手动挡车分别提高 29% 和 20%。

系统经过改善后,在中国公交城区路况下,辅件功率较小时(5kW,冬天),经济性较传统 AT 和传统手动挡车分别提高 35% 和 21%;辅件功率中等时(10kW),经济性较传统 AT 和传统手动挡车分别提高 28% 和 16%;辅件功率高时(15kW,夏

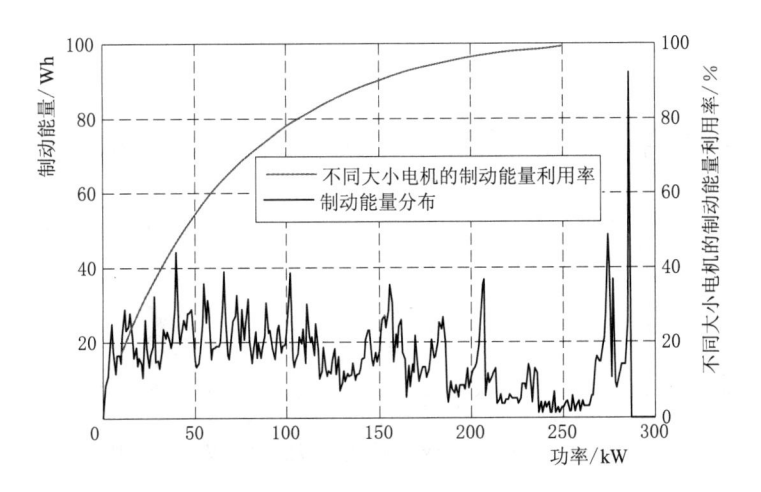

图 5-62 中国公交城郊快速路况下制动能量分布及可利用率曲线

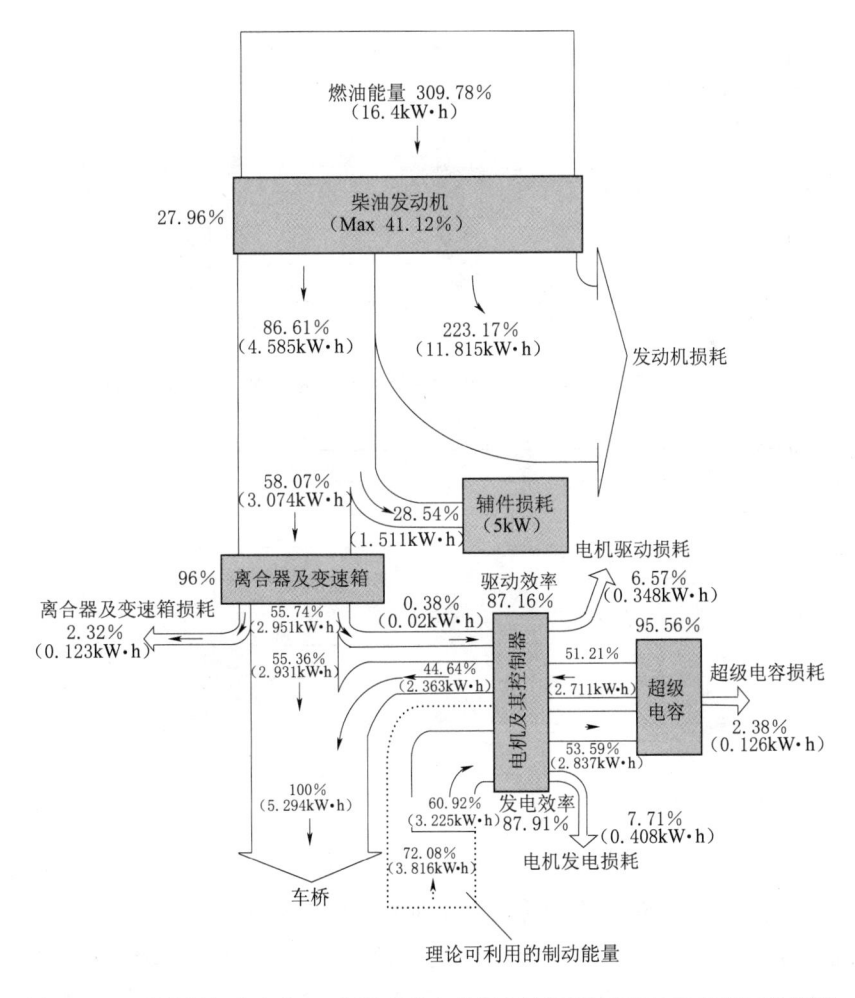

图 5-63 采用超级电容和 100kW 永磁电机后 MANHATTAN 路况下的能流图

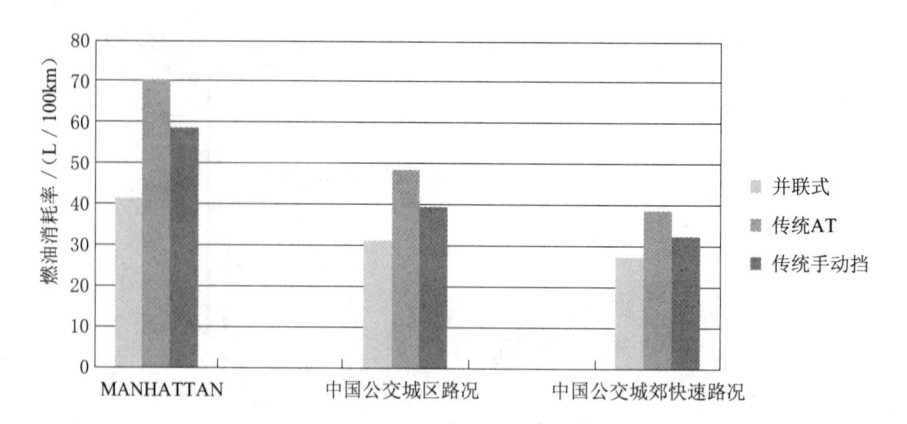

图 5-64 辅件功率小（5kW，传统构型的为 4kW）的油耗比较

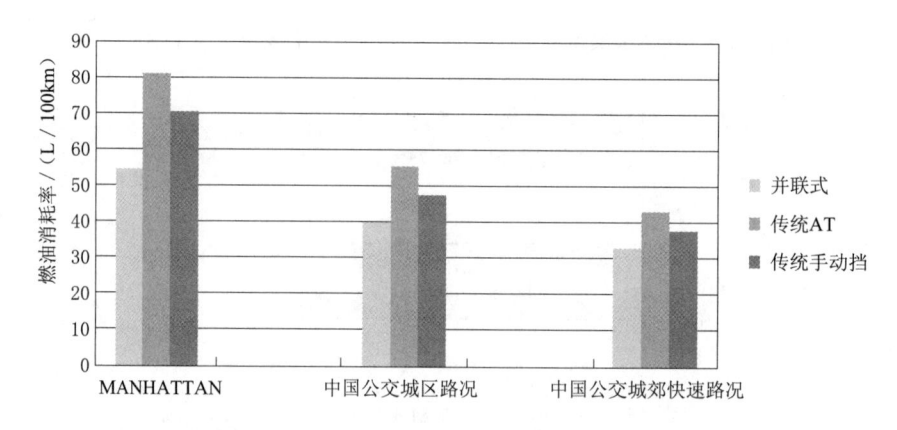

图 5-65 辅件功率中（10kW，传统构型的为 9kW）的油耗比较

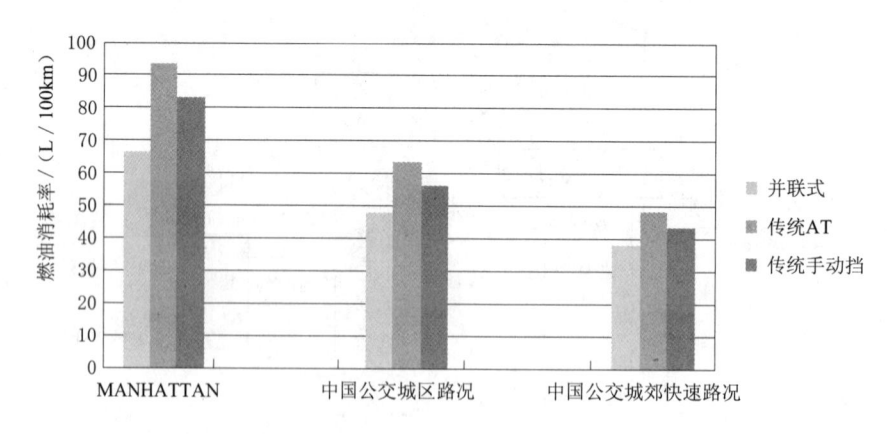

图 5-66 辅件功率大（15kW，传统构型的为 14kW）的油耗比较

天），经济性较传统 AT 和传统手动挡车分别提高 25% 和 15%。

系统经过改善后，在中国公交城郊快速路况下，辅件功率较小时（5kW，冬天），经济性较传统 AT 和传统手动挡车分别提高 29% 和 16%；辅件功率中等时（10kW），经济性较传统 AT 和传统手动挡车分别提高 24% 和 13%；辅件功率高时

(15kW，夏天)，经济性较传统 AT 和传统手动挡车分别提高 22% 和 13%。

5.2.6 串联、并联混合动力性能比较

将串联、并联及传统动力系统（手动、AT）放到一起进行比较，见图 5-67～图 5-69。可见在这 3 种路况下，串联式、并联式混合动力经济性均比传统车具有明显改善，在拥堵的 MANHATTAN 路况下经济性改善最为明显，比传统 AT 车改善达 40%，比传统手动挡车改善 30%。在 MANHATTAN、中国公交城区路况下，由于采用的电机较大，回收的能量较多，串联混合动力经济性比并联混合动力稍好。在中国公交城郊快速路况下，串联式与并联式经济性相当。

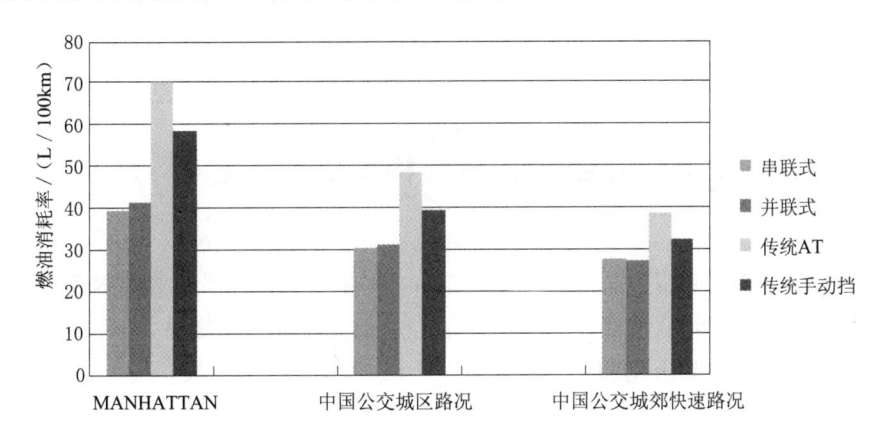

图 5-67 辅件功率小（5kW，传统构型的为 4kW）的油耗比较

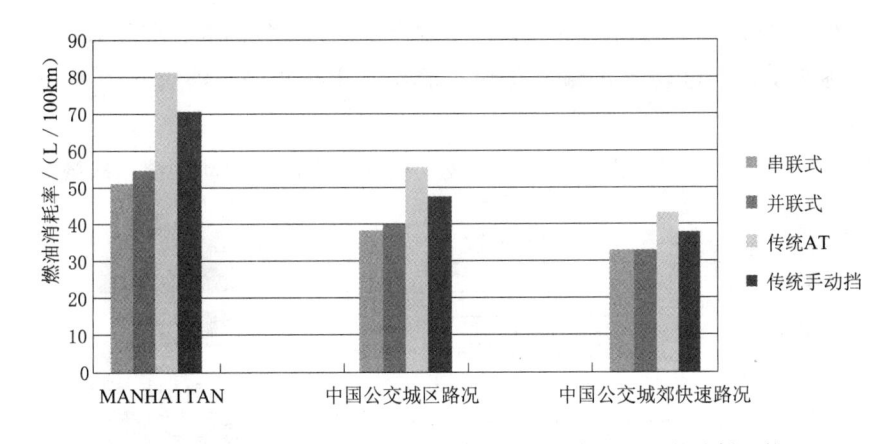

图 5-68 辅件功率中（10kW，传统构型的为 9kW）的油耗比较

从成本和结构复杂度方面比较，串联混合动力结构简单，容易实现无级变速，但成本较高（需要 30 个模块超级电容、150kW 永磁电机）。并联混合动力成本较低（需要 10 个模块超级电容，100kW 永磁电机），但是结构复杂，不容易实现无级调速。

混联式混合动力具有串联和并联的优点，因此采用大电机的混联式混合动力经济

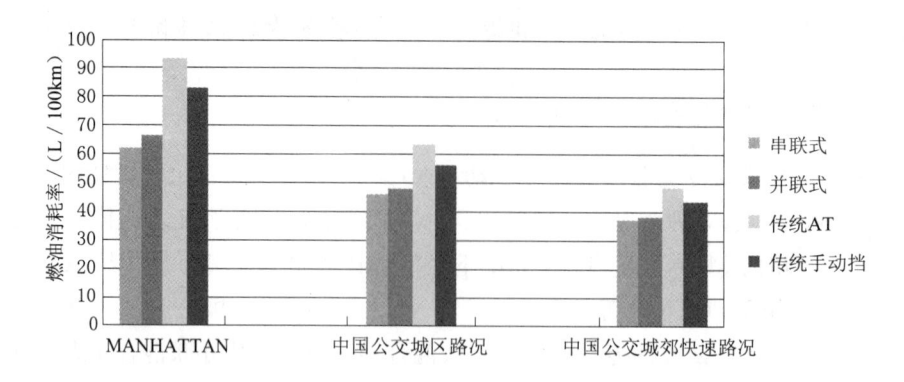

图 5-69 辅件功率大（15kW，传统构型的为 14kW）的油耗比较

性潜力会更好。

5.3 混合动力系统构型的发展趋势

混合动力技术具有很好的节能减排潜力，伴随市场的成熟和大众接受程度的提高，将得到不断发展，从而逐步成为车辆动力系统的主导技术之一。其发展过程将呈现功能模块化、动力平台化和可外部充电（Plug-in）三大发展趋势。

5.3.1 功能模块化趋势

根据车辆对成本敏感、系统布置紧凑等要求，动力系统的混合应从部件层次以模块的形式逐步实现。电功率占输出总功率的比例逐步提高，混合动力的功能逐步增强。

如图 5-70 所示，模块化的发展应从发动机开始发展到传动系统，从微混合开始

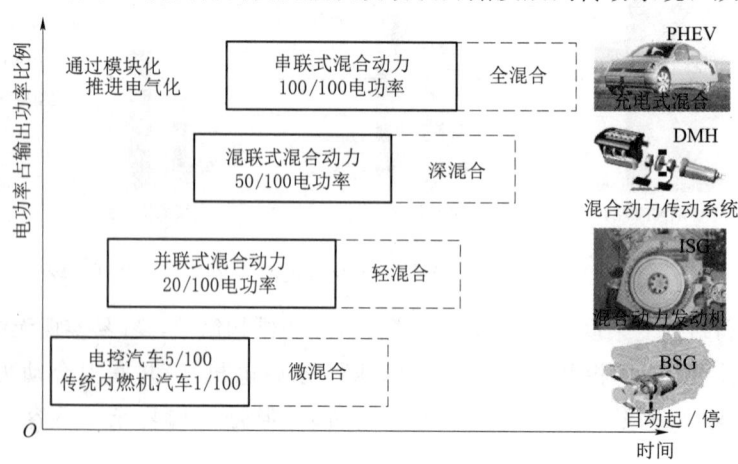

图 5-70 模块化混合动力发展

发展到深混合全混合。最终形成以串联构型和深混联构型为代表的混合动力系统平台。其中几个主要模块化过程如下。

1. 微混合动力发动机

通过结合并联构型1中的 BSG 技术，在发动机中加入电机，构成混合动力发动机。使其具备自动起停、高效率发电等混合动力功能。作为混合动力模块化的第一步，应具备成本低、系统简单等特点。

2. 轻混合动力发动机

使用并联构型1中的 ISG 技术，在轻混合动力发动机的基础上加大电功率所占比例，从皮带处混合过渡到曲轴处混合，从微混合过渡到轻混合。从而增加混合动力功能，增大混合动力效果。

3. 深混合动力传动系统

使用并联构型2、构型4中的基于变速箱的混合动力技术，在变速器中加入功率较大的电机，构成混合动力变速器，通过实现纯电动驱动模式达到车辆的深混合。通过将上述混合动力变速器和前述混合动力发动机进行结合，构成双并联或行星齿轮混联构型，形成混合动力传动系统。通过系统协调控制位于发动机和变速器中的两个电机，实现更多混合动力模式，更加充分发挥系统潜力。

达到深混合程度的混合动力系统就可以实现纯电驱动、纯内燃机驱动、混合驱动3种车辆工作模式。工作模式的选择既可以由车辆自动智能选择，也可以由司机给定，车辆驱动灵活性大大增强。

4. 全混合动力系统（包括 Plug‑in 混合动力系统）

车辆将完全由电驱动，在串联混合动力平台上实现主要动力源运转和车辆行驶的完全解耦。最大可能地对车辆经济性、动力性和排放进行优化。

5.3.2 动力平台化趋势

通过模块化的发展，将最终形成以串联构型和深混联构型为代表的混合动力系统平台。在此平台上实现汽车能源技术的油-电（汽油、柴油、酒精等）、气-电（天然气、氢气等）、电-电（电网电能等）多能源一体化。

基于串联构型形成了由辅助动力总成（APU）、驱动电机和储能装置构成的技术平台，如清华大学2005年提出的多能源一体化混合动力客车平台（图5-71）和通用汽车2007年提出的 E-Flex 混合动力轿车平台（图5-72）。其中的辅助动力系统（APU）可以是柴油机、天然气发动机、氢能燃料电池发动机等。通过替换不同的辅助动力总成（APU），实现多能源混合动力的平台化。基于深混联构型的系统也可以通过替换动力源的方式实现油-电、气-电混合的多能源平台。

5.3.3 可外部充电（Plug‑in）趋势

可外部充电混合动力系统（Plug‑in Hybrid）结合了混合动力及可电网充电的

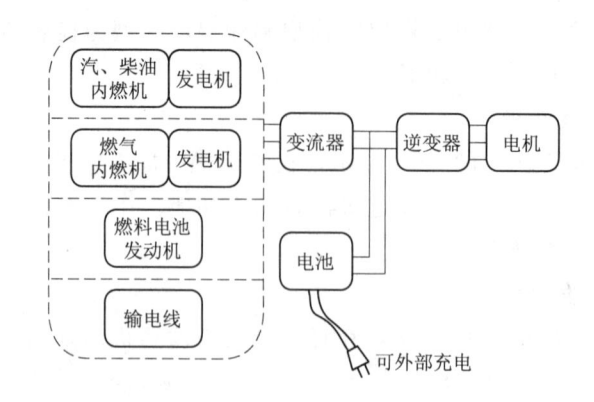

图 5-71 多能源混合动力客车技术平台

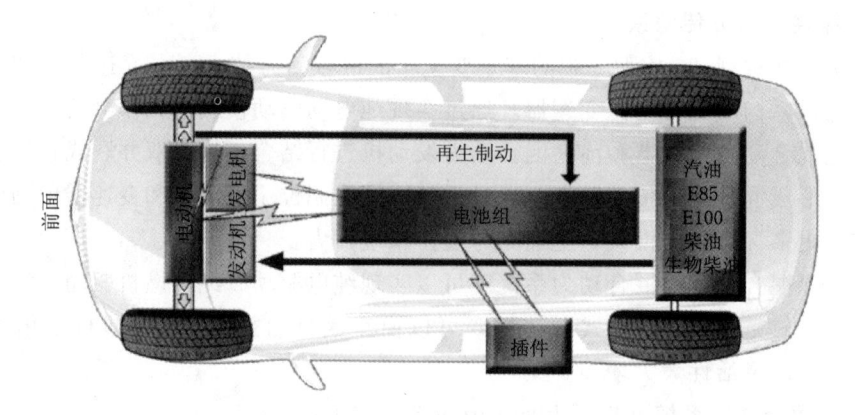

图 5-72 E-Flex 混合动力轿车技术平台（通用汽车）

优点，也是向最终的清洁能源系统过渡的最佳方案之一。虽然自出现至今已经有了 100 年的历史，但近年来才获得较大发展。2000 年美国电力研究协会（EPRI）发起成立了 Hybrid Electric Vehicle Alliance（HEVA），该组织的任务是促进 PHEV 的商业化；2001 年美国能源部（DOE）在加州大学 UC Davis 成立了 PHEV 国家工程中心。2002 年美国企业家、环境工作者和工程师发起成立了 CalCars，该组织旨在倡导和推动 PHEV 的进步和发展；自 2004 年 9 月以来，DaimlerChrysler 和 EPRI 一直在进行 PHEV Delivery Van（Sprinter）示范。2006 年 11 月 GM 宣布制造 PHEV Saturn Vue 的计划。2007 年 2 月，DOE 发布了一项计划草案以加速 PHEV 开发和部署。丰田公司及 GM 公司在底特律 SAE 2008 World Congress 展示了他们的 Plug-in 汽车。另外，国外还有一些专用车辆采用 Plug-in 技术，如美国接送中小学生的校车、垃圾收集车等大型车辆。

Plug-in 可外部充电混合动力，具有以下 4 个优点。

- 运行成本低（电价格低于汽油价格）。
- CO_2 排放低（环境友好）。
- 燃油消耗率低（减少对石油的依赖）。

- 使用方便（在家里充电，减少上加油站的次数）。

配备相对大容量的蓄电池和大电机后，各种混合动力均可通过加装外部充电接口实现 Plug-in 功能（图 5-71、图 5-72）。当车辆短途行驶时，依赖从外部充入蓄电池的电能进行纯电动行驶。随着行驶距离增长，再通过混合动力功能对石油能源进行转换。这样进一步降低了车辆的综合行驶油耗和二氧化碳排放。

以下在柴油机串联式混合动力系统客车基础上仿真分析 Plug-in 的能耗经济性。其中，电机模型采用的数据引自 Advisor 的永磁电机 PM100，并按比例进行修正。电池模型采用某公司生产的磷酸铁锂电池的数据（目前多数的 Plug-in 混合动力采用锂离子电池），其参数见表 5-22，并通过适当的串并联获得需要的安时数。仿真结果如下。

表 5-22　　　　　　　　　磷酸铁锂电池单体参数

参　数	规　格	参　数	规　格
电池种类	动力型锂离子电池	放电终止电压	2.0V
标称容量	11A·h	温度：	
标称电压	3.2V	充电	0～45℃
内阻	≤11mΩ	放电	-20～55℃
重量	≤400g	储藏温度：	
最大充电电量	1.0C	1 个月内	-20～45℃
充电电压	3.65V±0.05V	6 个月内	-20～35℃
最大放电电量	2.0C		

（1）在中国公交城区工况下，纯电动里程设计为 30km 的 Plug-in 系统（SOC 从 100%～30%），需要 115A·h 的电池，接近普通混合动力的两倍，重量增加约 350kg。由于增重不大，同时增大电池有利于制动能量的回收，混合模式下的 100km 油耗基本不变（采用同样数据的柴油机串联式混合动力系统客车在中国公交城区工况下，辅件功率 5kW 情况下的燃油消耗率为 31.6L/100km）。如果公交车每天运营 200km，纯电动 30km，则总耗油 53.72L，较串联混合动力节油 9.48L（串联混合动力系统每天耗油 63.2L），节油率 15% 左右，但多耗电网电能 32kWh（充电效率取 0.9）。

（2）在中国公交城区工况下，纯电动里程设计为 60km 的 Plug-in 系统，需要 230A·h 的电池，接近普通混合动力的 4 倍，重量增加约 1200kg。由于重量增加，混合模式下的 100km 油耗变为 32.6L。如果公交车每天运营 200km，纯电动 60km，则每天较串联混合动力节油 17.56L，节油率为 27.8% 左右，但多耗电网电能 65.4kWh（充电效率取 0.9）。

（3）在中国公交城区工况下，纯电动里程设计为 90km 的 Plug-in 系统，需要 345Ah 的电池，接近普通混合动力的 6 倍，重量增加约 2000kg。由于增重，混合模式下的100km油耗为33.3L。如果公交车每天运营200km，纯电动90km，则每天较串联混合动力节油26.57L，节油率为42%左右，但多耗电网电能111.1kWh（充电效率取0.9）。

可见Plug-in混合动力系统在公交运营里程范围内，节油比较显著。利用夜间波谷充电，也有利于电网电能的充分利用，因此可外部充电（Plug-in）也将成为今后发展的趋势。

第6章 燃料电池混合动力系统

6.1 燃料电池发动机特性分析

6.1.1 燃料电池发动机构型

目前大部分车用燃料电池发动机为氢空质子交换膜燃料电池发动机，燃料电池发动机根据操作压力可以分为高压型和低压型，各有各的特点。根据当前的系统技术、零部件的情况及系统的可靠性等因素来考虑，目前多数国内燃料电池发动机采用的是部件相对少、控制相对简单、系统相对安全可靠的低压方案。同时为了提高效率，系统需具有空气量、冷却水量可随负载变化自动调节功能，并具有温度可控等功能。图6-1所示为低压燃料电池发动机的结构示意图。车用燃料电池发动机可分为电堆模块、空气系统、氢气系统、水热系统、电气安全系统、控制系统等6个子系统。

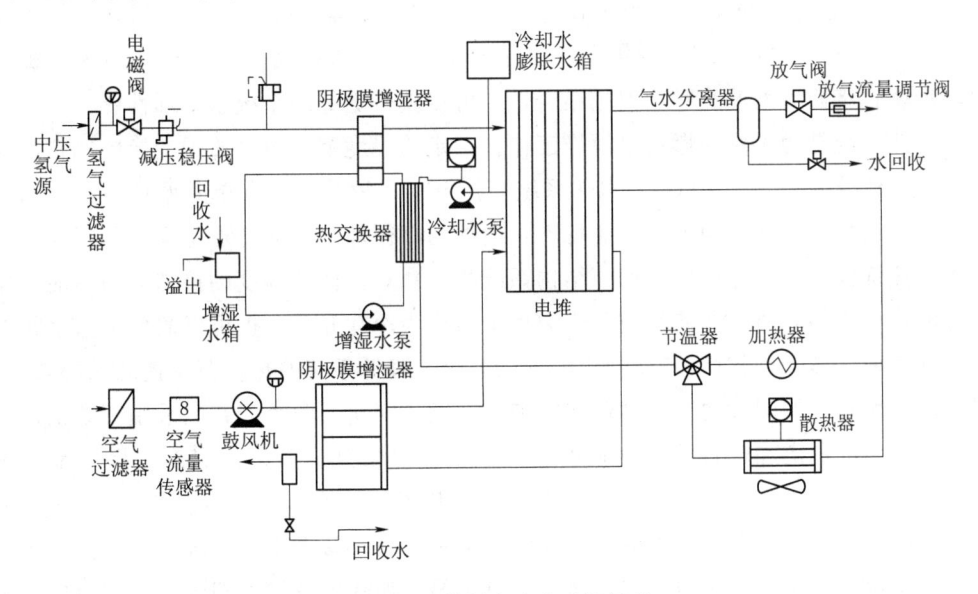

图6-1 燃料电池发动机原理

电堆模块是燃料电池发动机的核心，通过在其内部氧化剂（氧气）与还原剂（氢气）的电化学反应，产生电能，带动负载工作。

空气系统一般也称为氧化剂供给系统，空气中的氧气作为电化学反应的氧化剂（有的质子交换膜燃料电池直接使用纯氧气作为氧化剂），低压空气系统拓扑结构相对简单，一般由空气过滤器、空气流量传感器、鼓风机、增湿器等组成。安装流量传感器的目的是为了精确控制过量空气系数。低压系统空气增湿方案是影响燃料电池性能的关键。目前增湿方案主要有焓轮增湿方式、气-气膜增湿方式、多孔金属泡沫增湿方式、尾气回流增湿和喷射雾化增湿方式等 5 种。膜增湿方式和焓轮增湿方式被证实为最佳的增湿方案，这两种增湿方式均利用反应的湿尾气对干的进气进行增湿，并且具有热交换器（冷凝）的功能，因此比较容易保持系统的水热平衡。气-气膜增湿方式无运动部件，不需要控制，且湿度随负载变化而自动调节，简单、可靠、实用。

氢气系统的作用是为燃料电池堆提供燃料，同时进行燃料的回收利用。质子交换膜燃料电池中一般都使用纯氢气作为燃料（也有使用化学重整制取的氢气）。氢气系统主要由电磁总阀、减压器、增湿装置及脉冲放气电磁阀等组成。增湿拓扑结构主要有 3 种：一是氢气回流增湿结构；二是水-气膜增湿结构；三是膜增湿与氢气回流增湿的组合结构，如图 6-2 所示。通过仿真分析认为回流增湿方式十分适合高压型燃料电池系统；采用水-气膜增湿器，由于利用了部分冷却水能量，可以大幅度减小系统热负荷，提高电堆功率；将回流增湿和膜增湿相结合，还可以获得更好的系统水管理性能。

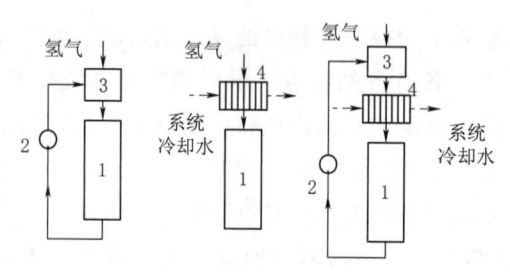

图 6-2　3 种典型的阳极增湿方式
1—阳极；2—喷射泵或回流风机；
3—混合室；4—膜增湿器

水热系统是为了保证燃料电池堆工作在一定的温度范围内（质子交换膜燃料电池的最佳工作温度为 50～70℃）。水热系统拓扑也有多种结构，有单一循环结构、内外两个循环结构。两种结构各有各的特点，内外两个循环结构的特点是系统易于与整车其他散热部件统一设计；单一循环结构系统相对独立，便于温度的控制。为了能采用防冻液作为冷却介质（即使目前采用去离子水作为冷却介质，也可以避免散热水箱对膜增湿器的污染），同时为了能利用电堆的废热、降低系统的热负荷及提高系统效率，采用两个循环，即阳极增湿水循环回路和冷却循环回路，两个回路间采用不锈钢换热器达到介质的隔离和进行热量交换的目的。为了尽快升高系统的温度，提高系统效率，并在冬季能对系统进行保温，需采用大小循环的结构（采用节温器），并在小循环中串联加热器。采用膨胀水箱进行放气与补水，减小整个水热系统的热容。冷却循环主要由冷却水泵、换热器、节温器、散热水箱、加热器及被冷却的电堆等组成；阳极增湿水循环由增湿水泵、水-气膜增湿器、增湿水箱等组成。

电气安全系统中，电气部分包括低压控制电气、高压电气，安全部分包括氢安全和电气安全等内容。电气安全系统由整个系统的安全互锁电路、风机、水泵、加热器等用电设备的供电电路组成。

燃料电池发动机一般采用分布式控制系统方案。分布式控制系统具有接线简单、调试方便、升级灵活和电磁兼容性好的优点,尤其适用于较大、较分散的被控对象。燃料电池客车各子系统的功能相对独立,且部件往往分散安装在不同的位置,一般宜采用分布式控制。分布式控制系统的设计原则是以子系统或节点为主要设计思路,空间距离就近和功能集中为辅助设计原则。这样能够保证控制算法具有很强的模块性,即尽可能使采集,运算和驱动在当地控制节点完成,从而使当地控制环对总线信号的依赖程度降低,减小总线通信量。采用基于时间触发的 TTCAN 通信的分布式设计思路,整个分布式控制系统方案如图 6-3 所示。系统由三重网络,即整车接口网络、燃料电池系统网络和单片电压采集(CVM)网络组成。系统主管理控制器负责与整车网络通信,并负责管理整个燃料电池发动机。供气系统子控制器负责管理空气系统和氢气系统;水热系统子控制器负责管理水热系统;电气系统子控制器负责管理安全与电气系统;温度信号采集子控制器负责整个系统温度的采集,并通过 CAN 网络通知各个控制器。单片电压采集管理节点负责电堆每片电压的监控,并及时通知主节点。

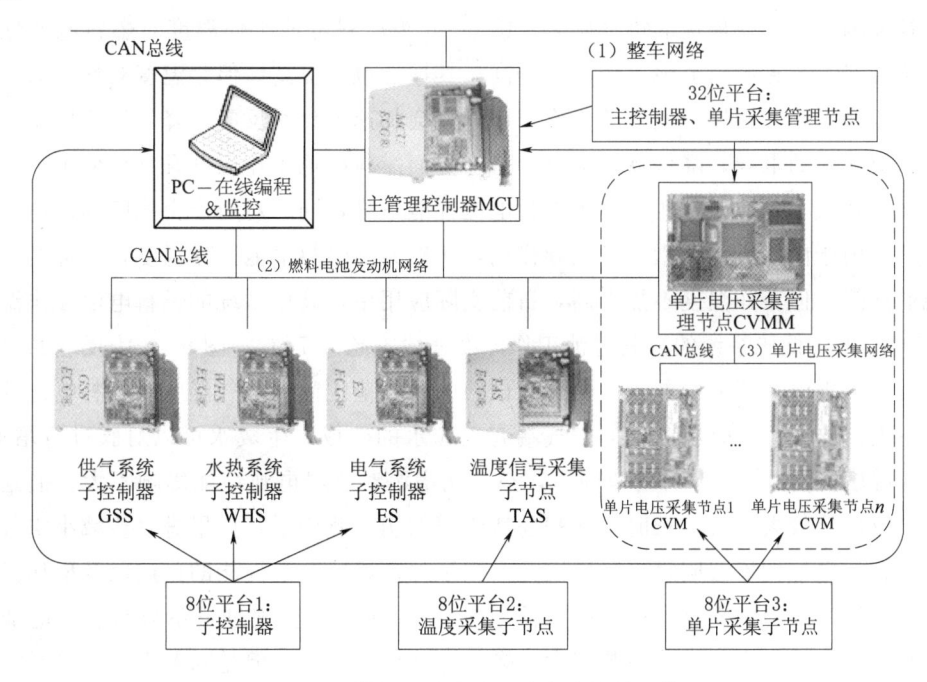

图 6-3 燃料电池发动机分布式控制系统

6.1.2 燃料电池稳态性能

燃料电池的伏安曲线是燃料电池发动机性能的表征。图 6-4 为典型的燃料电池伏安曲线。

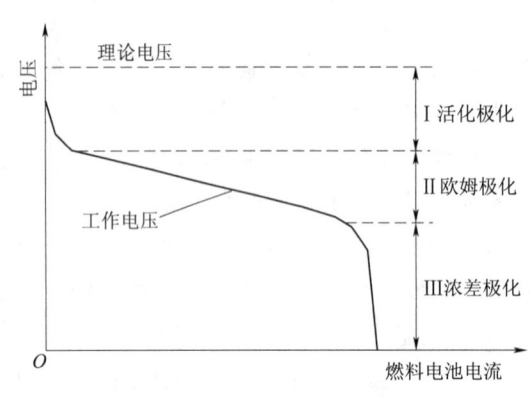

图 6-4　燃料电池伏安曲线

燃料电池的损失包括活化极化损失、欧姆极化损失和浓差极化损失。在低负荷区的损失主要表现为活化极化损失，在中负荷区的损失主要表现为欧姆极化损失，在高负荷区的损失主要表现为浓差极化损失。燃料电池的实际工作电压越接近理论电压，其性能越好（效率越高）。燃料电池的性能由燃料电池的操作参数确定，操作参数主要包括燃料电池工作温度、反应气工作压力、反应气体流量、反应气相对湿度等。图 6-5 为反应气体工作压力对某个低压燃料电池堆性能影响的伏安曲线。可见，燃料电池的性能随反应气体工作压力的升高而改善。这是因为进气压力的增加提高了反应气体的浓度，改善反应气通过电极扩散层向催化层的传质，减小浓差极化。但是提高进气压力不仅会增加燃料电池密封的难度，而且会增加空气压缩机（或鼓风机）的功耗。在实际工作中应该综合考虑各种因素，选择最优的进气压力。图 6-6 为燃料电池工作温度对燃料电池性能的影响情况，可见燃料电池工作温度升高，其性能也会提高。但是温度对性能的影响有两个方面：一方面燃料电池的工作温度升高会加速电化学反应，降低活化极化，增加质子交换膜的电导，降低欧姆极化；另一方面燃料电池工作温度升高会使水蒸气分压升高，降低了反应气分压，导致燃料电池性能下降，同时对质子交换膜的寿命也不利。图中由于前一方面因素占了主导作用，所以升高燃料电池工作温度，能提高燃料电池的性能。但工作温度不能太高，目前实际应用中，高压系统的燃料电池工作温度在 80℃以下，低压系统的燃料电池工作温度一般不超过 70℃。图 6-7 为反应的空气湿度对燃料电池性能的影响。可见，在试验的操作范围内，空气湿度对燃料电池性能影响不大。这是由于燃料电池的空气端有反应水的生成，生成水可以对膜进行增湿，所以在湿度为 60%~100%的范围内，空气端增湿对燃料电池性能影响不大。但是由于空气流量比较大，气体长时间吹扫易造成膜的阴极侧变干，如果进一步减小空气的湿度，燃料电池性能会明显下降。因此，为了保证燃料电池性能的稳定以及增加膜的寿命，空气端增湿的露点温度不能太低。图 6-8 所示为空气过量系数对燃料电池性能的影响。可见，空气过量系数越大，燃料电池性能越好。但是随着空气过量系数的增大，其对燃料电池性能的影响幅度也在减小，图中空气过量系数为 2.5 和 2.7 时的燃料电池性能几乎一样。另外，对于燃料电池发动机而言，空气过量系数的增大会增加空气压缩机的功耗。所以，在实际使用过程中要综合考虑，选择合适的空气过量系数。从试验数据可以看出，空气过量系数在 2.3~2.5 的范围内燃料电池的性能较好。

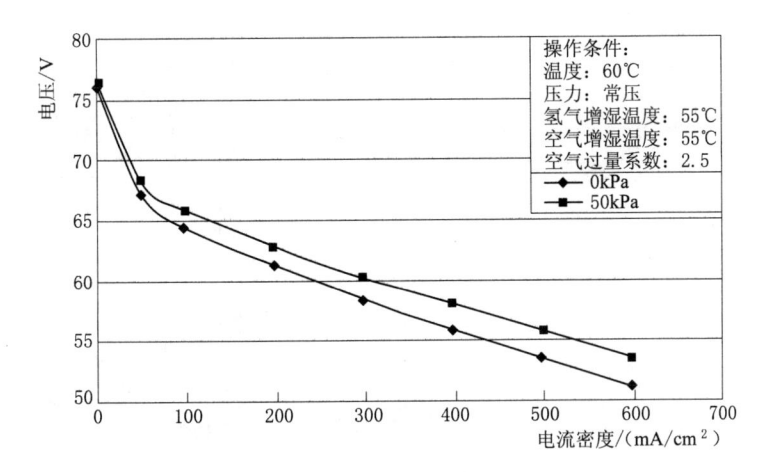

图 6-5　反应气体工作压力对燃料电池性能的影响

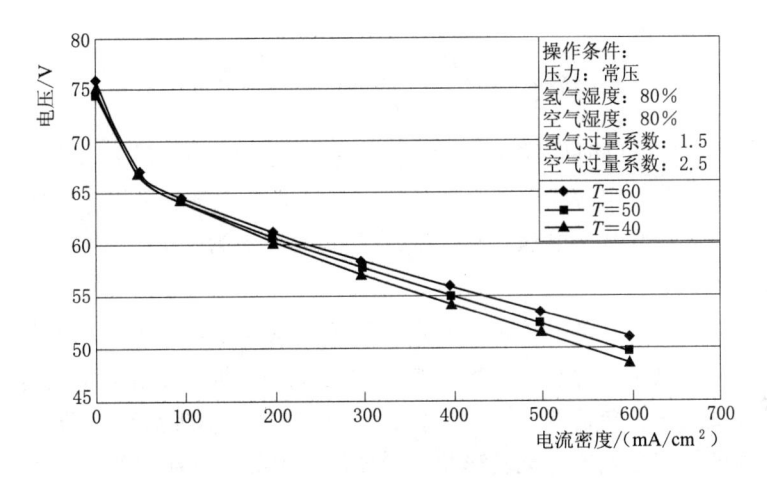

图 6-6　工作温度对燃料电池性能的影响

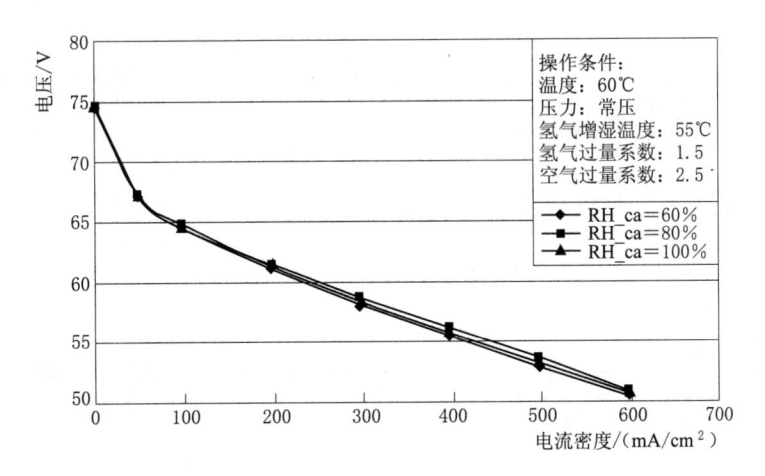

图 6-7　空气湿度对燃料电池性能的影响

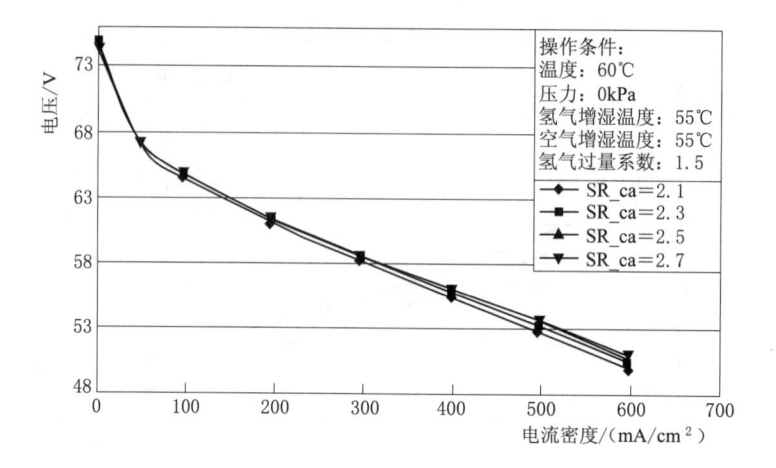

图 6-8 空气过量系数对燃料电池性能的影响

燃料电池效率可以用式（6-1）计算，即

$$\eta_{stack} = \frac{P_{stack}}{\dot{n}_{fuel} \cdot \Delta \bar{h}_f} = \mu_{fuel} \cdot \frac{U_{cell}}{1.25} \qquad (6-1)$$

式中：$\dot{n}_{fuel}$ 为氢气的单位时间摩尔流量，mol/s；$\Delta \bar{h}_f$ 为 241.83kJ/mol，即水蒸气在 298K 1atm 时的焓值，也等于氢的低热值，J/mol；μ_{fuel} 为氢气利用率，即氢气过量系数的倒数；U_{cell} 为平均单片电压，V；1.25 为电堆效率为 100%（相对于氢低热值）时对应的单片可逆电压，V。

整个燃料电池发动机的性能可以通过台架测试来考核，图 6-9 为燃料电池发动机的测试工况（该测试工况包含车用燃料电池发动机的常见工况，如怠速、满负荷、过载、冷机加载、部分负荷等）。根据测试工况的测试，整理后可以获得图 6-10 所示的燃料电池的效率曲线，可见其形状与伏安曲线类似，负荷越低效率越高。当考虑了辅件消耗（主要是鼓风机或空压机功耗），如图 6-11 所示，燃料电池发动机在低

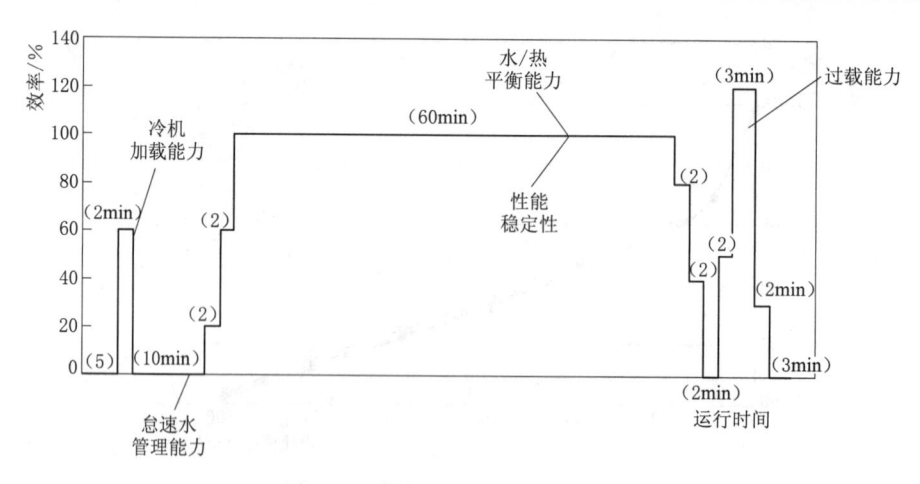

图 6-9 燃料电池发动机测试工况

负荷时效率下降较快。低压燃料电池发动机在中低负荷效率最高,可达 57%,且在很宽范围内的效率都在 50% 以上,如图 6-12 所示。而一般内燃发动机的效率最高点在中高负荷区,最高效率只有 40% 左右。

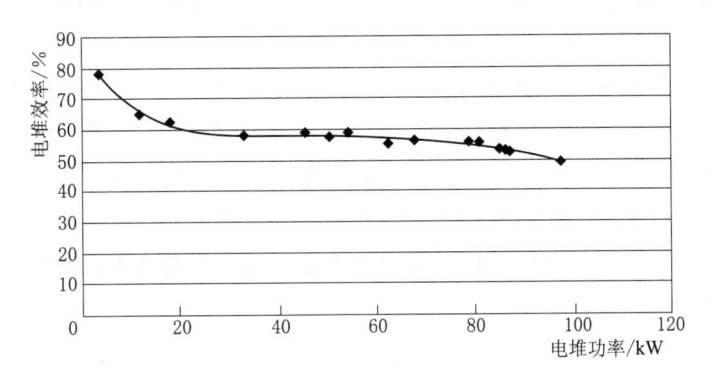

图 6-10 燃料电池电堆的效率曲线

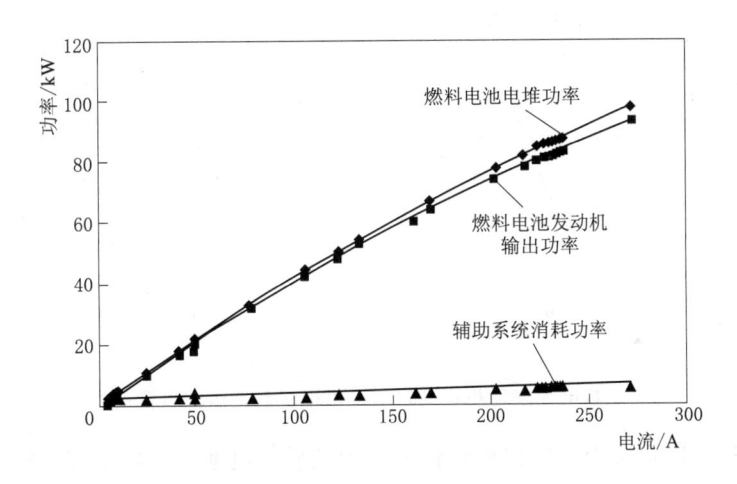

图 6-11 燃料电池发动机输出功率及其辅件功率曲线

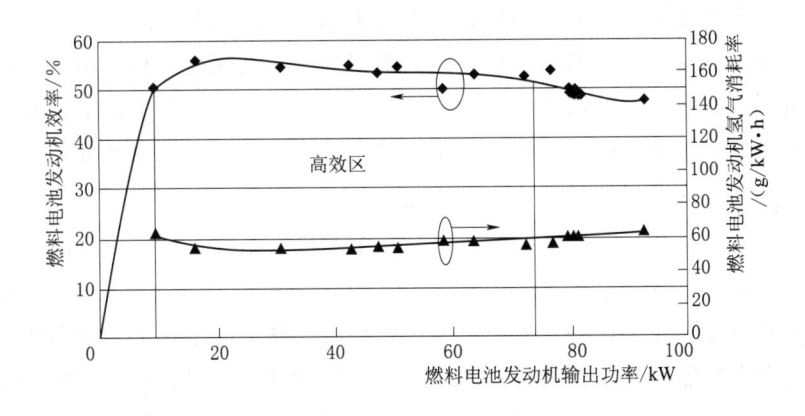

图 6-12 燃料电池发动机效率曲线

6.1.3 燃料电池发动机瞬态特性

燃料电池发动机在车用工况中避免不了承受动态的变化。燃料电池的动态过程包括起停过程、变载过程等。

启动过程可以定义为从整车控制器发出启动信号开始，经蓄电池为发动机的辅助系统供电，使燃料电池建立电压，至蓄电池供电完全被发动机自供电自动切换，并能稳定工作所经历的时间。燃料电池发动机在启动过程中，经历氢气吹扫置换、空压机送风、电压从零迅速升高，然后闭合电源总闸输出电能等阶段。图 6-13 所示为启动过程燃料电池发动机工作电压及启动蓄电池电流曲线。目前客车用燃料电池发动机的启动时间需要 5~6s。

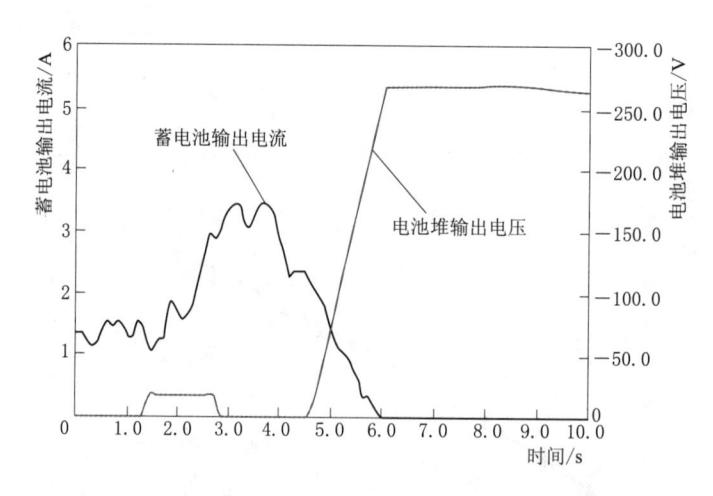

图 6-13 燃料电池发动机启动过程电堆电压和蓄电池电流的变化曲线

停机过程可以定义为从发出停机信号开始到燃料电池发动机不需要辅助电源所历经的过程，一般以温度冷却到一定值为止。在停机过程中，发动机一般也需要进行扫气，同时降低电堆温度，以防止因停机冷却而引起电堆内积水。

动态变载过程是燃料电池发动机负荷（输出功率）变化的过程。由于燃料电池发动机空压机（或鼓风机）的惯量大，响应滞后，在负载跟随控制模式下，空气供应滞后于负荷的变化，因此在电压上存在一个凹坑，效率有所降低，如图 6-14 所示。目前客车用燃料电池发动机的动态响应速率在 20kW/s 左右。

燃料电池发动机是一个强非线性系统，其中的空气系统、氢气系统的气体压力与流量存在耦合关系；水热系统由于增湿与温度及功率相关，也存在动态的协调问题。同时各个子系统之间还存在耦合关系，因此燃料电池发动机控制是一个多变量耦合控制系统。其动态性能取决于系统的优化控制。可以根据具体情况采用静态前馈＋PI控制、LQG多变量耦合控制或在线神经网络辨识器＋模型预测控制（MPC）等方法解决。

瞬态过程电堆参数变化

图 6-14 燃料电池发动机加载过程中参数的变化情况

6.1.4 车用燃料电池的耐久性

1. 车用工况下的耐久性测试评价

城市车用工况具有动态变载、长时间怠速、制动频繁等特点，图 6-15 为中国公

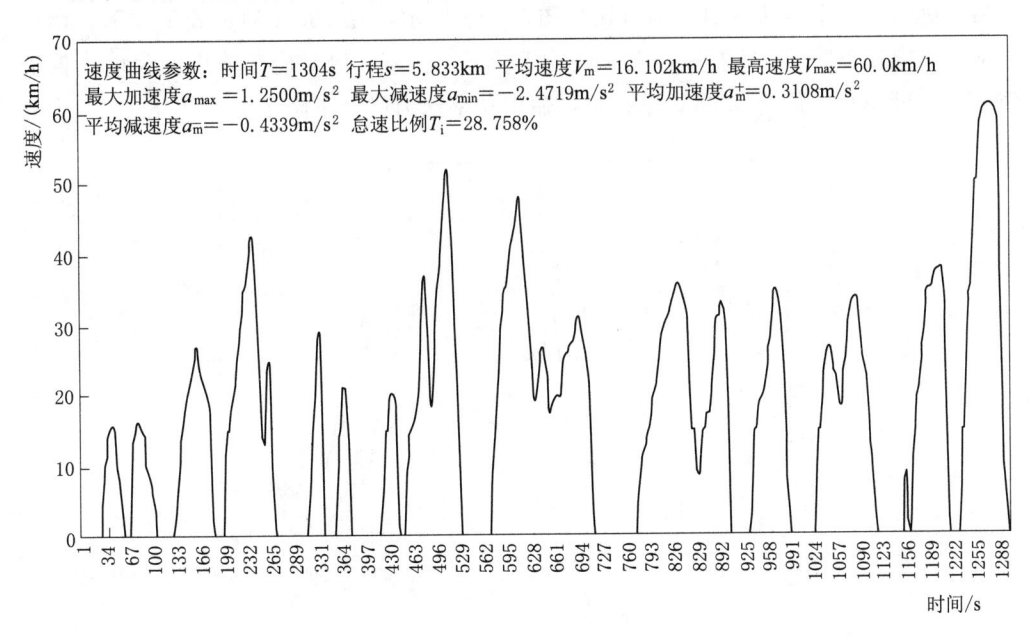

速度曲线参数：时间 $T=1304s$　行程 $s=5.833km$　平均速度 $V_m=16.102km/h$　最高速度 $V_{max}=60.0km/h$
最大加速度 $a_{max}=1.2500m/s^2$　最大减速度 $a_{min}=-2.4719m/s^2$　平均加速度 $\bar{a}_m=0.3108m/s^2$
平均减速度 $\bar{a}_m=-0.4339m/s^2$　怠速比例 $T_i=28.758\%$

图 6-15 中国公交车城区工况

交车城区工况。燃料电池发动机的耐久性考核工况可以根据动力系统及车的情况，从中提取出来。图6-16为燃料电池城市客车燃料电池电堆循环测试工况。该循环工况是根据图6-15所示的中国公交车城区工况，利用混合动力燃料电池客车仿真模型，结合实际车辆运行情况得到燃料电池堆的功率频谱，制订出来的燃料电池客车用燃料电池电堆耐久性测试循环工况。

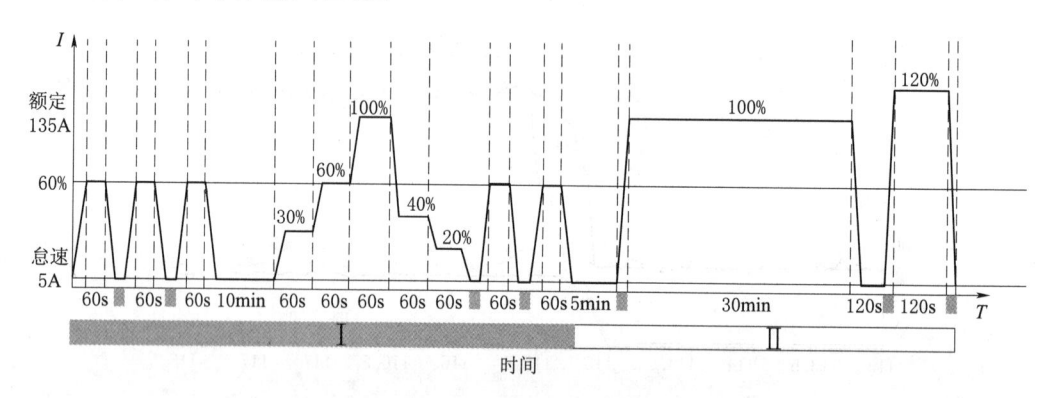

图6-16 燃料电池客车燃料电池电堆耐久性测试循环

采用该耐久性循环对某一低压质子交换膜燃料电池电堆（5kW，有效面积为280cm^2，80片，Nafion112质子交换膜）进行耐久性考核，图6-17为负载为100A下燃料电池电堆输出电压随时间变化的历程。可见，性能下降基本呈线性关系，电池堆性能下降速度为5.8mV/h，折合成平均单片电池电压的下降速度为72.5μV/h，比电堆稳态运行性能衰减的速度快（通常电堆性能下降速度为2~10μV/h）。考核640h前后的燃料电池电堆伏安曲线的对比如图6-18所示，在100A的负载工作下，燃料电池输出电压下降了4V左右，电压性能下降了6.9%。但对应于输出的欠电压保护值52V，即单片电压为0.65V左右时，输出功率能力已经下降了24%左右。

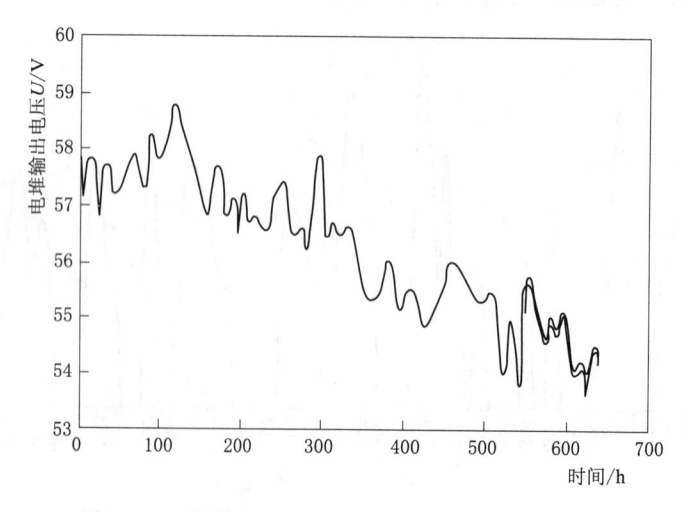

图6-17 燃料电池电堆输出电压随时间的变化曲线

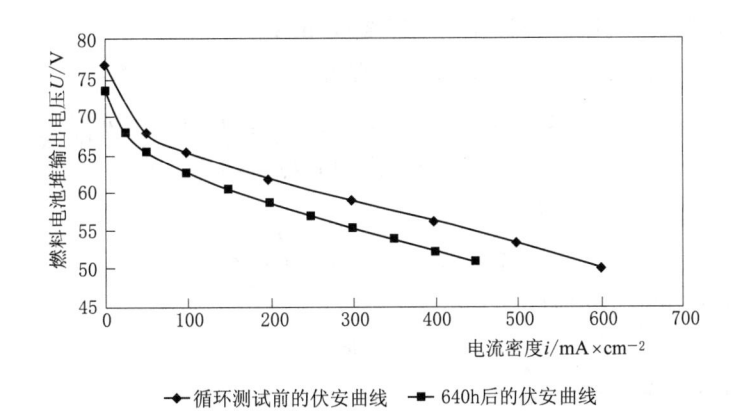

图 6-18 耐久性循环测试前后的伏安曲线比较

2. 性能衰减模型

为了了解循环前后性能衰减的各项因素,即活化极化损失、欧姆极化损失和浓差极化损失的变化情况,可以通过下面的建模方法来获得。

燃料电池工作电压可以认为由可逆电动势、活化损失和欧姆损失组成,如式(6-2)所示,即

$$U = E + U_a - U_o \tag{6-2}$$

式中:U 为燃料电池工作电压;U_a 为活化损失;U_o 为欧姆损失;E 为可逆电动势,可由 Nernst 方程推导,即

$$E = 1.229 - 0.85 \times 10^{-3}(T - 298.15) + 4.309 \times 10^{-5} T \left[\ln(p_{H_2,i}) + \frac{1}{2}\ln(p_{O_2,i}) \right] \tag{6-3}$$

式中:T 为燃料电池工作温度,K;$p_{H_2,i}$ 为反应界面氢气的分压;$p_{O_2,i}$ 为反应界面氧的分压。

将式(6-3)整理得

$$E = E' + 2.15425 \times 10^{-5} T \ln(p_{O_2,i}) \tag{6-4}$$

$$E' = 1.229 - 0.85 \times 10^{-3}(T - 298.15) + 4.309 \times 10^{-5} T \ln(p_{H_2,i})$$

式中:$p_{H_2,i}$ 为反应界面氢气的分压,即

$$p_{H_2,i} = p_a - \frac{1}{2} p_{H_2O}^s$$

式中:p_a 为阳极流道中气体总压;$p_{H_2O}^s$ 为阳极水蒸气的饱和压力。

活化损失 U_a 可以表示为

$$U_a = \xi_1 + \xi_2 T + \xi_3 T [\ln(c_{O_2,i})] + \xi_4 T [\ln(i + i_i)] \tag{6-5}$$

$$c_{O_2,i} \approx \frac{p_{O_2,i}}{5.08 \times 10^6 \exp\left(\dfrac{-498}{T}\right)} \tag{6-6}$$

式中:ξ_1、ξ_2、ξ_3、ξ_4 为常数;$i + i_i$ 为电堆总电流密度(i 为电堆输出电流密度,i_i

为内部漏电以及反应气体渗透等效电流密度），mA/cm²。

将式（6-6）代入式（6-5），重新整理得

$$U_a = \zeta_1 + \zeta_2 T + \zeta_3 T[\ln(p_{O_2,i})] + \zeta_4 T[\ln(i+i_i)]$$

$$U_a = U'_a + \zeta_3 T[\ln(p_{O_2,i})] \tag{6-7}$$

式中：ζ_1、ζ_2、ζ_3、ζ_4 为常数。

$$U'_a = \zeta_1 + \zeta_2 T + \zeta_4 T[\ln(i+i_i)]$$

欧姆损失 U_o 可以表示为

$$U_o = Ri \tag{6-8}$$

式中：R 为电堆欧姆内阻，Ω。

将式（6-8）、式（6-7）、式（6-4）代入式（6-2），得

$$U = E' + U'_a - U_o + 2.154 \times 10^{-5} T\ln(p_{O_2,i}) + \zeta_3 T\ln(p_{O_2,i})$$

简化得

$$U = E' + U'_a - U_o + \psi T\ln(p_{O_2,i}) \tag{6-9}$$

$$\psi = 2.154 \times 10^{-5} + \zeta_3$$

假设电堆流道内氧的分压为 $p_{O_2,c}$，并假设

$$p_{O_2,i} = p_{O_2,c} - C_r i \tag{6-10}$$

式中：C_r 为浓差阻力，与电堆扩散层结构、含水量有关。

将式（6-10）代入式（6-9），并整理得

$$U = E' + U'_a - U_o + \psi T\ln(p_{O_2,c} - C_r i) \tag{6-11}$$

因此，在电堆内各单池性能均一的条件下，得出电堆的模型为

$$U_s = nU = n[E' + U'_a - U_o + \psi T\ln(p_{O_2,c} - C_r i)] \tag{6-12}$$

式中：n 为串联的单片电池片数。

式（6-12）右式中的第4项称为浓差项。E'、U'_a、U_o 与电堆流道中的氧分压无关。下一步将通过设计试验来获得式（6-12）中各种损失对应的参数随时间的变化大小。

(1) 欧姆损失参数的变化。欧姆内阻的测量方法可以采用断电法，即电堆在一定工作电流下突然切断电子负载的电流，并用示波器捕捉电堆电压的变化情况，通过计算突变电压与突变电流的比值获得欧姆内阻。图6-19与图6-20分别为循环工况前和循环工况640h后的欧姆内阻曲线（60℃）。可见经过640h的循环工况运行，内阻增加了34.7%。从 $3.6956 \times 10^{-2} \Omega$ 增加到 $4.98 \times 10^{-2} \Omega$。增加率为 $2.006 \times 10^{-5} \Omega/h$。折合到平均单片上的内阻增加率为 $2.508 \times 10^{-7} \Omega/h$。

(2) 浓差损失参数的变化。浓差损失（浓差项）的求解方法可以通过设想在以下的试验条件下将电堆的浓差项识别出来。

保持电堆工作温度不变，空气露点温度为60℃，氢气露点温度为55℃，氢气过量系数为1.3，常压条件下，改变空气的过量系数，如 λ_1、λ_2。由式（6-11）分

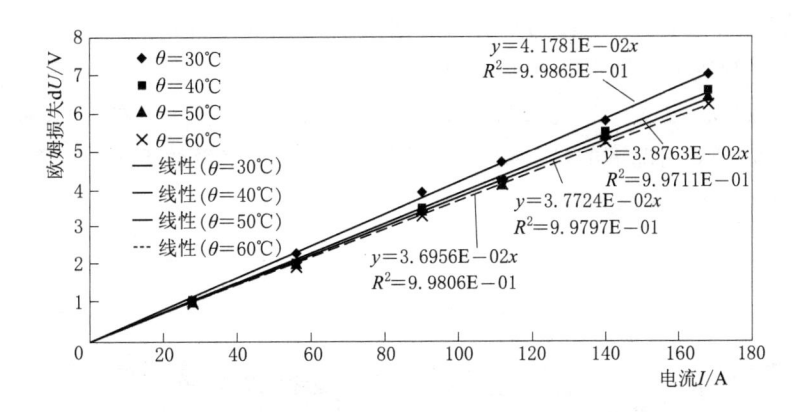

图 6-19 初始欧姆损失与电流的关系曲线

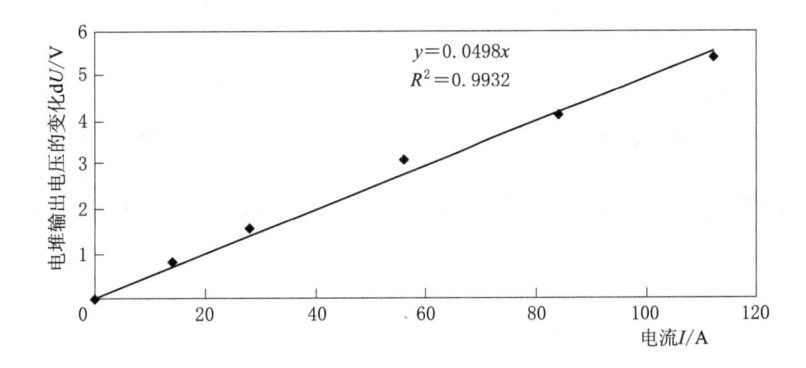

图 6-20 耐久性循环 640h 后欧姆损失与电流的关系曲线（60℃）

别得

$$U_1 = E' + U'_a + U_o + \psi T \ln(p_{O_2,c,\lambda_1} - C_r i)$$
$$U_2 = E' + U'_a + U_o + \psi T \ln(p_{O_2,c,\lambda_2} - C_r i)$$

两式相减得

$$\Delta U = \psi T \{\ln(p_{O_2,c,\lambda_2} - C_r i) - \ln(p_{O_2,c,\lambda_1} - C_r i)\}$$

式中：ΔU 为空气过量系统为 λ_2、λ_1 时电堆的电压差；p_{O_2,c,λ_1} 为流道中氧气在空气过量为 λ_1 时的分压；p_{O_2,c,λ_2} 为流道中氧气在空气过量为 λ_2 时的分压。

在电堆增湿良好的条件下，电堆流道中氧气的平均分压可以由电堆进出口的氧气分压对数平均值计算，即

$$p_{O_2,c,\lambda} = (p_{ca} - p_s) \times 0.21 \times \frac{1 - \dfrac{\dfrac{\lambda-1}{\lambda}}{\dfrac{1-0.21}{\lambda}}}{\ln\left(\dfrac{\dfrac{1-0.21}{\lambda}}{\dfrac{\lambda-1}{\lambda}}\right)} \quad (6-13)$$

式中：λ 为空气过量系数；p_s 为水蒸气的饱和分压；p_{ca} 为阴极操作压力。

通过设计试验很容易识别出 ψ 和 C_r。设计了 30℃、40℃、50℃、60℃ 温度下，不同空气过量系数（$\lambda=1.9、2.1、2.3、2.5、2.7$）的试验。图 6-21 所示为其中的一组，该组是在 60℃ 情况下的试验结果，电堆不同过量空气系数下的电压差 dU（等于 $n\Delta U$）的情况如图 6-22 所示。

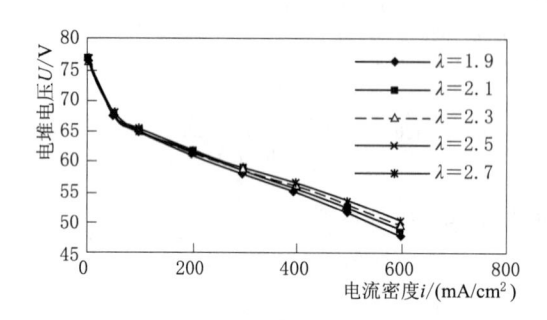

图 6-21　不同空气过量系数下低压燃料电池堆的伏安曲线

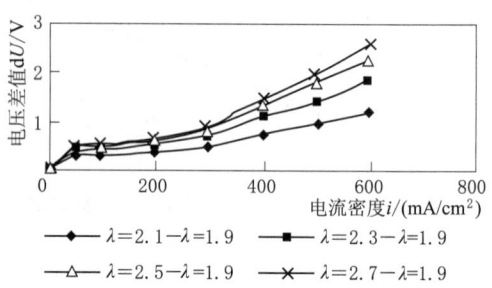

图 6-22　不同空气过量系数和不同电流密度下电堆电压差值曲线

通过数据拟合方法，如采用实数编码的遗传优化算法，对多组试验结果的分析，可以容易地得到 ψ 值和 C_r 值。

当 $\theta=60℃$ 时，$\psi=2.0\times10^{-4}$，$C_r=1.800\times10^{-4}$；640h 的耐久性循环后，发现浓差极化变化不大，在 60℃ 时，$\psi=2.0\times10^{-4}$，$C_r=1.810\times10^{-4}$。

（3）活化极化损失参数的变化。活化极化损失可以采用下面方法获取。因为式（6-11）中的 E'、U_o、$\psi T\ln(p_{O_2,c}-C_r i)$ 已经都知道，同时 U 也由试验得到。因此通过数据拟合方法，同样可以识别出活化损失的其他系数。ζ_1、ζ_2 对温度的敏感度较小，计算结果 $\zeta_1=0$、$\zeta_2=3.273\times10^{-4}$。但温度对 ζ_4、i_i 的影响比较大。当温度 $\theta=60℃$ 时，$\zeta_4=8.106\times10^{-5}$、$i_i=0.99$；当温度 $\theta=50℃$ 时，$\zeta_4=9.748\times10^{-5}$、$i_i=1.603$；当温度 $\theta=40℃$ 时，$\zeta_4=1.145\times10^{-4}$、$i_i=2.314$；当温度 $\theta=30℃$ 时，$\zeta_4=1.316\times10^{-4}$、$i_i=3.324$。可见，内部漏电电流随温度的降低有所升高。

经过 640h 后活化损失项，$\zeta_1=0$、$\zeta_2=3.253\times10^{-4}$。与循环前比较变化不大。温度 60℃ 时，$\zeta_4=9.882\times10^{-5}$、$i_i=4.676$；与循环前比较，发现内部漏电以及反应气体渗透等效电流密度 i_i 增大了 4 倍多，从 0.99 变化到 4.676mA/cm^2。说明电池漏电增加或反应气体渗透增加，引起电池性能的下降。$\zeta_1=0$、$\zeta_2=3.253\times10^{-4}$ 几乎没有改变，ζ_4 稍微增加些。

通过以上方法可以获得车用燃料电池耐久性的模型。该模型的计算结果与实车的衰减情况相当吻合。运用该模型分析，在各种极化损失中活化极化损失占的比例较大，在 80% 左右，其次是欧姆损失，再次是浓差极化损失（因为在车用工况，电流密度较小，浓差极化影响小）。图 6-23、图 6-24 是在额定负载（90A）下，燃料电池电堆在初始时（Begin of Life，BOL）和 2500h 后的极化损失分配情况。总极化损失从 BOL 的 36.5V 增加到 2500h 后的 51.87V，增长了 42.1%。活化极化从 BOL 的 30.39V，增加到 41.24V，增长了 35.7%。欧姆极化从 BOL 的 3.31V，增加到 7.83V，增长了 136.6%。功率在 BOL 时为 7630W（对应保护电压 52V），1000h 后变为 4706W，下降了 38.3%。2500h 后下降到 2066.3W，功率下降了 72.9%。可见，目前的车用燃料电池耐久性是一个极关键问题。

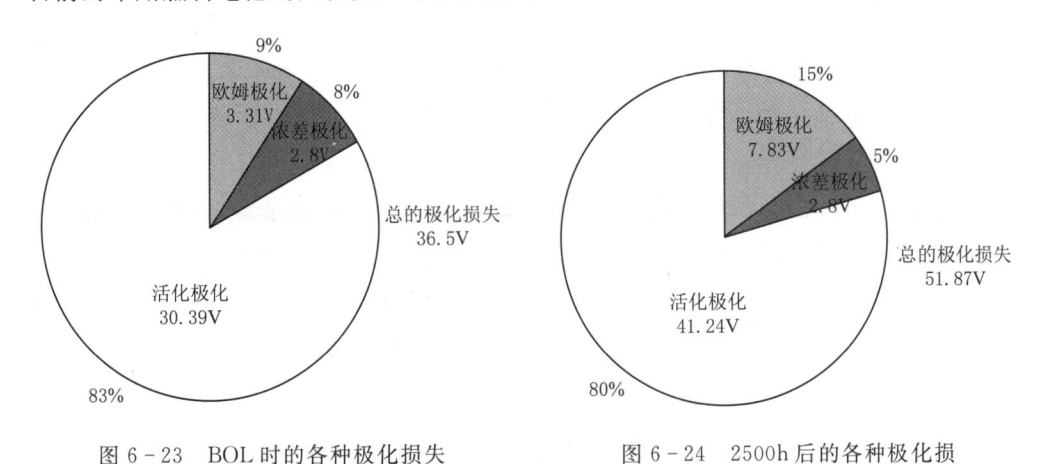

图 6-23　BOL 时的各种极化损失

图 6-24　2500h 后的各种极化损

6.1.5　车用燃料电池发动机性能优化途径

引起活化损失越来越大的原因是有效活化面积减小，引起欧姆损失增大的原因是导电性能变差，引起浓差损失的原因是反应物质通道堵塞。从操作条件来分析，影响燃料电池性能衰减的主要因素有高电位、频繁变载、频繁起停、增湿不当、环境恶劣。

（1）电位越高，铂（Pt）催化剂的溶解和积聚越多，随着时间的变化，有效表面积变小。同时电位越高，膜的降解越严重[14-18]。高电位对应于燃料电池发动机低负荷或怠速工况。

（2）负载循环变化也会加大催化剂表面积的损失（碳载体的烧损），特别是低负荷下（电压高于 0.8V）。加载速率对耐久性的影响也是相当大的。一般变载以后，燃料电池性能在数秒时间内才稳定，说明电池需要数秒的时间加减载才有利于耐久性的提高。

（3）起停工况过程中会在阳极中形成氢氧分界层，对耐久性影响同样是巨大的。

（4）反应气体不良的增湿将大大影响燃料电池的寿命，反应气体过干容易引起质子交换膜物理性损坏，产生针孔引起窜气。怠速状态下湿度低，也是性能快速下降的原因之一。高负荷状态，电堆容易产生水淹，部分单电池，部分区域由于水淹而容易产生缺气现象，引起单片一致性变差。

（5）环境对耐久性也有很大的影响。低温状态，产生的水不易排出，容易产生水淹。低温状态（零下），停机后电堆的水容易结冰，影响膜的寿命，同时冷热循环后，水的体积溶胀改变了催化层的结构，使得催化面积减小、接触电阻增加，从而引起燃料电池性能下降和使用寿命缩短。空气质量（颗粒、SO_2、CO、NO_x、HC 等），也是影响燃料电池寿命的主要因素。

因此在整车层次上，必须避免燃料电池长期工作在低负荷区（高电位）、避免循环变载、避免频繁起停。其主要途径就是采用混合动力，具体避免措施包括以下几个。

（1）采用燃料电池混合动力系统，使车辆怠速时不停机，动力系统在怠速或小功率下，用燃料电池给储能装置充电，使燃料电池单电池的电压始终工作在 0.85～0.6V 之间。

（2）充分利用蓄电池的功能，在车辆变载过程中，蓄电池起到削峰填谷的作用，使燃料电池发动机在较小功率变化、较小的功率变化率范围内工作。

（3）能量制动回馈时，应避免燃料电池发动机输出过小，以及避免在低负荷情况下频繁变动。

6.2　燃料电池动力系统构型分析

本节主要就客车用燃料电池动力系统构型进行分析。目的是了解各种构型的特点，为系统选型提供参考依据。

目前全球参与燃料电池客车开发的主要单位及其产品有：①Daimler‐Benz（Nebus、Citaro）；②Ballard（P1、P2、Nebus、P3_CTA、P3_BCT、P4_Zebus、Citaro）；③Toyota_Hino Motors（FCHV‐BUS1、FCHV‐BUS2）；④MAN；⑤清华大学，"实用型 A、B 车"、"清能 1～3 号"。从较详细的资料来看，燃料电池客车动力系统主要分为三大类，即纯燃料电池动力（Fuel Cell Powertrain）、混合动力（Hybrids）以及增加里程动力系统（Range Extender）。

纯燃料电池客车的动力能源只有燃料电池，因此为了满足车辆能量的需要，此类客车的燃料电池功率相当大，而且为了达到车辆的启动及动态响应性能要求，燃料电池一般均采用直接氢气的质子交换膜燃料电池（PEMFC），如 Daimler‐Benz 的 Citaro 采用高压气瓶供气的直接氢气 PEMFC，由 10 个燃料电池模块组成，其总功率为 250kW，燃料电池由 Ballard 公司提供。由于目前的燃料电池耐久性问题，纯燃料电池客车越来越少。Daimler‐Benz 的下一代燃料电池客车也计划放弃纯燃料电池方案，转而采用混合动力的方案。

大部分燃料电池客车动力系统为混合动力。此类动力系统中，燃料电池提供动力系统需要的平均功率，蓄能部件（蓄电池或超级电容）提供峰值功率或动态过渡所需功率。例如，Toyota_Hino Motors 的 FCHV‐BUS2 采用两组氢气 PEMFC，功率为 90kW×2，储氢压力为 35MPa，蓄电池采用镍氢电池，混合动力构型如图 6‐25

所示。国内著名大学研发的燃料电池城市客车均采用混合动力的方案，图 6-26 为燃料电池车研发历程。2002 年第一代"燃料电池平台车"、2003 年第二代"燃料电池实用型 A 车"和 2005 年第三代的"清能 1 号"燃料电池城市客车均采用图 6-27 所示的混合动力构型；"燃料电池实用型 B 车"和"清能 3 号"燃料电池城市客车都采用图 6-28 所示的混合动力构型。2008 年北京奥运期间投入商业示范运行的第四代燃料电池城市客车也是在"清能 1 号"混合动力构型基础上的优化与完善。

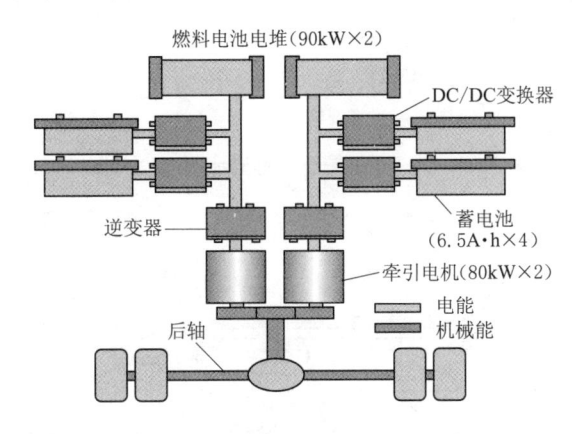

图 6-25　FCHV-BUS2 系统结构

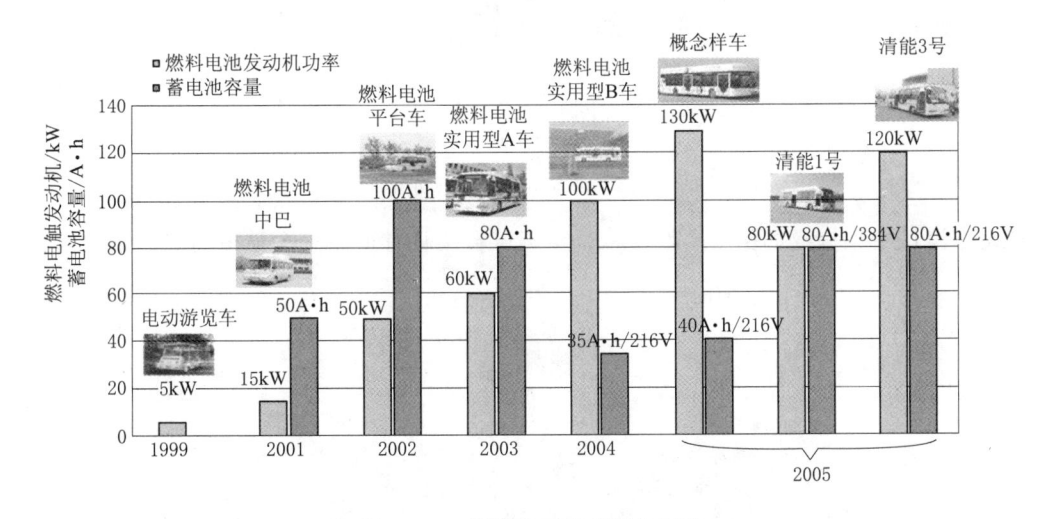

图 6-26　燃料电池车的研发历程

从文献分析看，目前的燃料电池客车的混合动力系统大部分采用燃料电池＋蓄电池（F＋B）形式，但也有采用燃料电池＋超级电容（F＋SC）的方案。混合动力系统的结构有两种形式（由 DC/DC 的位置决定）：第一种为 DC/DC 布置在燃料电池出口，称为燃料电池间接连接构型；第二种为布置在蓄电池出口，称为燃料电池直接连接构型。从所能参考到的资料来看，除了 Toyota_Hino Motors 的 FCHV-BUS2 和"清能 3 号"外，基本上都采用第一种方案。到底哪一种构型比较适合目前的需要呢？下面通过混合动力系统动态测试台架的试验研究总结出各种构型的特点。混合动力系

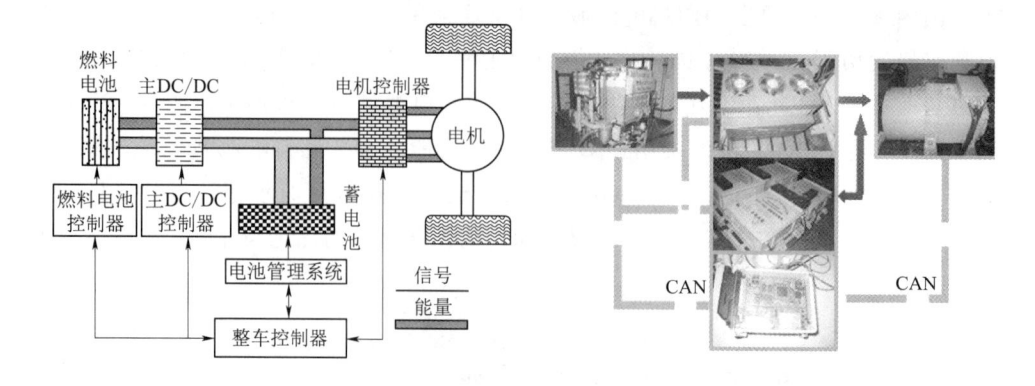

图 6-27 清能 1 号车构型示意图与实物

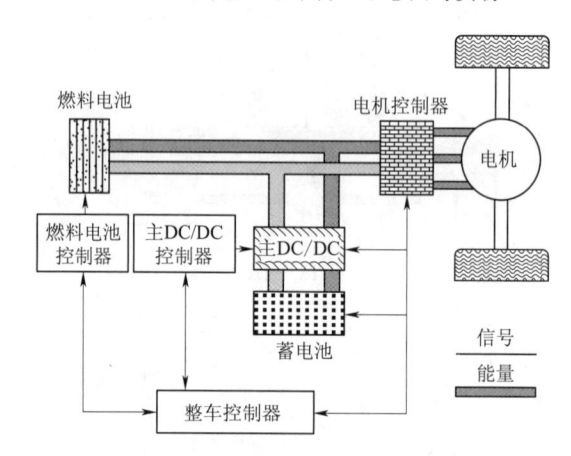

图 6-28 清能 3 号车构型示意图

统动态测试台架构成如图 6-29 所示。该测试台架具有道路工况模拟功能、制动回馈

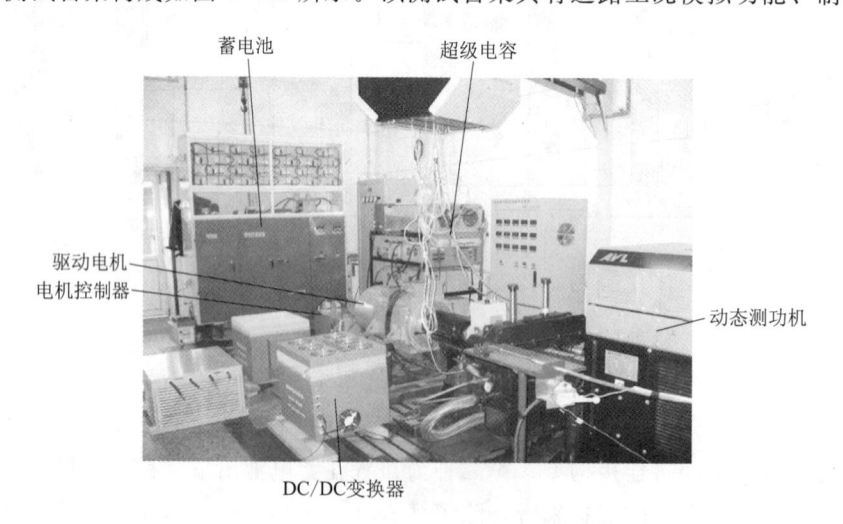

图 6-29 燃料电池混合动力系统测试台架

模拟功能。

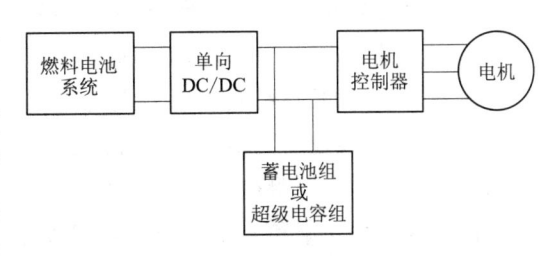

6.2.1 燃料电池间接连接构型

燃料电池间接连接构型是燃料电池汽车常用的一种构型，如图6-30所示。其特点是燃料电池发动机通过单向DC/DC与电驱动系统连接，蓄电池或超级电容直接连接到直流母线上。台架试验研究的思路是通过台架试验考察负荷跟踪控制策略的工作效果，分析采用蓄电池或超级电容为辅助储能装置的燃料电池混合动力系统的工作特性。

图6-30 燃料电池间接连接构型

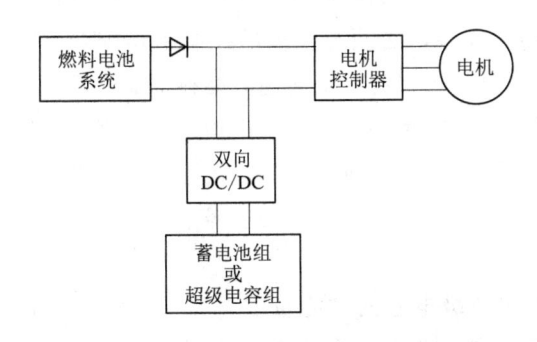

6.2.2 燃料电池直接连接构型

燃料电池直接连接构型如图6-31所示，其特点是燃料电池发动机直接与电驱动系统连接，蓄电池或超级电容通过双向DC/DC与电驱动系统连接，这种构型在燃料电池混合动力系统中也比较常见。双向DC/DC变换器可采用恒流或恒功率或恒压控制模式，在恒功率模式下整车控制器可直接设定辅助储能装置输出功率大小。

图6-31 燃料电池直接连接构型

6.2.3 燃料电池客车混合动力系统方案选型

由文献资料对比燃料电池间接连接和直接连接构型见表6-1。

表6-1　　　燃料电池间接连接与直接连接构型主要特征

特　征	间接连接构型	直接连接构型
电机直连部件	储能装置	燃料电池
DC/DC类型	单向	双向
燃料电池额定功率	小	大
储能装置容量	大	小

"燃料电池间接连接"动力系统的特点在于燃料电池的额定功率较小，一般不大于驱动电机的额定功率，小于动力蓄电池的最大放电功率。这一特点决定了燃料电池

动力系统的能量混合是这样一种方式：燃料电池只提供持续均匀负载的能量输出，当驱动电机工作于大于额定功率的状态时，必须依靠蓄电池放电进行功率补偿。在车辆行驶过程中，由于电机经常要工作于超过额定功率的状态，所以动力蓄电池放电的机会很多，蓄电池的容量需要选择得稍大。以这种方式实现能量混合的动力构型，因此也称之为"能量混合型"动力构型。同时减小燃料电池的额定功率，还有一个目的是减少能量通过单向 DC/DC 传输时的损耗。

"燃料电池直接连接"动力系统的特征：燃料电池的额定功率较大，蓄电池的最大放电功率较小。这表明在车辆行驶过程中，燃料电池是动力系统能量需求的主要提供者，而蓄电池的功率和容量有限，这就决定了该车动力系统的能量混合方式的特点，即蓄电池不是在车辆行驶中持续放电进行功率补偿，而是仅在特殊工况下相对间断性地放电用于保护燃料电池和改善整车动力。以这种方式实现能量混合的动力系统构型，因此也称之为"功率混合型"动力构型。

混合动力系统的选型必须从可靠性、效率、耐久性、成本等多方面考虑。从上面的分析知道，"功率混合型"方案最大的好处是燃料电池大部分的输出能量不通过 DC/DC 来转换。但"功率混合型"的缺点是，起着缓冲作用的储能装置受双向 DC/DC 的控制。同时双向 DC/DC 的控制也相对复杂，必须与整车的控制密切配合，特别是在制动回馈时；否则有可能使母线电压过压，引起安全问题。燃料电池的平稳工作依赖于对需求功率的准确预测。大型客车制动能量相当大，采用功率混合型方案较难解决双向 DC/DC 制动回馈问题。目前耐久性是首要问题，"能量混合型"燃料电池发动机可以实现平稳控制，有利于发动机的耐久性。因此，大型客车混合动力系统采用能量混合型方案比较合适。

在"能量混合型"的两种构型中，采用超级电容的"能量混合型"需要多个模块，成本高、体积大，因此一般也不采用。"能量混合型"中混合度（蓄电池功率与燃料电池发动机功率的比值）的选择也需要考虑，与工况循环、燃料电池系统的性能有关。燃料电池系统与传统内燃机不同，一般它的效率最高点在负荷较低的工况，如图 6-12 所示。当混合度减小（即燃料电池功率加大）时，在整个运行过程中，燃料电池系统相对工作在负荷较低的地方，因此燃料电池系统效率较高。同时蓄电池的重量和尺寸减小，从而降低整车重量，给整车带来一定的经济性。但是混合度不能太小；否则无法吸收更多的回馈能量。从耐久性方面考虑，混合度小，燃料电池发动机的动态响应要求大，同时燃料电池发动机在低负荷运行的概率大，起停的概率也增加，运行条件不利于燃料电池发动机。因此，采用混合度大的动力系统比较有利于延长燃料电池发动机的耐久性。目前燃料电池的成本相对比蓄电池高，因此从成本方面来分析也需要进行折中，采用功率大的燃料电池系统，成本会有所增高。

综合考虑，就目前的燃料电池技术来看，耐久性和成本是关键。因此动力系统采用混合度大的"能量混合型"方案是较好的选择。

6.3 燃料电池混合动力系统综合控制方法

燃料电池混合动力客车整车控制框图如图 6-32 所示。整车控制系统根据司机踏板信号、开关信号和各个系统通过 CAN 总线发来的信息，经过信号处理后（包括数据滤波处理及数据冗余校验处理，如 SOC 在线冗余识别、加速踏板和制动踏板等模拟量的自适应标定等），在整车控制算法中，进行司机驾驶意图解释、行车模式判断、故障检测和能量分配。整车模式判断模块通过对钥匙位置和燃料电池系统及 DC/DC 状态的判断，决定燃料电池的启停和整车驱动方式（混合驱动、纯电动）；驾驶意图识别模块通过对司机踏板和电动机转速的查表分析，得出电动机的原始转矩，与转矩修正项相加后，得出电动机的目标转矩；故障诊断模块根据混合动力系统中各部件的状态和环境监测数据进行故障诊断（如 CAN 通信故障诊断、部件高温、超压、欠压或过载等诊断），及时对混合动力系统中动力部件（蓄电池组、电动机和燃料电池发动机）功率输出进行调整，同时发出不同级别的报警信号提醒驾驶员，保证行车的安全性；能量管理模块则负责执行对 DC/DC 控制命令的解释。能量管理算法有多种，可以归纳成基于规则、基于优化等两大类算法。

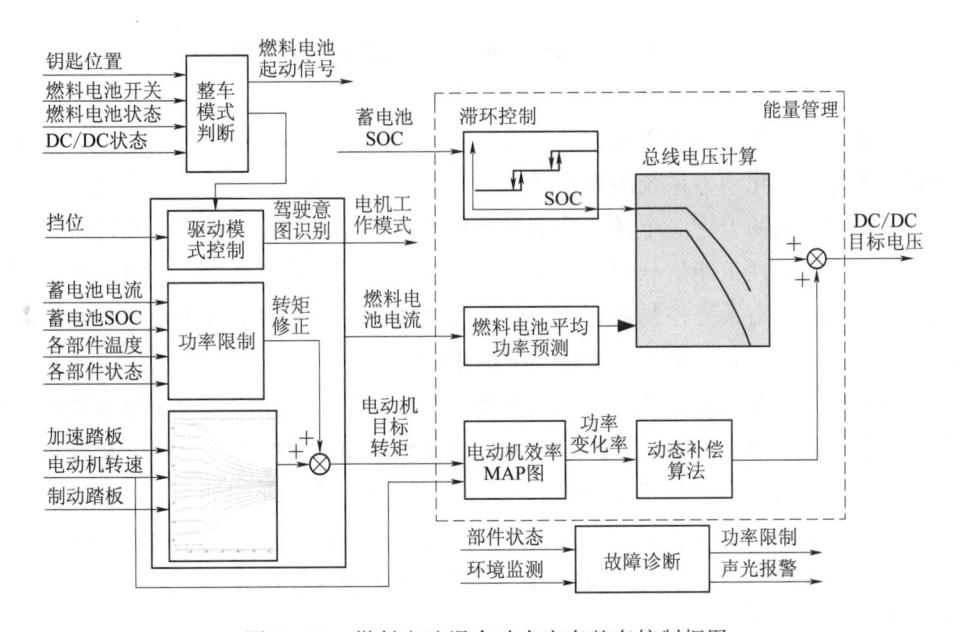

图 6-32 燃料电池混合动力客车整车控制框图

6.3.1 燃料电池混合动力系统功率分配特点

以 DC/DC 为多能源动力系统能量分配控制的执行部件（元件），能量分配算法的实现由 DC/DC 控制方式来达到。DC/DC 的工作方式主要有电压模式、电流模式。即 DC/DC 可以执行从整车 CAN 网络接收到的电压（流）命令，控制输出端的电压（流）达到命令指定的数值。对应 DC/DC 的两种工作模式，能量分配的执行方式也分为两种，即恒压分配方式和恒流分配方式。因此，燃料电池混合动力系统的两种构型具体采用的功率分配算法有一定的区别。但是所有的控制均是以控制燃料电池的输出功率为目标。对于"能量混合型"一般采用恒流模式控制[36,37]，因为通过控制 DC/DC 的输出电流，可以直接精确地控制燃料电池发动机的输出功率。"功率混合型"双向 DC/DC 输出一般采用恒电压模式[38]，蓄电池充电时 DC/DC 采用电流模式。输出采用恒电压控制，可以嵌住总线电压，间接地控制燃料电池发动机的输出功率。如图 6-33 所示，总线电压确定以后，根据伏安曲线就可以确定燃料电池发动机的工作点及燃料电池发动机的输出。充电时一般采用恒电流模式，可以精确控制充电功率。

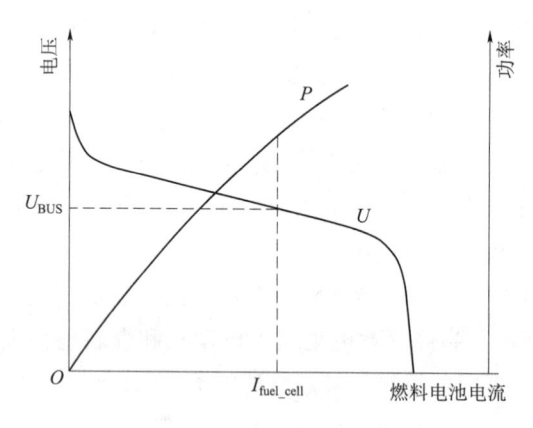

图 6-33 恒电压控制示意图

燃料电池混合动力系统功率控制算法的任务有以下 3 个方面。

（1）保证燃料电池、蓄电池工作在允许的范围。

（2）满足驾驶员对整车驱动力的需求。

（3）尽可能优化动力系统的效率。

功率控制算法的上述 3 个任务分别对应车辆的部件安全性、动力性和经济性，这其中保证部件安全性是能量分配算法的基本要求。目前，燃料电池安全可靠性问题仍是燃料电池混合动力系统控制的首要问题，有效地保护整车各部件中成本最高、相对最脆弱的燃料电池，是功率控制算法任务的重中之重。

为保障车辆的部件安全性，功率控制算法应按以下方式制定：对于燃料电池，应使其在行车时输出功率不超过其额定功率，且输出功率增大时变化平缓，最理想的状态是使燃料电池始终工作在其特性图上的最佳可靠性区域附近。对于蓄电池，应限制充放电电流最大值，避免长时间大电流放电，且要保证 SOC 始终处于适合的范围。如果仅靠能量分配算法不足以达到这两个要求，则还需在控制算法的部件控制部分做出相应处理加以辅助。

为提高车辆的动力性，当动力系统功率需求突增时，如急加速工况，应尽量使燃料电池和蓄电池输出功率之和迅速增大，适应驾驶的需要；当动力系统的功率需求持续很大时，如上坡工况，应使燃料电池和蓄电池的功率均为较大的数值。

为提高车辆的经济性，功率控制的目标为尽量做到在各种工况下使燃料电池和蓄电池工作于其效率较高的范围附近。

可以看出,为保障上述车辆的3种性能,功率控制算法是不一致的,而且在很多方面是矛盾的。这就需要根据车辆的实际情况在各个方面做出平衡,找到综合最优解。目前燃料电池城市客车的研究仍然处于样车试制阶段,燃料电池的车上应用技术也不成熟,因此部件安全性特别是燃料电池的安全性在众多的矛盾中属于主要矛盾。燃料电池城市客车功率控制算法的制定,一定要在保证燃料电池安全性的前提下,才能去尽量提高车辆的其他性能。根据以上原则,分别阐述能量混合型和功率混合型动力系统的功率控制算法。

1. 能量混合型动力系统的功率控制算法特点

根据能量混合型动力系统构型的特点,综合考虑车辆3个方面的性能,制定功率控制算法如下。

(1) 稳态。当车辆处于较稳定的工作状态时,从蓄电池 SOC 出发做能量管理。若整车功率需求 P_{VEH} 小于燃料电池的额定功率,当蓄电池 SOC 较低时,应使蓄电池充电,使燃料电池功率 P_{FC} 等于 P_{VEH} 与蓄电池充电功率 P_B 之和;当蓄电池 SOC 较高时,应使燃料电池功率 P_{FC} 适当地小于整车需求功率 P_{VEH},其余部分由蓄电池提供。但若整车需求功率 P_{VEH} 大于燃料电池的额定功率,则使燃料电池以额定功率放电,同时使蓄电池放电提供功率补偿。

(2) 瞬态。当车辆需求功率 P_{VEH} 处于变化状态时,从限制燃料电池输出功率的变化速度出发做能量管理。能量混合型系统便于实现燃料电池的保护,由于电池功率较大,比较能承受较为恶劣的工作状态,因此瞬态过程中以充分保护燃料电池为出发点,充分利用蓄电池承受功率变化中的高频量,通过单向 DC/DC 的控制始终使燃料电池的输出功率平缓地变化。因此,车辆的动力性主要是蓄电池来保证的。当整车功率需求 P_{VEH} 较快速地增大时,P_{FC} 的缓慢增加意味着放电功率 P_B 将快速增加;当整车功率需求 P_{VEH} 减小时,P_{FC} 的缓慢减小意味着此时可对蓄电池进行较大功率充电。这样的结果也有利于蓄电池 SOC 的维持。

2. 功率混合型动力系统的功率控制算法特点

根据功率混合型动力系统构型的特点,综合考虑车辆3个方面的性能,功率控制算法应按以下制定。

(1) 稳态。功率混合型动力系统在稳态行驶时,整车功率需求 P_{VEH} 一般都低于燃料电池的额定功率。因此,稳态行驶时的动力系统状态主要是燃料电池在提供整车功率需求的同时向蓄电池充电。若蓄电池 SOC 高于上限值,则停止向蓄电池充电。

(2) 瞬态。功率混合型动力系统由于其构型特点,不能实现燃料电池功率与电机需求功率之间的解耦,又因为蓄电池的功率补偿要通过双向 DC/DC 带来一定的时间延迟,所以燃料电池输出功率对电机需求功率的跟随性很强。当电机需求功率快速增大时,燃料电池输出功率的第一反应就是跟随其快速增大。即便蓄电池能够及时进行放电补偿,由于一般采用的蓄电池的最大放电功率远小于燃料电池的额定功率,使燃料电池输出功率变化非常平缓是很困难的。因此,功率混合型动力系统在燃料电池的保护方面难度较大。

基于上述原因,必须在功率控制算法上尽可能地弥补这一不足。尽管使燃料电池输出功率变化非常平缓比较困难,但是研究表明,如能使燃料电池输出功率曲线的平均上升斜率在每秒 1/3 额定功率以下(功率大小不超过额定功率),则基本可以保证燃料电池的工作可靠性,同时可以满足车用动力源的需要。所以,功率混合型动力系统的功率控制算法应保证以下两点。

1)蓄电池必须消去整车需求功率 P_{VEH} 超过燃料电池额定功率的一切功率尖峰。

2)蓄电池必须在整车功率需求 P_{VEH} 突增时(主要是车辆从静止急加速工况),以适当的功率变化规律提供功率补偿,保证燃料电池功率上升曲线的平缓。

这里所提到的"适当的功率变化规律"可以这样理解:图 6-34 (a)、(b) 分别表示整车功率需求 P_{VEH} 从零开始突增时 P_{FC} 和 P_B 的两种不同变化规律。在图 6-34 (a) 中,P_B 的功率补偿规律跟随了 P_{VEH} 的变化趋势,有效地平缓了 P_{FC} 的上升速度,是较为理想的补偿规律;而图 6-34 (b) 中 P_B 的功率补偿反而起到反作用,增大了 P_{FC} 曲线的上升斜率,这种功率补偿是不适当的。

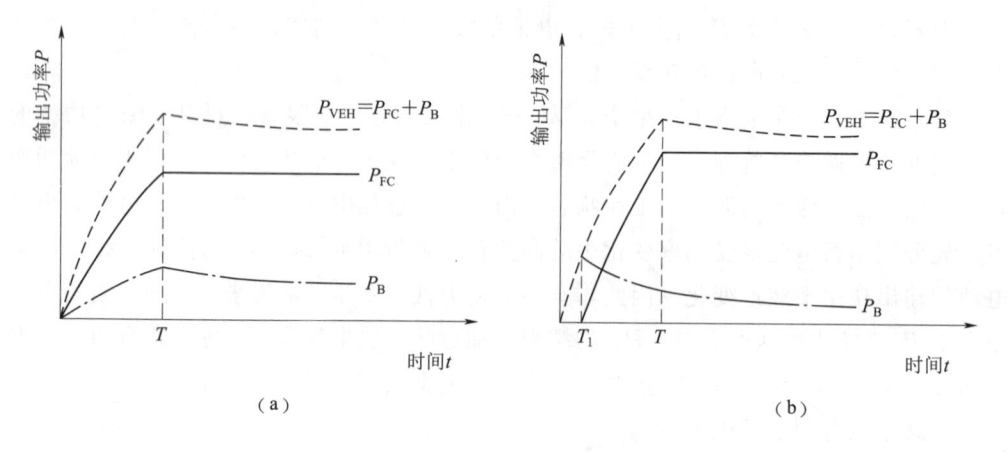

图 6-34 功率混合型动力系统蓄电池的功率补偿

可以看出,在功率混合型动力系统中,燃料电池的保护和整车动力性的提高几乎是完全矛盾的。在满足对燃料电池有效保护的前提下,实际控制中对蓄电池功率补偿规律实现得越好,整车动力性提高的余地也会越大。因此,蓄电池功率补偿规律实现得好坏成为决定整车性能的关键要素。

6.3.2 "能量混合型"的恒流分配算法

能量分配的恒流执行方式可以方便地将预分配的功率数值换算为电流命令加以执行。只要设计的算法所得到预分配功率数值能够合理、准确地实现功率控制算法的本意,就能取得较好的控制效果。决定恒流分配算法控制效果的关键在于计算预分配功率数值的算法真正执行后的结果对原功率控制算法的忠实程度。

恒流分配算法方法如下。

1. 确定蓄电池目标功率 $P_{Btarget}$

为保持车辆运行时蓄电池 SOC 的稳定,首先根据蓄电池当前 SOC 值确定蓄电池的目标功率 $P_{Btarget}$。$P_{Btarget}$ 通过图 6-35 所示的 MAP 图查表求得。图中曲线为一条直线,直线与横轴的交点为 SOC=0.8 处,即当 SOC=0.8 时,蓄电池目标功率 $P_{Btarget}$ 是 0,蓄电池既不充电也不放电。当 SOC<0.8,$P_{Btarget}$>0,表示应向蓄电池充电;当 SOC>0.8,$P_{Btarget}$<0,表示应使蓄电池放电。

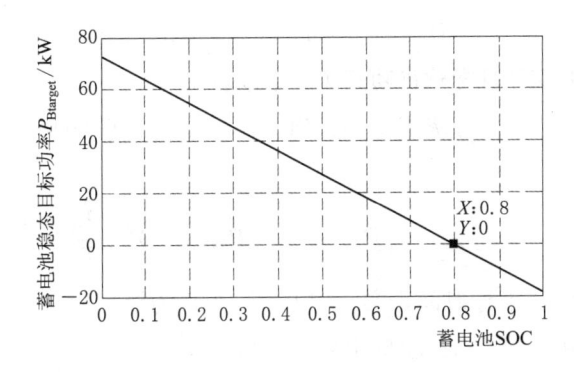

图 6-35 基于 SOC 确定蓄电池目标功率

2. 确定整车功率需求 P_{VEH}

首先根据当前的驱动电机转速 n(r/min)、加速踏板位置 α($0<\alpha<1$) 和驱动电机效率 η 确定该工况点的电机功率需求 P_{MOTOR}。这一过程需要电机的万有特性 MAP 图作为依据,图 6-36 给出了控制中使用的电机输出转矩 T 与转速 n 和加速踏板 α 之间的关系 MAP 图。控制中,当前电机转速 n 和加速踏板位置 α 通过检测得到,在图 6-36 中查出当前电机转矩 T,然后按式(6-14)计算电机功率需求 P_{MOTOR},即

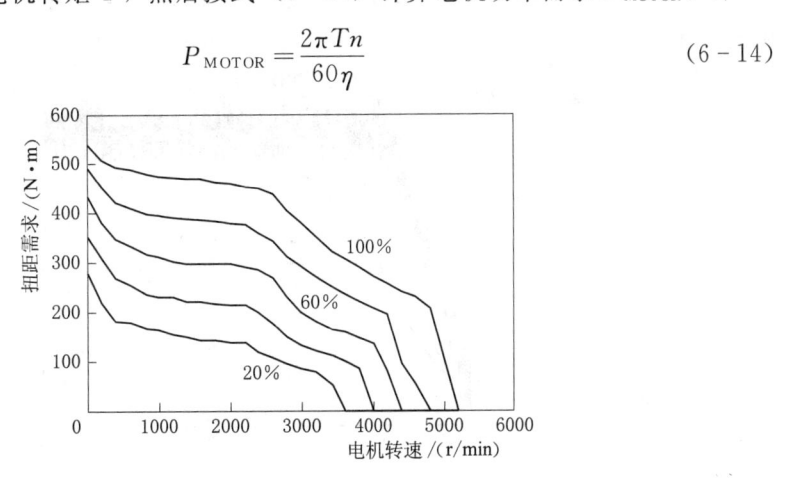

$$P_{MOTOR} = \frac{2\pi T n}{60\eta} \qquad (6-14)$$

图 6-36 计算电机功率需求 P_{MOTOR} 所用 MAP 图

计算出 P_{MOTOR} 后，整车功率需求 P_{VEH} 就等于 P_{MOTOR} 与整车其他电器功率需求 P_{AUX} 之和。

3. 计算当前 DC/DC 输出功率 P_{DC_DCact}

P_{DC_DCact} 通过实时检测 DC/DC 输出电压 U_{DC_DC} 和输出电流 I_{DC_DC} 求得。

$$P_{DC\_DCact} = U_{DC\_DC} I_{DC\_DC} \qquad (6-15)$$

4. 确定稳态 DC/DC 目标输出功率 P_{DC_DCreq}

如果整车功率需求发生变化，那么到达新的稳态后，燃料电池的目标输出功率 P_{DC_DCreq} 应为

$$P_{DC\_DCreq} = P_{VEH} + P_{Btarget} \qquad (6-16)$$

5. 确定瞬态 DC/DC 目标输出功率 $P_{DC\_DCtarget}$

确定瞬态时 $P_{DC\_DCtarget}$ 为从 P_{DC_DCact} 到 P_{DC_DCreq} 的一阶响应，按式 (6-17) 计算，即

$$P_{DC\_DCtarget} = P_{DC\_DCact} + (P_{DC\_DCreq} - P_{DC\_DCact}) \times \frac{T_s}{T_f} \times \left(1 - \frac{T_s}{T_f}\right) \qquad (6-17)$$

式中：T_s 为控制系统的采样时间，实际为 0.05s；T_f 为该一阶相应的时间常数，算法中设定为 2s，同时限定 $P_{DC\_DCtarget}$ 的上限和下限。

6. 采用恒流分配执行方式发出电流控制命令

检测 DC/DC 输出端的电压 U_{DC_DC}，电流控制命令 $I_{DC\_DCtarget}$ 为

$$I_{DC\_DCtarget} = \frac{P_{DC\_DCtarget}}{U_{DC\_DC}} \qquad (6-18)$$

图 6-37 所示为燃料电池输出电流随一阶响应的时间常数 T_f 的变化情况。可见，这种算法在原理上可以使 P_{DC_DC} 按照一阶过渡过程变化，对燃料电池的保护非常理想，充分发挥了基于恒流分配方式的算法便于应用更复杂的功率控制算法的优势。图 6-38 所示为由样车道路试验数据绘制的曲线。可见，DC/DC 输出电流相当缓和。

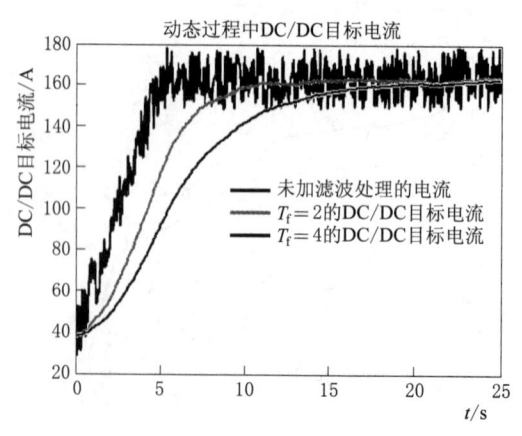

图 6-37 时间常数 T_f 对 DC/DC 目标电流的影响

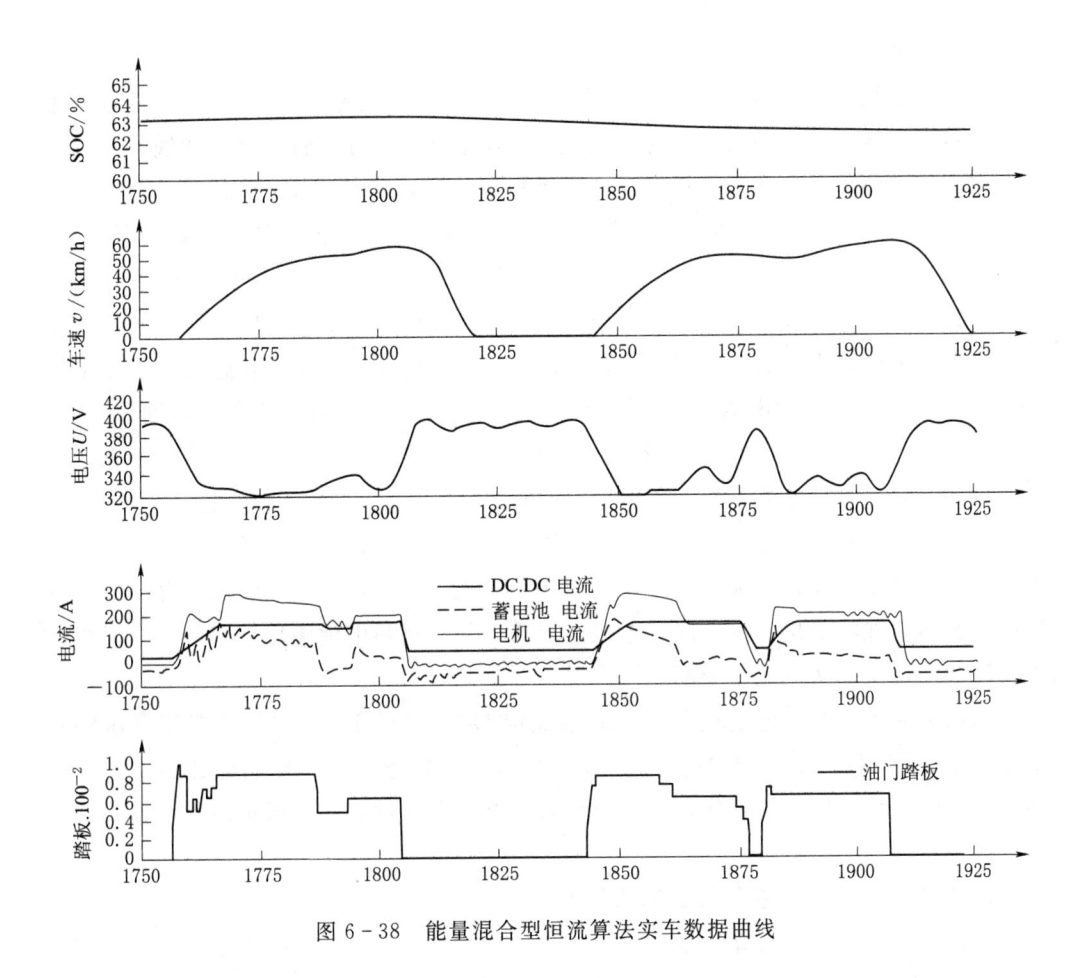

图 6-38 能量混合型恒流算法实车数据曲线

6.3.3 "功率混合型"控制算法的实现

1. 恒压能量分配方式

"功率混合型"能量分配算法的执行器是双向 DC/DC，它一般有两种工作模式，即恒压模式和恒流模式。恒压（流）模式时 DC/DC 可以执行从整车 CAN 网络接收的电压（流）命令，控制输出端的电压（流）达到命令的数值。这两种工作模式分别对应两类基本的能量分配执行方式，即恒压分配和恒流分配，它们都可以改变燃料电池和蓄电池的能量输出分配比例。

在"功率混合型"中，基于恒流分配方式的能量分配算法要想达到较好的控制效果，需要非常精确地知道驱动电机在各种工况下（稳态和瞬态）的功率需求；否则会给燃料电池的保护带来非常不利的影响。因此，"功率混合型"能量分配算法通常采用恒压分配方式。

双向 DC/DC 有两个能量输出方向，为了便于叙述，把双向 DC/DC 与燃料电池和电机相连的一端称为 FC 端，把与蓄电池相连的一端称为 BAT 端。当 FC 端为 DC/DC 输出端时，对应蓄电池放电；当 BAT 端为 DC/DC 输出端时，对应蓄电池充电。

当动力系统需要蓄电池放电时，恒压方式可以通过设定 DC/DC 的 FC 端电压来限制燃料电池输出功率的大小，这一原理与燃料电池的工作特性（伏安曲线）紧密相关。在一定的环境条件下，可近似地认为燃料电池的输出功率 P_{FC} 和输出电压 U_{FC} 具有一一对应的关系，P_{FC} 随着 U_{FC} 的增大而减小，描述为以下的单调减函数，即

$$P_{FC} = f_{U-P}(U_{FC})$$

在某一确定的环境条件下，如果改变 U_{FC}，就可以改变 P_{FC}。功率混合型动力系统的燃料电池输出端即为 DC/DC 的 FC 端，U_{FC} 与 DC/DC 的 FC 端输出电压设定值（即控制器向 DC/DC 发出的输出电压指令大小）$U_{DC\_DCtarget}$ 存在以下关系，即

$$U_{FC} \geqslant U_{DC\_DCtarget}$$

即 DC/DC 嵌住燃料电池的输出电压下限为 $U_{DC\_DCtarget}$。因此，根据 U_{FC} 和 P_{FC} 的对应关系，如果 $U_{DC\_DCtarget}$ 对应的输出功率为 P_{target}，可以推出 $P_{FC} \leqslant P_{target}$。这就是说，当动力系统需要蓄电池放电时，通过控制改变 DC/DC 的 FC 端电压设定值就可以改变燃料电池的输出功率上限，电机需求功率超过燃料电池输出功率的部分由蓄电池自动补偿，从而实现能量分配。

当动力系统需要蓄电池充电时，通过设定 DC/DC 的 BAT 端电流或端电压对蓄电池充电。DC/DC 的 FC 端恒压分配方式所需的已知条件少，控制参数少，实现方便。可以限制燃料电池的工作点，有效地防止燃料电池过载，对保护燃料电池起到积极作用。

2. 基于恒压方式的能量分配算法设计

（1）蓄电池功率补偿算法设计。

1）限制燃料电池最大功率（补偿算法 1）。限制燃料电池输出电压 U_{FC} 的最小值为 U_{FCmin}。这一电压所对应的燃料电池的输出功率为

$$P_{FCmax} = f_{U-P}(U_{FCmin})$$

从而保证了在各种工况下 $P_{FC} \leqslant P_{FCmax}$。考虑到蓄电池功率补偿的滞后，具体应用时留出 10V 的裕量，按照以下规则：若 $U_{FC} < U_{FCmin} + 10V$，设定 $U_{DC\_DCtarget} = U_{FCmin}$，令 $U_{thl} = U_{FCmin} + 10V$，称为放电判断电压阈值。

2）限制燃料电池功率上升速度（补偿算法 2）。

a. 燃料电池功率台阶式上升算法。该算法的原理如图 6-39 所示。考虑车辆加速过程中电机需求功率先急速增大，然后略有下降，初始阶段燃料电池功率 P_{FC} 较小时，限定 U_{FC} 的下限为一大于 U_{FCmin} 的值 U_{step}，则当 $U_{FC} > U_{step}$ 时，$P_{BAT} = 0$，在 t_1 时刻 $U_{FC} = U_{step}$，蓄电池开始放电。当检测蓄电池放电功率 P_{BAT} 接近其额定功率的某值 P_{BAT1}（t_2 时刻）时，进一步将 U_{FC} 下限放开至 U_{FCmin}。这样的算法使燃料电池功率曲线的上升过程在 $P_{step} = f_{U-P}(U_{step})$ 出现一个台阶，整个 P_{FC} 上升过程所用时间为 t_3，实现的 P_{FC} 和 P_{BAT} 曲线形状如图 6-39 所示。应用时的规则如下（仍留出 10V 的稳定裕量）。

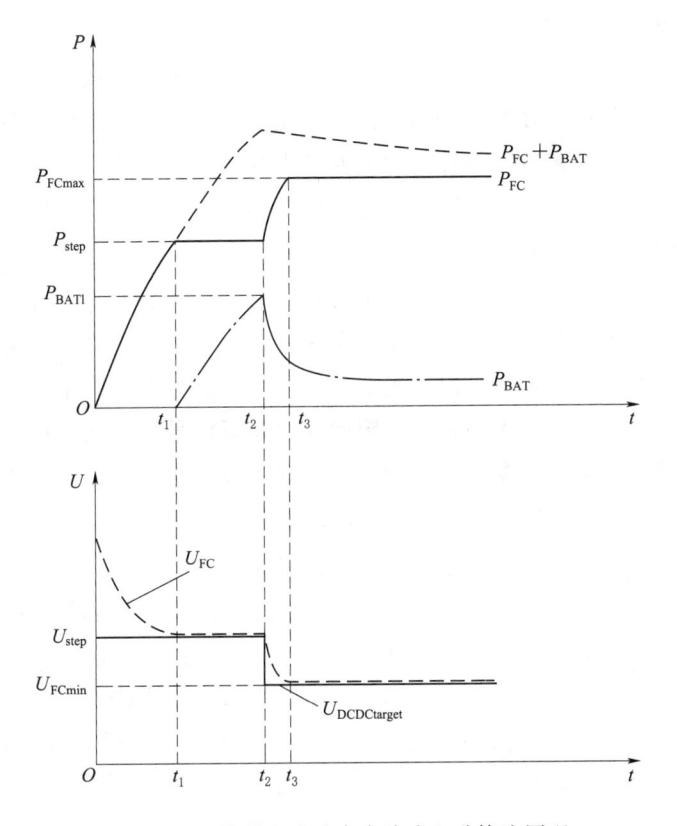

图 6-39 燃料电池功率台阶式上升算法原理

车辆加速，燃料电池功率从小变大的过程中：当 $U_{FC} < U_{th2}$ 时，设定 $U_{DC\_DCtarget} = U_{step}$；当 $U_{FC} < U_{th2}$ 且 $P_{BAT} > P_{BAT1}$ 时，设定 $U_{DC\_DCtarget} = U_{FCmin}$。

其中 $U_{th2} = U_{step} + 10V$。

b. 限制司机踏板信号算法。这种算法处理的对象为输出给电机的油门控制信号。车辆急加速时，司机踏板信号近似为一个阶跃输入，把司机踏板信号引入控制器，对其进行一阶滤波再输出给电机，则电机需求功率也将呈现出近似一阶过渡过程，P_{FC} 曲线的上升斜率也将减小，且曲线比较平顺。这种算法所实现的 P_{FC} 曲线形状是比较理想的，但它强行改变了司机驾驶意图，是以牺牲整车动力性为代价的。应用以下规则：设控制器采集的当前时刻踏板信号为 p_{now}，前一采样时刻为 p_{prev}，若 $p_{now} > p_{prev}$，输出给电机的踏板信号目标值 p_{target} 按下式给出，即

$$p_{target} = p_{now} + (p_{now} - p_{prev})\left(1 - \frac{T_s}{T_f}\right)\frac{T_s}{T_f}$$

式中：T_s 为控制采样时间；T_f 为一阶滤波时间常数。

(2) 蓄电池充电算法设计。设定一充电判断阈值 U_{th3}，当 $U_{FC} > U_{th3}$ 时，$U_{DC\_DCtarget} = U_{charge1}$（此时 $U_{DC\_DCtarget}$ 为 DC/DC 向 BAT 端的输出电压，接近于蓄电池的最大电压）。为避免系统振荡，U_{th3} 的取值应比放电算法中的判断电压阈值（U_{th1} 或 U_{th2}）再高至少 10V。

3. 分模式电压控制算法

在上述恒压算法的试验中发现，限制燃料电池功率上升速度的两种算法都可以限制燃料电池功率上升速度在允许的范围内，但是也存在一些局限性。燃料电池功率台阶式上升算法保证了车辆的动力性，但此时充电判断电压阈值 U_{th3} 很高，蓄电池充电机会很少，蓄电池的 SOC 会持续下降。限制司机踏板信号算法可以保证 SOC 在合适的范围，但车辆动力性受到损失。

上述现象表明，限制燃料电池功率上升速度的两种算法分别适合于不同的工况场合。当车辆由静止起步时（属城市客车的常见工况），应主要保证车辆动力性，应用燃料电池功率台阶式上升算法可以满足要求。当车辆已具有一定车速，做一般加速或稳定行驶时，对动力性要求不高，采用限制司机踏板信号算法比较适合。

通过检测动力系统运行参数，识别车辆工况的模式，可以把以上两种工况场合分开，蓄电池放电时，分别应用上节介绍的功率补偿算法 1 和补偿算法 2（1）以及补偿算法 1 和补偿算法 2（2），形成能量分配控制的两种模式。这两种模式可分别称为动力模式和经济模式。两种模式的切换逻辑如图 6-40 所示。

为使动力模式向经济模式切换平稳，把经济模式中补偿算法 1 的放电判断电压阈值 U_{th1} 提高 15V，而设定两种模式的充电判断电压阈值 U_{th3} 也提高 15V。这种带有模式切换的算法称为基于恒压分配方式的分模式能量分配算法。

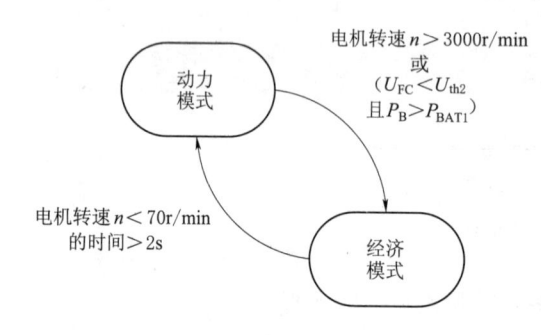

图 6-40 动力模式和经济模式的切换

基于恒压分配方式的分模式能量分配算法根据车辆的不同工况决定不同的控制方法，在一定程度上考虑了整车综合性能。

6.3.4 综合控制算法小结

质子交换膜燃料电池发动机由于动态响应慢，动态对燃料电池发动机的耐久性影响较大，因此目前燃料电池车趋向于采用混合动力的构型方案。混合动力构型方案主要分为能量混合型和功率混合型。由于功率混合型蓄电池输出功率小，双向 DC/DC 存在换向慢、燃料电池发动机输出直接连接到电机、能量分配需要精确预测系统需求功率等，燃料电池发动机容易承受动态的变化。对燃料电池的耐久性不利。而"能量混合型"由于燃料电池发动机输出功率与整车功率解耦，更容易实现对其工作点的优化，在优化系统经济性的同时保护燃料电池，目前大多数系统愿意采用"能量混合型"。"能量混合型"的能量分配控制方式主要采用恒流控制方式，"功率混合型"的能量分配方式主要采用恒压控制方式，但需根据系统具体情况进行适当改进。

开发的"能量混合型"和"功率混合型"的能量分配算法有效保证了燃料电池发动机的安全可靠性。在"能量混合型"上实现了基于恒流分配执行方式的算法；在"功率混合型"上实现基于恒压分配执行方式的分模式能量分配算法。在"能量混合型"构型中，燃料电池发动机输出功率变化缓慢，有利于耐久性；而"功率混合型"中的燃料电池发动机必须承担动态加载功率，要求有足够的瞬间加载能力，对耐久性不利。从运行情况分析，不管从经济性还是耐久性分析，"能量混合型"性能远远好于"功率混合型"。

参 考 文 献

[1] 王建昕,帅石金. 汽车发动机原理[M]. 北京:清华大学出版社,2011.
[2] 付百学,马彪,潘旭峰. 现代汽车电子技术[M]. 北京:北京理工大学出版社,2008.
[3] 张彦会,伍松. 现代汽车电子控制技术[M]. 北京:中国水利水电出版社,2013.
[4] 欧阳明高,李建秋,杨福源,等. 汽车新型动力系统:构型、建模与控制[M]. 北京:清华大学出版社,2008.
[5] 李朝晖,杨新桦. 汽车新技术[M]. 重庆:重庆大学出版社,2004.
[6] 李建秋,赵六奇,韩晓东. 汽车电子学教程[M]. 北京:清华大学出版社,2006.
[7] 夏胜枝,周明,李建秋,等. 新型脉动式电控燃油喷射系统喷射定时优化[J]. 内燃机工程,2003(1):42-46.
[8] 张科勋,周明,李建秋,等. 曲轴、凸轮轴传感器故障时的电控柴油机喷射控制[J]. 汽车工程,2007,29(1):34-37.
[9] 吴长水,杨时威,冒晓建,等. 电控单体泵系统喷射性能仿真研究[J]. 车用发动机,2008(6):94-97.
[10] Gamma Technologies. GT-FUEL user's manual version 6.1[M]. New York, USA: Gamma Technologies, 2004.
[11] 李友峰. 16V280ZJ型柴油机电子喷射系统的应用研究[J]. 内燃机车,2002(12):6-11.
[12] Tim L. The influence of variable valve actuation on the part load fuel economy of a modern light-duty diesel engine [J]. SAE technical paper series, 2003(1): 28-32.
[13] Eric R, Mark S. Simulation-based engine calibration: tools, techniques, and application [J]. SAE technical paper series, 2004(1): 1264-1270.
[14] 徐家龙. 柴油机电控喷油技术[M]. 北京:人民交通出版社,2013.
[15] 宋军,乔信起,黄震,等. 柴油机电控喷射系统发展现状[J]. 车用发动机,2003(3):6-10.
[16] Andreas Binde, Stephen Busch, Amin Velji, et al. Soot and NO_x Reduction by Spatially Separated Pilot Injection [C]. SAE Paper, 2012-01-1159.
[17] Giancarlo Chiatti, Fulvio Palmieri. Pilot Injection Model for Small Diesel Cylinder [C]. SAE Paper, 2012-01-1268.
[18] 石秀勇. 喷油规律对柴油机性能与排放的影响研究[D]. 济南:山东大学,2007.
[19] 侯春林. 16V280ZJ型柴油机电子控制燃油喷射系统的仿真研究[D]. 大连:大连交通大学,2010.
[20] 李明海,侯春林,贾先喆. 大功率柴油机双段喷射的仿真[J]. 汽车安全与节能学报,2010,1(3):247-252.
[21] Venkanna Belagur, Venkataramana Reddy. Influence of Fuel Injection Rate on the Performance, Emission and Combustion Characteristics of DI Diesel Engine Running on Calophyllum Inophyllum Linn Oil (Honne Oil) Diesel Fuel Blend [C]. SAE Paper, 2010-01-1961.

[22] 姜峰,叶燕帅,梁兴华. 大功率柴油机电控燃油喷射系统的仿真研究 [J]. 广西工学院学报, 2011, 22 (4): 49-53.

[23] 雒婧,尧命发. 后喷降低柴油机碳烟排放机理的数值模拟 [J]. 内燃机学报, 2010, 28 (6): 500-505.

[24] Benajes J, Molina A, Garcia M. Influence of the Pre - and Post - Injection on the Performance and Pollutant Emissions in a HD Diesel Engine [C]. SAE Paper, 2001-01-0526.

[25] Molina S, Payri F, Benajes J, et al. Influence of the Post - Injection Pattern on Performance, PM and NOX Emissions in a HD Diesel Engine [C]. SAE Paper, 2002-01-0502.

[26] 姜峰,潘美俊,张洪涛. 电控共轨柴油机预喷射对排放性能的仿真研究 [J]. 广西科技大学学报, 2015, 26 (3): 41-46.

[27] 姜峰,潘美俊,张洪涛. 后喷射对电控共轨柴油机排放性能的仿真研究 [J]. 广西科技大学学报, 2016, 27 (1): 36-41.

[28] 姜峰,潘美俊,张洪涛. 大豆毛油制生物柴油理化特性试验分析 [J]. 广西科技大学学报, 2014, 25 (2): 78-81.

[29] 姜峰,张洪涛,叶燕帅. 预喷射对生物柴油发动机排放性能的仿真分析 [J]. 计算机仿真, 2015, 32 (5): 177-181.

[30] 李春青,姜峰,文代志. 基于数值模拟的LJ465Q发动机进气道结构优化 [J]. 汽车技术, 2016, (05): 11-14.

[31] 姜峰,李明海,王娟. 两种米勒循环对机车柴油机性能的计算分析与研究 [J]. 内燃机工程, 2017, 38 (6): 119-124.

[32] 姜峰,陈乾,李春青,等. 16V265H型柴油机燃油喷射系统结构分析 [J]. 广西科技大学学报, 2017, 28 (4): 102-107.

[33] 姜峰,李明海,李远哲,等. 基于数值模拟的汽油机喷嘴结构优化CFD分析 [J]. 热科学与技术, 2018, 17 (3): 204-210.

[34] Chau K T, Wong Y S. Overview of power management in hybrid electric vehicles [J]. Energy Conversion and Management, 2002, 43: 1953-1968.

[35] Chan C C. The State of the Art of Electric and Hybrid Vehicles [J]. Proceedings of IEEE, 2002, 90 (2): 247-275.

[36] 韩强. HCNG串联式混合动力城市公交车动力系统搭建及控制 [D]. 北京:清华大学, 2006.

[37] 何桦. 串联式CNG/电动混合动力大客车控制系统实现与优化 [D]. 北京:清华大学, 2007.

[38] 田硕. 柴油机ISG混合动力系统瞬态过程优化控制研究 [D]. 北京:清华大学, 2008.

[39] 包成. 车用质子交换膜燃料电池系统建模与控制方法研究 [D]. 北京:清华大学, 2005.

[40] 刘蒙. 燃料电池系统分布式控制系统设计 [D]. 北京:清华大学, 2005.

[41] 卢兰光,何彬,欧阳明高. 燃料电池城市客车能量分配算法研究 [J]. 机械工程学报, 2005, 41 (12): 8-12.

[42] 石英乔. 燃料电池混合动力能量管理控制策略研究 [D]. 北京:清华大学, 2005.

[43] 陈超,曹桂军,卢兰光,等. 功率混合型燃料电池汽车动力系统的恒压式能量分配算法 [J]. 汽车工程, 2007, 29 (2): 101-104.